111 GRÜNDE, KUBA ZU LIEBEN

Dr. Klaus D. Leciejewski

111 GRÜNDE, KUBA ZU LIEBEN

Eine Liebeserklärung an das schönste Land der Welt

Mit Fotografien von Jitsy Santana Gómez

SCHWARZKOPF & SCHWARZKOPF

INHALT

1. KUBA IM AUFBRUCH 9
Weil der Unterschied zwischen Kuba und Deutschland leicht zu erklären ist | Weil die Geschichte auf Kuba nicht zu Ende ist | Weil Sergio González untergehen wird | Weil ein Spruchband diabolische Freude erzeugen kann | Weil kubanisches Einkaufen ein archaischer Vorgang ist | Weil die Kubaner Qualitäten zu schätzen wissen | Weil die kubanischen Medien immer für eine kuriose Überraschung gut sind

2. MENTALITÄT 31
Weil kubanische Geschichte voller Widersprüche ist | Weil Kubaner über ihre Gesellschaft auch lachen können | Weil die junge kubanische Generation ein anderes Leben als das ihrer Eltern erleben wird | Weil es auf Kuba noch Freimaurer gibt | Weil die kubanische Mentalität keinen Besucher unberührt lässt | Weil Kubaner verschiedener Hautfarbe friedlich zusammenleben | Weil auch Frauen Machos sein können

3. EIN GANZES LAND ALS MUSEUM 55
Weil das Geburtshaus von Fidel Castro seine Geschichte anders erzählt | Weil ich aus Méjico ein Museumsdorf machen würde | Weil Havanna die schönste Stadt Lateinamerikas ist | Weil Havanna über eine unvergleichliche Architektur verfügt | Weil abgelegene Museen mehr über die Gegenwart als über die Vergangenheit verraten | Weil Martí nichts mit Martí zu tun hat | Weil ich mich im Museo Nacional de Bellas Artes in einen Cranach versenken kann | Weil das Santería-Museum gruseln lässt | Weil im größten Friedhof Lateinamerikas die Dominóspielerin schwer zu finden ist | Weil Nachdenklichkeit auch vor dem allerkleinsten Museum nicht haltmacht | Weil der Mythos »Che« den allermeisten Kubanern völlig gleichgültig ist | Weil in Sancti Spiritus eine »römische« Brücke steht

4. KUBA VOLLER ABENTEUER 93
Weil die Kubaner glücksspielverrückt sind | Weil ein Hurrikan schrecklich aufregend sein kann | Weil Béisbol auch mit bestem Wissen unverständlich bleibt | Weil Hahnenkämpfe zur kubanischen Tradition gehören und ich darauf neugierig war | Weil ich um Mülldeponien einen großen Bogen machen kann | Weil ich auf Kuba

nicht suche, aber finde | Weil im Hotel Nacional eine Ikone zu genießen ist | Weil das größte Indianergrab Mythen entlarvt | Weil der Almendares-Park so herrlich verwunschen ist

5. SONNE UND MEER 121
Weil das kubanische Klima zu jeder Jahreszeit ein Genuss ist | Weil die Insel Jutía so wundervoll einsam liegt | Weil es eine 20 km lange Badewanne hat | Weil Kuba mehr als nur Strand zu bieten hat | Weil in Baracoa Kakaobohnen am Straßenrand wachsen | Weil Camagüey eine irre Stadt ist | Weil der Besuch in einem Zoo entspannend ist | Weil sich in das größte Sumpfgebiet der Karibik kaum ein Tourist verirrt | Weil in Havanna Lebenslust und Gesellschaftsverdruss eng beieinander wohnen | Weil in kleinen Städten Kostbarkeiten entdeckt werden können | Weil es nur zwei Golfplätze gibt

6. KUNST UND MUSIK 157
Weil kubanische Musik viel mehr als nur Salsa ist | Weil es zahllose Musikstätten gibt | Weil ein Konzert auch ohne Musik beeindruckend sein kann | Weil San Francisco eine unglaublich gute Akustik hat | Weil die Fábrica de Arte Cubano beispielhaft für Deutschland ist | Weil ich Manolito Simonet in den Garten gucken kann

7. WIRTSCHAFT 177
Weil ein kubanischer Bauer auch kleine Kartoffeln liebt | Weil auf Kuba Land urbar gemacht wird | Weil Luis Alberto die besten Schweine züchtet | Weil bekannte westliche Unternehmen das Rückgrat der kubanischen Wirtschaft sind | Weil es in der 19. y B einen Bauernmarkt gibt

8. WELTWEIT DIE BESTE KREOLISCHE KÜCHE 195
Weil Alte Wäsche grandios schmecken kann | Weil Langusten in den Topf springen und Fidel Castro dazu ein Rezept aufgeschrieben hat | Weil eine Schwarze-Bohnen-Suppe in Deutschland unbekannt ist | Weil das Restaurant von Carlos Cristóbal ein Antiquitätenmuseum ist | Weil Moros y Cristianos nicht rassistisch ist | Weil José Raúl eine ordentliche Leistung abliefert | Weil ich mich an kubanisches Fast Food gewöhnt habe | Weil Obst und Salat zwar immer frisch sind, aber Kubaner Fleisch lieben | Weil Kühlhäuser gesundheitsschädlich sind | Weil niemand am Schlachten eines Schweines Anstoß nimmt

9. RUM UND TABAK **225**
Weil ich den besten Mojito mixen kann | Weil die Cohiba ein Kulturgut ist | Weil auf Kuba die beste Zigarre der Welt gerollt wird | Weil kubanische Zigarrenfabriken die reinsten Fundgruben sind | Weil der bekannteste Humidor-Fabrikant eine Künstlernatur ist | Weil ich mit dem besten Tabakpflanzer befreundet bin | Weil am 31. Dezember Weihnachten nachgeholt wird | Weil ich keinen Likör trinke | Weil die Bar Cho echt abgefahren ist

10. ABENTEUER AUTOFAHRT **253**
Weil ein Kilometer auch zwei oder null sein können | Weil von Brücken die Straßen geklaut werden | Weil kubanische Autofahrer unkonventionell sind | Weil »cubisima.com« echt irre ist | Weil ein Autokauf ein Wagnis ist | Weil es einen Schutzengel für mich gibt | Weil ich nirgendwo auf der Welt so wundervoll allein auf der Autobahn fahren kann | Weil Oldtimer Normalität sind | Weil hier abgefahrene Straßen echt abgefahren sind

11. GEHEIMNISSE UND KURIOSITÄTEN **279**
Weil die kubanische Bodega ein mystischer Ort ist | Weil Rodeo kein reines Männervergnügen ist | Weil seine Orte kuriose Namen tragen | Weil »eigentlich« die Vergangenheit und »einst« die Zukunft ist | Weil das Auspacken der Koffer immer Freude bereitet | Weil die Quince weltweit einzigartig ist | Weil auf Kuba Tiere sprechen können | Weil auf Kuba auch Ikonen zu finden sind | Weil Dominó Schwachsinn ist und trotzdem glücklich macht | Weil in jedem Touristenort ein Erzgebirge steht | Weil hier der weltweit kleinste Frosch hüpft | Weil die Kubaner schon vor der Geburt kreativ sind | Weil Kuba unterhöhlt ist | Weil auf Kuba Kitsch erholsam sein kann | Weil CNN die beste Deutsche Welle ist | Weil der Ausblick vom Focsa-Haus grandios und sein Einblick entlarvend ist

12. FLÜGE, TRANSPORT, WOHNEN **325**
Weil auf Kuba Fliegen zwar einfach, aber nicht bequem ist | Weil es so viele Casas Particulares wie Sterne am Himmel gibt | Weil Insel-Hopping problemlos ist | Weil Bus- und Eisenbahnfahrten etwas für Abgehärtete sind | Weil Bernd Hermann hartnäckig bleibt | Weil Cancun nur eine Flugstunde entfernt liegt | Weil Kuba ein sicheres Urlaubsland ist | Weil die Villa Teresa über den besten Ausblick auf Havanna verfügt | Weil ich in meiner Straße das pralle kubanische Leben mitbekomme | Weil auf Kuba Illusionen schon Geschichte sind

1. KAPITEL

KUBA IM AUFBRUCH

1. GRUND

Weil der Unterschied zwischen Kuba und Deutschland leicht zu erklären ist

In Colón (der Heimatstadt meiner Frau und der Fotografin der Bilder dieses Buches) wohnen 50.000 Einwohner, in Erftstadt (meiner Heimatstadt bei Köln) ebenso viele. Beide Städte sind in ihren Ländern weitgehend unbekannt.

Colón ist als geplante Siedlung vor 180 Jahren entstanden. Erftstadt ist vor 40 Jahren aus einem Konglomerat von zwei Städtchen und 17 Dörfern hervorgegangen, die älteste Siedlung ist über 800 Jahre alt.

Colón verfügt über so gut wie keine Industrie. Die beiden größten Industrieunternehmen sind eine kleine Konservenfabrik und ein kleiner Getränkeabfüller. Vor 30 Jahren waren die wichtigsten Betriebe in ihrer Umgebung drei große Zuckerfabriken. Heute stehen davon nur noch die hohen betongrauen Schornsteine. In Erftstadt arbeiten zwar mehrere Industriebetriebe, aber zumeist auch nur kleinere, der größte ist ebenfalls ein Getränkeabfüller, indessen entstehen jedes Jahr etliche neue Unternehmen. Die meisten Menschen in Colón arbeiten in einer der vielen unterschiedlichen Schulen der Stadt, gleich danach folgen die Kutscher, Schmiede, Kutschenbauer u.a. für die 600 Pferdekutschen des Nahverkehrs. Die meisten Menschen in Erftstadt arbeiten in Köln und Umgebung in einem Industrieunternehmen oder in einer der Hochschulen bzw. Verwaltungen.

Colón und Erftstadt liegen 8.000 km voneinander entfernt und gehören zu entgegengesetzten Gesellschaftssystemen. Diese Systeme bestimmen das Leben ihrer Einwohner. Um diese Unterschiede zu beschreiben, könnten etliche Seiten gefüllt werden, indessen reichen dafür zwei Sätze aus:

Der Bürgermeister von Erftstadt besucht jedes der zahlreichen Vereinsfeste und der größeren öffentlichen Veranstaltungen. Die Bürgermeisterin von Colón besucht keine Vereinsfeste und keine öffentlichen Veranstaltungen, bis auf die staatlich organisierten Demonstrationen oder Manifestationen.

Diese zwei Sätze beschreiben präzis den gesellschaftlichen Unterschied zwischen den beiden Städten.

Der Bürgermeister von Erftstadt will wiedergewählt werden. Dafür muss er um die Zustimmung bei den Einwohnern werben. Die Bürgermeisterin von Colón ist von der Staatspartei eingesetzt, aber nicht von deren Untergruppe in ihrer Stadt, sondern von der übergeordneten in der Provinzhauptstadt.

In Erftstadt gibt es keine staatlich verordneten Demonstrationen, weil es keine Staatspartei gibt. In Colón gibt es keine Vereinsfeste, weil es keine Vereine gibt.

Den Bürgermeister von Erftstadt kennen die meisten Einwohner oder doch wenigstens ungemein viele. Die Bürgermeisterin in Colón kennen nur sehr wenige Einwohner, durchweg nur solche aus ihrer näheren beruflichen Umgebung. Zahlreiche Einwohner in Erftstadt interessieren sich nicht dafür, welche Person ihre Stadt regiert, denn das Leben in Erftstadt verlangt nichts von ihnen, und die sich dafür interessieren, erhoffen sich davon einen Vorteil. Fast alle Einwohner Colóns interessieren sich nicht dafür, welche Person ihre Stadt regiert, denn jeden Tag müssen sie sich um ihr Leben in Colón mühen, aber falls sie die Bürgermeisterin kennen, haben sie davon keinen Vorteil, zumeist jedenfalls.

Eines der großen Probleme für Erftstadt ist der täglich anfallende Müll. Erst müssen die Einwohner für Milch und Getränke bezahlen, danach für die Entsorgung der Behälter. Wenn die nach staatlichen und wissenschaftlichen Vorschriften organisierte Deponie gefüllt sein sollte, müssen sie noch mehr bezahlen oder aufhören zu konsumieren. Auch in Colón fällt Müll an, der aber nicht als Problem empfunden wird, denn viele Einwohner benötigen gebrauchte Getränkebehälter. Die Deponie von Colón ist ein offener Feldrain. Sie wird regelmäßig angezündet, das hält sie beständig auf eine gleiche Größe und vertreibt auch das Ungeziefer.

In Erftstadt regen sich die Einwohner über das kleinste Loch in der Straße auf. In Colón würde es dafür zu viele Löcher geben. In Colón gibt es 600 Pferdekutschen und nur wenige private Autos. In Erftstadt gibt es keine Pferdekutschen und in fast jedem Haushalt wenigstens ein Auto. Die einen verdrecken die Straßen, die anderen die Luft.

In Colón spielen zahlreiche Einwohner, allerdings ausschließlich die männlichen, auf der Straße Dominó und noch viel mehr sehen ihnen dabei zu. In Erftstadt spielen die männlichen Einwohner zu Hause am Computer und niemand sieht ihnen dabei zu.

In Erftstadt essen die Einwohner in kleinen Restaurants Hamburger, Pizza und Döner, Letztere auch manchmal auf der Straße, allerdings oft auch lieber allein im Auto. In Colón essen die Einwohner auf der Straße kubanische Pizza (dicker Teig und als Belag eine Art Ketchup sowie mit einem weiteren Belag, der wie Käse aussieht, aber keiner ist, was ja manchmal auch in Deutschland vorkommen soll) und Milchbrötchen mit gebratenem und zerfasertem Schweinefleisch, aber niemals im Auto, denn dann könnten sie ja nicht mit ihren Bekannten auf der Straße schwatzen, und jeder Einwohner hat zahllos viele Bekannte.

Erftstadt ist ein ruhiger, nachts ein sehr stiller Ort. In Colón erklingt bis spät in die Nacht hinein aus zahlreichen Häusern Musik. In Erftstadt leben die Menschen in ihren abgeschlossenen Häusern, in Colón auf den Straßen vor ihren Häusern. In Colón fallen die Temperaturen selten unter 25 Grad, aber wenn doch, dann denken die Einwohner, es ist Winter, und ziehen lange Hosen und Pullover an. In Erftstadt steigen die Temperaturen selten über 25 Grad, aber wenn doch, dann denken die Einwohner, es ist Sommer.

2. GRUND

Weil die Geschichte auf Kuba nicht zu Ende ist

Die Aussage, dass Geschichte niemals stehen bleibt, ist banal, obgleich es Gesellschaften gibt, in denen über längere Zeiträume hinweg keine Entwicklungen zu erkennen sind. Trotzdem existieren derartige Entwicklungen, wenngleich sie sich nicht äußerlich bemerkbar machen, weil sie sich unter der Oberfläche vollziehen, aber die Bedingungen für – zumeist sogar abrupte – Veränderungen schaffen. Für Kuba trifft dies in erheblichem Maße zu, obwohl während des letzten Jahrzehnts zahlreiche Veränderungen veranlasst wurden, diese zwar äußerlich durchaus kleinere Reformen nach sich zogen, jedoch die wirtschaftlichen Bedingungen nicht wesentlich berührten und überhaupt nicht die politischen. Angesichts der wirtschaftlichen Verfassung des Landes und des Alters seiner engeren Führung entstehen jedoch unausweichlich Fragen für zukünftige Veränderungen.

Zugleich sind in Deutschland Mythen über die kubanische Revolution weit verbreitet, aber nicht nur das, denn auch Mythen über den aktuellen Zustand des Landes gibt es, und ebenso Mythen über die Bedingungen eines Urlaubs auf dieser Insel, in die man sich so leicht verlieben kann.

Ich schreibe hier kurz über derartige Mythen, weil sonst vielleicht so manche Leserinnen und Leser mir – voreilig – den Vorwurf machen könnten, dass ich doch auch nur über Friede, Freude, Eierkuchen schreiben würde.

Das Schwierigste im Leben besteht darin, Mythen aufzugeben, sie abzuschütteln, um die Möglichkeit eines unverstellten Blicks auf die Welt zu gewinnen. Ich stelle hier nur einigen Mythen nachweisbare Fakten gegenüber:

1. Kuba war vor der Revolution ein unterentwickeltes, von den Amerikanern ausgebeutetes und von amerikanischen Mafiosi beherrschtes Land.

1958 gehörte Kuba zu den vier meistentwickelten Ländern Lateinamerikas. Es verfügte über ein höheres Durchschnittseinkommen als zahlreiche westeuropäische Staaten. Beispielsweise wies es mehr Fernsehgeräte pro Kopf der Bevölkerung auf als Italien. Die Weltbank bezeichnete Kuba damals als das meistentwickelte tropische Land. Noch heute wird in deutschsprachigen Reiseführern darauf hingewiesen, dass z.B. auch Al Capone auf Kuba aktiv gewesen sei. Al Capone war niemals auf Kuba, denn seit 1931 saß er in Alcatraz ein, wurde 1939 mit schwerer Syphilis entlassen und starb 1947 in Einsamkeit. Kuba hatte 1958 ca. 6,5 Millionen Einwohner, davon gehörten ca. 1 Million Menschen, die fast alle in den folgenden zwei Jahren aus Kuba flüchteten, zur Mittelschicht.

2. Kuba hat sich durch die Revolution von der politischen und wirtschaftlichen Abhängigkeit der US-Amerikaner befreit.

Auf dem Höhepunkt der Kubakrise von 1962 waren 42.000 sowjetische Soldaten auf Kuba stationiert. Auch danach war Kuba vollständig von der Belieferung mit sowjetischen Waffen abhängig. Während des Angolakrieges in den 80ern wurde der Einsatz kubanischer Soldaten ausschließlich durch sowjetische Truppentransporter zur Luft und zu Wasser bewältigt. Nach 1962 finanzierte die Sowjetunion den größten Teil des kubanischen Staatsbudgets, zumeist als Kredite getarnt, die jedoch nicht zurückgezahlt werden konnten und später von Putin erlassen wurden.

1958 beherrschte amerikanisches Kapital ca. 30 % der Zuckerproduktion, aber zwei Drittel des Außenhandels wickelte Kuba mit den USA ab. 1980 wickelte Kuba über 80 % seines Außenhandels mit der Sowjetunion sowie mit einigen wenigen anderen sozialistischen Staaten ab. Danach war Kuba wirtschaftlich weitgehend von zwei Staaten abhängig: von den Erdöllieferungen Venezuelas und den Krediten Chinas. Die wichtigsten industriellen und touristischen Wirtschaftszweige Kubas befinden sich heute zu 50 % in der Hand westlicher Großkonzerne, wovon beispielsweise Nestlé fast das gesamte Mineralwasser, die Erfrischungsgetränke und das Speiseeis Kubas produziert.

3. Die Revolution hat das Land alphabetisiert und kostenlose Bildung sowie Gesundheitsfürsorge eingeführt.

1958 betrug die Alphabetisierungsrate landesweit 76 %, in den Städten ca. 90 %, in ländlichen Gegenden immerhin noch 58 %. In den Städten existierte ein, mit westlichen Maßstäben verglichenes, sehr gutes und differenziertes Bildungssystem. Beispielsweise wurde bereits in den 30ern in der Mittelstadt Colón der größte Schulkomplex Kubas gebaut. Die Alphabetisierungskampagne der Revolution erstreckte sich hauptsächlich auf ländliche Regionen, was zweifelsohne eine wichtige Maßnahme war, ohne jedoch deren Zielrichtung zu verkennen, nämlich sich zugleich Anhänger des Sozialismus zu schaffen. Gleichfalls war in den Städten das Gesundheitssystem breit entwickelt, auf dem Lande gab es erheblichen Nachholbedarf, aber woran sollte der damals gemessen werden? Das Gesundheitssystem war weiter entwickelt als beispielsweise in Portugal, Spanien oder Süditalien, zudem war es das am weitesten entwickelte Lateinamerikas. Außerdem ist nicht zu verkennen, dass in zahlreichen lateinamerikanischen Staaten Bildung und Gesundheit inzwischen erhebliche Fortschritte gemacht haben. Bildung und Gesundheit können nirgendwo kostenlos sein, schließlich müssen die darin arbeitenden Menschen und das eingesetzte Kapital bezahlt werden. Im Kuba der Revolution wurde es aus zwei Quellen bezahlt, zum einen durch die bereits angeführten sowjetischen Subsidien, zum anderen durch die extrem niedrigen kubanischen Löhne. Von Anfang an konnte der kubanische Sozialismus diese Errungenschaft nicht selber erwirtschaften und war in diesem System die Korruption ein stetiger Begleiter.

Wenn in Reiseführern einige der sogenannten Errungenschaften der Revolution angeführt werden, verschweigen diese zugleich auch nicht den Zustand der meisten Häuser, auch nicht den der Straßen oder den der Industriebetriebe. Ebenso wird angeführt, dass die meisten der in Deutschland bekannten kubanischen Schriftsteller nicht mehr auf Kuba leben oder bereits in westlichen Ländern verstorben sind. Die Revolution hat nach 1959 die gewachsene kubanische Kultur aus den vorhergehenden 60 Jahren der Republik weitgehend zerstört. Indessen gehört zur Kultur nicht nur das, was wir sehen oder hören können, also die vielfältigen Kunstformen oder die materiellen Lebensbedingungen, sondern auch Bedingungen, die wir nicht unmittelbar zu erfassen vermögen, schon gar nicht als Besucher. Dies sind die Verhaltensweisen der Menschen untereinander und die Bedingungen ihres sozialen Beziehungsgeflechts.

Häuser, Straßen und Betriebe sind innerhalb einiger Jahre wieder aufzubauen, aber die Ansichten, die Einstellungen in den Köpfen oder die unbewussten Verhaltensweisen sind nicht unmittelbar zu verändern. Das gravierendste kulturelle Zerstörungswerk der Revolution ist in den Köpfen und in der Seele der Kubaner vor sich gegangen.

3. GRUND

Weil Sergio González untergehen wird

Fast zwei Jahrhunderte lang konnten problemlos Zucker und Kuba in einem Atemzug genannt werden. Auch heute noch prägen ausgedehnte Felder mit Zuckerrohr viele Gegenden der Insel. Aber dieser Eindruck verstellt den Blick auf die Realität. Die Produktion ist inzwischen so stark gefallen, dass kaum noch Zucker exportiert werden kann, und selbst die Versorgung der Bevölkerung ist nicht immer gesichert.

Über 100 Jahre prägte eine besondere Eigenschaft die Zuckerwirtschaft Kubas. Der Anbau des Zuckerrohrs und seine Verarbeitung zu Rohzucker waren komplett in einer Hand, nämlich in der des Besitzers einer Zuckerrohr-Hacienda. Alles bis zum Versand des Zuckers in die Häfen passierte auf seinem Grund und Boden. Zugleich wurden – quasi nebenbei – auch noch die wichtigsten Nahrungsmittel angebaut, wie Mais, Malanga, Yuca, Reis und Bohnen sowie Hühner, Schweine, Rinder, Ochsen und Pferde gehalten. Die Hacienda war eine in sich geschlossene Einheit, einschließlich der Aufseher, der Sklaven und später auch der Arbeiter sowie ihrer Versorgung mit Lebensmitteln bzw. einfachen Gütern für den Alltag. »Ingenio« war dafür die Bezeichnung auf Kuba. In einer Fabrik entstand der Zucker, alles andere wurde um diese herum zentralisiert, vielleicht daher auch die heutige Bezeichnung »Central« für die Zuckerfabriken. Erst nach der Unabhängigkeit um 1900 löste sich das System der Ingenios allmählich auf. Zumeist trugen sie historische Namen bzw. den Namen ihrer früheren Besitzer. Bis Anfang der 70er-Jahre blieb Zucker das wichtigste Produkt Kubas, danach brach seine Wirtschaft zusammen. In einem kubanischen Buch von 2014 sind alle Unternehmen Kubas für das Jahr 1958 zusammengestellt. Darin werden diese Fabriken immer noch aufgeführt, als Bestandteil unterschiedlicher Zuckerunternehmen, teilweise im Besitz amerikanischer Konzerne, teilweise im Besitz kubanischer Familien und teilweise in gemischtem Besitz. Nach 1960 wurden sie sämtlich verstaatlicht und ihre Namen den neuen Verhältnissen angepasst.

Wenn man aus der Provinzhauptstadt Matanzas kommt, liegt fünf Kilometer vor der Mittelstadt Colón das Dorf Sergio González. 1840 gründete hier der zweite Sohn der Familie Diago eine Zuckerfabrik. Dieser Familie gehörten umfangreiche Ländereien einschließlich weiterer Zuckerfabriken. Die neue Ingenio erhielt den Namen »Tinguaro«, so auch das Dorf für 160 Jahre.

Das Zentrum des kleinen Dorfes ist sein Dorfplatz. Wie alle Dorfplätze aus der spanischen Zeit ist er viereckig gestaltet mit breit ausladenden Bäumen, deren dichtes Blätterdach fast den gesamten Platz überschattet, an den Rändern des umlaufenden Weges sind Bänke aufgestellt. Am Ende des Platzes beginnt bereits das Gelände der Zuckerfabrik. Sergio González wird von der Regierung als Revolutionsheld verehrt. Als Mitglied der städtischen Widerstandsbewegung »Moviemento 26 de Julio« gegen die Diktatur des Generals Batista wurde er 1958 in Havanna erschossen. Bis dahin hatte er über 100 Bombenattentate verübt. Heute würde er dafür als Terrorist gebrandmarkt. Aber nachdem seine Bewegung die Macht übernommen hatte, war er kein Terrorist mehr, sondern ein Freiheitskämpfer. Indessen – welch eine Ironie der Geschichte – als Namensgeber für das Dorf, die Zuckerfabrik und sogar für das kleine örtliche Baseballstadion hat er keinen Segen gebracht. Die Zuckerfabrik ist in chinesischen Stahlkochern gelandet, auf dem Rasen des Stadions weiden Ziegen, und das Dorf ist vergessen. Es wird kein Zucker mehr auf Tinguaro produziert. Auch die Eisenbahn, die direkt in die Fabrik hineinführte, gibt es nicht mehr.

Drei Teile sind von der Fabrik noch übrig geblieben:

Zuerst die Schornsteine, deren Betonringe immer noch makellos weiß sind. Am linken ist in verblichener Farbe zu lesen »S. González 1964« und am rechten »S. González 1983«. Zwischen ihnen ragt hoch eine stählerne Welle auf, an deren oberem Teil sich drei unterschiedlich große Zahnräder befinden. Eine unbeabsichtigte Installation, die unwillkürlich an ein Kreuz erinnert. Als Zweites befinden sich dahinter zwei Hallen, einst wahrscheinlich die Lagerhallen für Rohr und Zucker. Teilweise sind sie aus Wellblech, aber teils auch mit Wellasbest verkleidet. In ihnen soll heute ein Öllager sein. Aber niemand im Dorf weiß so richtig, was in ihnen vorgeht.

Das dritte Überbleibsel ist in der ganzen Landschaft verstreut. Es liegt am Wegesrand, vor den Häusern oder macht sich im Alltag der Menschen als Baumaterial nützlich. Keine fünf Meter nach dem Dorfplatz lugt schon das Gehäuse einer Pumpe aus dem Gras, oder eine Kurbelwelle versperrt den Weg, oder ein Gestänge stützt das Vordach eines Hauses, oder ein Rohr grenzt ein Gärtchen ab, oder Räder liegen an Stellen, wo man sich fragt, wie da eine Maschine hingekommen sein soll. Auf dem letzten Gleis, dessen Schienen bis jetzt noch nicht zum Abstützen eines Hauses oder als Zaunpfähle verwendet wurden, rostet ein knappes Dutzend alter Kesselwagen vor sich hin. Überall riecht es nach Metall.

Im großen Verwaltungsgebäude am Dorfplatz stehen vom ersten Stock nur noch die Wände, und selbst im Erdgeschoss hat das Regenwasser die meisten Räume unbenutzbar gemacht. Obgleich die wenigen noch übrig gebliebenen Holzhäuser wahrscheinlich den nächsten Hurrikan nicht überstehen werden, sind sie mit ihren hölzernen Ornamenten und Schnitzereien vom Ende des 19. Jahrhunderts immer noch eindrucksvoll. Vielleicht würde mit ihnen auch die letzte architektonische Erinnerung an die alte »Ingenio« verschwinden, wäre da nicht noch das ehemalige Herrenhaus. Es ähnelt den Plantagenhäusern aus den Südstaaten der USA, mit einem Aufgang sowie einem breiten Vordach an drei seiner Seiten. Aus der Ferne wirkt es noch gut erhalten, sein beiger Anstrich scheint frisch zu sein, die Holzsäulen sind in Blau gehalten, die großen Türen und hohen Fenster sind geöffnet. Aus der Nähe sind die Holzsäulen durch einfache Betonsäulen ersetzt, auf dem Vordach grünt Gras, die Fenster hängen schief in den Angeln, vor seinem Aufgang spielen Kinder. Es dient heute als Kindergarten.

Und wo sind die Menschen geblieben? 1958 arbeiteten auf »Tinguaro« 2.400 Menschen. Fast so viele wie damals im ganzen Dorf wohnten. Etliche von ihnen sind am Vormittag eines normalen Wochentages zu erleben: Frauen stehen vor den Läden, andere hängen in den Vorgärten die Wäsche auf, an den Wegesrändern stehen Männer in gemächlichem Schwatz zusammen, andere spielen im Park Dominó, und an der Bushaltestelle sitzt ein Dutzend Säufer.

Vor den Schornsteinen ist einen Meter über dem Erdboden noch ein schmaler Betonsockel erhalten. Auf ihm steht verwaschen, wenngleich in roter Farbe noch lesbar:
»REVOLUCIÓN«

Hätte Geschichte einen Sinn, würde sie sich dafür rächen, dass aus Terroristen Helden gemacht werden sollen.

4. GRUND

Weil ein Spruchband diabolische Freude erzeugen kann

Eines Tages war es da, niemand wusste, wer es angebracht hatte, es flatterte fröhlich im Wind. Über dem Eingangsportal des Literaturinstituts der Universität von Havanna hing ein Spruchband mit der markanten Aussage:
»Alles, was wir sind, sind wir durch die Revolution!«

Den Studenten und ihren Professoren waren Losungen zum Lobpreis der Revolution nun wahrlich nichts Neues, weshalb auch das Spruchband zunächst keinerlei Aufmerksamkeit auf sich zog. Aber das änderte sich binnen weniger Tage. Anfangs blieben nur einzelne Studenten vor dem Portal stehen, schauten nach oben und grinsten. Dann wurden es immer mehr, bis auch Professoren innehielten. Ganz selbstverständlich ging man davon aus, dass irgendeine höhere staatliche Instanz die Losung angebracht hatte; schließlich entsprach sie exakt der Sicht der Staats- und Parteiführung, gemäß welcher die Revolution alles, aber auch wirklich alles auf Kuba umgekrempelt hatte, wodurch eine völlig neue Gesellschaft entstanden sei.

Dann geschah etwas Seltsames: Das Portal des Literaturinstituts bevölkerte sich. Scheinbar rein zufällig gingen nun auch zahlreiche Studenten anderer Fakultäten mit in den Nacken gelegten Köpfen an ihm vorbei, sogar Mitglieder der Parteileitung wurden erkannt.

Die Studenten und ihre Professoren dachten beim Lesen der Losung an genau dasselbe. Sie dachten nicht an die Revolution, sondern an den desolaten Zustand ihres Gebäudes, an die fehlenden Lehrmaterialien, an die menschenunwürdigen Wohnbedingungen der Studenten, an das abscheuliche Mensaessen, an den geistigen Zwang, dem sie alltäglich ausgesetzt waren.

Die Professoren erinnerten sich, dass sie niemals an internationalen Literaturdiskussionen würden teilnehmen können, dass sie sogar ihre Lieblingsschriftsteller vor den Studenten verleugnen mussten und über die emigrierten kubanischen Autoren regelmäßig Verachtung auszugießen hatten, dafür aber den Schwachsinn der Staatsschriftsteller als größte künstlerische Leistung würdigen mussten. Die Studenten wiederum dachten vor allem daran, dass die Mehrheit von ihnen nur ein Lebensziel hatte, welches nicht Literaturwissenschaft oder Lektorentätigkeit oder gar Schriftstellerei hieß. Dieses Lebensziel hatte lediglich fünf Buchstaben: Miami!

Noch amüsierten sich die Studenten über die Losung, zwar nur heimlich, aber doch deutlich. Auf den ersten Blick stieß sie der Absolutheitsanspruch ab, denn schließlich verdankten sie das, was sie waren, nicht zuletzt ihren Familien – und hatten sie nicht auch eigene Wünsche? Der zweite Blick ging tiefer. Die Losung kam ihnen wie ein prägnanter Aphorismus vor. Die Revolution, die sie tagtäglich zu preisen hatten, war verantwortlich für ihre elenden Lebensbedingungen und für ihre schizophrene Geistesverfassung.

Sie war dafür verantwortlich, dass sie zugleich ihre Heimat lieben und sie so schnell wie nur möglich verlassen wollten. Offiziell war die Revolution die größte Errungenschaft des Landes; in der abstrakten Formulierung dieser Losung wurde sie zum Gegenteil, das Scheinbare an ihr wurde öffentlich. Dafür liebten die Studenten das Spruchband. Nun schwante auch dem letzten Parteimitglied, dass irgendetwas an der Losung verräterisch sein musste.

Einige Tage später war das Spruchband über Nacht verschwunden. So wie niemand wissen wollte, wer das Spruchband angebracht hatte, wollte auch niemand die Umstände seines Verschwindens erfahren. Indessen hatte sich die Erinnerung daran in den Köpfen der Studenten verankert. Eine diabolische Freude war in ihre Seelen eingezogen.

5. GRUND

Weil kubanisches Einkaufen ein archaischer Vorgang ist

Wie verhält sich ein Volk beim Einkaufen, das ein halbes Jahrhundert nicht einkaufen konnte?

Es verhält sich dabei mit allen nur denkbaren menschlichen Eigenschaften, nur nicht mit der normalen Selbstverständlichkeit eines westlichen Konsumenten, denn diese hat er niemals gelernt. Einkaufen zu können ist ein neuartiges Phänomen in der jüngeren Geschichte Kubas. Allerdings taucht bei diesem Phänomen zuerst eine andere Frage auf. Wieso konnte im letzten halben Jahrhundert nicht eingekauft werden, schließlich gab es immer Geld, mit dem in den Geschäften bezahlt werden musste. Zwar wurde mit Geld bezahlt, aber nicht mit Geld gekauft. Die wichtigsten Mittel zum Leben waren als Kontingente in einem kleinen Heft, der Libreta, aufgeschrieben, und diese Kontingente wurden über eine staatliche Verteilungsstelle verteilt, die Bodega. Zwar war an den Produkten in der Bodega auch ein Preisschild befestigt, aber dieses war rein symbolischer Natur, denn erworben werden konnte immer nur das vom Staat festgelegte persönliche Kontingent, und der Lohn, der ausschließlich aus der Arbeit in staatlichen Unternehmen entstammte, reichte genau aus, um diese Kontingente zu bezahlen. Zwar gab es auch staatliche Geschäfte mit freien Produkten, aber dieses Angebot war recht schmal und hatte für den normalen Kubaner Fantasiepreise. Allerdings wuchs dadurch der Schwarzmarkt beständig.

Dieses System der Versorgung war für den einzelnen Konsumenten einfach. Der Begriff »Einkaufen« war seines traditionellen Inhalts beraubt. Einkaufen und Bezahlen waren auf einen rein formalen Vorgang reduziert. Damit war die gesamte Prozedur der Erlangung von »Lebensmitteln« übersichtlich, so wie auch das gesamte Leben überschaubar und wohlgeordnet war. In einem solchen System war es für den Konsumenten ungemein leicht, sich zu orientieren. Sein gesellschaftliches Orientierungsgerüst bestand nur aus wenigen Eckpunkten, die zudem langfristig stabil blieben. Es gab keine Schwankungen der Preise oder einen Wechsel der Moden, und ebenso wenig war es erforderlich, sich ständig auf ein verändertes Angebot einstellen zu müssen. Es war ein sozialistisches Paradies, allerdings nur für diejenigen, denen dieses System genügte, weil sie sich daran gewöhnt hatten.

Vor wenigen Jahren veränderte der Staat dieses System, allerdings nicht plötzlich und auch nicht radikal, sondern allmählich, aber nach einiger Zeit war die Veränderung gründlich. Zwar gibt es immer noch die Lebensmittelkarten und die Bodega, aber wichtig sind sie nur noch für den ärmeren Teil der Bevölkerung. Für alle anderen Kubaner ist die staatliche Zuteilung nur eine Ergänzung, ansonsten hat für sie das Zeitalter des Kaufens begonnen! Die Ursachen dieses Wechsels sind für den Charakter dieses neuen kubanischen Zeitalters zuerst einmal unwichtig.

Die Natur des Kaufens ist mit zwei Grundeigenschaften über die Kubaner hereingebrochen. Zum einen als Wunder und zum anderen als Katastrophe. Das Wunder ist, erstmalig überhaupt kaufen zu können. Die Katastrophe ist, kaufen zu müssen. Kaufen ist ein abscheulich guter Vorgang.

Das Kaufen beginnt mit Ehrfurcht und endet mit Betrug. Geduldig wird sich an das Ende einer Schlange von Käufern angestellt. In der Zeit bis zum Kauf zieht ein Vorgefühl auf die Freude am Akt des Kaufens in das Herz des Käufers ein. Ausführlich lässt er sich das Produkt erklären, er berührt es, nimmt es in die Hand, dreht und wendet es, zieht den von ihm ausgehenden Duft ein, er gewinnt die Erfahrung, dass jedes Produkt anders riecht, er probiert es persönlich aus, befragt intensiv den Verkäufer, holt die Ansicht des nach ihm folgenden Käufers ein, fragt noch einmal nach dem Preis, spürt, welch großartigem Vorgang er beiwohnt und welche Aufregung zu Hause beim Auspacken alle Anwesenden ergreifen wird. Seine Zeit ist nicht Geld, sondern sein Geld ist Zeit.

Der Verkäufer bleibt gelassen, denn als staatlicher Angestellter steht er nicht unter dem Zwang, verkaufen zu müssen. Aber immer, wenn er die Möglichkeit erspäht, auch wirklich immer, den ehrfurchtsvollen Käufer zu betrügen, wird er sie auch nutzen. Derlei Möglichkeiten hat er viele. Aus dem Karton eines Fernsehgeräts wird das Kabel entfernt, um es gesondert verkaufen zu können. Dem Käufer wird das Wechselgeld ordentlich vorgezählt, aber bei der Übergabe geschwind ein Schein aus dem Packen entfernt. Ein billiges chinesisches Produkt wird zu dem höheren Preis eines vietnamesischen verkauft.

Am einträglichsten für ihn ist es jedoch, besonders begehrte, weil nicht ausreichend zum Verkauf zur Verfügung stehende Produkte über einen Umweg zum Konsumenten gelangen zu lassen. Diese Produkte gelangen erst gar nicht in den direkten Verkauf, sondern werden mit einem kleinen Aufschlag an einen illegalen Zwischenhändler weitergegeben. Auch der verkauft nicht, sondern gibt diese an ebenso illegale Kleinhändler auf einem – allerdings staatlich anerkannten – Markt weiter, gleichfalls mit einem kleinen Aufschlag, sodass dann dieser Markt der eigentliche Verkaufsraum wird, mit einem dritten Aufschlag. Dieses System hat einen doppelten Vorteil. Zum einen reguliert hier der Preis tatsächlich die Nachfrage, und zum anderen nährt es alle der an dieser Kette Beteiligten.

Der Käufer kennt das System und rächt sich daran. Er kauft nicht nur das, was er gerade benötigt, sondern auch alles, was er irgendwann in der Zukunft eventuell benötigen könnte. Er bevorratet sich, um die Zwischenhändler auszuschalten. Das zwingt ihn, sich in den Geschäften ständig auf der Suche zu bewegen. Von der Öffnung bis zum Verkaufsschluss sind die Geschäft durchgehend proppenvoll, wodurch die in das Geschäft hineindrängenden Käufer diejenigen, die bereits gekauft haben, nicht herauslassen, sondern wieder in das Geschäft zurückschieben, weil sie ja hinein wollen.

Die Kubaner erfahren jetzt die Zwiespältigkeit eines vielfältigen Konsums. Kaufen macht glücklich, aber nicht zufrieden, Kaufen produziert permanent Unzufriedenheit, Kaufen macht gierig,

Kaufen gibt dem Neid als einem menschlichen Urtrieb beständig neue Nahrung, ohne dass dieser Neid als eine selbstverständliche Voraussetzung für Wohlstand und Demokratie verinnerlicht ist. Mit dem Beginn des Zeitalters des Kaufens beginnt für die Kubaner auch das Zeitalter der individuellen Differenzierung. Selbstsucht zieht in die Familien und Freundschaften ein. Das Glück, ein Paar neue modische Schuhe zu besitzen, ist unabdingbar mit dem Neid des Nachbarn darauf verbunden, woraus sich sein Bestreben ergibt, auch solche Schuhe kaufen zu können. Kaufen produziert Unterschiede, Kaufen ist auf Abgrenzung ausgelegt, Kaufen ist nicht die Herstellung von Gleichheit, Kaufen ist von Natur aus antidemokratisch. Es ist banal und trotzdem nicht selbstverständlich: Kaufen und Erwerbstrieb sind nicht voneinander zu trennen. Wer kauft, lebt noch; wer nicht kaufen kann, vegetiert nur.

Kaufen hat einen archaischen Charakter. Kaufen hat nicht das Ziel zu konsumieren, sondern es muss gekauft werden, um das Leben zu überstehen. Bisher war den Kubanern das Leben als Selbstverständlichkeit gegeben, jetzt müssen sie es sich erkaufen.

6. GRUND

Weil die Kubaner Qualitäten zu schätzen wissen

Eigentlich könnte Kuba eine entfernte Insel Chinas sein. Offiziell ist China in Kuba ein hochgelobtes Land. Es ist der größte Kreditgeber Kubas. Warum gewährt China einem kleinen Staat so viel Kredit? Außer Nickel verfügt Kuba über keine Rohstoffe. Und China verfügt auf Kuba über keine Militärbasis, noch nicht! Aber China hat nur wenige Freunde in der Welt. Kuba ist einer davon. Aber unter den Kubanern ist China verhasst, heimlich, inoffiziell, denn ihr Land ist überschwemmt mit chinesischen Waren. China produziert Waren in drei verschiedenen Qualitäten. Die erste für die Industrie- und die reichen Erdölländer, die zweite für den Rest der Welt, und die dritte nur für ein einziges Land, aber diese verkauft sie eigentlich gar nicht, sie liefert Kuba diese auf Kredit. Aber wann könnte Kuba jemals die chinesischen Kredite zurückzahlen? Ein wenig bedienen schon, aber zurückzahlen?

Für den Kubaner kommen immer zuerst die Autos. Die Pkw heißen Geely oder MG, die Busse Yutong und die Lkw Howo-Sinotruck. Nach wenigen Hundert Kilometern stottert der Motor, bricht das Getriebe auseinander, die Lichtmaschine versagt, und auf die elektronischen Anzeigen ist sowieso von vornherein kein Verlass. Die Autoverleiher fluchen, die staatlichen Fahrer müssen ihren Mund halten, und die wenigen privaten Besitzer fahren selten. Aber alle basteln. Vor den Autos hatten die Chinesen den Kubanern eine Million Fahrräder verkauft. In einem Land mit nur noch rudimentärem Nahverkehr waren sie sehr willkommen, aber sie kamen ohne Lampen, ohne Rücklicht, ohne Handbremse, ohne Gangschaltung und ohne Spiegel. Ohne Lampen ist eigentlich kein Problem, weil der Sozialismus sowieso eine lichte Zukunft hat, und ohne Bremsen auch nicht, weil es im Sozialismus nur immer vorwärts geht, und auch eine Gangschaltung ist nicht erforderlich, weil die Parteiführung die Geschwindigkeit bestimmt. Selbstverständlich auch ohne Ersatzteile, aber das ist auch nicht so problematisch, denn schließlich ist jedes kaputte Fahrrad schon an sich ein Ersatzteillager. Zumeist tragen die Kubaner normale Kleidung, mehrheitlich chinesische Qualitätsware, so jedenfalls steht es auf den Etiketten, am liebsten T-Shirts, die aber bereits nach der ersten Wäsche Farbe verlieren, dünn werden und deren Nähte reißen. In jedem kubanischen Haushalt stehen mindestens fünf elektrische Geräte: eine Kochplatte, ein Reiskocher, ein Radiogerät, ein Fernsehapparat und ein Kühlschrank. Allesamt aus China, nicht aus Freundschaft, sondern für Freundschaft! Das wissen auch die Verkäufer. Wir wollten eine Klimaanlage kaufen. Eine preisgünstige gab es von der chinesischen Firma Daytron. Der Verkäufer erkennt in mir den Ausländer. Er rät ab, hinten im Lager hätte er noch eine japanische Panasonic-Anlage, deutlich teurer, aber auch deutlich leistungsfähiger und weniger reparaturanfällig. Ich akzeptiere seine Erfahrung. Zu Hause packen wir die japanische Klimaanlage aus. Auf der ersten Seite der Bedienungsanleitung lese ich: Made in China!

Aber halt! Keine voreiligen Schlüsse, denn immerhin werden in den Geschäften auch Haushaltsgeräte internationaler Marken angeboten, beispielsweise DeLonghi oder Kenwood oder auch Hamilton Beach. Geräte mit diesen Markennamen sind überall zu haben. Allerdings sind auch sie in China produziert. Aber nur eine einzige Marke dominiert den kubanischen Markt: die chinesische Marke Daytron. Die Kubaner wachen frühmorgens mit einem Radiowecker von Daytron auf, schalten die Nachttischlampe von Daytron an, bedienen den Deckenventilator von Daytron, öffnen einen Kühlschrank von Daytron, ihr Kaffee dampft in einer Daytron-Maschine, ein Daytron-Fön trocknet die Haare, der Reiskocher von Daytron gart den ersten Reis des Tages, nebenbei ertönt Musik aus der Daytron-Stereoanlage, während die Wäsche in einer Daytron-Waschmaschine rollt, danach wird sie mit einem Daytron-Dampfbügeleisen geglättet, auf einer Kochplatte von Daytron brutzeln die Kochbananen, und das Ende des Tages leitet eine Telenovela auf einem Fernsehgerät von Daytron ein. Wenn mal wieder der Strom ausfällt, hilft eine Akku-Lampe von Daytron. Daytron beherrscht ihr Leben!

Der kubanische Handwerker bohrt mit einer chinesischen Bohrmaschine und einem chinesischen Bohrer ein Loch in die Wand, in das er einen chinesischen Dübel steckt, darin dreht er eine chinesische Schraube mit einem chinesischen Schraubendreher ein, um daran einen chinesischen Wandhaken zu befestigen, woran ein chinesisches Handtuch gehängt wird.

Am schlimmsten jedoch sind die Plastikwaren, ähnlich wie bei uns, aber hier geben die Dosen und Vorratsbehälter oder Abfallbehälter und Wäscheständer oder Schüsseln und Eimer oder Besen und Kehrschaufeln oder Trinkbecher und Schneidbretter oder Toilettenbürsten und Regenschirme alsbald ihren Geist auf. Sie sind nichts weiter als nach Kuba gekehrter Industriemüll.

Zum Glück, sagen die Kubaner, können die Chinesen noch nicht Zigarren und Rum herstellen, auch von kubanischer Musik verstehen sie nichts, sonst wäre Kuba wohl vollends eine chinesische Enklave.

Einst wurden die kubanischen Züge auf dem dichtesten lateinamerikanischen Eisenbahnnetz von englischen und amerikanischen Lokomotiven gezogen, dann von russischen, das war schon ein schrecklicher Abstieg, jetzt sind es chinesische, sehr schwere, zu schwer für die alten Gleise, nun fahren nur noch wenige Züge durch Kuba.

Die Kubaner benötigen sehr viel Nachsicht, um Verständnis für die mit den chinesischen Produkten verbundene Freundschaft zu diesem entfernten Land aufzubringen. Da hilft es auch nicht, dass Reis das Grundnahrungsmittel der Kubaner ist, allerdings zumeist gemischt mit Bohnen, dies heißt dann »Moros y Cristianos«, was in Deutschland nicht geschrieben oder gesprochen werden dürfte, so wie eine bekannte Operette inzwischen nur noch »Der Baron der Sinti und Roma« heißen sollte. Allerdings gibt es den Reis auch gelb gefärbt, dann heißt er »Arroz Amarillo«, doch das dürfte den Chinesen nicht gefallen.

7. GRUND

Weil die kubanischen Medien immer für eine kuriose Überraschung gut sind

Wer wird im Urlaub schon Zeitungen lesen wollen! Und dann auch noch Zeitungen, deren äußere Qualität arg an uralte Zeiten des vergangenen Jahrhunderts erinnert und deren inhaltliche Ausrichtung mit dem *Neuen Deutschland*, der Staatszeitung der untergegangenen DDR, vergleichbar ist.

Aber warum nicht ein wenig Nachrichten im Fernsehen? Immerhin verfügt das kubanische Fernsehen über stolze zehn Kanäle, und wenngleich nicht alle ständig ein Programm ausstrahlen, ist diese Anzahl durchaus bemerkenswert für ein Land, in dem es keine Frischmilch zu kaufen gibt.

Aber zuerst zu den Zeitungen, denn denen wird der Tourist wenigstens in Havanna auf den Straßen durchaus begegnen, und ihr Inhalt ist nicht frei von unfreiwilliger Narretei. Es gibt drei Tageszeitungen, die häufigste ist die *Granma*, die Zeitung der kommunistischen Staatspartei, benannt nach der maroden Jacht, mit der Fidel Castro und seine zukünftigen Rebellen am 2. Dezember 1956 an der Ostküste Kubas jämmerlichen Schiffbruch erlitten. Das ist doch bereits im Titel eine unfreiwillige Posse. Sodann mit der *Juventud Rebelde*, jugendliche Rebellen oder rebellische Jugendliche, die Zeitung des staatlichen kommunistischen Jugendverbandes, auch unfreiwillig komisch, denn wo in der Welt lebt eine Jugend, die über fünf Jahrzehnte jung und rebellisch geblieben ist. Allerdings kann dies auf Kuba durchaus möglich sein, weil die heutige kubanische Jugend diese Zeitung nicht liest, abgesehen von jüngeren Älteren, die weniger als ein Prozent ausmachen. Die dritte Tageszeitung wird von der staatlichen Gewerkschaft herausgegeben und heißt deshalb durchaus verständlich *Trabajadores*, also Arbeiter. Auf Kuba scheint es weder Bauern noch Angestellte, noch Freiberufler, noch Manager, noch Funktionäre von Staat und Partei zu geben, sondern ausschließlich Arbeiter, denn keine tägliche Staatszeitung würde zugeben, nur für eine kleine Minderheit der arbeitenden Bevölkerung zu schreiben, gar nicht zu reden von den Pensionären.

Darüber hinaus gibt es noch einige Regionalzeitungen, Wochenzeitungen und monatliche Magazine, darunter sogar eine humoristische Zeitung. Also doch eine unerwartet reichhaltige Landschaft der Printmedien! Oder? Falls Sie einen Blick in diese Zeitungen werfen sollten, so erwarten Sie bitte in keiner einzigen andere politische Informationen als die in der *Granma*, dafür jedoch reichhaltige Unterschiede bei den Sportberichten, den kulturellen Nachrichten oder den lokalen Berichten – jedenfalls soweit dies der recht schmale Umfang dieser Periodika überhaupt zulässt.

Aber was hat es mit der unfreiwilligen Narretei auf sich? Dazu einige Überschriften aus der *Granma* der Jahre 2016/17:

»Ohne Aufhebung der amerikanischen Blockade kein Fortschritt auf Kuba möglich« – Da müssen wohl den Propagandaverantwortlichen im Zentralkomitee der Kommunistischen Partei die Konsequenzen daraus abhandengekommen sein.

»Ohne Sozialismus ist unser Planet nicht zukunftsfähig« – Traurig für die westlichen Besucher Kubas, die überlebensnotwendig für das Land sind.

Zum Ableben von Fidel Castro: »Kuba wird Dein Denkmal sein« – Ist es das nicht schon?

Zum Todestag von Che: »Erinnerung an einen Giganten der Moral« – Che war illegal mit Waffen in Bolivien eingedrungen, um eine legal gewählte Regierung zu stürzen.

In wahrscheinlich allen internationalen Hotels wird in den Zimmern auch ein Fernsehgerät installiert sein. Damit beginnt Ihre große Zeit der kubanischen Fernsehabende! Beispielsweise können Sie sich auf dem Musikkanal Clave zahlreiche internationale Musikclips reinziehen, was sowohl für jüngere als auch ältere Touristen interessant sein dürfte, weil die älteren sich damit in ihre Jugend zurückversetzt fühlen und die jüngeren erfahren, was so vor 20 oder 30 Jahren »in« war. Also immerhin! Auch der Sportsender Tele Rebelde hält einen solch seltenen Service bereit, indem Sie die Tour de France vier Wochen, nachdem deren Ergebnisse feststehen, noch einmal live im kubanischen Fernsehen erleben dürfen. Aber immerhin kommen die Fans für Baseball unter Ihnen voll auf ihre Kosten, denn der größte Teil der Sportsendungen wird mit kubanischem und amerikanischem Baseball bestritten, und diejenigen unter Ihnen, die davon nichts verstehen, können diese Fernsehabende als Bildungsfernsehen verwenden. Also immerhin!

Sie fragen nach den Nachrichten? Da erfahren Sie das, was vorher in den Zeitungen stand! Allerdings nicht zu vergessen, dass die Nachrichten eine Besonderheit enthalten. Sie sind sehr lang, weil zumeist ausführlich Erklärungen der kubanischen Regierung verlesen werden, weshalb für Sie auf Kuba Schlaftabletten ganz und gar nicht erforderlich sind. Oft wird auch behauptet, dass im kubanischen Fernsehen nur gelogen wird. Das ist unzutreffend. Wenigstens eine Person lügt niemals: auf dem Musiksender Clave der Dirigent.

Allerdings verfügt das kubanische Fernsehen gegenüber dem in westlichen Staaten über einen immensen Vorteil. In westlichen Staaten gibt es eine fast schon unübersichtliche Vielzahl von Informationsquellen. Beispielsweise strahlen am Abend ARD, ZDF und RTL umfangreiche Nachrichtensendungen aus. Hinzu kommen noch während des gesamten Tages N-TV und N24. Es ist nicht immer sofort möglich, unter der Vielzahl von unterschiedlich ausgerichteten Beiträgen zu einem Thema herauszufinden, welche Informationen darin tatsächlich sachlich zutreffend sind. Also was ist die Wahrheit? Beispielsweise verschwand unter der Vielzahl der Beiträge zur Flüchtlingskrise im Sommer 2015 die wesentliche Information, dass über zwei Drittel aller Flüchtlinge männlich und unter 30 Jahren waren. In Kuba gibt es nur eine einzige Quelle, die Regierung. Der kubanische Fernsehzuschauer muss nicht zwischen den Kanälen zappen oder sich gar noch zusätzlich im Internet informieren. Er bekommt stets und immer nur eine einzige Meinung präsentiert. Das macht das Leben für ihn einfacher als für einen Westeuropäer. Zumeist jedoch verfügt der Kubaner über eine besondere Erfahrung, die beispielsweise wir in Deutschland so kaum besitzen. Die Wahrheit ist für ihn in einer recht kuriosen Art sehr einfach: Immer und stets genau nur das Gegenteil denken von dem, was ihm am Bildschirm dargeboten wird.

Aber gibt es denn keine normalen Sendungen? Doch, durchaus, beispielsweise amerikanische Serien, die Sie sich in Deutschland ja auch gelegentlich genüsslich reinziehen, und hier können Sie sogar welche sehen, die Sie von Deutschland her nicht kennen. Oder beispielsweise originale kubanische Serien, die so gut sind wie die früheren Serien im DDR-Fernsehen.

Und sonst wirklich rein gar nichts? Oder doch? Der Wetterbericht! Der hat eine Besonderheit, nämlich eine international ungemein hohe Treffsicherheit, wahrscheinlich sogar eine weltweit einzigartige! Bis auf Zeiten mit Regen trifft er immer exakt und präzis genau zu. Auf Kuba scheint fast immer die Sonne.

2. KAPITEL

MENTALITÄT

8. GRUND

Weil kubanische Geschichte voller Widersprüche ist

Der Direktor managt 15 Mitarbeiter, vier davon sind allerdings Putzfrauen, und einer ist der Nachtwächter. Mit zehn produktiven Arbeitern könnte seine Einrichtung in Deutschland ein größerer Handwerksbetrieb oder auch ein veritables Kleinunternehmen sein. Der Direktor produziert etwas, was niemand sonst in der Stadt produziert. Er nimmt damit eine einzigartige Stellung ein. Seine Produktion ist sensationell, denn es ist eine Produktion gegen die Philosophie des Staates. Allerdings kennen nur verschwindend wenige Menschen in der Stadt sein Unternehmen. Er produziert Geschichte, und dies in einem Land, in dem die Geschichte aufgehört haben soll, und in dem sich fast niemand dafür interessiert.

Seit 50 Jahren prangen in Kuba auf Hauswänden, Betonschildern oder auch auf Papptafeln Inschriften zum Ende der Geschichte, wie beispielsweise »Immer weiter bis zum Sieg des Sozialismus«. Nach 50 Jahren kann dieser Sieg jedoch so weit nicht mehr sein. Die Geschichte wäre abgeschlossen. Wozu also jetzt noch »Geschichte« sammeln? Das ist nur eine von zahlreichen Widersinnigkeiten eines Gesellschaftssystems, in dem es auch kein Geld mehr geben dürfte, aber inzwischen wieder das Leben eines jeden Menschen hauptsächlich von der Menge seines Geldes abhängt. Das war einmal völlig anders gedacht. Etliche Jahrzehnte lang hatte sich die Theorie eifrig bemüht, der Praxis standzuhalten, bis sie zu einer Karikatur wurde, die aus den Caprichos von Goya stammen könnte.

Der Direktor verdankt dieser historischen Anomalie seinen Job. Er managt das historische Archiv einer mittleren Stadt. 1992 verfügte der kubanische Staat, dass alle größeren Städte ein eigenes Archiv einzurichten haben. Seit der Machtergreifung der Rebellen im Januar 1959 war dies wohl ihr weisester Beschluss, denn er rettete das Wissen über ihr System und damit ihre eigene Geschichte.

Der Direktor hat es schwer, so schwer wie niemand sonst in der Stadt, denn er lebt nicht allein in dem Widerspruch, Geschichte zu retten, wo Geschichte eigentlich beendet sein soll, sondern auch noch einem weiteren. In einem Haus soll er Geschichte als Fortschritt bewahren, wo sie doch alltäglich nur als Rückwärtsgang auftritt. Zerstörte Straßen, ruinierte Bausubstanz, Fabriken ohne Kapitalstock, abwandernde Eliten – eine derartige Geschichte empfindet der Staat nicht als wertvoll zum Sammeln, aber der Direktor sammelt Dokumente, die keine Dokumente darüber sein sollen, er sammelt staatliche Dokumente, die von permanenten Erfolgen beim Leben in diesem zerstörten Land künden wollen, er sammelt Dokumente ohne Widerpart in der Realität.

In seinem Haus der geronnenen Geschichte ist er Tag für Tag ein geplagter Mensch, denn seine Sammlung von Geschichte kann durch ein einziges Streichholz vernichtet werden. Das historische Archiv der Stadt befindet sich in einem alten Holzhaus ohne jegliche Brandsicherung. Und würde er nicht auch die Dokumente des staatlichen Notariats aufbewahren, würde sich überhaupt niemand für dieses Archiv interessieren. Sowieso haben die Möbel und Kästen und Regale des Archivs nach 25 Jahren den Status von Sperrmüll.

Alles am und um den Direktor ist von diesen Widersprüchen geprägt.

Er stammt aus einer schwarzen Familie, die bereits fünf Jahrzehnte nach der Sklavenbefreiung den gesellschaftlichen Aufstieg erreicht hatte. Sein Vater war einer der anerkanntesten Zahnärzte der Stadt. Die Familie besaß ein repräsentatives Wohnhaus und mehrere Mietshäuser. In der Stadt gehörte sie zu den Vorzeigeschwarzen. Sein Vater ging deshalb auch nicht, wie fast alle anderen Ärzte, ins Exil nach Miami. Kurz nachdem der neue Staat ihn vom größten Teil seines Besitzes befreit hatte, verstarb er. Sein Sohn studierte Geschichte und wurde Lehrer an einer Schule. In der neuen Gesellschaft besetzten weiterhin die Weißen alle einflussreichen Positionen, aber er gehörte erneut zu den Vorzeigeschwarzen, diesmal zu den schwarzen Vorzeigeintellektuellen. Als er der Direktor der Schule werden sollte, brach die Lebensmittelversorgung des Systems zusammen. Er und seine Familie hungerten. Da er jedoch nicht nur gebildet war, sondern die Natur ihn auch mit ausreichend Lebensmut ausgestattet hatte, gelang es ihm, Wirtschaftsdirektor einer Bäckerei zu werden, wodurch er seiner Familie wieder zu ausreichend Essen verhalf. Auch in dem neuen Gebiet ging es mit ihm weiter, bis zum Wirtschaftsdirektor des Hotels der Stadt. Dann musste die Position des Archivdirektors neu besetzt werden, und die Stadtverwaltung erinnerte sich seiner Kenntnisse als früherer Geschichtslehrer. Nun musste er eine sehr trockene Nahrung produzieren, allerdings dies ohne großen eigenen Aufwand. Jetzt ist er über 60 Jahre alt, noch immer schlank, mit den sanften Gesichtszügen eines Intellektuellen, wozu auch eine Brille sowie ein ordentlich geschnittener Schnauzer gehören. Aber er trägt das Leiden seiner Zeit im Gesicht und am Körper. Das Gesicht ist sehr glatt, nicht zerfurcht von Kummerfalten, wie zu vermuten wäre, aber das Wichtigste darin, die Augen, sind glasig und wirken wie nach innen gewendet, nur manchmal, wenn er von der Geschichte seiner Stadt berichtet, schimmern in ihnen Überreste von Glut. In anderen, in ruhigen Momenten geben sie auch Bitterkeit wieder. Seine Handbewegungen sind fahrig. Fast immer hält er den Mund geschlossen, selbst beim Sprechen öffnet er ihn nur ein wenig. Aber sein Geist ist noch immer lebendig. Eine Frage erfasst er bereits bei ihren ersten Worten und reagiert ausführlich, aber präzis darauf. Ein Gespräch mit ihm ist anspruchsvoll, und es macht traurig.

An den Widersprüchen in seinem Leben sind er und auch seine Familie zerbrochen. Wenn er über die Geschichte seiner Stadt erzählt, kann er immer noch begeistern, aber er lebt weder in der Vergangenheit noch in der Gegenwart und schon lange nicht mehr für die Zukunft. Er hat alles aufgegeben. Er lebt nur noch vor sich hin. Wenn die Begeisterung für die Geschichte ihn noch einmal gepackt hat, möchte er sich behänd vom Stuhl erheben, um ein altes Dokument hervorzuklauben, aber das fällt ihm schwer. Seine Manieren sind noch immer ausgesprochen höflich, aber hinter seinem Rücken lacht seine Umgebung über ihn. Mehr als zwei oder drei Stunden kann er nicht mehr konzentriert arbeiten, und dafür benötigt er ständig etliche Gläser Rum, erst danach hören seine Hände auf zu zittern. Er wohnt noch in seinem Elternhaus, aber das ist in einem verwahrlosten Zustand.

Jeden Tag produzieren seine Mitarbeiter weiter Geschichte. Ihn hat die Geschichte zurückgelassen.

9. GRUND

Weil Kubaner über ihre Gesellschaft auch lachen können

In einem sozialistischen Staat war es stets ein besonderes Vergnügen der Menschen, Witze über ihr Gesellschaftssystem zu machen, insbesondere in der DDR. Keine private Feier, kein zufälliges Zusammentreffen von Freunden auf der Straße, kein Schwatz am Arbeitsplatz, ohne sich einen politischen Witz zu erzählen. Jeder kannte wenigstens einen, und diejenigen, die viele Witze erzählen konnten, zumal auch noch gut, genossen eine hohe Anerkennung, selbstverständlich nur eine private.

Es gab schlichte politische Witze für den alltäglichen Gebrauch, und es gab geschliffene Witze für Intellektuelle, die sich sogar Westbesucher gern erzählen ließen. Nirgendwo galt mehr als in einer sozialistischen Gesellschaft, dass Lachen befreit. Aber befreit wovon? Nicht von den Zwängen des Alltags, aber für wenige Momente erzeugten sie den Schein, selbstständig denken zu können. In den Augenblicken des befreienden Lachens vergaßen die Menschen die eigene Ohnmacht. Der politische Witz ironisierte die den Menschen beherrschende Ideologie, häufig in Verbindung mit der Person an der Spitze ihres Systems, indem er die Hohlheit beider entlarvte. Deshalb waren politische Witze kein Scherz und auch kein Verspotten wie bei den Witzen über menschliche Makel. Ein Beispiel dafür:

»Erich Honecker erkundigt sich im Zentralkomitee, wer in seinem Land die Witze macht. Das sei der Genosse Müller, der würde im Keller sitzen, ganz unten im letzten Raum. Honecker bemühte sich zum ersten Mal in diesen Keller, fand den Genossen Müller, und leutselig bat er ihn, doch auch mal einen Witz darüber zu machen, was für ein guter Landesvater er sei, freundlich zu jedermann und rundherum ein angenehmer Mensch. Der Genosse Müller antwortete: ›Aber Genosse Honecker, der ist doch von mir!‹«

Der politische Witz war das natürliche Vorrecht der Entrechteten. Demgegenüber entrechtet die Demokratie den politischen Witz. Hier tritt der politische Witz bestenfalls als ein Aphorismus auf, der den meisten Menschen so unverständlich wie die Relativitätstheorie bleibt.

Kuba ist eine singuläre Erscheinung. Zwar werden wie überall auf der Welt auch auf Kuba Witze gerissen, aber Kubaner beglücken sich im Alltag selten mit einem politischen Witz. Für die Abwesenheit einer subtilen Witzkultur sind sowohl die Fülle der Natur als auch die Leere an Intellektuellen verantwortlich. Die immer scheinende Sonne gebiert Frohnaturen. Grübler werden nur im Dunklen geboren. Permanent beleuchtet die Sonne menschliche Unzulänglichkeiten, eine unerschöpfliche Quelle kubanischer Scherze, aber nicht von Witzen. Demgegenüber ist die Hefe des politischen Witzes die Intellektualität, und die ist auf Kuba nur noch rudimentär vorhanden. Das Lachen über einen Witz ist auf Kuba weniger ein Lachen der inneren Befreiung als vielmehr ein Auslachen menschlicher Schwächen. Die fein geschliffene englische Ironie ist Kubanern völlig fremd. Allerdings benötigen sie diese auch nicht, denn zahlreiche westliche Verklemmungen sind auf Kuba unbekannt. Beispielsweise dominieren im Witz drastische sexuelle Anspielungen, ohne jegliche Tabus:

»Ein Mann kommt nach Haus, findet seine Frau mit einem seiner Freunde im Bett und erschießt ihn. Darauf die Frau: ›Mach nur so weiter, bald wirst du keine Freunde mehr haben!‹«

Sprachliche Verdrehungen sind für Kubaner besonders wirkungsvoll:

»Eine Frau fährt zu einem Kongress nach Havanna ohne ihren Mann. Eine Woche lang hat sie jede Nacht Sex mit einem Mulatten[*], der über ein riesiges Glied verfügt. Jeden Morgen fragt sie ihn nach seinem Namen. Er verweigert sich. Am Bahnhof verabschieden sie sich, und sie bittet ihn auf Knien um seinen Namen. Er: ›Wie würde dein Mann reagieren, wenn du ihm sagen würdest, dass du eine Woche lang mit 25 cm *Schnee* in Havanna gewesen bist!‹«

---

[*] *Das Wort »Mulatte« bezeichnet einen Menschen, der einen hell- und einen dunkelhäutigen Elternteil hat. In Lateinamerika und der Karibik ist das Wort sehr verbreitet, wird als Selbstbezeichnung benutzt und weitgehend als unproblematisch empfunden.*

Die ältere und die mittlere kubanische Generation sind vom Hungerjahrzehnt der 90er-Jahre geprägt. Bis heute werden sarkastische Scherze darüber erzählt, deren Witz allerdings dem Nichtkubaner zumeist unverständlich bleibt:

»Ein Brot rennt weg. 200 Kubaner hinterher. An einer Ecke trifft es ein Stück Rindfleisch und ruft dem zu: ›Renne weg. Hinter mir sind 200 Leute her.‹ Das Stück Rindfleisch: ›Brauche ich nicht, die kennen mich ja nicht!‹«

Zahllos sind die Witze über ihren großen Führer, die sie scharfzüngig auch mit ihrer Armut verbinden:

»Die Lehrerin zeigt in der Schule ein Foto von George Bush und fragt Pepito, wer das sei. Pepito blickt bedrückt. Die Lehrerin will helfen. Das sei derjenige Mann, wegen dem die Kubaner so oft Hunger haben. Darauf Pepito: ›Ach, ohne Bart hatte ich ihn gar nicht erkannt.‹«

Die allermeisten politischen Witze beziehen sich auf Fidel Castro:

»Fidel kommt in den Himmel. Der liebe Gott lehnt ihn ab und schickt ihn in die Hölle. Der Teufel nimmt ihn an. Da fällt Fidel auf, dass er noch seine Sachen im Himmel vergessen hat. Der Teufel schickt zwei kleine Teufel, diese zu holen. Die Himmelstür ist verschlossen, aber die Teufelchen klettern über die Mauer. Das sehen zwei Engel. Sagt der eine zu dem anderen: ›Der Typ ist noch keine zehn Minuten da unten, und schon haben wir die ersten Emigranten.‹«

»Fidel kommt in die Hölle. Nach einiger Zeit hat Raúl Sehnsucht nach ihm, stattet der Hölle einen Besuch ab und fragt den Teufel nach seinem Bruder. Der antwortet: ›Ich bin hier nicht mehr der Teufel, das ist jetzt der alte Mann mit dem weißen Bart dahinten. Ich bin jetzt der Parteisekretär!‹«

Originär politische Witze ohne Castro-Bezug sind selten und zumeist auch einfach:

»Ein politischer Gefangener fragt einen Neuankömmling, weshalb er verurteilt wurde: ›Wegen nichts!‹ – ›Und wie viel hast du bekommen?‹ – ›25 Jahre.‹ – ›Du Lügner! Wegen nichts geben sie dir nur zehn!‹«

Wie bei den meisten anderen Nationen werden auch Witze über eine als dumm angesehene Volksgruppe gemacht. Auf Kuba stehen dafür die Bewohner der westlichen Provinz von Pinar del Río. Die Witze darüber lassen Kubaner in heftiges Lachen ausbrechen, der Westler jedoch kann nur höflich schmunzeln:

»Eine Mutter holt in einem Kindergarten in Pinar ihr kleines Kind ab. Gerade noch rechtzeitig bemerkt sie, dass man ihr ein fremdes Kind übergeben hat. Empört stellt sie die Kindergärtnerin zur Rede. Diese: ›Aber du hast doch ausdrücklich gesagt, wenn dein Kind schmutzig sei, sollen wir es auswechseln!‹«

Der Staat gibt eine eigene humoristische Zeitschrift heraus: *Palante (Nach vorn)*. Gelegentlich werden auch Witze in anderen Zeitungen abgedruckt:

»Was ist das Schlimmste an der Bigamie? Die zwei Schwiegermütter!«

10. GRUND

Weil die junge kubanische Generation ein anderes Leben als das ihrer Eltern erleben wird

Sie alle werden sicherlich den Ausspruch kennen: »Die Jugend ist unsere Hoffnung.« Und zugleich werden Sie auch den Stoßseufzer kennen: »Was macht bloß die Jugend von heute! Früher war doch vieles besser!« Kuba ist das einzige Land der Welt, auf den der erste Ausspruch zu 100 Prozent zutrifft, und überdies ist es das einzige Land, auf den der zweite Ausspruch zu null Prozent zutrifft.

Um diesen Gegensatz verständlich zu machen, vorab eine kleine Replik.

Vermutlich haben Sie auch schon ein Lob auf das kubanische Bildungssystem gehört. Würden Sie in dieses Lob einstimmen, wenn Sie die normale Schule auf dem Land erlebt hätten? Einen einfachen Bungalowbau bzw. eine Baracke ohne Fensterscheiben nur mit beweglichen Metallblechen und als Dach unverkleideter Wellasbest bei 33 Grad? Ich kenne einen deutschen linken Filmemacher, der gemäß seiner politischen Überzeugung seinen kleinen Sohn auf eine normale kubanische Schule schickte. Nach wenigen Wochen kapitulierte er und sandte ihn auf die internationale Schule in Havanna. Ich mokiere mich nicht darüber, denn haben wir nicht auch in Deutschland Beispiele, wo Ministerpräsidentinnen massiv im Wahlkampf die Gesamtschule als einzigartige demokratische Errungenschaft propagieren, aber ihre Kinder doch lieber auf ein Gymnasium schicken!

Über das kubanische Bildungssystem können nur diejenigen berichten und urteilen, die es erlebt haben, zuallererst also die heutige Jugend. Ihre Großeltern sind mit der Vorstellung über eine bessere Gesellschaft aufgewachsen und müssen jetzt von einer Rente leben, mit der sie noch nicht einmal ihre Grundbedürfnisse finanzieren können. Ihre Väter blieben in Kuba – aus welchen durchaus nachvollziehbaren Gründen auch immer – und müssen nun erleben, dass ihre nach Miami geflüchteten Familienmitglieder nicht nur in unvergleichlich besseren Verhältnissen leben, sondern sie müssen auch darauf hoffen, dass diese bereit sind, einen Teil ihres Lebens zu finanzieren. Das erfährt die Jugend tagtäglich. Die Generationen vor ihnen sind mit den Zukunftsversprechungen und den Propagandaparolen der Regierung aufgewachsen, hingegen die Jugend diese bereits schon überhaupt nicht mehr wahrgenommen, darüber hinweggelesen und weggehört hat. Popmusik, westliche Bekleidung und Zuneigung in der Liebe sind ihre Interessen; in den höheren Bildungsschichten auch eine Anstellung bei einem auf Kuba tätigen westlichen Unternehmen bzw. in der Tourismusindustrie. Wenngleich der Internetzugang sich – noch – auf wenige WiFi-Parks oder die Umgebung der Touristenhotels beschränkt, hat sich für die Jugend damit eine neue Welt eröffnet. Jetzt können sie, unabhängig von Erzählungen der Verwandten oder der Touristen, die ganze Welt erleben. Jeden Tag fahre ich in einen solchen Park in meiner Nähe. Von 6.30 Uhr bis 8.30 Uhr komme ich noch ganz gut ins Netz, dann kaum noch, weil dieser Park in einem Randbezirk Havannas bis spät in die Nacht hinein gefüllt ist, mehrheitlich mit jungen Kubanern. Ich ärgere mich nicht, dass ich jeden Tag recht früh aufstehen muss, ich bin glücklich darüber. Nach offiziellen Angaben soll es auf Kuba inzwischen über drei Millionen Handys geben, eines pro vier Kubaner, und eine Mobilfunkabdeckung von 74 Prozent, die ich allerdings mit meinen Erfahrungen bei Reisen durch das ganze Land für eine »statistische Schwärmerei« halte; aber immerhin eine erhebliche Verbesserung innerhalb der letzten zehn Jahre, denn damals durfte noch kein Kubaner ein Handy besitzen.

Die Jugend weiß, dass ihre beruflichen Qualifikationen nicht mit denen ihrer westlichen Generation standhalten können. Andererseits ist Politik ihnen ziemlich gleichgültig. Sie wollen leben, und das ist für sie nur außerhalb der Politik möglich. Selbst die kleine Gruppe unter ihnen, die sich wirtschaftlich selbstständig betätigt, ist sich bewusst, dass sie unter den Bedingungen ihrer Heimat ständig am Rande zur Illegalität arbeiten.

In unseren Medien und bei Wissenschaftlern wie Politikern sind Prognosen über zukünftige Entwicklung beliebt. Dafür werden unterschiedliche Szenarien aufgestellt, so auch für Kuba. Ich halte davon rein gar nichts. Die Zukunft – auch die für unsere Heimat – bereitet sich unter der Oberfläche vor, manchmal lässt sie ein Element herauslugen, aber wenn sie kommt, kommt sie plötzlich und unerwartet, jedenfalls für die überwältigende Mehrheit der Menschen. Auch für Kuba wird dies nicht anders sein. Aber eines ist ganz gewiss: Die Jugend wird daran den allergrößten Anteil haben. Wie und unter welchen Bedingungen, alles das können wir heute nicht wissen. Vielleicht wird unsere Ahnung darüber in den nächsten Jahren zunehmen, mehr jedoch nicht; trotzdem schöpfe ich aus dieser Gewissheit und diesem bloßen Erahnen meinen Optimismus für Kuba.

11. GRUND

Weil es auf Kuba noch Freimaurer gibt

Wenn Sie mit aufmerksamen Augen durch Havanna und zahlreiche andere Städte Kubas gehen, sogar recht kleine, werden sie eigenartigen Gebäuden begegnen. Zumeist sind es allein stehende Häuser, gut erhalten, an deren Giebeln Winkelmaß und Zirkel und oftmals auch ein stilisiertes Auge in einem Dreieck angebracht sind. Das größte Gebäude davon befindet sich in Havanna an der Ecke Carlos III. (offiziell Avenida Salvador Allende) und Belascoain (offiziell Padre Varela), stadtauswärts auf der rechten Seite. Auf dem Dachturm eines hoch aufragenden zehngeschossigen sowie breit ausladenden Gebäudes im klassischen Art-déco-Stil befindet sich eine große Erdkugel und darauf die Zeichen der Freimaurer. Bis heute ist es der Sitz der Freimaurer-Hauptloge auf Kuba.

Freimaurer auf Kuba, im letzten sozialistischen Staat der westlichen Hemisphäre, in einem rigid zentralistisch ausgerichteten System? Wie ist das möglich?

Einst galt sie als die geheimste aller Geheimgesellschaften. Verschwiegene Rituale und Mythen umkreisen sie. Sie war Gegner von Inquisition und Absolutismus, hingegen Freund der Aufklärung und der Menschlichkeit. Über Jahrhunderte hinweg gehörten ihr berühmte Wissenschaftler, Künstler und auch Politiker an. Bis heute lassen sich ihre Mitglieder von fünf Idealen leiten: Freiheit, Gleichheit, Brüderlichkeit, Toleranz und Humanität. Da diese Ideale in jeder westlichen Demokratie inzwischen Allgemeingut sind, müsste die Gesellschaft der Freimaurer eigentlich ihr historisches Ziel erreicht haben. Indessen ist dies – wie auch bereits das Verständnis der Freimaurerei als Geheimbund – ein völliges Missverständnis. Den Menschen, die sich in einer Freimaurerloge zusammenschließen, geht es nicht um die Veränderung eines Gesellschaftssystems, sondern um die Veränderung des Menschen, zuvorderst der ihrer Mitglieder.

Nach Kuba brachten französische Emigranten aus Haiti bereits vor über 200 Jahren das Freimaurertum. Später beförderte es geistig den Unabhängigkeitskampf gegen Spanien. Seitdem war es umfangreich in der Mittel- und Oberschicht vertreten. Sogar die ersten drei Präsidenten Kubas waren Freimaurer. Allerdings ließen sie in ihrer Politik die fünf Ideale zumeist Ideale sein. Ohnehin vertreten die Freimaurer kein einheitliches Gedankensystem, sondern ein Konglomerat aus mittelalterlichen Steinmetzritualen und Philanthropie, und Glauben und Pazifismus, und nicht zuletzt ist es ein typisches Männerbündnis, obgleich es heute auch Frauen-Logen gibt.

Wenige Monate nach seiner Machtergreifung löste Fidel Castro sämtliche Parteien und gesellschaftlichen Vereinigungen auf. Indessen fielen die Gesellschaften der Freimaurer nicht unter dieses Verdikt. Bereits die ersten bürgerlichen Regierungen Kubas hatten sich bemüht, eine Symbolfigur für die Legitimität des jungen Staates zu schaffen. Dafür eignen sich stets nur tote, am besten im Kampf für die Unabhängigkeit gestorbene Menschen. Deshalb baute jede Regierung immer weiter am Nimbus von José Martí, unabhängig von den historischen Tatsachen. Martí war Freimaurer gewesen, das rettete die Freimaurer unter der neuen Diktatur. Heute gibt es auf Kuba die erstaunliche Anzahl von 25.000 Freimaurern.

Überall im sozialistischen Kuba bietet die Freimaurer-Loge ein eigenartiges Refugium, wie es selbst die Kirchen nicht bieten können. Weder wollen sie einen Glauben verbreiten noch sich von anderen Menschen abschotten. Sie wollen einzig nach ihren fünf Idealen leben, und dafür stehen sie allen Menschen offen. Traditionell finden ihre Rituale und Gespräche hinter verschlossenen Türen statt, ausschließlich um untereinander Offenheit zu gewährleisten. In Kuba müssen sie Kompromisse mit der Obrigkeit eingehen. Ihre Mitgliederlisten und alles Schriftliche müssen sie dem Innenministerium vorlegen. Zusammenkünfte außerhalb der Regel müssen sie genehmigen lassen.

In der mittelgroßen kubanischen Provinzstadt Colón besteht seit 120 Jahren eine Loge der Freimaurer. Der einflussreichste Politiker der Stadt in den 20er- und 30er-Jahren, einst auch ihr Bürgermeister, war der Vorsitzende der Loge. So ist es nicht verwunderlich, dass in unmittelbarer Nähe des Rathauses das Logengebäude der Freimaurer steht, heute makellos renoviert, sowie an herausgehobener Stelle des Friedhofs auch ein erhaben gestaltetes Grabmal.

Einer der Ehrwürdigsten unter ihnen ist Cándido. Ihn ficht es in seiner Überzeugung für die Ideale der Freimaurer nicht an, dass wahrscheinlich auch der Geheimdienst in seiner Loge vertreten ist, denn auch diese würden in der Loge der Arbeit an sich selbst unterliegen. In der Loge hat Cándido den Status eines »Meisters« erreicht, das heißt, er hat die Ideale der Freimaurerei verinnerlicht und kann jüngeren Mitgliedern als Ratgeber dienen.

Bei manchen Menschen haben sich ihre Überzeugungen in ihrem Antlitz wie bei einem lebenden Porträt-Gemälde festgesetzt. Auch Cándidos Antlitz leuchtet wie bei einem Porträt, jedoch nicht wie bei einem Heiligen als aufgetragenes Licht, sondern es drückt geronnene Güte aus, wenn sich indessen die Augen und der Mund bewegen, springt diese Güte auf andere Menschen über. Auch sein weißes Haar, die weißen Augenbrauen und der kleine weiße Kinnbart tragen zu diesem Eindruck bei, gleichfalls seine sanfte Stimme, die – weil sie nicht im Raume verschwindet – durch Standhaftigkeit beeindruckt. Cándido will nicht bekehren, sogar nicht einmal überzeugen, beeinflussen durch sein Beispiel allerdings durchaus. Seine Arbeit in verschiedenen Unternehmen Kubas hat ihm die Illusionen über die vom Staat verordnete Zukunft Kubas genommen, aber nicht die Hoffnung, dass sein Heimatland eine Zukunft hat.

Cándido gehört nicht zu den Neureichen Colóns. Er lebt mit seiner Familie, Kindern und Enkelkindern in einem jämmerlichen Hinterhof, in dem sich etliche kleine Häuschen aneinanderdrücken. Ihre Dächer bestehen aus unverkleidetem Wellblech. Die Einrichtung der Zimmer ist selbst nach kubanischen Maßstäben bescheiden. Im Wohnzimmer stehen auf einem Wandregal zahlreiche Bücher, seine Leidenschaft, aber sie sind nur noch ein Teil seiner einstigen Bibliothek. Viele davon hat er verliehen, und von denen, die er nicht zurückerhält, weiß er, dass sie benötigt werden. Über dem Eingang seines Hauses hängen die Symbole der Freimaurer. Jeder Mensch, der vor ihnen steht, weiß, dass er hier offene Ohren finden kann.

Außerhalb der Kirchen sind die kubanischen Freimaurer die Einzigen, die sich um Menschen kümmern, die kein Geld von amerikanischen Verwandten erhalten und auch kein Geld im Tourismus verdienen. Solchen am Rande der kubanischen Gesellschaft stehenden Familien versuchen die Freimaurer in Notfällen finanziell zu helfen, beispielsweise mit Schulkleidung für die Kinder oder mit Medikamenten.

Fast 120 Mitglieder gehören zur Loge in Colón. Die meisten von ihnen sind Ärzte, Handwerker oder Angestellte in Unternehmen, wie Cándido es war. Der Versammlungssaal der Loge in Colón ist in einem

Zustand, wie er in einem westlichen Land nicht besser sein könnte. An der Wand hängen die Porträts aller früheren Vorsitzenden der Loge aus 120 Jahren. Die Ornamente und Insignien der Freimaurer sind tadellos erhalten. Dieser Saal ist geronnene Tradition wie sonst nirgendwo in der Stadt. Seit drei Jahren kommen in ihm auch die Mitglieder einer weiblichen Loge zusammen.

Wie Leuchttürme strahlen Logenhaus und Grabmal die Kraft eines internationalen Bundes als Hoffnung auf einen menschlicheren Weg aus. Aber die Mitglieder der Logen sind keine Leuchttürme, weil sie wie kleine Boote in der Gesellschaft schwimmen, voll beladen mit Gedankengut zu ihren fünf Idealen. Bereitwillig verteilen sie ihre Ladung, und da diese aus ihren Herzen kommt, werden ihre Boote niemals unbeladen sein.

12. GRUND

Weil die kubanische Mentalität keinen Besucher unberührt lässt

Die jungen kubanischen Frauen schauen hübsch aus und ziehen sich aufreizend an. Jedenfalls zumeist und bei vielen Gelegenheiten. Im Alter sind sie dann wie Teig aufgegangen, ziehen sich immer noch gern an und hoffen, sich alsbald um eine Schar von Enkeln kümmern zu können. Da diese Hoffnung selten aufgeht, schwatzen sie am liebsten untereinander, zumeist direkt auf der Straße.

Die jungen kubanischen Männer kleiden sich nachlässig und rufen am liebsten jungen Frauen anzügliche Bemerkungen hinterher, für die in Deutschland der Staatsanwalt auf den Plan gerufen werden würde. Jedenfalls zumeist. Im Alter haben sie sich repräsentative Bäuche zugelegt, trinken zu viel Rum und schauen sehnsüchtig still jungen Frauen nach. Zumeist jedoch spielen sie auf der Straße Dominó, wenn sie nicht gerade den FC Barcelona oder Real Madrid gucken.

Dass Deutsche »sich zu Hause abkapseln«, ist den Kubanern fremd. Das Klima ihrer Insel – und sicherlich auch die noch weit verbreiteten schrecklichen Wohnbedingungen – veranlasst die Kubaner, auf der Straße zu leben. Dort wird geschwatzt, Dominó gespielt, Musik gehört und in verschwiegenen Ecken auch geliebt. Ruhe gibt es in Kuba so gut wie nie, selbst während der tiefsten Nacht bellt noch irgendwo wenigstens ein Hund oder miaut eine Katze. Als ich nach einiger Zeit in Deutschland meine Frau fragte, was ihr besonders schwerfallen würde, meinte sie, die häufige Stille zu ertragen.

Kubaner sind generell friedfertig, obgleich ihre Geschichte angefüllt war mit Kriegen, Raub, Mord, Unterdrückung und schrecklichen Verbrechen. Im Alltag spürt man wenig davon, abgesehen von einer gewissen Ruppigkeit der Autofahrer, aber die soll es auch in anderen Ländern geben. Vielleicht sind die fast immer scheinende Sonne, das zumeist angenehme Klima sowie die überbordend fruchtbare Natur der Insel dafür verantwortlich. Gleichfalls ist ihnen eine enorme Hilfsbereitschaft eigen, die möglicherweise durch die Zunahme der Unterschiede im Lebensstandard zurückgehen wird, wo nicht mehr persönliche Beziehungen den menschlichen Zusammenhang regeln, sondern das Geld. Am deutlichsten spürbar ist dies bereits im Touristenbereich. Im Zusammenleben der normalen Kubaner dominiert jedoch menschliche Wärme. Obgleich im staatlichen Fernsehen permanent politische Parolen mit kriegerischen Begriffen verkündet werden, darunter sogar eine »Schlacht um die Qualität«, sowie die dort auftretenden Politiker sich zumeist ausgesprochen kämpferisch geben, nimmt der normale Kubaner davon keine Notiz. Selbst der strenge Verkehrspolizist spricht freundlich und verständnisvoll, zumeist jedenfalls.

Dazu gehört auch eine weitaus geringere Alltagsaggressivität, wie sie in etlichen mittel- und südamerikanischen Staaten weit verbreitet ist. Ich kann nicht sagen, wodurch dies bedingt ist, vielleicht durch die Natur oder die Vermischung verschiedener Völkerschaften, jedenfalls nicht durch die Geschichte. Sklaverei, Unabhängigkeitskrieg, selbstverständliches Machotum und Revolution waren alles andere als menschenfreundliche Zeiten. Jetzt ist es wohltuend, Kubanern im Alltag zu begegnen.

Im Vergleich zu etlichen anderen wichtigen Urlaubsländern, beispielsweise zu ihren unmittelbaren mexikanischen Nachbarn, fällt das geringe Entgegenkommen der Kubaner zu Fremden auf, das als Gleichgültigkeit empfunden werden kann. Gleichfalls ist die Bereitschaft, von einem Fremden bzw. Touristen Hinweise anzunehmen, also zu lernen, nur gering ausgeprägt. Demgegenüber wird in einem Hotel in Cancún jeder Hotelmitarbeiter dem Gast einen Gruß zurufen. Hinweise an die Küche oder den Service werden unmittelbar angenommen. In Varadero ist ein solches Verhalten eine Seltenheit.

Der Gleichheitsgedanke der Revolution erstreckte sich auch auf die persönlichen Beziehungen und veränderte diese gravierend und nachhaltig. Das »Du Genosse« ersetzte das »Sie Bürger«. Selbst im Gespräch mit Behörden oder Polizisten sind das »Du« und die Verwendung des Vornamens selbstverständlich. In Mexiko würde dies wenigstens als unhöflich aufgefasst werden. Die Revolution saugte den Respekt vor Menschen anderer Einkommensschichten oder anderer Bildung weitgehend auf. Damit ist auch eine ausgedehnte Distanzlosigkeit verbunden. Zuerst wird das direkte Umarmen und richtige Küssen auf die Wange – fast so oft wie das Händeschütteln in Deutschland – als Ausdruck kubanischer Herzlichkeit und Zuneigung empfunden, und tatsächlich ist es das auch, wenngleich infolge dieser Direktheit die so wichtigen Zwischentöne verloren gehen und deshalb häufig nur Plattitüden übrig bleiben.

Erst mühsam und vorerst nur rudimentär kehren bürgerliche zwischenmenschliche Verhaltensweisen wieder zurück.

Die Kubaner lieben eine vertrauliche Anrede. Unter Freunden, aber auch selbst bei Bekannten werden für Vornamen in liebenswürdiger Weise Verkleinerungsformen benutzt, so wie man in Deutschland familiär beispielsweise ein kleines Mädchen nicht einfach Stefanie ruft, sondern Steffilein. Das »lein« macht es also, und das gilt in Kuba auch für altehrwürdig ergraute Menschen. Meine Freunde rufen mich also »Klausito«.

Sogar auf in der Öffentlichkeit stehende Personen wird diese entgegenkommende Verkleinerungsform angewendet. In meiner Straße in Havanna wohnt der berühmte Salsa-Musiker Manuel Perfecto Simonet Pérez, den jeder, aber auch wirklich jeder, nur »Manolito« nennt, niemand nimmt »Manuel« in den Mund.

Wird in einem Geschäft nach einem Produkt gefragt oder auf der Straße nach einer Adresse, wird am Ende der Frage oder des Dankes für die Antwort eine für den Fremden verwirrende Direktheit angehängt, beispielsweise »Gracias, mi Vida« (mein Leben); selbst deutlich Ältere werden mit »Niño« (Kindchen) angesprochen, auch mit »Hermano« (Bruder) oder gar »Cielo (Himmel), gleichfalls sind für Fremde »Onkel«, »Tante«, »Herzchen« u.a.m. im Gebrauch. Einige Ausdrücke sind rein umgangssprachlich, scherzhaft gemeint, aber nicht übersetzbar: »Pimpollo«, »Nené« oder »Asere«. Die Kubaner gehen sehr direkt miteinander um.

Indes weisen die Kubaner auch Mentalitäten auf, die von einem mit den intimen kubanischen Bedingungen nicht vertrauten Gast auf den ersten Blick verkannt werden. Kubaner können so gelassen sein, dass es den korrekten Deutschen wahnsinnig werden lässt. Das hat nicht unbedingt etwas mit der Mentalität zu tun, wie sie in der Karibik generell verbreitet ist. Der enorme Lebensstandard bis 1958 wurde nach dem verheerenden Unabhängigkeitskrieg gegen die Spanier innerhalb von gerade einmal 60 Jahren erreicht. Ab 1959, nach der Revolution, mussten sich die Kubaner daran gewöhnen, die grundlegenden Mittel zum Leben nur durch lang andauerndes Warten vor den Bodegas (siehe Gründe 5 und 86) erreichen zu können, ebenso an den Straßen für eine Mitfahrgelegenheit oder auf das Wasser, bis es aus der Leitung rinnt. Das Gleiche gilt auch für das – bei uns immer noch zu Unrecht in einem exzellenten Ruf stehende – Gesundheitswesen oder die Zeit des Armeedienstes durchzuhalten oder Dokumente bei der Polizei zu erhalten, bei Banken, bei der Post – fast überall in ihrem Alltag hieß es: gelassen zu warten, Aufregung darüber könnte unangenehme Folgen haben. Die Gelassenheit der heutigen Kubaner ist eine politisch anerzogene, keine naturgegebene Mentalität.

Und die viel gerühmte Musik für die kubanische Mentalität? Die ist immer und überall, in den Körperbewegungen der Kubaner, in ihren Stimmen und in ihrer Seele, auf der Straße, in den kubanischen Cafeterías, zu Hause, in den Bars und in den Diskotheken. Musik hilft auf Kuba über viele Widrigkeiten des Alltags hinweg (siehe Gründe 47 und 52).

In Deutschland ist es weitgehend unbekannt, dass die Kubaner sich mental weder zu Mittelamerika noch zu Südamerika hinzugezogen fühlen, trotz ihrer spanischen Sprache und der Musik. Kubaner empfinden sich nicht als Latinos, obgleich ihre Regierung ihnen dies nahelegt, sie fühlen sich als Nordamerikaner, obgleich ihre Regierung diese Mentalität energisch bekämpft. Diese Mentalität schöpft sich zuerst aus der früheren eindeutigen Mehrheit der weißen Bevölkerung, sodann aus den engen politischen und wirtschaftlichen Beziehungen zu den USA, und nicht zuletzt auch aus dem früheren Lebensstandard, der allein wegen seiner Höhe sich überhaupt nicht an Lateinamerika orientieren konnte. Im Gefolge der sozialistischen Umgestaltung der gesamten Gesellschaft brach diese erfolgreiche Entwicklung zusammen. Trotzdem versagten sich die Kubaner einer Orientierung nach Lateinamerika; die historische Tradition war zu nachhaltig. Heute orientiert sich die Jugend Kubas vollständig an den USA, insbesondere an deren Kultur und deren technischem Standard. Wenigstens in der Kultur versucht die Regierung dem Grenzen zu setzen, was jedoch angesichts der intimen Infiltration kultureller Verhaltensweisen in der Gesellschaft sich als völlig hilflos erweist. Der Gang der Politik, die wirtschaftlichen Verhältnisse Kubas und insbesondere die Ströme der amerikanischen Touristen werden diese Entwicklung noch weiter verstärken. Dazu passt übrigens auch, dass auf Kuba nach wie vor die New Yorker Zeit gilt, was bereits früher die Regierung nicht verändern konnte.

Eine weitere kubanische Mentalität wurde ebenfalls durch die sozialistischen Bedingungen hervorgerufen. Der Kubaner hält sich bei Nachfragen zur Politik seiner Regierung absolut zurück. Wenn ich mit jungen Unternehmern über ihre Kontakte zu Regierungsstellen sprechen möchte, höre ich fast immer nur Schweigen. Für den Westeuropäer ist dies vielleicht die ungewöhnlichste Verhaltensweise. Im sehr kleinen Kreis lockert sich diese Verklemmung, aber auch nicht immer. Ein Teil der kubanischen Mentalität besteht aus Angst. Dies wollen die Kubaner nicht durchdringen lassen, weshalb sie problematischen Themen im Gespräch ausweichen bzw. untereinander erst gar nicht ansprechen. Zumeist zeigen sich Kubaner uninteressiert an

Politik und ebenso an Wirtschaft. Geld für Essen, Trinken und Kleidung steht im Vordergrund, auch das Wohlergehen der Kinder. Das hält die meisten Kubaner alltäglich auf Trab. Politik ist nur wichtig für die da oben.

13. GRUND

Weil Kubaner verschiedener Hautfarbe friedlich zusammenleben

Laut einer Erhebung aus dem Jahre 1981 bezeichneten sich nur 12 % der Kubaner als schwarz, 22 % als Mulatten und 66 % als weiß. Im Alltag werden Sie selber feststellen, dass dies nicht zutrifft. Die Betonung hierbei liegt auf »bezeichnen«. Im alltäglichen Umgang mit Kubanern fällt es auf, dass junge dunkelhäutige Frauen sich vornehmlich Männer für ihre Kinder aussuchen, die hellhäutiger als sie selber sind, natürlich nicht ständig und nicht überall, aber kaum ein Kubaner wird diese Tendenz leugnen. In Deutschland mag dies bei einigen Menschen auf Ablehnung und bei etlichen sogar auf Empörung stoßen. Die Kubaner gehen in verschiedener Hinsicht anders miteinander um als wir Mitteleuropäer, beispielsweise auch in sexueller Hinsicht. (Siehe Grund 14.) Aus diesem kubanischen Verhalten resultiert die Tendenz, sich hellhäutiger einzuschätzen. Allerdings hat ein beträchtlicher Teil der Schwarzen seine ursprüngliche Identität bewahrt und sich nur untereinander verbunden. Deshalb sind in der Öffentlichkeit Kubaner anzutreffen, an denen unschwer zu erkennen ist, dass ihre Vorfahren beispielsweise aus der Yoruba-Region Westafrikas stammen.

Der Umstand, dass vor der Revolution die Mehrheit der Kubaner Weiße waren, wie bezeichnenderweise auch der Guerilleros, geht zuerst auf eine Besonderheit der kubanischen Geschichte zurück.

Im 18. Jahrhundert produzierte die kleine französisch kolonialisierte Halbinsel Haiti weltweit den meisten Rohrzucker. Sie war die Zuckerinsel der Welt. 40.000 Franzosen beuteten 400.000 schwarze Sklaven aus. Als die Ideen der französischen Revolution nach Haiti überschwappten, brachen Sklavenaufstände aus, in deren Gefolge die meisten Franzosen getötet wurden. Einigen Tausend gelang es, über die schmale Wasserstraße nach Kuba überzusetzen, häufig mit ihren Sklaven. Sie brachten die Erfahrungen im Anbau und in der Verarbeitung des Zuckerrohrs mit sich, was bis dahin auf Kuba erst nur in geringem Maße vorhanden war. 30 Jahre später war Kuba die Zuckerinsel der Welt, wofür umfangreich Sklaven aus Afrika geraubt wurden. Allerdings hatte die spanische Regierung auf Kuba aus den Ereignissen in Haiti eine entscheidende Schlussfolgerung gezogen. Schwarze bzw. Dunkelhäutige, gleich ob als Freigelassene (immerhin Anfang des 19. Jahrhunderts über 20 %) bzw. Sklaven in den Städten oder als Sklaven auf den Zuckerrohrplantagen, sollten niemals die Mehrheit auf Kuba sein. Trotz des Widerstands von großen Sklavenhaltern wurde die Anzahl der Schwarzen auf Kuba begrenzt. Allerdings wurden von ca. 1550 bis ca. 1850, also 300 Jahre lang, ca. eine Million Sklaven nach Kuba gebracht, entweder von arabischen Sklavenjägern geraubt und an europäische Sklavenhändler verkauft oder – was weniger bekannt ist – auch direkt von ihren Stammeshäuptlingen an diese verkauft.

1958 lebten ca. 6,5 Millionen Menschen auf Kuba. Innerhalb von nur drei Jahren flüchteten über zehn Prozent Kubaner aus ihrem Heimatland. Fast alle gehörten zur Ober- und Mittelschicht und waren weiß. Auch bei den danach folgenden Fluchtbewegungen von 1980 und 1984 flüchtete noch einmal etwa eine halbe Million Kubaner aus ihrer Heimat, mehrheitlich Weiße. Heute sind die weißen Kubaner in der Minderheit. Allerdings hat die Flucht vornehmlich weißer Kubaner einen unerwarteten Effekt. Die Dollar-Überweisungen der »amerikanischen Kubaner« nach Kuba sind heute einer der drei großen Posten im Staatsbudget. Nach ihrem Umtausch in konvertible Pesos (CUC, aber nur innerhalb Kubas zu benutzen) kommen sie hauptsächlich den weißen Angehörigen zugute, was so manche Schwarze veranlassen wird, weiter Anhänger der Regierung zu bleiben.

Eines der wichtigen Ziele der Revolution bestand in der Überwindung der Rassendiskriminierung. Heute gehen alle Kinder, gleich welcher Hautfarbe, zur Schule und haben eine identische Gesundheitsfürsorge. Mischehen sind alltägliche Normalität.

Und inoffiziell? Im Politbüro der kommunistischen Partei gibt es nur einen Schwarzen. Unter den 40 Generälen und Admirälen ebenfalls nur einen. Auf den obersten Führungsebenen aller Gremien sind die Weißen in deutlicher Mehrheit. Auch Sie selber werden in den Hotels unter den leitenden Angestellten selten Schwarze und wenige Mulatten antreffen. Ja sogar in den oberen Schulen und in den wichtigen Studienfächern wie Medizin, Sprachen oder Ingenieurwissenschaften dominieren weiße Studenten. Versteckten Rassismus im Alltag darf es offiziell nicht geben. Jeder Kubaner kann Ihnen dafür entgegengesetzte Beispiele liefern. Zugleich habe ich auch Rassismus bei den Schwarzen erlebt, gegenüber Weißen und auch untereinander, zwischen hellhäutigeren und dunkelhäutigeren. Dies zu erwähnen mag in Deutschland auf – teilweise sogar heftige – Ablehnung stoßen, ist doch dieser Rassismus historisch dem anderen völlig untergeordnet, zweifelsohne, aber warum ihn dann sogleich auch leugnen? Dabei ist noch zu berücksichtigen, dass Kubaner, gleich welcher Hautfarbe, Rassismus im Alltag anders empfinden als wir in Deutschland.

Aus deutscher Sicht mag es sich auch seltsam ausnehmen, dass es eine Tendenz gibt, dunkle Haut durch spezielle Cremes aufzuhellen sowie durch entsprechende Bekleidung weiteres Abdunkeln zu vermeiden.

Drei Besonderheiten könnten für Sie noch interessant sein.

Es gibt Landstriche und auch Städte, in denen Weiße und Dunkelhäutige unterschiedlich verteilt sind. Beispielsweise sind Dunkelhäutige in der Landwirtschaft geringer vertreten, im Tabakanbau so gut wie gar nicht. In Santiago de Cuba stellen sie die überwiegende Mehrheit, in Cienfuegos sind sie in der deutlichen Minderheit. Dies alles ist historisch bedingt und hat sich in den 60 Jahren Sozialismus nicht ausgeglichen. Lediglich in Havanna, wo die Regierung einen forcierten Zuzug von Dunkelhäutigen aus den östlichen Regionen betrieben hat und zugleich ein erheblicher Teil der Weißen geflüchtet war, hat sich die historisch entstandene Situation gedreht.

Gibt es auf Kuba noch Indianer? Im Prinzip nein, allerdings hatten sich kleine Reste sogar noch bis zur Mitte des 18. Jahrhunderts in abgelegenen Gebieten im Osten der Insel erhalten. Bei meinen Fahrten in diese Gebiete habe ich hochgewachsene Menschen mit dicken strähnigen schwarzen Haaren und kantigen Gesichtszügen von Kariben gesehen. Auch sie werden sich vermischt haben, aber einige der ursprünglichen Gene setzen sich doch immer wieder durch.

Als in der zweiten Hälfte des 19. Jahrhunderts der Sklavennachschub stockte, holte die spanische Regierung ca. 150.000 chinesische Vertragsarbeiter auf die Insel. Sie brachten nicht nur ihre Arbeitskraft, sondern auch ihre Vorlieben für ihren traditionellen Reis und etliche Gemüsesorten mit. Viele von ihnen blieben und vermischten sich zuerst mit Mulattinnen und später auch mit weißen Frauen. Der Spitzname »Chino«, auf Kuba weit verbreitet, ist aber hier durchaus keine diskriminierende Bezeichnung.

14. GRUND

Weil auch Frauen Machos sein können

Als ich meine kubanische Frau nach den ersten Wochen ihres Lebens in Deutschland fragte, was ihr am meisten fehlen würde, meinte sie:

»Ich glaube, dass das Klima in Deutschland mich hässlich gemacht hat.«

»Aber wieso denn das?«, reagierte ich entsetzt.

»Kein Mann pfeift mir auf der Straße mehr hinterher.«

Kubaner beiderlei Geschlechts gehen in sexuellen Dingen locker miteinander um. Die Verkrampftheit der Deutschen ist ihnen völlig fremd. Kubanische Frauen kämpfen nicht aus ideologischen Gründen um ihre Gleichberechtigung, und unsere verdrehte Welt ist ihnen unverständlich, obwohl die Stellung der Frau nach 50 Jahren in einer Gesellschaft, deren Losung »Gleichheit« war, ausgesprochen ambivalent ist.

Offiziell hat Kuba die Gleichberechtigung der Frau verwirklicht, nirgendwo wird sie noch gefordert. In den Erklärungen der Regierung taucht sie nur dann auf, wenn Kuba als Vorbild für andere Staaten angepriesen wird. In der engeren Führung des Landes ist keine Frau vertreten, unter den Ministern nehmen Frauen keines der zentralen Ressorts ein, in allen höheren Leitungsebenen sind sie deutlich unterrepräsentiert, wobei diese Behauptung nur auf persönliches Erleben und die Eindrücke westlicher Beobachter zurückgeht, denn Zahlen veröffentlicht die Regierung dazu nicht, sie wird derartige auch wohl kaum erheben.

Als Beleg für die Durchsetzung der Gleichberechtigung wird offiziell gern auf den hohen Anteil berufstätiger Frauen verwiesen. Den deutschen Besucher dürfte dies allerdings weniger beeindrucken als vielleicht den Kanadier oder den US-Amerikaner, denn wir kennen diese Argumente aus der DDR und die Realität nach ihrem Untergang. In einem großen Teil der kubanischen Familien würde das Einkommen eines Mannes nicht für den Lebensunterhalt ausreichen. Für alleinstehende Frauen mit Kindern zahlt der Kindesvater in der Regel überhaupt nichts. Nach kubanischen Gesetzen ist er nur dazu verpflichtet, wenn er das Kind anerkennt, und dann auch nur einen geringen prozentualen Anteil seines Einkommens, was zumeist nur ein oder zwei Euro monatlich ausmacht. Der Staat zahlt nur bei Behinderungen oder langwierigen Krankheiten sowie für Waisen bis zur Vollendung des 16. Lebensjahres, zumeist drei bis fünf Euro monatlich. In der Regel muss die alleinstehende Frau arbeiten. Hinzu kommt eine weitere Ursache, die uns auch aus der DDR bekannt ist: Die Produktivität der kubanischen Wirtschaft ist so niedrig, dass ein hoher Einsatz von Arbeitskräften erforderlich ist. Der kubanische Staat hatte also ursprünglich ein essenzielles Interesse, seinen systemimmanenten »Arbeitskräftemangel« durch den Einsatz von Frauen zu mildern. Da auch in den meisten anderen lateinamerikanischen Staaten, in den entwickelten westlichen sowieso, der Anteil weiblicher Studenten an den Hochschulen und in zahlreichen Berufen ständig anstieg, ist in Kuba kein systembedingter Vorteil zu erkennen.

Im Alltag der kubanischen Frauen sind derartige Überlegungen jedoch irrelevant. Die kubanische Frau ist ein Macho! Nirgendwo auf der Erde kann sich eine Frau hübscher empfinden als auf Kuba. Beide Geschlechter »stehen« aufeinander, romantisch und leidenschaftlich. Keine Frau wird wegen ihres Aussehens sexuell abgelehnt. Mit ihrem ganzen Körper kann sie Emotionen fühlen und diese zeigen. Auf Kuba geht direkt gezeigtes sexuelles Interesse nicht nur von Männern, sondern genauso auch von Frauen aus. Allerdings gibt es dabei durchaus Einschränkungen im oberen Bildungsniveau, aber eben nur Einschränkungen, keine vollständige Negierung. Indessen verfügen Frauen, selbst wenn sie arm sind, über ein Gespür, was guter Geschmack ist, und wenn sie dabei extreme Kreationen hervorbringen, sind diese immer noch zum Ablachen geeignet, gleichberechtigt für Frauen und Männer.

Auch in Kuba gibt es Partnerschaften, in denen der Mann dominiert, aber es ist die Ausnahme von der Regel, denn kubanische Frauen sind keine Zuckerpuppen, aber darüber kann ein Außenstehender nicht urteilen, sondern man muss die Familienstrukturen erleben. Kuba wirkt auf gar so manche Touristen wie eine Machogesellschaft. Äußerlich mag dies oft zutreffen, im Zusammenleben erweist sich dies jedoch als eine einseitige Beobachtung. Zwar bringen in den meisten Partnerschaften immer noch die Männer den Großteil des Geldes nach Hause, aber dort entscheidet zumeist die Frau über dessen Verwendung. Zudem leben unter den kubanischen Wohnverhältnissen häufig Partnerschaften mit Großeltern und Kindern unter einem Dach. Da die Großmutter fast immer weitaus länger als der Großvater lebt, ist sie die Respektsperson im Haushalt.

Ich habe bei meinen Besuchen in Behörden und Unternehmen erlebt, dass ein Mann einer Frau auf den Po haut, sie erschreckt reagiert, aber nicht böswillig, sondern einige Sekunden danach sich genauso am Po des Mannes vergnügt. Damit meine ich nicht, dass dies ein normales Verhalten in der Öffentlichkeit wäre. Beispielsweise suchen in vollgedrängten Bussen Männer sexuelle Kontakte, die für Frauen nicht nur unangenehm, sondern abstoßend und unerträglich sind. Dessen ungeachtet leben und zeigen Frauen ganz selbstbewusst ihre sexuellen Empfindungen und Absichten, auch wenn dies der betroffene Mann gar nicht mag.

3. KAPITEL

EIN GANZES LAND ALS MUSEUM

15. GRUND

**Weil das Geburtshaus von Fidel Castro
seine Geschichte anders erzählt**

Ich habe keine Recherche unternommen, um die Anzahl der Biografien und sonstigen Bücher über Fidel Castro herauszufinden. Die Suche in vielen verschiedenen Sprachen wäre recht aufwendig. Auf jeden Fall wird ihre inhaltliche Spannbreite enorm sein, von breit verehrenden Linksaußen bis zu ausschließlich nachweisbarer Faktenorientierung.

Gegenüber westlichen Journalisten, denen er gelegentlich einen Empfang bei Hofe gewährte, verwies er bei lästigen Fragen zum Kult um seine Person darauf, dass es in Kuba keinen Personenkult gäbe. Es gäbe keine Statuen von ihm, er würde in keinen Filmen verherrlicht werden, und auch in Büchern kubanischer Schriftsteller würde er eher zurückhaltend behandelt. Unabhängig davon, dass sich der Kult um eine Person auch in völlig anderen Formen vollziehen kann, gehört der Umgang mit seinem Geburtsort bzw. dem Platz seiner Kindheit in diese Argumentation.

Der kleine Weiler Biran war 40 Jahre lang ein Staatsgeheimnis. Die Gegend war ein militärisches Sperrgebiet. Obgleich der Ort heute als ein »historisches Monument« bezeichnet wird, ist er auf zahlreichen Karten immer noch nicht eingetragen, die Anfahrt über Holguín ist nur spärlich ausgeschildert, und die Straße ist teilweise nur eine Schotterstraße. Allerdings beginnt die Kontrolle durch die Polizei bereits 20 km vorher, und das Gelände selber wird nach wie vor von der Armee bewacht. Ohne Führer dürfen die Häuser nicht betreten werden. Zwar sind die Holzhäuser frisch angestrichen, aber spärlich mit einstigen Einrichtungsgegenständen ausgestattet, zudem belanglos präsentiert, ohne jegliche schriftliche Erläuterungen, auch keine Bücher. Gar nichts ist von der früheren landwirtschaftlichen Tätigkeit zu erkennen, keine Maschinen, keine Geräte und überhaupt keine Hinweise auf die gewiss zahlreichen Nutztiere. In einem Raum befindet sich nichts weiter als eine Fotogalerie von Fidel, strahlende Kindergesichter, sportliche Begeisterung beim Baseball, aber die meisten sind aus der militärisch recht kurzen Zeit (1957 und 1958) in der Sierra Maestra, dann auch ein Foto mit Hemingway und eines mit Mitterrand, keines mit Chruschtschow und Breschnew, die beide ihm das Überleben ermöglicht hatten. Als Museum über diejenige Persönlichkeit, die Kuba fünf Jahrzehnte lang regierte, ist es eine glatte Enttäuschung. In keinem anderen kubanischen Museum muss so viel Geld (10 CUC Eintritt und extra 10 CUC für das Fotografieren) für so wenig Museum bezahlt werden. Zudem ist es gespickt mit Unsinnigkeiten. Beispielsweise ist der Billardtisch, an dem die Familie gespielt haben soll, nicht 70 Jahre alt, sondern viel jüngeren Datums. Neben dem Schlafraum von Fidel und Raúl sind in einer kleinen Kammer zwei Sättel aufgebockt. Niemals befinden sich Sattelkammern im Wohnbereich, schon gar nicht, wenn die schweren Sättel hölzerne Treppenstiegen hoch- und hinuntergeschleppt werden müssten. Sie sind in der Nähe des Pferdestalles, der aber auf dem Anwesen nicht mehr existiert. Ein etwas abseits zu ebener Erde (die anderen sind auf Holzbalken errichtet) stehendes Holzhaus soll das frühere Hotel gewesen sein. Es ist nicht zu besichtigen, auch keine Erklärung, wieso in diesem Weiler ein Hotel war und wer hier abstieg.

Das Museum wurde erst 2002 eröffnet, und angesichts seiner geringen Aussagekraft entsteht unwillkürlich die Frage: Warum überhaupt?

Zu diesem Zeitpunkt war Fidel bereits 76, nicht mehr im Vollbesitz seiner früheren Kräfte. Wollte sein Bruder Raúl etwas von der Familie bewahren? War der Gedanke, die Gebäude völlig verfallen zu lassen, allzu abartig? Sollte dem neugierigen Ausland wenigstens ein bescheidener Einblick vorgeführt werden? Ohne die Öffnung der Akten – so denn darüber überhaupt welche existieren – bleibt alles Spekulation. Keine Spekulation ist jedoch die Feststellung, dass dieses Museum kein Museum sein will, und schon gar nicht soll dieser Ort ein sozialistischer Wallfahrtsort sein, wie etwa das Grabmal von Martí im nahen Santiago de Cuba oder das des Che im entfernten Santa Clara.

In manchen Büchern – auch in deutschen – wird kolportiert, dass Castro als Erstes die Finca seiner Familie enteignete, sozusagen als Beleg, dass er mit der Umsetzung seiner sozialen Überzeugungen bei sich selber begann. Welch eine lächerliche Vorstellung über einen

Mann, der sich nicht enteignen musste, weil Kuba ihm gehörte, aber trotzdem eine typische Legende als Opium für das Volk. Nach seiner Machtübernahme soll er nur noch zweimal kurz auf dem Anwesen seiner Eltern gewesen sein, ohne hier zu übernachten, warum auch, in einem Holzhaus, durch dessen Bretter der Mond hineinscheinen konnte, mit auf diesen Brettern genagelten elektrischen Leitungen und mit bescheidenem Mobiliar, wo er doch bereits im funkelnagelneuen Hilton eine ganze Etage belegt hatte und ein Jahr danach in die Luxushäuser der geflüchteten Oberschicht einzog!

Dieses Museum erzählt durchaus eine Geschichte, allerdings eine, die mit Legenden aufräumt. So auch mit der Legende, dass sein Vater zu den reichen Kubanern gehörte, hätte er doch beispielsweise seinem Sohn zum Universitätsexamen einen roten Ford geschenkt. Einen Ford und einen roten, wo doch so manche seiner Kommilitonen standesgemäß in einem Lincoln oder Cadillac durch das reiche Havanna kutschierten. Zweifelsohne war sein Vater ein vermögender Pflanzer, aber einer, der in einer abgelegenen Gegend seine Felder bestellte, in einfach zusammengezimmerten Holzhäusern wohnte und Analphabet war. Die gute Mittelschicht, gar nicht zu reden von der Oberschicht, wohnte in Santiago oder in Holguín in Steinhäusern mit fließend Wasser, ging ins Theater und fuhr zur Pferderennbahn nach Havanna. Nein, die Castrofamilie war nur eine von vielen aus der Mittelschicht in der weiten kubanischen Provinz, mit einem Ford Tin Lizzie von 1918 und einer kleinen Arena zum Hahnenkampf.

Versteckt erzählt das Museum auch die Geschichte eines diktatorisch die Familie und seine Arbeiter bestimmenden Vaters. In einem kleinen Reich war er ein richtiger König. Nicht die Armut der Arbeiter, sondern dieser Vater wurde zum Vorbild für den jungen Fidel, auch im Umgang mit den Frauen! Erst in Santiago auf der Jesuitenschule und dann während des Studiums in Havanna lernte er richtigen Reichtum kennen und das Provinzleben seiner Eltern zu verachten.

Die uns begleitende Führerin stammt aus einer der abseits gelegenen Betonhütten, ohne besondere Bildung, verwirrt reagiert sie auf meine vorsichtigen Nachfragen. Hier an einem heiligen sozialistischen Ort Fragen stellen! Zuletzt stellte ich ihr in einem bewusst naiven Ton eine hinterhältige Frage, indem ich mich erkundigte, ob sie auch Biografien über Fidel aus Spanien oder südamerikanischen Ländern gelesen hätte. Sie schaut mich an, und in ihren Augen sowie an ihren Mundwinkel konnte ich erkennen, dass sie mich durchschaut hatte, und zugleich wusste ich in diesem Moment, dass man sich im Dorf durchaus Geschichten über die Familie Castro erzählt, aber mit einem anderen Inhalt als die staatstragenden Legenden. Wahrscheinlich sind diese Geschichten auch mit Mythen verwoben, aber zugleich sind in ihnen Erlebnisse festgehalten, die die Regierung nicht aufgeschrieben hat.

16. GRUND

Weil ich aus Méjico ein Museumsdorf machen würde

Auf einem schon reichlich verwaschenen Schild am Ortseingang steht der Name des Dorfes: Méjico. Bis 1960 hieß es Álava. Diesen Namen hatte es über 100 Jahre lang getragen. Es war der Name einer Ingenio, einer Zuckerrohr-Hacienda, einschließlich der Fabrik, die bereits in der ersten Hälfte des 19. Jahrhunderts entstanden war und aus der sich dieses Dorf entwickelt hatte. Aber zu Beginn des Jahres 1959 brach eine neue Zeit an, die das alte Álava beerdigen sollte. Die Rebellen aus der Sierra Maestra hatten den Diktator Batista mit dem Versprechen verjagt, in Kuba wieder die Demokratie zu errichten. Als sie bald darauf alle größeren Unternehmen, einschließlich der ausländischen, verstaatlichten, nannten sie es Revolution. Jede Revolution hat einen Feind, sonst wäre es ja keine Revolution. Der Feind der kubanischen Revolution hieß USA. Die Zuckerfabrik Álava in Álava gehörte einem amerikanischen Unternehmen. Revolutionen benötigen auch sprachliche Beweise ihrer Existenz. Warum jedoch aus Álava ausgerechnet Méjico wurde, verliert sich im Dunkel der Revolution. Revolutionen schreiben ihre Beweggründe nicht auf, denn sie sind sich selber Grund genug. Wahrscheinlich war mit Méjico der Staat Mexico gemeint, doch dies war die Schreibweise, die die verhassten Amerikaner verwendeten, hingegen war Méjico eine eigenständige revolutionäre Kreation, die auch in den Schulen verwendet werden musste. Heute heißt der Ort auf den kubanischen Karten wieder normal Mexiko.

Im klitzekleinen Museum von Mexiko wird ein Foto aufbewahrt, auf dem eine Gruppe junger Männer einen Sarg in die Erde lässt, mit der Aufschrift: »Adiós América«. Heute würde jeder Einwohner Mexicos am Ortseingang ein Schild aufstellen: »Bienvenidos Americanos«. Schon längst hat die Revolution ihre Überzeugung verloren.

Auf dem Land des späteren Álava weideten Schafe, Ziegen und auch ein paar Kühe. Aus Spanien kam auf die Insel der junge einfache spanische Adlige Julián de Zulueta, der über dieselbe Eigenschaft verfügte wie 300 Jahre zuvor die Konquistadoren: unbändige Tatkraft! Er ließ die Erde um die kleine Finca herum untersuchen, für welche Pflanzen sie am besten geeignet sei – Zuckerrohr! Innerhalb weniger Jahre errichtete er im Ingenio-System eine der modernsten Produktionsanlagen für die Zuckergewinnung. Er dachte in großen Dimensionen, baute für damalige Verhältnisse eine riesige Fabrik und installierte als einer der Ersten darin Dampfmaschinen. Er war ein Pionier der industriellen Zuckerproduktion. Damit wurde er einer der reichsten Spanier auf der Insel. Aber die Basis dieses Erfolges war nicht nur sein Verständnis für Technik und Fabrikorganisation, sondern ebenso das für die Arbeitskraft schwarzer Sklaven. Bis zu 900 aus der westafrikanischen Yoruba-Region geraubte oder verkaufte Sklaven arbeiteten auf seiner Ingenio. Er soll seine Sklaven besser ernährt haben als andere Sklavenhalter. Auch einen Arzt hatte er aus Frankreich kommen lassen, um die Sklaven schneller gesunden zu lassen, schließlich waren sie in Zeiten geringen Angebots wertvoll.

Ganz gewiss war der Grande Zulueta kein Menschenfreund. Ohne Sklaven schließlich kein Reichtum. Sklaven haben die Angewohnheit, weglaufen zu wollen. Selbst in dieser flachen Region Kubas, wo nach der Ernte bis zum weiten Horizont nur die Silhouetten der Palma Reales zu sehen sind, haben sie davon nicht gelassen. Deshalb ließ Zulueta auf Álava ganz traditionell eine abgeschlossene Sklavensiedlung bauen. Vor 40 Jahren waren ihre Gebäude noch weitgehend erhalten, jetzt wenigstens noch in imposanten Teilen.

In einem Viereck von 80 bis 100 Metern Kantenlänge zogen sich geschlossen aneinandergebaute Baracken hin, fast wie ein großes Gefängnis, was es letztlich ja auch war. Die steinernen Außenmauern der Baracken hatten keine Türen oder Fenster, zum Innenhof hin öffneten sie sich als Wohnstätten der Sklaven. Außerhalb der Arbeitszeiten war der Innenhof der Ort für die Zubereitung der Nahrung sowie auch für das Zusammenleben der Sklaven und ebenso für ihre religiösen Riten.

Das Viereck hatte einen einzigen Zugang, der bis heute erhalten ist, ein großes steinernes Tor, mit einem Turm obenauf und an dessen Spitze eine Glocke, die noch heute von unten so imposant aussieht, dass sie vielen deutschen Kirchen zur Zierde gereichen würde. Ihr Schlag regulierte den Tagesablauf der Sklaven. Tagsüber konnte der Zugang zum Areal und der Hof vom Turm aus kontrolliert werden. Nachts wurde das Tor geschlossen. Nach der Sklavenbefreiung von 1886 blieben fast alle ehemaligen Sklaven auf Álava, denn hier waren die Lebensverhältnisse weniger drückend als auf den meisten anderen umliegenden Ingenios.

In den 70er-Jahren ließ der Direktor der nun sozialistischen Fabrik zwei Seiten des Vierecks abreißen und den ganzen Innenhof zerstören, um Wohnungen für die Fabrikarbeiter zu bauen. Zwar staunen jetzt zufällige Besucher über das imposante Tor, aber nur Kundige können noch die Struktur der alten Ingenio erkennen.

In einer Ecke des ehemaligen Innenhofes wächst ein über 200 Jahre alter Ceiba-Baum. Künden die hohen Palma Reales vom Stolz der Kubaner, so die Ceibas von ihrer Religiosität. Diese Ceiba ist nicht sehr hoch, vielleicht nur 15 Meter, aber am Boden beträgt der Durchmesser seines Stammes gut 5 Meter. Zudem winden sich mächtige Wurzeln aus seinem Ansatz heraus in die Erde. Bis heute werden in ihren Spalten Steine versteckt, die nach der Yoruba-Religion heilig sind. An diesen Stellen sind sichtbar Opfergaben abgestellt, hauptsächlich Früchte und gesondert zubereitete Speisen.

Doch das ist noch nicht alles. In allen Ingenios auf Kuba versuchten die Sklaven, einen Teil der Kultur ihrer Heimatregionen zu bewahren. Infolge der langen Existenz dieser Ingenio ist dieser Flecken bis heute ein wichtiger Ort für die Yoruba-Religion und für die traditionelle Musik der Schwarzen. Das jedoch wäre schon eine weitere Geschichte. An der rechten Außenseite des Tores hängt ein kleines Schild: »Museo«. Eine ältere schwarze Frau hält es geöffnet. Sie ist die Urururenkelin einer schwarzen Sklavin. Im Museum hängt eine Tafel, auf der Begriffe in Yoruba und ihre spanische Übersetzung zu lesen sind. Auch ohne die Übersetzung versteht diese Frau die alten Begriffe aus der Heimat ihrer Urahnen. Sie und einige der Arbeiter aus der früheren Fabrik haben Exponate von der Sklavenzeit bis zu den ersten Jahren nach der Verstaatlichung gesammelt und bewahrt. An den Wänden der zwei kleinen Räume hängen alte Fotografien, an den Seiten liegen rostige Ketten und Arbeitsgeräte der Sklaven, auch eine Dampfpfeife der Fabrik, und auf Holztischchen befinden sich unter Glas rituelle Gegenstände der Sklaven sowie Schriftstücke aus der späteren Zeit der Ingenio. Alle Ausstellungsstücke sind schlicht beschriftet. Die Frau ist keine Historikerin, aber ihre Sensibilität für Geschichte hat dieses Museum entstehen lassen, ohne Hilfe staatlicher Stellen, einzigartig für Kuba, in einem Dorf mit nur wenigen Hundert Einwohnern und nur einer Zufahrtsstraße. Jegliche kritischen Bemerkungen zu dieser Sammlung und ihrer Präsentation verbieten sich. Unikate haben ihre eigene Anziehung.

Bis 1958 war Álava noch eine bedeutende Zuckerfabrik, in die die amerikanischen Besitzer investierten. 1924 bauten sie einen großen Betonschornstein. Auf ihm ist noch die Aufschrift »Álava« zu lesen. An der Seite der Fabrik hin zum kleinen Park des Dorfes ist eine Mauer aus der früheren Zeit zu erkennen, die immer noch eine Halle der Fabrik stützt. Ihre hölzernen Fenster sind noch vorhanden, und an drei von ihnen haben sogar die verglasten Segmente ihrer Rundbögen überlebt. 1970 baute der kubanische Staat einen zweiten Schornstein. Zwar hielt seine Krone einem der Hurrikans nicht stand, aber in der Zeit der Verarbeitung des Rohrs raucht er. Aus einer Pioniertat wurde eine baufällige Anlage.

Der gesamte Ort beherbergt immer noch so viele Erinnerungen an die Geschichte Kubas, dass er bei ihrer Instandsetzung und sinnvollen Gestaltung ein einzigartiges Freiluftmuseum sein könnte.

17. GRUND

Weil Havanna die schönste Stadt Lateinamerikas ist

Ist es möglich, eine Millionenstadt auf wenigen Seiten literarisch einzufangen, ohne dabei ihre verschiedenen Sehenswürdigkeiten nur einfach aufzuzählen, also mit Worten ihrem Zauber nahe zu kommen?

Zwei Millionen Menschen leben in Havanna, und da die Stadt in zahlreiche Vororte ausläuft, umfasst sie noch weitaus mehr Menschen. Innerhalb der zwei oder vier Tage, in denen sich die allermeisten Touristen dort aufhalten, kann der Zauber Havannas bestenfalls nur erahnt werden, aber auch nur dann, wenn man nicht von Sehenswürdigkeit zu Sehenswürdigkeit hetzt und sich nicht von grauenhaften Kunstmärkten oder pseudoprominenten Bars und ewig gleichen Zigarrenfabriken verschlucken lässt. Aber welcher Alltagstourist kann sich schon dagegen wehren?

Gegenüber anderen großen Hauptstädten wie London oder Wien, Madrid oder Paris weist Havanna drei wesentliche Unterschiede auf. Erstens ist sie bedeutend jünger, knapp 500 Jahre alt. Zwar verfügt sie zweitens über eine veritable Altstadt, aber außerhalb dieser Altstadt sind ihre wichtigsten Teile nur innerhalb von sechs Jahrzehnten entstanden. Und drittens begann danach ihr Verfall. Wie ist sich dieser weltweit einzigartigen und doch so beklagenswerten Stadt zu nähern?

Nicht allein in der Altstadt hat Havanna mehr Architektur zu bieten als jede andere amerikanische Stadt, einschließlich denen in den USA, auch in fast jeder Nebenstraße seiner ausgedehnten Wohnviertel (mit nur wenigen Hochhäusern) trifft der Besucher auf wenigstens ein ungewöhnliches Gebäude. (Siehe Grund 18.)

Zugleich erstreckt sie sich am Wasser entlang. Erst ihre natürliche Anbindung an das Meer hat ihr die Möglichkeit zur Entfaltung ihrer Pracht gegeben. Heute beginnt das Meer nicht mehr an seinem Hafen, einstmals der größte auf Kuba, sondern an seiner Uferstraße, dem Malecón. In einem lang geschwungenen Bogen zieht sich der Malecón kilometerweit am Meer entlang. An seiner Straßenseite reihen sich in grauem Stein erstarrte Festungen und Bürgerhäuser zahlreicher

Stilrichtungen aneinander, einige sind in altem Glanz restauriert, andere warten noch darauf, und etliche sind nur noch Ruinen. Zur Meeresseite ist er ein Boulevard, wenngleich nicht einer mit Schatten spendenden Bäumen und lauschigen Bänken, aber einer zum Flanieren und mit einer Ufermauer zum Verweilen. Hier treffen sich alle Einwohner Havannas. Dieser schmale Streifen zwischen Wasser und Architektur ist ihr Zuhause. Keine andere Stadt kann sich einer solchen Uferstraße rühmen.

Havanna verfügt über eine Eigenschaft, die während eines kurzen touristischen Aufenthaltes nicht so ohne Weiteres zu erkennen ist. In Reiseführern wird immer wieder die Bemerkung des bekanntesten kubanischen Schriftstellers Alejo Carpentier zitiert, dass Havanna eine »Stadt der Säulen« sei. Dies ist sie ganz gewiss, aber dasselbe könnte auch von zahlreichen anderen kubanischen Städten behauptet werden, von großen wie kleinen. Überall ziehen sich an den Häusern dieser Städte Arkaden und Kolonnaden entlang. Aber eines findet sich nur in Havanna, nämlich unzählige Parks, unzählig, weil sie niemals gezählt wurden, denn es sind große, auch mittlere und immer wieder kleinere, oft auch nur grüne Ecken. Es gibt bekannte und verschwiegene, überfüllte und leere, eindrucksvolle und harmlose. Allerdings sind heute einige nicht mehr vorhanden, sie wurden planiert und auf ihrem Boden abstoßend hässliche Plattenbauten hochgezogen. Andere gab es vor 50 Jahren noch nicht. Der Schutt zusammengefallener Häuser wurde weggeräumt und darauf eine kleine Parkanlage errichtet. Von den Felsen der Festungen aus gesehen, setzt sich das Meer scheinbar in dem Meer der Häuser fort. Aber dazwischen befinden sich überall grüne Inseln, und sogar der Horizont ist von grünen Tupfern übersät. Havanna benötigt keine grüne Lunge, denn fast jede Straße der Stadt wird in ihrem Lauf wenigstens einmal von einem Park aufgehalten. Sie alle sind durch Menschenhand entstanden, aber dann der Schöpferkraft der Natur überlassen worden. Sie gehören zur Architektur der Stadt und sind doch weitaus mehr Natur als Architektur. (Siehe Grund 32.)

Auch Museen gehören zur Schönheit einer Stadt, und davon bietet Havanna die schier unglaubliche Zahl von über 75. Einige sind grandios und einzigartig, andere sind einfach nur kurios (siehe Grund 19); wiederum andere zeigen nur das, was der Staat Ihnen zeigen will, wie beispielsweise im Revolutionsmuseum, was unter bestimmten Aspekten durchaus auch für Sie interessant sein könnte, zu denen ich indessen nichts schreiben möchte. Und sehr viele tragen zwar zur Farbigkeit der Stadt bei, aber sind in ihrem Gehalt eher belanglos. Eine Auswahl unter diesen müssen Sie allein nach Ihrem individuellen Geschmack oder nach Ihrer Neugier treffen.

Es gibt Menschen, die sich unter vielen anderen Menschen wohlfühlen. Glücklich lassen sie sich im Menschenstrom durch die Altstadt von Havanna treiben und fühlen sich beim Besuch einer Sehenswürdigkeit durch die Anwesenheit vieler weiterer Besucher bestätigt. Es gibt aber auch andere, die suchen die Stille, sind selig, wenn sie ohne Geschiebe und Gedränge genießen können. Diese sollten in Havanna früh aufstehen, um am zeitigen Morgen durch die Altstadt zu schlendern. Zwar sind zu dieser Zeit Museen und Paläste noch geschlossen, aber ihnen wird sich in der Atmosphäre des anbrechenden Tages die Schönheit dieser Stadt erschließen, gleich ob in den Straßen oder in den Parkanlagen.

18. GRUND

Weil Havanna über eine unvergleichliche Architektur verfügt

Die Pracht Havannas bestand und besteht bis heute in seiner Architektur. Die ewige Frage »Wo beginnen, wo aufhören?« muss wohl in diesem Havanna entstanden sein. Generationen auf Generationen haben fünf Jahrhunderte lang an ihr gebaut.

Zuerst Kolonialpaläste, so wuchtig, dass die Macht aus ihren Mauern herausdröhnt; Kirchen, so düster, dass die Menschen sich klein gegenüber Gott fühlen; Renaissancehäuser, so filigran, dass in ihnen die Beschwingtheit des Lebens klingt. Und dann der Bruch. Mit der Vertreibung der spanischen Kolonialbesatzer bricht die Moderne herein. Bankgebäude imitieren mit protzigen Portalen und Fassaden griechische und römische Vorbilder, und trotzdem sind sie heute ein imposanter Blickfang. Geschäftsgebäude, Krankenhäuser und Universitätsbauten folgen ihnen darin. Aber nach kaum drei Jahrzehnten setzt die Beschwingtheit des Lebens dieser Stadt sich auch in seiner Architektur durch. Keine Stadt des amerikanischen Kontinents prunkt mit mehr Art-déco-Gebäuden als Havanna. Wo in europäischen oder nordamerikanischen Städten bereits ein einzelnes Haus im Stil des Art déco als ein Solitär gewürdigt wird, füllen sie hier Architekturführer. An allen klare Linienführung und Rundungen und auch bisweilen abstrakt Figürliches. Selbst das Martí-Denkmal, eines der höchsten der Welt, wirkt schlicht und doch elegant aufsteigend, gleichwohl es nur die aberwitzige Überhöhung eines einfachen Dichters und nur kurzfristig einflussreichen Politikers ist.

Aus der symbolischen Mitte des Art déco ragt das Bacardi-Haus hervor, Einheit von Superlativen: das gelungenste, das eindrucksvollste, das reichhaltigste. Wo beginnen, wo aufhören? Gebaut mit den Gewinnen einer Rum-Dynastie, von kunstsinnigen Mäzenen und Unvergängliches zu unserem Wohlgefallen.

In den 40ern und 50ern dann ein erneuter Wandel. Am besten zu erleben auf der 5. Avenida. Kilometer für Kilometer führt sie durch die früheren Wohngebiete der Wohlhabenden, Miramar und Playa. Sie beginnt nicht mit einer Stilepoche, und sie endet nicht mit einer. Sie ist alles und überall, wie das Meer, an dem sie sich nur wenige Hundert Meter entfernt entlangzieht. Geduckte eingeschossige spanische Landhäuser gedeckt mit roten Ziegeln, wie in Andalusien; alten spanischen Kolonialfestungen nachgeahmte Häuser und so abweisend wie diese; flache amerikanische Landhäuser wie in Maine; kleine verspielte englische Castles; viel wuchtiger Historizismus und neoklassische Villen; ausladende protzige griechisch-römische Villen; aus den 50ern stammende supermoderne Glaspaläste; eklektizistische Villen mit Elementen aus wenigstens vier Stilepochen und immer wieder ausgefallene, witzige und inspirierende Anwesen aus den 40ern und 50ern, mit denen sich junge kubanische Architekten ausprobierten oder auch austoben konnten. Wo beginnen, wo aufhören?

Zum Abschluss der 5. Avenida folgt ihr absoluter architektonischer Höhepunkt, ein Gebäude, welches in allen Architektur-Ranking-Listen als eines der weltweit hässlichsten aufgeführt wird, die russische Botschaft, aber heute erzeugt sie keine Angst mehr, sondern nur noch Heiterkeit.

An der Bucht zur Einfahrt in den Hafen erhebt sich ein breiter Felsen aus dem Meer. Auf ihm ragt eine Ansammlung grauer Mauern empor, die so ausgedehnt sind, dass ein einzelner Blick sie nicht zu erfassen vermag. Die Festungen der Stadt! Für Liebhaber derartiger Zwingwerke einfach grandios. Aber weshalb wurden sie errichtet? War es nicht Furcht vor der eigenen Schwäche, die gegenüber den Fremden und die gegenüber den Unangepassten? Bis heute quillt aus ihren Steinen das Blut der Gepeinigten. Gedankenlos durchwandert ein stetiger Touristenstrom sie. Wer Havanna liebt, wendet sich von ihnen ab, sie sind der Gegensatz zur Lebensfreude dieser Stadt, obgleich auch sie die Verbindung zum Meer symbolisieren. Keine Schiffe sollten ohne ihre Kontrolle in den Hafen einfahren können, und später sollten sie die Ausfahrt von Hunderten kleiner Boote in Richtung Miami verhindern. Sie wurden gebaut mit dem Geld, das übers Meer kam, und jetzt werden sie vom Geld der Touristen erhalten, die auch über das Meer kommen.

19. GRUND

Weil abgelegene Museen mehr über die Gegenwart als über die Vergangenheit verraten

Kuba ist ein Museumsland! Und dies in einem doppelten Sinne. Nach 60 Jahren Sozialismus ist das gesamte Land ein einziges Museum, weltweit sicherlich auch ein einzigartiges. Venedig ist nichts dagegen. Venedig hat fast ein Jahrtausend benötigt, um die gesamte Stadt zu einem Freilichtmuseum werden zu lassen. Aber es ist nur eine Stadt, wenngleich als Stadt auch einzigartig. Kuba hat dies in nur fünf Jahrzehnten geschafft und das gleich für ein gesamtes Land, mit all seinen

Städten und Dörfern, den Straßen und den Eisenbahnen, den Feldern und den Fabriken, den Pferdekutschen und den Autos. Kuba gehört zu den Ländern mit der weltweit größten Museumsdichte, und wahrscheinlich sogar mit einer einzigartigen Vielfalt von Museen. Allein für Havanna listet ein Reiseführer über 50 Museen auf, und diese Übersicht ist sogar unvollständig, da sie nur für Touristen zusammengestellt wurde.

Kuba ist 1.300 km lang, und in diesem weiten Land verfügt jede kleinere Stadt über wenigstens ein Museum, in der Regel ist es ein Heimatmuseum. Fast alle dieser Museen verfolgen ein einziges, ein sehr spezielles Ziel, und dieses hängt mit der Eigenschaft des Landes als Gesamtmuseum zusammen.

Freiwillig geht kein Bewohner dieser Städte in das Heimatmuseum. Es ist nicht sein Museum, denn er kommt darin nicht vor. Als Beispiel dafür berichte ich über das Heimatmuseum der 50.000-Einwohner-Stadt Colón. Zufällig kenne ich unter allen ähnlichen kubanischen Städten diese Stadt am besten, obgleich sich darin so gut wie niemals Touristen verirren, was schade ist, denn hier könnten sie das sozialistische Kuba symptomatisch erleben, allerdings gestehe ich ein, dass dies eine sehr spezielle Form der Urlaubsgestaltung wäre.

Das Heimatmuseum von Colón heißt »Museo de la Ciudad – José R. Zulueta«. Der Herr Zulueta war ein Student aus Colón, der sich in einer Untergrundorganisation gegen den Diktator Batista engagierte und 1958 in einem Bus in Havanna erschossen wurde. Das Heimatmuseum ist in einer ausgedehnten älteren Hausanlage direkt im Zentrum der Stadt untergebracht. Es beginnt in einem großen Innenhof, und es beginnt verheißungsvoll.

Einst war Colón eines der Zentren der Zuckergewinnung auf der Basis von Sklavenarbeit. Im Innenhof des Museums sind drei Glocken aus der Sklavenzeit ausgestellt. Traditionell gab es auf dem Sklavenhof einer Ingenio eine Glocke, deren Klang den Tagesablauf der Sklaven regelte. Eine der Glocken auf diesem Museumshof wurde noch 1865 in Barcelona gegossen, 20 Jahre vor der endgültigen Sklavenbefreiung. Eine weitere stammt von 1840, und auf der ältesten sind die Angaben bereits unleserlich. Es ist weithin unbekannt, dass die Glocke das wichtigste Symbol der Sklavenhaltung war, nicht die im breiten Bewusstsein verankerte Peitsche. Die Peitsche verbreitete Furcht, sie marterte, aber für das System des Alltags war die Glocke zuständig. Sie erklang zum Aufstehen, zur Arbeitsaufnahme, zum Essen und zum Schlafengehen. Mehrmals am Tag erinnerte sie die Sklaven daran, dass sie Sklaven sind, denn sie bestimmte ihren Lebensablauf. Zu keiner der drei Glocken gibt es eine Erklärung; keine Beschriftung, keine Hinweise.

In einigen Räumen des ersten Stockwerks hängen an den Wänden oder liegen in Vitrinen Fotos, Dokumente und kleine Schaustücke aus der Zeit der Gründung Colóns und des Widerstandes gegen die spanische Kolonialmacht. Wie in so vielen ähnlichen Städten in so vielen anderen Ländern sind sie auch in Colón liebevoll bewahrt, wenngleich unter unerträglichen Bedingungen. Schon seit über zwei Jahrzehnten hat die Stadtverwaltung kein Geld mehr für das Museum. Nicht nur die Räume, auch die meisten Ausstellungsstücke sind extrem renovierungsbedürftig. Wenig ist über das Wachstum der Stadt und ihren Reichtum zu erfahren. In einer Ecke liegt ein eigenartiges Metallgerät. Es sind die Messer einer Maschine zum Schneiden von Ananas und ihrer industriellen Verarbeitung zur Dosenfrucht. Es ist der einzige Hinweis auf die industrielle Bedeutung der Gegend. Ihre Rolle als Eisenbahn- und Straßenknotenpunkt wird nicht dargestellt, ebenso wenig wie die zahlreichen Schulen oder das Kulturleben, auch nicht die bedeutenden Dienstleistungen bei Hotels oder Geschäften. Immerhin war – und ist – die Stadt im Umkreis von 100 km die größte. Der Besucher geht an vielen Einzelheiten vorbei, aber er erfährt rein gar nichts über die Entwicklung der Stadt und über ihre Stellung in der Region und im Land. In diesem Heimatmuseum wird die Stadt nicht lebendig und schon gar nicht liebenswert. Das jedoch ist den Gestaltern des Museums nicht vorzuwerfen, denn alle Heimatmuseen in Kuba weisen ähnliche Eigenschaften auf.

Allein in den letzten beiden Räumen kommt Stolz auf. Einige Fotos zeigen die Rebellenführer Camilo Cienfuegos und Ernesto Che Guevara bei ihren kurzzeitigen Besuchen in der Stadt in den ersten Januartagen des Jahres 1959 sowie als Höhepunkt die Visite Fidel Castros, als seine Kolonne am 7. Januar 1959 Colón durchquerte und sich wenige Stunden hier aufhielt. Er soll eine Kaserne und ein Waisenheim für junge Mädchen besucht sowie eine Rede gehalten haben. Zu Letzterem gibt es auch eine Fotografie mit jubelnden Anhängern, aber so arg viele sind darauf nicht zu sehen, und niemand weiß, was er gesagt hat. Das ist alles über die Darstellung des Umbruchs in Colón, der die folgenden fünf Jahrzehnte der Stadt bestimmte.

Wenn ein Gesellschaftssystem sich als die historische Überwindung einer alten Ordnung versteht, muss davon ausgegangen werden, dass diese Überwindung im Museum der Stadt dokumentiert wird. Ein Gesellschaftssystem, welches sich nur aus der Geschichte heraus legitimiert, wird sicherlich seine eigene Geschichte lückenlos präsentieren. Das Stadtmuseum von Colón bestätigt diese Vermutung jedoch nicht. In einem weiteren Raum folgen Fotos von der Alphabetisierung, aber nicht aus Colón, denn hier betrug die Alphabetisierungsrate etwa 90 Prozent, vom Kampf gegen die konterrevolutionären – also schlechten – Rebellen im Escambray-Gebirge – über 100 Kilometer entfernt –, auch von der Abwehr der Aggression in der Schweinebucht – ebenfalls knapp 100 Kilometer fern. Allerdings gibt es auch Ausstellungsstücke von einer neuen Schule, vom neuen Krankenhaus und von einer neuen Fabrik. Diese Ausstellungstücke sind Fotografien, mehr nicht, ohne Erklärungen über Zusammenhänge in der Entstehung, damit verbundene Entwicklungen und nichts zu ihrer Gegenwart. In diesem Museum kann der Besucher keine historischen Linien verfolgen.

Es gibt keinen Raum über die Veränderungen der Stadt in den zurückliegenden 25 Jahren, nichts über Fabriken oder Sportstätten, nichts zur Infrastruktur oder Parkanlagen, nichts zur architektonischen Gestaltung oder zur Bevölkerungsentwicklung, nichts zum kulturellen Wandel und selbstverständlich auch nichts zur Auswanderungswelle.

Im letzten Raum bietet das Museum jedoch noch eine unerwartete Aufklärung. Dort ist eine große Weltkarte aufgehängt, auf der mit bunten Fähnchen alle Länder markiert sind, in denen in den letzten fünf Jahrzehnten Kubaner zivilen und militärischen Einfluss ausgeübt haben, in der Karibik, in Südamerika, in Mittelamerika, in Afrika und in Asien. Unterhalb der Karte befindet sich eine Liste der bei diesen Militäraktionen umgekommenen 17 Soldaten aus Colón.

Inzwischen ist das Heimatmuseum geschlossen. Es soll umgebaut werden. Neukonzept? Neueröffnung? Völlig unbekannt! Und die Bürger? Sie haben das Museum gar nicht wahrgenommen. Wie können sie von seiner Schließung wissen. Menschen, die in einem Museum leben, verspüren kein Bedürfnis, ein Museum zu besuchen.

20. GRUND

Weil Martí nichts mit Martí zu tun hat

Die meisten der westlichen Besucher werden es gleichgültig hinnehmen, manche überhaupt nicht wahrnehmen, etliche werden sich wundern und vielleicht sogar ein wenig despektierlich schmunzeln, aber eventuell werden auch einige Fragen haben, für diejenigen sind meine Erlebnisse gedacht.

Wenn Sie von Varadero aus ostwärts fahren, gelangen Sie alsbald zu der Mittelstadt Cárdenas, wo 1850 erstmalig die kubanische Fahne gehisst wurde; 22 km weiter erreichen Sie das Dorf Máximo Gómez, benannt nach dem wichtigsten General im Unabhängigkeitskrieg, der aber mit diesem Dorf nichts zu tun hatte; jedoch kommen Sie nach 15 zusätzlichen Kilometern in eine Kleinstadt, die Sie eigentlich interessieren müsste, was sie aber nicht tut, worauf dieses eigentümliche deutsche Wort »eigentlich« bereits hinweist. Der Name dieses Städteleins ist Martí, und Martí ist Programm in Kuba! José Martí ist der unumstrittene Nationalheilige Kubas: Dichter, Politiker, Publizist und Kämpfer für die Unabhängigkeit. Gleich bei seinem ersten Kampf starb er, das war 1895 gegen die Spanier. Seitdem haben sämtliche Führer Kubas ihn als Ikone behandelt. Zwar wurde sein hochaufragendes Denkmal auf dem Revolutionspalast in Havanna bereits 1952 errichtet, aber erst Fidel Castro perfektionierte seine Glorie. Überall auf Kuba, auch wirklich überall, werden Sie Büsten und kleine Statuen des José Martí finden. Vor Schulen, Kindergärten,

Fabriken, Krankenhäusern, jedem staatlichen Gebäude, ja sogar vor vielen Wohnhäusern blickt von einem niedrigen weißen Betonsockel ein kleiner weißer Betonkopf mit einem Schnurrbart harmlos in die Gegend. Es ist immer derselbe Betonkopf. Wie einst in der Sowjetunion für den alten Lenin muss es hier auf Kuba für den noch älteren Martí eine Betonfabrik ausschließlich für diesen Kopf geben. Aber Vorsicht, bloß keine blasphemischen Bemerkungen über Heilige! Martí ist hier allgegenwärtig, und so dürfen Sie hoffen, ganz besonders in Martí.

Schon am Ortseingang beeindruckt er durch eine monströse Installation. In dreifacher Lebensgröße sind seine Umrisse aus einem Blech herausgeschnitten, und seine Person ist in einem eindrucksvollen tiefschwarzen Anzug aufgemalt, so, als wolle er zu seiner eigenen Beerdigung gehen. Auf der anderen, zur Stadt hingewandten Seite wird diese Blechfigur von einem unverkleideten Rohrgestänge gehalten.

Die Stadtverwaltung von Martí wollte keinen kleinen weißen Betonkopf, und für ein größeres weißes Betondenkmal hatte sie kein Geld, aber für einen überlebensgroßen Martí aus dünnem Metallblech reichte es. Nun hat sie ihn und muss damit leben, wenngleich wohl kaum einer der Bewohner Martís seinem Martí einen Blick schenken wird, nur die Autofahrer werden sich täglich ärgern, dass dieses riesige Blechding quer zur Straße aufgestellt worden ist, weil es ihnen die Sicht auf den entgegenkommenden Verkehr nimmt.

Martí besteht aus einer zwei Kilometer langen Durchgangsstraße, an der sich noch einige Holzhäuser aus der späten Kolonialzeit befinden, eindrucksvoll mit Ornamenten geschmückt, und einer kleinen Kirche, ebenso eindrucksvoll, weil bestens erhalten und mit einem freundlichen Küster. Das ist es, ansonsten der übliche Verfall.

Eine Stadt, die Martí heißt, benötigt selbstverständlich auch ein Martí-Museum, und selbstverständlich muss das Museum auch einen Eintritt nehmen, wovon sollte es sich denn sonst wohl unterhalten können, zwei kubanische Pesos pro Person, etwa 10 Cent. Leider hatten wir nur einen 20-CUC-Schein (ca. 500 Pesos) dabei. Die Museumswärterin, eine etwas breit weggeflossene Dame in einem weiß gepunkteten Kleid mit augenscheinlich selbst frisierten mittellangen braunen Haaren und einem Allerweltsgesicht, schaute mit traurigen Augen auf unseren Geldschein, nicht, weil dieser ihr unbekannt war, aber sie konnte ihn nicht wechseln, weshalb sie uns mit zurückhaltender Stimme bat, doch noch einmal in unserer Börse nachzuschauen. Wir kannten den Inhalt unserer Börse. Ihr Gesicht nahm einen resignierten Ausdruck an, wie er nur bei Menschen in ausweglosen Situationen vorkommt. Ausnahmsweise durften wir das Museum kostenlos besuchen. Wahrscheinlich waren wir die ersten Besucher an diesem Tag, und würden es auch gestern gewesen und morgen sein.

Das Museum war interessant für den, der Provinzmuseen liebt, weil in ihnen eine enorme Kontinuität der Ausstellungen herrscht, auch das Martí-Museum von Martí besteht unverändert jahrzehntelang. Es beginnt mit der Kindheit des Herrn Martí, endet aber nicht mit dessen Tod, sondern nach einer Pause von sechs Jahrzehnten setzt es mit den Heldentaten der Revolutionäre in der sozialistischen Revolution von Fidel Castro fort, was verständlich ist, weil sich dieser als der kongeniale Nachfolger Martís inszeniert. Über den Zustand der revolutionären Stadt Martí berichtete es allerdings nichts. Indessen stießen wir in seinem letzten Raum auf eine Überraschung. Nach Bogen mit Pfeilen, Speeren, Revolvern, Pistolen, Musketen, Gewehren, Bajonetten, Säbeln, Messern und Macheten beeindruckte uns dort zutiefst ein weiteres Folterinstrument, eine mechanisch mit dem Fuß zu betätigende Zahnarzt-Bohrmaschine, wahrscheinlich auch über 100 Jahre alt. Wir wagten die Dame nicht zu fragen, ob der Herr Martí Zahnarzt gewesen oder ob er auf diesem Stuhl behandelt oder gar gefoltert worden war.

Jede Revolution, in jedem Land und zu jeder Zeit, hat ihre ganz eigene Sucht nach neuen Namen. Schon die Pharaonen ließen die Namen so mancher ihrer Vorgänger aus den Tempelinschriften herausmeißeln, um die Legitimität ihrer Herrschaft nicht durch das Andenken an diese verkleinern zu lassen. Martí jedoch eignete sich für den umgekehrten Weg. Zuerst war er der einzig ernsthafte Intellektuelle in der Unabhängigkeitsbewegung gewesen, jedoch ohne je politische oder militärische Macht innegehabt zu haben, und zuletzt starb er frühzeitig in einem Kampf. Als Märtyrer eignete er sich bestens, um bereits im Jahr des Sieges über die Spanier den zukünftigen bürgerlichen Regierungen als Legitimationsfigur zu dienen. Castro hingegen erkannte erst einige Jahre nach seiner Revolution, dass seine Strahlkraft für eine kontinuierliche historische Legitimation allein nicht ausreicht. Nur Martí war dafür da, was allerdings dieser Stadt sichtbar nicht geholfen hat.

Martí war in Martí weder geboren noch gestorben, auch nicht begraben und auch niemals hier gewesen, also keinerlei Möglichkeit für eine Pilgerstätte. Wir hatten uns vom Namen blenden lassen, was indessen auf Kuba so ziemliche Normalität ist.

Martí ist der einzige Heilige für alle Kubaner, den sie auch ganz allein für sich haben, weil niemand außerhalb Kubas an ihm interessiert ist. Kubaner müssen ein glückliches Volk sein!

21. GRUND

Weil ich mich im Museo Nacional de Bellas Artes in einen Cranach versenken kann

So mancher Besucher Havannas wird achtlos an dem mächtigen Gebäude inmitten des Zentrums von Havanna vorbeigehen. Vielleicht wird er auf seinem Weg vom Parque Central zur Einkaufsstraße Obispo einen der hohen Arkadengänge benutzen, die sich um das Gebäude herumziehen. Wahrscheinlich wird er auch das einfache dunkle Metallschild am massigen Eingangsportal »Museo Nacional de Bellas Artes – Arte Universal« unbeachtet lassen, und er wird nicht wissen, dass er nach dem Museum of Modern Art in New York am bedeutendsten Kunstmuseum Amerikas vorbeigeht. 1926 wurde das Gebäude errichtet, aber für einen anderen Zweck, war der Pariser Oper nachgeahmt und ist genauso eklektisch wie diese, was jedoch heute nur noch Architekturkundigen besonders ins Auge sticht. Ich, als ein normaler Besucher, erfreue mich an dem verspielten Schwung seiner steinernen Wucht.

Im 1954 eingerichteten Museo Nacional de Bellas Artes, Centro Asturiano (da dieses Gebäude früher der Vereinigung der Spanier aus Asturien gehörte) kann eine einzigartige Kunstsinnigkeit des kubanischen Bürgertums betrachtet werden. Es beherbergt die reichhaltigste Sammlung von Gemälden, Skulpturen und antiker Kunst in Lateinamerika und – außer Museen in New York – wohl auch die Nordamerikas. Wenngleich viele flämische, italienische, spanische oder auch französische Gemälde nur aus Schulen berühmter Meister stammen, sind sie doch ein prägnanter Beleg für die intime Hinwendung des damaligen Bürgertums zur Kunst. Zahlreiche dieser Kunstwerke waren bis 1958 Privateigentum. In keinem Haus Havannas kann der heutige Besucher noch Vergleichbares zu sehen bekommen. Zwar stehen diese Kunstgegenstände heute allen Menschen zur Betrachtung offen, indessen verlieren sich nur wenige Besucher in dieses Museum, und diese sind fast ausschließlich Touristen, es gibt in Havanna keine kunstbeflissenen Bürger mehr. Jetzt ist die frühere Kunstsinnigkeit in einem Museum eingesperrt. Für mich ein außerordentlicher Gewinn.

Zumeist steige ich über die erhabene Eingangstreppe hinauf, vorbei an klassizistischen Säulen mit goldverkleideten Kapitellen, schmiedeeisernen Kandelabern, Türen und ebensolchen Gittern, bis ich in der obersten Abteilung im fünften Stock angelangt bin. Dort bleibe ich zuerst einige Minuten unter dem bunten Glasdach stehen. Es ist kein außergewöhnliches Kunstwerk, eher in einem verkitschten Kirchenstil, aber es erinnert mich damit an die Fenstermalereien alter Kirchen und wirkt in seiner Größe doch wiederum imposant. Ich überlege, wie ich reagiert hätte, wäre ich vor sechs Jahrzehnten zu seiner Eröffnung hier gewesen, wahrscheinlich hätte ich empört reagiert, für eine derartige Banalität so viel Geld ausgegeben zu haben, aber heute, nach den unglaublich vielen Erfahrungen mit sogenannter moderner Kunst in Deutschland, wo Kommunen zig Millionen nicht für die Ausstattung von Schulen und Kindergärten, sondern für Kunstwerke ausgeben, die aus nichts weiter als aus altem Eisen bestehen, was ich mit meinen längst verblassenden Schweißkenntnissen immer noch hinbekommen würde, kommt bei dieser Glasdecke in der Kuppel des Museums ein wenig Ehrfurcht auf.

Darauf lasse ich mich einfach durch die Räume treiben, bleibe mehr zufällig als zielgerichtet vor einem Werk stehen, und die Gedanken fließen in meinen Kopf. Zurzeit sind etwa 600 Objekte ausgestellt, im Depot sollen sich noch weitere 5.000 befinden, unfassbar, wie viele Museen damit ausgestattet werden könnten. Aber wie bei den Museumsleitungen in aller Welt bedeutet auch hier Besitz zugleich Macht, in den Institutionen und gegenüber dem Staat. Im Katalog des Museums wird es dann naiv: Drei komplette Sätze der Caprichos von Goya würden sich im Depot befinden, leider ohne Angabe des Druckdatums, gleichfalls Zeichnungen von Rembrandt und Hogarth und vielen anderen. Ich beneide die leitenden Damen und Herren des Museums für die Blicke, die sie jeden Tag auf eines der Caprichos von Goya werfen können. Zugleich bedaure ich, dass die Eigentümer dieser unglaublich umfangreichen Sammlungen diese nicht in ihr Exil retten konnten, dann nämlich hätten Sie und ich und alle anderen kunstinteressierten Menschen, diese höchstwahrscheinlich in einer Dauerausstellung betrachten können. Ob sich Fidel einmal die Caprichos angesehen hat, vor allem den *Der Schlaf der Gerechten erzeugt Ungeheuer*?

Manchmal sehe ich mir Gemälde weniger bekannter Maler an, oder auch Gemälde aus der Schule bedeutender Meister, und versuche, sie mir einzuprägen, aber meistens bleibe ich vor immer denselben stehen: Lucas Cranach d. Ä., Lucas Cranach d. J., Johann Heinrich Tischbein, Anton van Dyck, Thomas Gainsborough, John Constable, El Canaletto, Luca Giordano, Eugène Delacroix, Murillo, Velázquez. Ich rufe mir die Empfindungen in Erinnerung, welche ich beim ersten Betrachten dieser Gemälde erhielt, und spüre weiteren Eindrücken nach, die diesmal von ihnen ausgehen. Ich kann die Gemälde nicht wie ein Kunstexperte analysieren und will es auch gar nicht, ich will sie nicht in ihren Details auseinanderdividieren, und ich will auch nicht den Künstler im landläufigen Sinne verstehen wollen, zumal nicht jedes Gemälde eines Meisters auch ein Meisterwerk ist. Ich bin in diesem Gemäldemuseum aus einem einzigen Grund, ich möchte, dass bei ihrem Anblick Gedanken zu mir kommen, Gedanken über die Zeit, in der sie entstanden sind, und zugleich Gedanken zu den Problemen, die mich im Augenblick beschäftigen. Ich suche Beistand bei ihnen. Zeitlose Schönheit hilft immer, nicht immer sofort, aber dann doch.

Bei jedem Besuch bleibe ich stets vor einem Bild stehen. Es ist ein Altarbild als Triptychon von Cranach d. J., gemalt in der Zeit der Bauernkriege, und es thematisiert diese Auseinandersetzung mit christlicher Symbolik. Es passt zu Kuba.

Am Ende bleiben Fragen: Es ist vollständig ausgeschlossen, dass frühere kubanische Museen die finanziellen Möglichkeiten gehabt hätten, einen Canaletto oder einen Murillo oder zwei Lucas Cranach zu erwerben. Wie ist diese Sammlung von Gemälden und antiken Kunstgegenständen, die zahlreiche europäische Sammlungen in den Schatten stellt, auf dieser kleinen Insel zustande gekommen, auf der zwar ein kunstsinniges Bürgertum existierte, aber nicht in dem Bestreben, mit einem Museum in die Welt hinauszustrahlen? In einem englischen Kunstführer über Kuba findet sich eine Antwort: »Bei der Neubewertung kubanischer Institutionen nach 1959 wurde das Nationalmuseum um viele Werke bereichert – Ergebnis der Enteignungen (dann wird zitiert) ›unangemessenen Privateigentums‹.« In keinem einzigen deutschen Reiseführer findet sich dieser Hinweis. Der offizielle Katalog des Museums *Colecciones de Arte Universal – Museo Nacional de Bellas Artes de Cuba* liefert weitere Aufklärung. In ihm werden beispielhaft 15 Personen genannt, deren Sammlungen enteignet wurden, darunter auch die der Witwe des früheren deutschstämmigen Besitzers der Zigarrenfabrik H. Upmann. Ein Vergleich mit einem amerikanischen Reiseführer von 1926, in dem die wichtigsten der damaligen Gemälde angeführt waren, mit dem aktuellen Museumskatalog zeigt, welch enorme Masse an weltbedeutenden Gemälden nach 1959 in das Museum gelangten. Das spricht für die Kunstsinnigkeit und den Reichtum der kubanischen Oberschicht, zugleich auch für das Verständnis der Revolutionäre, welch ein Vermögen ihnen nach der Vertreibung der Besitzer in die Hände gefallen war. Wir kennen aus Deutschland das Problem der Restitution vornehmlich jüdischen Kunsteigentums. Wie vollzog sich die Enteignung kubanischen privaten Kunsteigentums? Wurden einzelne Werke, die sich leichter – unbemerkter – als beispielsweise ein Cranach auf dem

Kunstmarkt losschlagen ließen, wie etwa ein Picasso, bereits in den ersten Jahren nach der Revolution verkauft? Gibt es ein Register der enteigneten Werke und ihrer früheren Besitzer? Spätere kubanische Regierungen werden nicht umhinkommen, diese Fragen zu beantworten, zumal die Enteignung offiziell zugegeben ist. Haben sich erst einmal Lobbygruppen gebildet, gibt es gegen deren Bemühen um Gerechtigkeit keine Gegenwehr mehr. Schweizer Banken und deutsche Museen haben für ihre jahrzehntelange Ignoranz gegenüber diesen Bemühungen schmachvoll leiden müssen.

Bis es so weit kommt, werde ich mich noch oft in dieses Museum versenken.

22. GRUND

Weil das Santería-Museum gruseln lässt

Vielleicht werden Sie das Märchen *Von einem, der auszog, das Fürchten zu lernen* kennen, falls jedoch nicht, dann besuchen Sie bitte das Santería-Museum in einem Gebäude direkt gegenüber dem Capitolio. Es heißt Museo de los Orishas und wird von der Asociación Yoruba de Cuba unterhalten. Vor lauter Zauberern und Hexerei und Okkultismus könnten Sie auf Kuba beim Eintritt in dieses Museum am leichtesten ins Fürchten oder einfach ins Gruseln kommen. Allerdings brauchen Sie keine Sorge zu haben, dass Ihnen hier am Ende kaltes Wasser mit glibbrigen Fischen über den Kopf gegossen wird, das bleibt allein dem grimmschen Märchen vorbehalten.

Die Ursprünge dieser Kulte gehen stets auf afrikanische Wurzeln zurück, nämlich in dem Bestreben der schwarzen Sklaven zu versuchen, in ihrem schrecklichen Los sich wenigstens geistig zu behaupten. Zur Gegenwehr der weißen Unterdrückung kam eine Vermischung mit katholischen Elementen hinzu, und in den letzten Jahrzehnten das Abgleiten in touristischen Firlefanz.

Der Glaube an eine vielfältige Götterwelt und an eine Verbindung zu dieser durch das Hinterlegen von Obst, Knochen, Spielzeug,

Keramiken, Stoffteilen und auch Geldstücken, ebenso durch Musik und Tanz, ist auf Kuba allgegenwärtig. Weitaus stärker verbreitet bei den dunkelhäutigen Kubanern als bei den weißen. Die Regierung ermöglicht sogar offizielle Kult-Vereinigungen mit Mitgliedsausweisen. Für die Gläubigen der christlichen Religion ist es Heidentum, für Nichtgläubige Mummenschanz und für Nachdenkliche eine Form der Lebensbewältigung, wie es letztendlich ein jeglicher Glaube ist.

Wahrscheinlich werden Sie während Ihres Aufenthaltes auf Kuba nicht die Möglichkeit erhalten, an einem der verschiedenen Santería-Kulte teilzunehmen, aber wenn vielleicht doch, dann wird es Ihnen möglicherweise so ergehen wie einem Nichtkatholiken während eines katholischen Ritus, sein Geheimnis bleibt ihm verschlossen, er findet während der Liturgie nicht die Erfüllung, die ein Gläubiger darin empfindet. Deshalb habe ich mich nicht bemüht, an einer solchen intimen Zusammenkunft teilzunehmen, vieles davon wäre mir fremd geblieben, ja höchstwahrscheinlich sogar ziemlich abstrus vorgekommen. Allerdings habe ich in der Familie meiner Frau und bei kubanischen Freunden mancherlei Hinwendungen zur Santería erlebt. Von kleinen Figuren an der Ecke des Hauseingangs, einschließlich kleiner Speisen, über einen Schluck aus der neuen Flasche Rum, der in allen vier Ecken des Raumes versprüht wird, bis hin zur Taufe des ersten Kindes des Cousins meiner Frau.

Kurz vor Beginn der Taufe blieb der Taufpate verschwunden, ich sollte einspringen, der Priester sah mich scharf an und fragte mit fester Stimme, ob ich denn auch ein guter Katholik sei, worauf ich ihn treuselig anblickte und sanft antwortete, selbstverständlich. Acht kleine Kinder wurde gleichzeitig getauft. Auf der Bank vor uns saß eine schwarze Familie; als die Frau von der Zeremonie zurückkam, meinte sie zu ihrem Mann, dass sie sich nun aber beeilen müssten, denn der Santería-Priester warte schon. Doppelt genäht hält eben auch im Glauben besser.

Beim Umbau unseres Hauses beschäftigten wir einen etwa 30 Jahre alten Maurer, mit dem ich während der Essenspausen ins Gespräch kam. Als ich ihn nach seiner Freizeitbeschäftigung fragte, antwortete er, dass er keine Freizeit habe, und auf meinen erstaunten Gesichtsausdruck hin fügte er hinzu, er sei ein Babalao (Priester) der Yoruba-Religion. Als ich mehr über diese für mich wahrlich ungewöhnliche Freizeitbetätigung wissen wollte, schlug er vor, innerhalb einer Santería-Zeremonie mir meine Zukunft vorauszusagen. Meine Zukunft interessierte mich nicht, denn wüsste ich sie, wäre das Leben langweilig. Aber was in einer derartigen Zeremonie passiert, interessierte mich schon. Ich hatte keine Vorstellungen und nur nebulöse Erwartungen, und ich wurde enttäuscht. Ich erfuhr nur das, was ich bereits ohnehin wusste, und alles andere war pure Spekulation. Mir fehlte wohl die innere Demut, für seine Halsperlenkette, die er mit Rum aus seinem Mund besprühte, für die magischen Zeichen, die er auf ein Papier auftrug, für die vier Kokosschalen, die er in seinen Händen hin und her wiegte, für die zwei Steine, die ich in meinen Händen verstecken sollte, für seine schweißigen Hände auf meinem Kopf – alles über 30 Minuten mit großer Ernsthaftigkeit unternommen, aber es war wie bei einem Hypnotiseur, der sein Medium nicht in Trance zu bringen vermag. Zuletzt forderte er mich noch auf, etwas Obst an seinem privaten Schrein in seinem Haus abzulegen. Leider verfüge ich nicht über ein für die Santería ausreichend empfindsames Gemüt.

Gleich, wie Sie zu derartigen Kulten stehen mögen, besuchen Sie das Orisha-Museum, ich bezweifele, dass Sie damit so manche der kubanischen Verhaltensweisen besser verstehen werden, aber ein wenig gruseln werden Sie sich dann doch können, wofür schon das furchteinflößende Aussehen der 29 (insgesamt sollen es über 400 sein, womit verständlich wird, warum ein jeder mit seiner Santería glücklich werden kann) ausgestellten Gottheiten sorgen wird.

23. GRUND

Weil im größten Friedhof Lateinamerikas die Dominóspielerin schwer zu finden ist

An einigen Abzweigungen in der Stadt heißt es lapidar »Colón«. Auch die Bewohner Havannas sprechen nur von »Colón«, manchmal fügen sie »Cemeterio« hinzu. Offiziell ist sein Name jedoch so prachtvoll wie er selber: Necrópolis Cristóbal Colón.

Er ist 1872, während des ersten Krieges zur Erringung der Unabhängigkeit von Spanien durch die spanische Regierung der Insel, von einem spanischen Architekten so großartig und einzigartig konzipiert worden, dass kein anderer Name als des großartigen und einzigartigen Kolumbus zu ihm passen könnte. Errichtet wurde er dann von kubanischen Handwerkern. Damals dachten weder die Spanier noch die Kubaner daran, hier einen Friedhof zu errichten, der einmal zum touristischen Pflichtprogramm gehören sollte. Sie konnten auch nicht wissen, dass nie wieder, weder im übrigen Lateinamerika noch im einstigen Mutterland Spanien, der Versuch unternommen werden würde, einen Friedhof als Denkmal zu gestalten.

Colón entzieht sich jeglichen vergleichenden Maßstäben. Im Amerika des Nordens, der Mitte und des Südens ist er der größte, der prächtigste, der vielfältigste, der bedrückendste, der liebevollste. Zwar kenne ich nicht alle herausragenden Friedhöfe dieser Welt, aber weder in Russland noch in China oder in Japan habe ich Vergleichbares gesehen.

Die Menge der hier bestatteten Menschen beeindruckt, etwa zwei Millionen, so viele Einwohner wie in Havanna, hat indessen mit seinem Zauber nichts zu tun. Denkmal reiht sich an Denkmal, eine Totenstadt aus Marmor und Stein, die Verstorbenen zu ehren, aber zugleich die Lebenden zu rühmen. Auf einer speziellen Karte des Friedhofs sind die bedeutendsten eingezeichnet. Indessen, was ist Ruhm, Pracht und so manche Kuriosität, wenn Vergänglichkeit von Angesicht zu Angesicht aufersteht? Man kann hier nichts besonders Ergreifendes erwarten, denn auf dieser Ruhestätte ergreift alles die Seele. Jeder Halt vor einem Grabmal ist nur Ruhe innerhalb einer langen Wanderung immer tiefer in dieses weiße Steingedächtnis hinein.

Die Russen statten die Gräber ihrer Angehörigen mit Bänken aus, um zu den Jahrestagen mit der Familie dort zu speisen und über die Vergangenheit zu plaudern. Die Juden legen kleine Steine auf das Grab, zum stillen Gedenken im Gebet. Die Deutschen haben Friedhöfe am liebsten als Parkanlagen, zum Gärtnern um ein Grab herum, um anhaltende und gelegentlich auch nachträglich falsche Zuneigung zu bekunden. Kubaner mit ausreichenden Mitteln bauen für die Familie Denkmäler oder einfachere Grabmäler. Auch meine kubanische Familie hat auf dem kleinen Friedhof ihres Ursprungsdorfes ein solches Grabmal errichtet.

Colón ist der Friedhof aller kubanischen Friedhöfe. Die Touristen erhaschen nur eine winzige Idee von ihm. Von einer Sehenswürdigkeit werden sie zur anderen gehetzt, und so versäumen sie zu erfassen, dass sie, wenn sie auf Colón stehen, eins sein könnten mit der allergrößten Sehenswürdigkeit ganz Kubas. Überall ist Kuba angefüllt mit prachtvollen Bauten, eindrucksvollen Denkmälern und die Augen verwöhnenden Parkanlagen. Aber es hat nur einen »Colón«, weil nur dieser eine alle Eigenschaften der Menschen in sich vereint: Gedenken an die Vergangenheit, Lobpreisung der Lebenden und Hoffnung auf Zukünftiges; Eitelkeit und Selbstlosigkeit, Verzweiflung und Zuversicht, Dankbarkeit und Heuchelei, Ehrfurcht und Heiterkeit. Hier ist für jeden Eindruck etwas zu haben, die Stille eines Grabes und der Lärm der Steine eines anderen. Hier wird der Besucher von der Zeit eingefangen.

Und was ist mit der Dominóspielerin?

Auf zahlreichen Denkmälern stellten die Überlebenden eine Beziehung zu Eigenschaften der Verstorbenen dar, aber immer gibt es nur jeweils eine davon. Einer Frau wurde ihr Hund zu ihren Füßen gelegt, auf dem Grab eines der berühmtesten Kubaner, Raúl Capablanca, Weltmeister im Schachspiel in den 20ern, steht eine marmorne Schach-Dame, häufig auch Seiten aus der Bibel in Marmor, die zu den Verstorbenen passen sollten, und eben auch ein Dominóspiel der diesem Spiel verfallenen Frau. Dominó ist das Lieblingsspiel der Kubaner. Des Öfteren werden Sie am Straßenrand Dominóspieler um einen Tisch herum beobachten können. Stets sind es Männer, obgleich die Kubanerinnen ebenso dem Dominó zugeneigt sind. Würde das Dominóspiel auf dem Grabmal eines berühmten Dominóspielers abgebildet sein, würde er wahrscheinlich an prominenterer Stelle als die Dominóspielerin platziert worden sein. Suchen Sie es!

24. GRUND

**Weil Nachdenklichkeit auch
vor dem allerkleinsten Museum nicht haltmacht**

Ciego de Ávila ist die Hauptstadt einer von 15 kubanischen Provinzen. Wie die meisten von ihnen ist es jedoch tatsächlich kaum mehr als ein Provinznest. Das einzige akzeptable Hotel darf nur von der Regierung benutzt werden, die anderen zwei sind – höflich ausgedrückt – gewöhnungsbedürftig. Allerdings finden sich inzwischen auch in ihr freundliche Privatquartiere. In dieser Hauptstadt lohnt sich ein Besuch nur, wenn Sie einen triftigen Grund haben. Ich hatte einen!

Entlang der Stadt hatten die spanischen Kolonialtruppen quer durch die Insel von Meer zu Meer ein 68 km langes Verteidigungsbollwerk angelegt, welches die rebellischen Kubaner aus dem bösen – und armen – Osten der Insel davon abhalten sollte, in den westlichen – und reichen – Teil einzudringen. Von dieser Verteidigungslinie, Trocha genannt, sozusagen einem kubanischen Limes, sollte es noch Überreste geben, die ich mir ansehen wollte. Immerhin wird sie in einem Architekturführer als eine der bedeutendsten ingenieurtechnischen Leistungen der Spanier in Lateinamerika beschrieben, was allein angesichts der Festungen auf Kuba zweifelhaft erscheint. Meine Reise nach Ciego, wie die Stadt abgekürzt genannt wird, gestaltete sich zu einem Abenteuer, allerdings zu einem anderen als erwartet.

Nach 400 Kilometern rasanter Fahrt auf der weitgehend leeren Autobahn und weiteren 50 auf holpriger Landstraße legte ich in der Stadt eine kurze Rast ein, um durch ihre Einkaufsstraße zu schlendern. Im einzigen Supermercado der Stadt, deutlich kleiner als die sechs oder sieben größeren in Havanna, kam ich zu einem Aha-Erlebnis. Eine hohe Vitrine war prall mit Trink- und Weingläsern gefüllt, nie zuvor in Havanna gesehen. Wahrscheinlich waren sie für die Bewohner einer armen Provinzstadt viel zu teuer. Ich schlug zu und brachte meine Beute zu meinem Auto. Dabei erblickte ich auf der gegenüberliegenden Straßenseite die typisch geöffneten Fenster einer Zigarrenmanufaktur. Nichts wie hin! Durch das Fenster hindurch sprach ich eine ältere Rollerin an, welche Zigarrentypen sie hier rollen würde. Sie wusste es nicht, allerdings erkannte ich am schlichten dünnen Format und den miserablen Deckblättern, dass es Zigarren für den Inlandbedarf sein mussten. Inzwischen kam ein jüngerer Mitarbeiter an das Fenster, der sofort wusste, was ich wollte. Ich solle zum Eingang kommen. Als er mit irgendeinem in einem bunten Tuch eingeschlagenen Teil dastand, verschwand der Wärter. Er schlug das Tuch auseinander und zeigte mir eine Kiste gefüllt mit Zigarren einer bekannten Marke. Die Kiste und die Bauchbinden waren an der verwaschenen Bedruckung unschwer als Fälschung zu erkennen. Ich nahm eine Zigarre heraus, befühlte sie und roch daran. Nicht schlecht! Der Preis war so niedrig, dass ich selbst bei einer gefälschten Zigarre keinen Verlust gehabt hätte.

In einem Reiseführer hatte ich gelesen, dass es im Heimatmuseum Ausstellungsstücke zur Trocha geben soll, gab es aber nicht, hingegen waren in einer Vitrine die Fotos und die blutbefleckte Kleidung eines Freiheitskämpfers ausgestellt, der – so die Aufschrift – hinterrücks von den Schergen des Diktators Batista ermordet worden war. In der Vitrine daneben wurde stolz aufgezählt, wo dieser Freiheitskämpfer überall Attentate verübt hatte, auch Attrappen der von ihm benutzten Handgranaten und Bomben wurden präsentiert. Ich bat eine der Aufpasserinnen des Museums, mir die Frage zu beantworten, wieso ein junger Mensch, der Bombenattentate begangen hat, ermordet worden sein könne, denn zuvor hatte er ja Menschen ermordet. Die Dame erbleichte, drehte sich um und entfernte sich eiligen Schrittes.

Dann fuhr ich zur Trocha. Diese bestand früher aus einem Graben mit angespitzten Holzpfählen sowie nach jedem Kilometer einem kleinen viereckigen steinernen Turm mit einem hölzernen Aufsatz. Wohl an die zehn Mal auf 30 Kilometer erkundigte ich mich nach der Trocha. Nichts! Bis ich hinter einer Eisenbahnlinie verborgen einen Turm, zehn Meter Graben und danach drei Turmruinen entdeckte. Keine Hinweise auf diese ingenieurtechnische Leistung und keinerlei Beschriftung.

450 km war ich wegen einer Pleite gefahren und musste 450 km wieder zurückfahren. Die Trocha begann bei dem Städtchen Morón,

in dem auch der zweitgrößte Bahnhof Kubas sein soll. Also wollte ich dieser Gegend wenigstens eine zweite Chance geben. Die Bahnhofshalle war ziemlich lang, die Decke aus massiven Holzbalken, auf der Hunderte von Tauben nisteten und die Bodenfliesen des Bahnhofs allmählich mit einer ätzenden Schicht bedeckten. Ich floh aus dem zweitgrößten Bahnhof Kubas.

Deprimiert wollte ich auch Morón verlassen, stoppte jedoch, als ich an einem ordentlichen Haus aus der Kolonialzeit vorbeifuhr, über dessen Tür die Aufschrift »Museo« prangte. Im Museum waren Artefakte präkolumbianischer Indianer aus Mexiko und Peru ausgestellt. Wie praktisch in der kubanischen Provinz! Zuletzt blieb ich dann doch vor einer Vitrine stehen, in der ein hölzerner Polizeiknüppel, eine altertümliche Handschelle und ein verrosteter Browning lagen. Darunter stand geschrieben, dass dies die Unterdrückungsinstrumente der Batista-Polizei gewesen waren. Zufällig stand daneben wiederum eine Aufpasserin. Erneut konnte ich mich nicht beherrschen und fragte höflich, was der Unterschied zwischen diesem Holzknüppel und dem viel längeren Gummiknüppel des Polizisten an der Ecke vor dem Haus sei. Wiederum ein entsetzter Blick, aber dann der höfliche Hinweis, dass es doch wohl darauf ankäme, wer den Holzknüppel einsetze. Ich wollte noch hinzufügen, dass der, der ihn trifft, diesen Unterschied wohl kaum zu würdigen wisse, aber ich hatte ja noch 450 km zum Nachdenken vor mir.

25. GRUND

Weil der Mythos »Che« den allermeisten Kubanern völlig gleichgültig ist

Über Che gibt es zahllose Artikel, Bücher und sogar einige Filme. In fast all diesen wird über ihn genau das berichtet, was die kubanische Regierung uns über Che wissen lassen möchte. Kürzlich ist auch noch ein Buch seines jüngsten Bruders erschienen, Juan Martín Guevara, inzwischen auch bereits 72, das ebenso von dieser staatsoffiziellen

Darstellung nicht abweicht. Allerdings gibt es Tatsachen über ihn, die die kubanische Regierung uns nicht wissen lassen will, vor allen Dingen nicht die kubanische Bevölkerung. Beide Wissenswelten stehen in einem konträren Gegensatz.

Kein Besucher Kubas kommt an Che vorbei. Selbst wenn er sich nicht einen einzigen Schritt aus dem Hotel hinausbewegt, nur am Pool und Strand liegt, wird er wenigstens auf der An- und Abfahrt zum bzw. vom Hotel an einer Losung mit Che oder an einem stilisierten Bild von ihm vorbeigelangen. Sogar in Deutschland tragen politisch völlig unverdächtige junge Frauen T-Shirts oder Röcke mit seinem Konterfei. In zahlreichen Ländern gilt er jungen Menschen nach wie vor als Ikone für Freiheit in aller Welt, Kampf gegen Armut und Beispiel für Selbstlosigkeit. Auf Kuba wird er bereits im Kindergarten als das ultimative revolutionäre Vorbild gepriesen. Keine Woche vergeht, ohne dass an ihn in den Zeitungen und im Fernsehen erinnert wird.

Ich versuche, dem Mythos »Che« an seinem größten Denkmal am Rande der Stadt Santa Clara näherzukommen, und erwarte gemäß der Bedeutung dieses Denkmals bereits an der Autobahnabfahrt pompöse Hinweise. Nichts dergleichen, erst kurz vor dem Denkmal, als seine Silhouette bereits von der autobahnähnlichen Zufahrtsstraße aus zu erkennen ist, lese ich das erste Schild zum Museo y Monumento Memorial Comandante Ernesto Che Guevara. Es unterscheidet sich in nichts von zahlreichen ähnlichen monströsen Verherrlichungen in aller Welt, gleich ob für Heerführer oder Staatsmänner oder Märtyrer, gleich ob in Moskau, Peking, Paris oder London – alles gleich, gleiche Monumentalität, gleicher heroischer Ausdruck, gleiche Entrücktheit.

Vor dem Monument erklärt gerade ein Touristenführer einer deutschen Gruppe die Schlacht Ende Dezember 1958 in dieser Stadt. Vorwitzig stelle ich ihm die Frage, wie viele Menschen dabei gestorben sind. Etwa 200. Ich erwähne in einem bewusst höflich gehaltenen Ton, dass Che nur 150 Kämpfer zur Verfügung hatte. Nein, nein, nicht hier, bei der Einnahme der Stadt. Ich verweise darauf, dass in der Stadt 2.000 Soldaten und 800 Polizisten stationiert waren, aber von den 150 Kämpfern Ches nur 50 bewaffnet waren. Nein, nein, nicht in der Stadt, in der ganzen Region. Eine Sekunde zögere ich, weiter zu fragen, als ich einen Blick von zwei älteren deutschen Touristen erhasche, der mir signalisiert, dass meine Fragen unhöflich seien, ich schweige, aber denke daran, dass dieser vorauseilende Gehorsam gegenüber der Regierung inzwischen auch in Deutschland salonfähig geworden ist, also warum sollte er auf Kuba abgelegt werden. Als ich mich von der Gruppe entferne, höre ich eine Frau im mittleren Alter mit entrüsteter Stimme sagen, dass hier doch nicht alles Lüge sein könne, denn schließlich sei dies doch ein Denkmal der Regierung!

Am Relief, das sich am Monument entlangzieht, werden keine bei dieser angeblichen Schlacht Getöteten genannt. Che hatte den Kommandeur des Panzerzuges mit einem Koffer voll Dollars bestochen. Außer einigen verirrten Schüssen kein Kampf, keine Molotowcocktails, keine Schlacht, rein gar nichts. Außer dem Hinweis auf den Angriff mit besagten Molotowcocktails nichts Konkretes zu dieser Schlacht. Sie kann es auch nicht geben, denn die Präsentation des umkämpften Panzerzuges, zwei Kilometer weiter in der Stadt, ist ebenfalls reine Propaganda. Che steht vor mir mit einer eingegipsten linken Hand, die soll er sich während der Schlacht gebrochen haben. Wann genau in der Schlacht, unter welchen Umständen, wer und wo gipste sie ihm ein, denn unter seinen 150 Leuten wird wohl kaum ein Arzt gewesen sein und schon gar nicht einer mit Gips im Gepäck? Nichts. Allerdings verstehe ich dieses Nichts, denn als Fidel diese Legende aufbaute und dafür dieses Monument erschaffen ließ, wird er nicht an die despektierlichen Fragen eines deutschen Touristen gedacht haben. Kubaner stellen nicht derartige Fragen, sie bleiben in ihren Köpfen, und daraus sollen sie mit den jährlichen Massenaufmärschen vor dem Monument und der fast täglichen Che-Propaganda in den Medien vertrieben werden. Pech nur für die Regierung, dass Menschen nicht aufhören können zu denken.

Hier komme ich dem Mythos »Che« nicht nahe, ganz im Gegenteil, er entrückt, je mehr ich mich bemühe, mich ihm zu nähern, aus der Ferne wirkt er klein, aus unmittelbarer Nähe dann unwirklich mächtig. Es geht mir hier wie bei so manchen ähnlichen Denkmälern. Die Personen werden durch derartige Denkmäler überhöht und damit unerreichbar, ob als Denkmal oder als Mythos. Ich gewinne den Eindruck, dass die Regierung mit diesem Monument genau das Gegenteil von dem erreicht, was sie damit beabsichtigt hat. An dieser Stelle wollte sie einem von ihr erschaffenen mythischen Helden Ewigkeit verleihen, quasi einen sozialistischen Wallfahrtsort kreieren. So wie Jesus Christus sich für die Menschen geopfert hatte, soll sich auch der Che geopfert haben, aber seine Jünger mussten seine Botschaft nicht heimlich weitergeben, sie wurden auch nicht verfolgt, denn sie hatten bereits die Macht, auch die über das Wort. Ich kann nicht von Angesicht zu Angesicht vor Che stehen, ich kann nur meinen Kopf weit nach hinten in den Nacken legen, um zu ihm aufzublicken, aber er schaut in die weite, weite Ferne. Soll da weit hinten die sozialistische Verheißung liegen, die er predigte? Christliche Wallfahrtsorte entstehen aus der Gläubigkeit einfacher Menschen, sozialistische Wallfahrtsorte aus der Verordnung der Mächtigen. Glaube ist bei beiden erforderlich, bei den einen mit einem sakralen Hintergrund, bei den anderen mit einem entweihten.

Wir fahren nicht über die Anfahrt zur Autobahn zurück, sondern über die Landstraße. Etliche Minuten lang können wir das Monument noch erkennen, auch die Menschen können es erkennen, die hier in heruntergekommenen Behausungen leben, sowie inmitten von Abfall, mit dem täglichen Blick auf Tonnen von Beton und Bronze.

In den folgenden Tagen frage ich etliche Bekannte unterschiedlichen Alters, was sie aus der Schule von Che wissen. Wo konkret hat er in der Sierra Maestra gekämpft? Nichts. Was hat er als Chef der Staatsbank geleistet? Nichts. Was hat er als Industrieminister verändert? Nichts. Was hat er in Afrika erreicht? Nichts. Warum ist er nach Bolivien gegangen, woher hatte er die Waffen, und wer hat ihm das Geld dafür gegeben? Nichts. Als ich sie dann auch noch frage, was sie unter dem neuen Menschen verstehen, den Che propagiert hatte, brechen sie in Lachen aus.

In Kuba kann ich Menschen fragen, wo ich illegal Rindfleisch kaufen kann, und erhalte eine Antwort, ich kann auch fragen, wie hoch ihr Gehalt ist, und sie antworten mir, frage ich jedoch nach konkreten Taten Ches, weiß niemand mir welche zu nennen. Sie interessieren sich auch nicht dafür; Che ist kein Mythos für sie, er ist eine staatsvorgegebene Legende, hinter der sie nichts vermuten und auch nichts suchen. Er sollte zum Opium für das Volk werden, wurde es aber nicht, weil niemand dieses spezielle Opium rauchen wollte.

26. GRUND

Weil in Sancti Spiritus eine »römische« Brücke steht

Sancti Spiritus geht es wie so vielen anderen kubanischen Städten. Sie werden eindrucksvoll beschrieben, aber dabei wird zumeist vergessen, dass damit nur die engere Innenstadt gemeint ist. Selbst Trinidads Plattenbauviertel sind größer als seine Innenstadt. Erst muss jede Menge an Hässlichkeiten durchfahren werden, bevor die Schönheit erscheint. Die reine Schönheit ist im Inneren verborgen, aber sogar diese ist in Sancti Spiritus mit gedankenloser Scheußlichkeit vermischt. Es wäre leicht, dies auf die sozialistischen Lebensbedingungen und den typischen Mangel an allem – bis auf die Ausreden, von denen stets reichlich vorhanden sind – zurückzuführen. Das jedoch greift zu kurz und ist so auch falsch. Es ist erst wenige Jahrzehnte her, dass auch zahlreiche deutsche Flüsse nichts weiter als sich bewegende Kloaken waren, wie hier in Sancti Spiritus der Yayabo-Fluss, der zudem hier – untypisch für Kuba – auch noch so breit wie mancher deutsche Nebenfluss ist. In zahlreichen anderen Gegenden unserer Erde habe ich an erhöhten Flussufern sich herunterwälzende Müllkippen gesehen. Die andere Scheußlichkeit ist die Bemalung der Brüstung der historischen Brücke über diesen Fluss mit einer gelb-beigen Farbe, häufig auf Kuba, aber auch in anderen Ländern aller Erdteile finden sich nachlässige Restaurierungen, trotz ausreichend Finanzen dafür, im Unterschied zu Kuba.

Leider treffen diese beiden Eigenheiten auch auf die größte Sehenswürdigkeit von Sancti Spiritus zu, die zudem einzigartig für Kuba ist, und ich meine sogar für ganz Lateinamerika.

Nach einigen Jahren Bauzeit wurde an dieser Stelle Anfang des 19. Jahrhunderts eine Brücke errichtet. In der deutschsprachigen

Literatur ist diese Brücke mit einer Kuriosität behaftet. In einem Reiseführer wird als Baujahr 1814 angegeben, in einem anderen 1825, in einem dritten dann die Bauzeit von 1817 bis 1831, in einem vierten von 1815 bis 1825. Eigentlich ist dies für Sie belanglos, wenn sich nicht in deutschen Reiseführern auch für zahlreiche andere Bauten konträre Angaben finden lassen würden. Zuerst empfinde ich dies als angenehm, belegt es doch, dass die Autoren dieser Bücher nicht voneinander abgeschrieben haben, sodann frage ich mich, weshalb nicht ein einfacher Anruf beim Historiker der Stadt zur Ermittlung des Datums erfolgte, aber dann bedenke ich jedoch, dass ich in Kuba bei ähnlichen Ermittlungen unterschiedliche Personen am Telefon hatte, von denen ich auch unterschiedliche Angaben erhielt. In jedem Fall ist dies die einzige steinerne Brücke aus der Kolonialzeit, die erhalten geblieben ist, 85 m lang und 19 m hoch, mit fünf Brückenbögen. Ganz klassisch wölbt sie sich über den Fluss, indessen der umfangreiche Verkehr keine Gefühle auf ihr aufkommen lässt. Dafür begab ich mich auf die Terrasse des daneben befindlichen Guayabera-Museums und konnte in Augenhöhe mich ganz in diese Brücke versenken. Zuerst erinnerte sie mich an Brücken in Mittel- und Süditalien, Überbleibsel der römischen Zeit, dann an einige in Südfrankreich, aus dem frühen Mittelalter, und zuletzt kamen Erinnerungen an einige aus Mittelengland auf, vom Ausgang des Mittelalters. Im Unterschied zu diesen Ländern befand ich mich hier in den Subtropen, die Wärme des Tages umhüllte mich, ich sah weder die Scheußlichkeit der Bemalung ihrer Brüstung noch die Trübseligkeit des Wassers, ich empfand Erhabenheit, hier vor einem Bauwerk zu stehen, dass aus uralter Zeit zu stammen schien und dessen Baumeister es gelungen war, sie mit zwei Eigenschaften zu errichten, mit Dauerhaftigkeit und mit Schönheit. Ja, ich weiß nur zu gut, wie sehr ich auf Kuba und ganz besonders hier entrückt von den realen Umständen sein muss, um diese Empfindungen in mir aufkommen zu lassen, aber immer wenn mir dies gelingt, lebe ich noch einige Zeit danach von der Glückseligkeit dieses Augenblicks.

Aus der Innenstadt kommend, liegt links am Ufer ein Kolonialgebäude, etwas jünger als die Brücke. Ein einfacher viereckiger und eingeschossiger Bau mit einem sich auf Betonsäulen stützenden

Vordach sowie hohen Räumen. Es nennt sich Guayabera-Museum, hat aber nichts, aber wirklich auch gar nichts mit einem Museum zu tun, denn außer einer total belanglosen Ausstellung von Grafiken und Zeichnungen von Gegenwartskünstlern der Stadt sind in zwei weiteren Räumen die Guayaberas berühmter Persönlichkeiten aufgehängt: Dazu gehören selbstverständlich die weißen von Fidel und Raúl sowie anderer Revolutionshelden, auch die ihrer südamerikanischen Adepten Morales, Correa und Chávez (ausnahmsweise für einen Mann in Rot!), ebenso die kubanischer bzw. internationaler Künstler wie Carpentier und García Marquéz, auch einige bunte bekannter Frauen, diesmal jedoch als Kleid, wie das der verstorbenen Ehefrau von Raúl, Vilma Espín.

Der junge Museumsleiter, der uns keinen Eintritt abverlangte, weil wir versicherten, in seinem klitzekleinen Geschäft eine originale Sancti-Spiritus-Guayabera zu kaufen, von der wir später jedoch erfuhren, dass sie 15 Kilometer außerhalb der Stadt hergestellt wurde, schwor Stein und Bein, dass ein jedes dieser Hemden hier von seinem früheren Besitzer auch getragen worden wäre; zu erkennen war dies allerdings nicht, und wenn, hätte dies etwas für uns gebracht?

Kuba hat der Weltkultur zwei Güter geschenkt. Die Zigarre und die Guayabera, das ist mehr als die meisten Länder dieser Region! Die Zustimmung zur Zigarre als Kulturgut ist begrenzt, demgegenüber ist die zur Guayabera unbegrenzt. Wie bei vielen Kulturentwicklungen liegt ihre Entstehung im Dunklen, was dazu führt, dass sie umstritten ist. Selbstverständlich vertreten die Kubaner energisch Sancti Spiritus als Ursprungsregion, wegen der Affinität zum Namen des Yayabo-Flusses sowie der Guaven-Frucht, auf Kubanisch Guayaba. Genauso selbstverständlich weisen die Mexikaner dies vehement zurück. Ich finde die Version mit Sancti Spiritus einfach schwärmerischer als die profane mexikanische, schon allein wegen der Romantik dieser Stadt. Mitte des 19. Jahrhunderts als Arbeitshemd für den Acker entstanden, wird es heute mit seinen zwei großen und zwei kleineren aufgenähten Taschen sowie den abgesetzten rautenartigen Verzierungen überall auf Kuba getragen, stets bequem über der Hose. Seit die kubanische Regierung sie zum offiziellen Bekleidungsstück erklärt hat, verzichten auch immer mehr Diplomaten und andere Ausländer bei Empfängen auf die Krawatte. Für mich ist die Guayabera die wichtigste Entwicklung seit dem Regenschirm. Sie ist chic geworden und nutzt sich nicht so schnell ab wie Rumflaschen oder Zigarrenkisten.

Nicht weit von der Provinzhauptstadt Sancti Spiritus entfernt liegt das Provinzstädtchen Trinidad, welches wegen seiner pittoresken kolonialen Innenstadt sowie seiner Umgebung mit etlichen Ruinen alter Zuckerrohrhaziendas jedem Besucher Kubas wärmstens empfohlen wird. Sancti Spiritus kann mit der Popularität Trinidads nicht mithalten, was ich als Unrecht empfinde, indessen was besagt schon ein individuell empfundenes Unrecht gegenüber den touristischen Verdienstmöglichkeiten! Sancti Spiritus ist eine der ältesten Städte Kubas, was zuerst in den Seitenstraßen des alten Stadtkerns an ihrem Pflaster zu erkennen ist. Die Charakterisierung als »Kopfsteinpflaster« ist gar nichts dagegen! Als ich darüber ging, war ich froh, feste Schuhe mit etwas dickeren Sohlen angezogen zu haben, und zugleich fühlte ich mich 200 Jahre zurückversetzt, was zugleich an den kleinen kolonialen Häusern mit ihren bunt bemalten Wänden und ihren hölzernen Fensterläden gelegen hatte. Besucherinnen sollten Stöckelschuhe meiden, wegen der geringen Anzahl von Schuhmachern in der Stadt. Auf dem Weg zur Brücke befindet sich an der Biegung der Straße eine der ältesten Kirchen Kubas mit dem einstmals größten Kirchturm, die Iglesia Parroquia del Espiritu Santo. Unabhängig von dem, was historisch über diese Kirche berichtet wird, ist sie ein hervorstechendes Beispiel, wie eine Restaurierung Geschichte vernichten kann. Auf älteren Fotos ist sie weiß-grau gestrichen, heute schmerzt ihr russisches Blau (weil auch zahlreich für russische Häuser eingesetzt) die Augen. Den Restauratoren einschließlich dem Priester der Kirche muss dabei wohl der Heilige Geist abhandengekommen sein. Vielleicht möchte Sancti Spiritus, dass ich die Stadt auch gerade deshalb liebe.

4. KAPITEL

KUBA VOLLER ABENTEUER

27. GRUND

Weil die Kubaner glücksspielverrückt sind

Am Revolutionsplatz in Havanna steht ein lang gestrecktes fünfgeschossiges Gebäude, das entsprechend dem Goldenen Schnitt leicht gebogen ist, mit eintönigen Fensterreihen, imposant allein durch seine Größe. Seine Architekten hatten sich Oscar Niemeyer zum Vorbild genommen. Das war 1958. In dem imposanten Bau befand sich die Zentrale der Nationalen Lotterie Kubas. Indessen konnten sich Manager und Mitarbeiter der Lotterie nur wenige Monate an diesem steingewordenen Profit erfreuen. Alsbald unterbanden die selbst ernannten Revolutionäre jegliche Glücksspiele, denn sie allein waren das Glück für die Menschen, für das Gebäude aber hatten sie eine neue Verwendung. Zukünftig wurde in diesem Haus nicht mehr über das Glück einzelner Menschen entschieden, sondern über das Glück des ganzen Volkes. Die Staatliche Planungskommission zog in das Gebäude ein. Es ist nicht bekannt, ob sie auch die früheren Mitarbeiter übernommen hat, was naheliegend wäre, denn diese kannten sich ja bestens mit den Zufällen des Glücks aus. Stets ist Geschichte voller Ironie, aber selten hat sie eine derart drastische vorzuweisen wie die von einer Lotterie der Zahlen hin zu einer Lotterie der politischen Entscheidungen.

Bis heute sind in Kuba keine Spiele um Geld erlaubt, das heißt aber nicht, dass die Geschichte damit abgeschlossen wäre.

Es ist ein unscheinbares Steinhaus, mit einem etwas abgeblätterten Anstrich. An der linken Hauswand führt ein zehn Meter langer Gang zum Hof. Er wird von einer zwei Meter hohen Steinmauer des Nachbargrundstücks begrenzt. Er ist so schmal, dass zwei Personen nur mit eingezogenen Bäuchen aneinander vorbeigehen können. An seinem Ende steht ein Käfig aus dicken Moniereisen, in dem sich ein Tisch und ein Mann befinden. Der Mann ist beleibt, was durch seinen freien Oberkörper besonders sichtbar wird. In der einen Hand hält er eine Zigarette, die scheinbar nie ausgeht, in der anderen einen Kugelschreiber, der scheinbar unendlich lang schreiben kann. Auf dem kleinen Tisch hält eine Katze aus Keramik einen zentimeterhohen Stapel von Geldscheinen fest. Ein Schulheft mit Namen und Zahlen sowie ein DIN-A4-Blatt mit von 1 bis 100 durchnummerierten Kästchen liegen daneben. In Erwartung zukünftigen Glücks drängen sich vor dem Gitter Menschen, wie sie überall auf den Straßen anzutreffen sind. Der Mann betreibt eine Lotterieannahmestelle, von denen es auf Kuba seit fünf Jahrzehnten keine mehr gibt – eigentlich. Bis heute jedoch sind die Kubaner ein glücksspielverrücktes Volk geblieben. Die aus Hollywoodfilmen und aus der kubanischen Propaganda bekannten Spielcasinos waren dagegen nichts weiter als die berüchtigten Peanuts. Das Lotteriegebäude in Havanna war größer als alle dortigen Spielcasinos zusammen.

Gelassen schreibt der Mann im Käfig die Namen und die Einsätze der Spieler in das Schulheft, und zugleich die Einsätze in die Kästchen mit den Nummern. Von einer kleinen Papierrolle reißt er ein Stück ab und schreibt die Zahlen des Spielers für diesen noch einmal auf. Das ist dessen Quittung. Er wirkt wie ein Buchhalter, präzis, zuverlässig und emotionslos.

Zweimal am Tag findet die Ziehung statt, aber nicht hier in dieser kleinen Stadt und ebenso wenig irgendwo anders in Kuba. Es wird auf eine Lotterie gewettet, die im spanischsprachigen Fernsehen Miami stattfindet, zweimal täglich, um 14 und um 20 Uhr. Die Kugeln dieser Lotterie fallen hauptsächlich für die Latinos in den USA, und eben auch für die Kubaner. Diese Lotterie (»La Bolita«) hat keine zentrale Verwaltung. Jede Stadt hat ihre eigene »Bank«, in größeren Städten sogar ein jedes Viertel. Da auch die Einsätze täglich beträchtlich schwanken, muss die Bank die Gewinne begrenzen. Deshalb haben die illegalen kubanischen Lotteriebetreiber ein eigenes System entwickelt. In Miami kann auf sechs Zahlen aus 100 gewettet werden. Einfach nur sechs Ziffern ist den Kubaner viel zu langweilig. Da prickelt doch nichts, da kommen doch keine Emotionen hoch, da wird die Spielsucht doch nicht gereizt! Zwar kann hier nur auf die ersten drei Zahlen aus Miami gewettet werden, aber diese müssen mit Prioritäten versehen werden, der sogenannten »Fijo«, der »Corrido« und der »Centena«, oder als Paar, der »Escalera«, oder der Triade, der »Parlet«. Im Extremfall kann der Spieler für einen Peso Einsatz 1.000 Pesos gewinnen. Indessen sind sowohl die Einsätze als auch die Gewinne nach oben begrenzt. Ein Spieler hat jedoch die Möglichkeit, eine Variante für längere Zeit nur für sich allein zu buchen, somit alle anderen Spieler davon auszuschließen. Es ist dasselbe Prinzip wie bei den Zinsen der Staatsanleihen: höherer Gewinn gleich höheres Risiko.

Indes, wie das alles konkret abläuft, verstehen nur die langjährigen Spieler so richtig, und natürlich der Mann in dem Käfig. Zumeist werden nur die ersten 50 Zahlen gespielt. Die Kubaner vertrauen nämlich der chinesischen Mystik, und darin kennen sie bestens die Bedeutung der ersten 50 Zahlen, bei den nächsten 50 macht das Gedächtnis nicht mehr so richtig mit. Zudem belegen Kubaner Zahlen auch traditionell mit Namen von Tieren oder Pflanzen oder sogar von normalen Gegenständen, beispielsweise bedeutet die 50 »Polizei«. Im Kopf bleiben davon jedoch nur wenige Dutzend hängen. Den Lotteriebetreiber freut es, denn ab 51 werden die gesetzten Beträge immer geringer. Es würde sich also lohnen, gerade auf diese zu setzen, aber wer glaubt beim Wetten schon an die Statistik!

Zweimal täglich kommt die »Bank« vorbei und holt das Geld ab. Mittels einer SMS von Verwandten aus Miami – und welcher Kubaner hätte dort keine Verwandte – erfährt sie die Zahlen. Darauf teilt sie die gezogenen Zahlen den Annahmestellen mit und bringt kurz darauf auch die Gewinne vorbei. Niemand weiß, wie hoch der Gewinn der »Bank« ist, alles ist reine Vertrauenssache, beruhend auf Erfahrung oder der Empfehlung von guten Freunden. Nichts ist garantiert, aber es funktioniert! Zumeist existieren die »Banken« schon über zehn Jahre!

Die Lotterie ist völlig illegal, aber sie ist nicht wirklich heimlich, denn immerhin wird sie seit fünf Jahrzehnten gespielt. Die örtliche Polizei wird jede Annahmestelle kennen und ebenso die Person, die die Bank hält. Unterbände die Polizei diese Lotterie, würde sie im Verborgenen an anderen Stellen weitergeführt. Zudem: Die Polizei kann weder alle ihre Teilnehmer einsperren, noch die Justiz sie bestrafen. Und außerdem: Zwar spielt kein Polizist in der Lotterie mit, das würde auffallen, aber überall deren Frauen! Kuba ist ein kurioser Staat, denn seine Legitimität wird auch dadurch gestützt, dass er Illegitimität gewähren lassen muss. Die »Bolita« lebt!

28. GRUND

Weil ein Hurrikan schrecklich aufregend sein kann

Es begann am Samstagmorgen mit einem etwas kräftigen Wind, eigentlich nichts Beunruhigendes, nur eine Erfrischung nach den tagelangen 33-Grad-Temperaturen bei 75 % Luftfeuchtigkeit, indessen war er nur der Vorbote des Schreckens. Bereits den ganzen Freitag über war dies an einem eigenartigen Verhalten der Stadtverwaltung von Havanna zu erkennen. Die wichtigste Straße zu unserem Haus führt unter einer Eisenbahnbrücke entlang, wo sie einige Meter tiefer liegt. Wenn es kräftig regnet, und im Sommer regnet es wenigstens einmal wöchentlich kräftig, zwar nur ein bis zwei Stunden lang, dafür aber richtig kräftig, wird die Straße unterhalb der Brücke für etliche Stunden unpassierbar, es sei denn, man führe mit einem Traktor durch das regelmäßig bei diesem Wolkenbruch neu entstehende Schwimmbecken. Bis zu diesem besagten Freitag hatte ich nicht gewusst, dass es direkt unter der Brücke einen Abfluss zum Entwässerungskanal der Stadt gibt. Jetzt stand davor ein Lkw der Stadt, und drei Männer schaufelten zuerst die Schlammschicht vom Kanaldeckel weg, dann holten sie ganze Berge von Erde aus dem Kanalschacht, und zuletzt kam auch noch ein Wasserwagen, der den Schacht mit Druck ausspülte. Überall in der Stadt traf ich dasselbe Bild an. Zahlreiche Bewohner Havannas werden wohl an diesem Freitag erstmalig erfahren haben, dass ihre Stadt auch unter den Straßen über eine Kanalisation verfügt.

Die Uferstraße, der Malecón, war weitflächig abgesperrt, sodass das Schauspiel gigantischer Wellen nur aus der Ferne genossen werden konnte, doch selbst dann war es faszinierend zu erleben, wie sich auf dem Meer Wellenberge auftürmten, um sich an der Ufermauer mit einem riesigen Vorhang aus Gischt zu brechen, dann auf die Straße zu klatschen und sich dort erneut in Fontänen nach oben zu drängen.

Am frühen Nachmittag begann es dann so richtig heftig zu werden. Die Palmen legten ihre Wedel waagerecht zur Windrichtung, beständig! Jetzt musste ich tätig werden: Sämtliche Fenster mit breiten Plastikstreifen abkleben, Fernsehantenne vom Dach holen, Stühle sowie Gartentisch und alles andere Bewegliche in das Haus hinein, die Notlampe und vier Taschenlampen in die Steckdosen stecken, Kerzen und Feuerzeuge im Haus verteilen, schnell noch das restliche Bier in den Kühlschrank bugsieren und eine Kerze für die guten Geister anzünden (wobei die bösen Geister die interessanteren sind ...).

Dann saßen wir vor dem Fernseher, der uns zeigte, wie sich der Hurrikan langsam unserem Haus näherte. Kurz davor passierte etwas typisch Kubanisches. Der Strom fiel aus. Nach 45 Stunden kam er wieder, aber da hatte sich der Hurrikan bereits nach Florida fortgemacht. Die wichtigste Informationsquelle – das Fernsehen – blieb in den schwierigsten Stunden des Hurrikans ein schwarzes Loch. Gerade als die Dunkelheit begann, waren wir ins Weltall befördert worden. In ganz Havanna sowie in 80% des Landes wurde es finster. Immerhin konnten sich die Regierenden nun auch einmal völlig sicher sein, dass das Fernsehprogramm ihnen ganz allein gehört.

Wir sahen weder den Wind noch den Regen, aber wir hörten den Hurrikan. Er fauchte fürchterlich, ließ die dicksten Äste und gar gesamte Bäume aneinanderkrachen, rüttelte an den Dächern unserer Seitengänge, auf dass die Aluminiumbleche schaurige Töne von sich gaben, kleine Teufel schienen unser Haus zu umkreisen und an allen Fenstern zu pochen – aber sie kamen nicht durch, sicherlich lag es an dem Qualm meiner Zigarren und dem Geruch, der von meinem Rum ausging, denn beides nahm ich zu meiner Beruhigung, aber als Nebeneffekt schreckte ich damit auch die Geister ab.

Am Morgen inspizierten wir unser Haus, atmeten erst einmal tief durch und tranken die letzten Flaschen Bier, solang sie noch halbwegs kühl waren. Es war nichts Gravierendes passiert. Unsere Terrassen und der Garten waren mit einem dichten Teppich von Mangoblättern bedeckt, aber kaum größere, sondern weitgehend nur so klitzekleine. Bis dahin hatte ich nicht gewusst, dass ein Orkan auch mit Rasiermessern über die Bäume hinwegfegen kann. Allerdings erblickte ich auch ein erfreuliches Resultat. Schon seit Langem hatten mich zahlreiche trockene Äste an den Bäumen gestört, jetzt lagen sie vor mir, zerkleinert. 24 Stunden später war auch unser Tiefkühlschrank bei einer Temperatur von satten 30 Grad abgetaut. Die Verluste hielten sich in Grenzen. Zwei Tage Gulasch und zwei weitere Tage Lammkeule, abends jeweils fünf Frikadellen. Sonst waren keine weiteren größeren Abgänge zu beklagen.

In unserer Straße hatte es nur zwei Flamboyantbäume halbiert und eine Palme fein säuberlich abgeknickt. Eine ältere Nachbarin wollte gegen zwei Uhr nachts ihren fast ebenso alten Hund Gassi führen, daraus wurde ein fliegender Hund. Am Morgen kondolierten alle Nachbarn, auch meine Frau, mit einer Tasse Beruhigungstee.

Am Sonntagnachmittag wagte ich einen Ausflug zum Stadtzentrum. An allen Straßen entwurzelte Bäume, zerstörte Telefon- und Stromleitungen, abgeknickte Laternenmasten, zahlreiche, seit Langem schon marode Balkone waren abgestürzt und Häuserruinen zusammengefallen. In Meeresnähe dicke Schlammschichten auf den Straßen und anhaltende Überflutungen. Mangels Information ohne Fernsehen spielten die Menschen auf der Straße vor allem Dominó, Pärchen liebkosten sich, Kinder traten gegen ausgebeulte Bälle, ellenlange Schlangen wanden sich vor den Bäckereien, den einzigen geöffneten Geschäften, und alle warteten ungemein gelassen darauf, dass die Regierung neue Anweisungen erlassen würde. Hier galt der alte sozialistische Spruch: Privat geht vor Katastrophe!

Nach eineinhalb Tagen ohne Strom zogen sich Menschenschlangen rund um die Krankenhäuser. Allerdings war es nicht die Sorge um ihre kranken Liebsten, die sie dahin trieb, sondern nur ein banaler technischer Umstand. Außer den Hotels und den Regierungsgebäuden wurden auch die Krankenhäuser mit Strom versorgt, und da es in den Krankenzimmern Steckdosen gab, konnten dort Handys aufgeladen werden. Vielleicht sollte ich mich beim nächsten Hurrikan zum Geldverdienen in ein Krankenhaus einweisen lassen.

Als nach 45 Stunden zuerst der Kühlschrank wieder zu brummen begann und die Klimaanlagen anklickten, lagen meine Frau und ich uns in den Armen.

29. GRUND

Weil Béisbol auch mit bestem Wissen unverständlich bleibt

Für einen vernunftbegabten Europäer weist Baseball drei Eigenschaften auf: Es ist langweilig, dauert zu lange und ist unverständlich. Die Kubaner lieben ihren Béisbol. Darin sind sie ganz Nordamerikaner. Zugleich verfügen sie über sehr viel Temperament. Darin sind sie ganz Latinos. Beides zusammen führt in einem kubanischen Baseballstadium regelmäßig zu einer aggressiven Stimmung. Das Erste, was mir im Baseballstadium von Matanzas auffiel, waren die vielen grün gekleideten Gestalten, jedoch nicht in Shirts und Shorts, wie die meisten Besucher, sondern im grünen Drillich, von einer ähnlichen Qualität wie die früheren Overalls deutscher Schlosser. Hier waren es die Uniformen der Polizei des Innenministeriums. Ihre Träger sollten garantieren, dass es im Stadion nicht zu Raufereien komme.

Der Stolz einer jeden Provinz Kubas ist ihre zentrale Baseballmannschaft. Sie ist weder die Mannschaft eines Vereins, noch gehört sie gar zu einem privaten Unternehmen. Dem Namen nach ist sie die Mannschaft der gesamten Provinz, also beispielsweise aller Bewohner der Provinz Matanzas. Tatsächlich ist sie jedoch die Mannschaft der Provinzverwaltung, aber eigentlich die der Parteileitung der Provinz und noch eigentlicher nur die des Parteisekretärs. Trotzdem identifizieren sich die Béisbolbegeisterten in der Provinz Matanzas für ihre Mannschaft. Sie tritt mit dem Symbol eines Krokodils an, denn in dieser Provinz befindet sich das größte Sumpfgebiet Kubas.

Die Mannschaft der Provinz Matanzas trainiert und spielt im Stadion der Provinzhauptstadt. Von Weitem macht es einen ordentlichen Eindruck. Es ist weiß angestrichen, die Streben und die Flutlichtmasten sind rot, die wenigen Autos der Besucher können sich auf dem großen Parkplatz unter Bäumen einen Parkplatz aussuchen. Der Eintritt kostet für Kubaner einen Peso, für Ausländer drei Dollar. Die Spanne beträgt 1 zu 75. Der erste Preis ist für das Vergnügen, der zweite für die Neugier.

Die Treppen zu den Rängen zeigen das Alter des Stadions, abgenagt wie ein gebrauchter Knochen, aber sauber, wie eben auch ein solcher Knochen. Das Spielfeld ist mit ordentlichem Rasen und fein gemahlenem Mergel für Werfer (Pitcher) und Schläger (Batter) versehen. Talkum für den Batter gibt es nicht. Er nimmt den Mergel vom Boden auf, um seine Hände für den Schläger griffiger zu machen. Direkt vor der Abgrenzung zum Spielfeld sind einige Sitzreihen mit hölzernen Klappsitzen ausgestattet. Die Reihen darüber bestehen aus Betonbänken. Ich setze mich auf Holz. Das erweist sich als Fehler. Nach einer Stunde erreicht die Sonne die Holzsitze, denn das Spiel hatte um 14 Uhr begonnen, aber oben auf den Betonbänken saßen dicht gedrängt die Fans im Schatten, also das pralle Leben.

Nach 30 Minuten kam erste Begeisterung auf. Matanzas hatte einen Punkt erzielt. Nach einer Stunde machten die Spieler von Matanzas zwei Fehler hintereinander. Auf den Rängen über mir war zuerst lautes Geschrei, dann ein wenig Gerangel. An beiden Aufgängen zückten jeweils drei grüne Polizisten ihre Schlagstöcke und schickten sich an, nach oben zu eilen. Auf der dritten Stufe machten sie halt und kehrten um. Die Raufbolde hatten sich wieder friedlich hingesetzt.

Der Werfer wirft, und der Schläger schlägt. Eigentlich einfach! Wenn der Werfer dann immer richtig werfen und der Schläger immer richtig treffen würde. Zumeist wirft der Werfer nicht passgenau, und der Schläger trifft nicht den Ball, aber wenn er ihn trifft, trifft er ihn sehr selten auch richtig. Der Ball steigt nutzlos steil nach oben oder orientiert sich nach hinten in das Netz oder kullert nur wenige Meter nach vorn. Doch wenn er einmal richtig trifft, dann rennt er los. Zumeist ist er korpulent, aus sportlicher Sicht, und rennt deshalb selten schnell genug. Der Werfer ist meist noch größer und kräftiger, zu kräftig, um rennen zu können. Er soll nur schnell werfen. Auf dem Feld stehen noch etliche andere Spieler. Manchmal rennen auch sie, vor allem jedoch sollen sie fangen. Zehn oder 20 Minuten lang wirft entweder der Große miserabel, oder der Kleine schlägt jämmerlich. Keiner rennt, und keiner fängt. Darüber erregen sich die Zuschauer, aber zumeist passiert nichts wirklich Aufregendes. Indessen, wenn der Schläger einmal richtig trifft, dann rennen alle los und versuchen zu fangen, dabei setzt auf den Rängen ein Geschrei ein. Wenngleich nur kurz, macht es die Erotik des Spieles aus. Diese bleibt dem nüchternen Europäer verborgen. Er lebt zu sehr in seinen Fußball-Vorstellungen. Deshalb ist er für Baseball ungeeignet. Wikipedia benötigt auf Deutsch ganze sechs Seiten, um Baseball zu erklären. Ich bemühte mich redlich, sie zweimal zu lesen, aber um sie zu verstehen, hätte ich wohl als Kind mit Baseball aufgewachsen sein müssen.

In den Zeiten, in denen so gut wie nichts passiert, werden auf den Rängen die bisherigen Spielzüge kommentiert. Indessen müssen sich diese außerhalb meines Wahrnehmungsvermögens abgespielt haben.

Abseits des Fan-Blocks sitzen Familien mit ihren Kindern und mit Freunden zusammen. Wenn sie Geld haben, kauen sie kubanisches Popcorn oder ein Milchbrötchen mit zerfasertem Schweinefleisch und trinken eine kubanische Cola. In einem großen alten Fass liegen Wasserflaschen und Coladosen zwischen Brocken von Eis. Ein Hauch von Luxus! Wer kein Geld hat, redet mit der Familie und mit Freunden über die Familie und über die Freunde. Ich trage eine Kappe aus Deutschland. Irgend so ein modisches Ding, über dessen Beschriftung auf der Stirnseite ich mir keine Gedanken gemacht habe. Meine Nachbarn jedoch durchaus. 20 Dollar werden mir dafür geboten. Für meine Dreiklang-Fußball-Fanfare aus Metall wagt niemand ein Angebot.

In einer der Pausen gehen alle Spieler und der Trainer zu einem länglichen Verschlag unterhalb der VIP-Tribüne, der ein wenig in die Erde eingelassen ist. Hier ist der Verschlag mit einem dicken Maschendraht verkleidet, viel sicherer vor fehlgeschlagenen Bällen als das dunkle Netz vor der Tribüne. Dann beginnt eine eigentümliche Zeremonie. In einer langen Schlange stellen sich Spieler und Trainer seitlich vor diesem

Verschlag an. Eine Frau oder ein Mann – mehr vermag ich auch mit meinem Fernglas nicht zu erkennen – steckt seinen Zeigefinger durch ein Loch im Maschendraht – und nacheinander berühren Spieler und Trainer diesen Finger und hören sich ein paar Worte an. Mir kommt dies wie eine Voodoo-Zeremonie vor. Ich frage meine Nachbarn, wer diese Person hinter dem Maschendraht wohl sei. Niemand weiß es genau, alle vermuten, es sei die oder der Parteichef/in der Provinz.

Nach zwei Stunden bin ich ermüdet oder gelangweilt? Zum Erstaunen meiner Nachbarn geh ich. Sie rufen hinter mir her, dass das Spiel doch gerade erst richtig beginnt!

Gegen welche Mannschaft spielte Matanzas? Und wer hatte das Spiel gewonnen? Es wird hier noch viele weitere Spiele geben!

30. GRUND

Weil Hahnenkämpfe zur kubanischen Tradition gehören und ich darauf neugierig war

Zuerst führt der Weg zur Hahnenkampfarena über eine normale Landstraße. Von der zweigt dann ein Feldweg ab, bis in einen Waldpfad einzufahren ist. Auf diesem wölben sich zu beiden Seiten etwa 500 Meter weit die Zweige der Marabú-Bäume so dicht und eng, dass ich scheinbar durch einen grünen Tunnel fahre. Kaum ein Sonnenstrahl dringt bis auf den Waldboden. Handtellergroße Schmetterlinge flattern vor der Frontscheibe des Autos, aufgeschreckt fliegen Vögel zu den Blättern hinauf, eine Ratte huscht über den Weg, und von beiden Seiten klatschen ständig Zweige gegen das Auto. Der Wald saugt mich in sich auf.

Am Eingang zum Kampfgelände kassieren zwei kräftige Burschen von jedem Besucher einen Euro. Dafür kleben sie mir einen Papierschnipsel mit einer Nummer auf die Jacke. Mit zwei Drähten aus Stacheldraht wird der Zugang zum Areal so weit abgesperrt, bis erneut die undurchdringliche Wildnis beginnt. Der Platz ist von Buschwerk und Farnen gesäubert, aber große Marabú-Bäume überwölben mit ihren Kronen wie ein Dach den gesamten Platz. Von einem Hubschrauber aus wäre er nicht zu erkennen. Ich komme mir wie in einer heimlichen Whiskybrennerei in Kentucky vor.

In seiner Mitte ist mit weiterem Stacheldraht eine Art Arena abgegrenzt. Innen ist sie dick mit Reisstroh ausgelegt. Außen sind rundherum zwei Reihen kurzer Holzbohlen in den Boden geschlagen, auf diesen wurden rohe Holzbretter genagelt, und fertig sind zwei Bankreihen.

An der linken Seite des Platzes ist aus einfachen Brettern ein offener Imbissstand gezimmert, Bier, Cola und ein süßliches Orangengetränk, alles in Dosen, aber in einer Truhe auf Eis, sowie die kubanischen runden weichen Brötchen belegt mit einer Mortadella, die jedoch nur auf Kuba als solche durchgeht. Der Akku eines Fahrradtaxis speist laute mexikanische Musik.

Ständig treffen Züchter ein. Liebevoll halten sie ihre Hähne in den Händen. Ich werde mit einem von ihnen bekannt gemacht. Er freut sich über die unerwartete Aufmerksamkeit dieses exotischen Fremden. Stolz zeigt er seinen Hahn vor, der sogar in einem Stoffumhang eingepackt ist, nur Kopf und Schwanz schauen heraus. Der Züchter hält ihn mir hin, ich solle ihn doch auch mal in die Hände nehmen. Zögerlich nehme ich den Hahn auf, zu zögerlich, er bewegt sich und fällt mir beinahe aus der Hand. Die Umstehenden feixen über den furchtsamen Neuling.

An einem einfachen Holzgestell ist eine vorsintflutliche Waage befestigt. Auf der einen Seite wird der Hahn in eine Stoffmanschette gelegt, auf der anderen liegen Gewichte in einer Schale. Mit weißer Kreide werden auf einer Tafel Namen und Gewicht der Tiere aufgeschrieben. Felo ist mit 3,15 Pfund der leichteste, Popolo mit 4,5 der schwerste.

Der Organisator dieses »Stadions« wird von allen respektvoll der »Jefe« genannt. Er kennt jeden Züchter und auch fast alle Besucher. Von Dezember bis April veranstaltet er sonntags vom frühen Morgen bis zur Dämmerung hier Hahnenkämpfe. Unausweichlich lerne ich auch ihn kennen. Klein und von gedrungener Statur tritt er sachlich auf und freut sich, in seiner Arena den ersten Deutschen zu begrüßen, sogar den ersten in seinem Leben. Ich berichte ihm von den besorgten Warnungen meiner kubanischen Verwandten über die Gefahr von Rangeleien und manchmal sogar von Messerstechereien zwischen den Wettern. Still lachend schüttelt er den Kopf. Würde es hier gefährlich zugehen, kämen am folgenden Sonntag keine Besucher mehr. Und die Polizei? Kein Problem, die käme hier auch schon mal vorbei, aber nur, um zu wetten.

An einem kleinen Würfeltisch vergnügen sich dicht gedrängt zahlreiche Besucher. Es ist wie überall in der Welt. Ein Mann am Stirnende hält ein Bündel Geldscheine in der Hand, zwei andere werfen eifrig die Würfel und gewinnen, das Bündel in der Hand des Mannes wird dünner, aber wenn weitere Besucher sich animiert fühlen, mitzuwürfeln, wird das Bündel in seiner Hand wieder größer, und seine zwei Kumpane halten sich zurück, bis die anderen alles verloren haben und neue Naivlinge angezogen werden müssen. An einem anderen größeren Klapptisch wird eine Art Blackjack gespielt, Schreie der Begeisterung bei einem Gewinn sollen andere Besucher anziehen. An einem dritten werden eifrig Dominósteine gemischt, auch hier müssen Einsätze getätigt werden. Klein Las Vegas in der kubanischen Wildnis!

Trotz des Geschreis der Hähne, des Dröhnens der Musik, des Lärms der Würfelspieler und des Klapperns der Dominósteine liegt eine eigenartige Stille über diesem Waldplatz. Es ist ein Ort für das Sonntagsvergnügen der einfachen Kubaner. Intellektuelle, Manager oder gar Funktionäre des Regimes würden sich hier nicht blicken lassen. Hier in diesem Waldversteck ist der einfache Kubaner vom Land für sich. Hier fühlt er sich wohl. Hier kann er so sein, wie er ist. Hier ist er Mensch. Hier findet er Ruhe. Ja, in all dem Lärmen, der Aufregung und der Anspannung kommt er zu sich selbst und füllt seine Seele. Es wird still in ihm. Ich spüre diese Stille in all den Menschen hier, und ich versuche auch in mir, diese Stille aufzunehmen.

Zuerst wird eifrig das Anlegen der künstlichen Sporen beäugt, und zugleich werden die Hähne begutachtet. Dabei läuft das Wettgeschäft schon an. Der Schiedsrichter kontrolliert die Sporen der Hähne, setzt sie auf das Reisstroh, und jetzt gilt es – oder die Grausamkeit nimmt ihren Lauf.

Die Hähne stehen sich einige Sekunden gegenüber, die Augen funkeln, die Atemlöcher ziehen Aggression zum Gehirn hoch, die Schnäbel sind hochgereckt, die Federn der Halskrause spreizen sich, als wollten sie wie Pfeile auf den gegenüberstehenden Gegner abgeschossen werden, der Körper bläst sich auf, dann Springen, übereinander, möglichst jedoch aufeinander, Hacken, beide haben es in ihren Genen, wo es wehtut, dann erneut Hochhüpfen, gegeneinander, aufeinander, die Beine mit den Sporen ausstrecken, herumwirbeln, immer hacken, die Sporen in das Fleisch treiben, erste Blutstropfen, nur die Kundigen wissen bei wem, die Besitzer feuern ihre Hähne an, im Rund wird nur noch gebrüllt, innen an der Plane laufen die Assistenten entlang, nehmen Wetten auf, schreien Zahlen aus, die ersten Federn fliegen, einer dreht sich zur Seite, aber nur um den Gegner zu irritieren, dann flattert er hoch, will auf den andern, der wehrt ab, beide drohen, hacken und versuchen mit ihren Sporen den anderen kampfunfähig zu machen, Tiere sind ineinander verkrallt, scheinbar nur noch ein Körper, die Schenkel des einen sind kräftiger, er kommt über den anderen, der legt sich hin, aber nein, nur für wenige Sekunden, die Gene, er ist wieder auf, macht weiter, der andere hat sich geirrt, noch kein Sieg, weiterkämpfen, ineinander verkeilen, pure Aggressivität, Tötungswille, Überlebenswille, Siegeswille, weitere Blutspritzer, woher? Nur die Hähne wissen es, die Besitzer erkennen es erst Momente später – zu spät, einer legt sich, nein, er fällt um, nein, er ist gefällt!

Ohne jegliche Zweifel ist dies eine martialische und blutige Unterhaltung. Ich weiß nicht, ob in der freien Natur die natürlichen Sporen den Hähnen tödliche Verletzungen verursachen können. Zumindest jedoch kann der schwächere Hahn weglaufen. Hier ist das Töten Teil des Kampfes, wenngleich nicht in jedem Kampf, und von dem unterlegenen Züchter auch wohl kaum erwünscht, aber wie der Knock-out beim Boxen ist der Tod eines Hahnes für die Zuschauer das Nonplusultra, die absolute Erfüllung ihrer Begeisterung.

31. GRUND

**Weil ich um Mülldeponien
einen großen Bogen machen kann**

Einst hatte die Mittelstadt in der kubanischen Provinz glückliche Zeiten. Zeiten, in denen es in der gesamten Stadt kein einziges Papierfetzchen, kein Fläschchen, kein Döschen oder Verpackungsstückchen, einfach gar nichts und überhaupt nichts gab, was auch nur den Anschein von Müll hätte erzeugen können.

Die Stadtverwaltung benötigte keine Müllabfuhr, die Straßen blieben sauber, an den Rändern der Stadt waren keine Deponien zu erblicken. Die Einwohner der Stadt hatten für alles Verwendung, was sie normalerweise in den Abfall geben würden. Dies jedoch nicht aus Bewusstsein für ihre Umwelt oder gar für hehre Ziele der Welt und ihr Klima. Sie hatten für alles eine Verwendung, weil sie so wenig hatten. Die Zeiten änderten sich, die Menschen wurden glücklicher, doch ihr Glück war für die Stadtverwaltung ein Problem.

Die großen Plastikflaschen der Getränke wurden nicht mehr zur Aufbewahrung von Leitungswasser benötigt. Auch die Schachteln der Zigaretten waren zum Entzünden des Feuers hinter dem Haus, um Suppe zu kochen, nicht mehr erforderlich. Alsbald bekamen die Menschen Getränkedosen in die Hand. Einige bastelten aus den geleerten Dosen Flugzeuge oder Autos für die Touristen, die sich über diesen Einfallsreichtum amüsierten. Aber die Menschen kauften mehr Dosen als die Touristen ihre lächerlichen Gebilde. Dann folgten die Pappbehälter der Säfte, das Einwickelpapier der Bonbons, der Schokolade und der Kaugummis, auch immer mehr Konservengläser sowie auch Bierflaschen. Es gab einfach kein Ende, weil das alte schlichte sorglose Leben verschwand und das Glück des neuen in mehr und in anderen und in aufwendigeren Herrlichkeiten bestand. Die Annehmlichkeit des Lebens weitete sich aus, und die Stadtverwaltung wurde unglücklicher.

Positiv war das Aufkommen der kleinen Einkaufstüten aus weißem Plastik. Zuerst kamen Reis oder Bohnen aus der Bodega in sie hinein, dann die Zwiebeln vom Markt, und wenn sie verschmutzt waren, eigneten sie sich hervorragend zur Aufbewahrung des Abfalls, weshalb sie nun die zahlreichen Deponien am Wegesrand und in der Wildnis am Ende der Stadt die Erde wie Fetzen von Schnee bedecken.

Der Müll türmte sich in den Straßen, wo er nicht bleiben konnte, denn unter den Bürgern rumorte es. Der öffentliche Nahverkehr der Stadt wird von kleinen einspännigen Pferdekutschen betrieben. Die Pferde werden älter, zu alt, um stundenlang im Trab eine Kutsche mit vier Passagieren zu ziehen, aber noch rüstig genug, um im Schritt einen Anhänger mit Müll zu bewegen. Auch die Kutscher werden älter, nicht so schnell wie die Pferde, aber einige sind inzwischen doch zu alt, um stundenlang ihr Pferdchen im Trab und nach Kunden Ausschau zu halten. Das Pferdchen braucht Futter und der Kutscher Geld zum Leben. Die ersten Müllkutscher waren da.

Pferd, Wagen und Kutscher sind Gestalten zum Gotterbarmen. Am zotteligen Fell des Pferdchens zeichnen sich alle Rippen ab, man könnte meinen, es sei ein Zebra. Den Wagen halten Draht und einige Schweißnähte zusammen. Der Kutscher nutzt für seine Arbeit seine grüne Armeekluft aus einer 40 Jahre zurückliegenden Zeit. Die Stadtverwaltung bezahlt ihm 300 Pesos im Monat, wovon ihm nach Abzug der Steuern und des Futters für das Pferd die Hälfte bleibt. Das reicht nicht einmal für das Essen. Deshalb gibt es in der ganzen Stadt auch keinen einzigen Pferdekutscher mit einem dicken Bauch. Ab und an stecken ihm einige Einwohner kleine Münzen zu, damit er ihre Müllberge als erste wegfährt. Ein wenig weiß er sich zu helfen.

Wenn allerdings die Müllberge zu stark angewachsen sind, hat die Stadtverwaltung ein Erbarmen, bezahlt den Besitzer eines privaten Traktors, der dann auf seinen Anhänger den Müll schaufelt und wegfährt.

An den Straßen hat die Stadtverwaltung aus zusammengeschweißten Moniereisen kleine Ständer aufgestellt, die den Müll annehmen sollen. An einigen Kreuzungen sind auch Holzbehälter platziert. Entweder sind sie zu klein, oder der Müll wird zu selten abgeholt, denn um sie herum wachsen Müllberge. In ihnen suchen zwei Wesen. Zum einen sind es diejenigen Menschen, die keinen Müll haben, und zum anderen diejenigen Straßenköter, denen niemand Essensreste zuwirft. An den Straßenrändern ist den Einwohnern von Colón der Gestank des Abfalls lieber als unmittelbar vor ihrer Haustür.

In Kuba haben die Stadtverwaltungen es mit Deponien leicht, und die Natur hat es mit ihnen schwer. Indessen leben die Menschen hier nicht für die Zukunft. Einen Kilometer hinter dem Friedhof definierte die Stadtverwaltung in der Wildnis ein Stück Brachland als Deponie. Zwar ist es nicht die einzige Deponie in der Umgebung der Stadt, aber die einzige offizielle. Jeder Müllsammler der Stadt fährt täglich zweimal zu dieser Deponie. Sie ist bereits aus der Ferne an einer hohen Rauchwolke zu erkennen, bis diese zu einem undurchdringlichen Qualm wird, der aus zahlreichen Feuern aufwallt. Im hinteren, noch nicht brennenden Teil der Deponie durchwühlen einige Erwachsene, Jugendliche und Kinder mit Holzstangen den Müll, andere treiben zwei rabenschwarze Kühe darüber. Die Deponie sieht so aus, als hätten die Deutschen einen Aufstand gegen die Mülltrennung unternommen. Mit Petroleum zündet ein Müllverwalter täglich mehrfach die Deponie an.

Müllsortierung? Grundwasserabdichtung? Wiederaufbereitung? Die Probleme der Deutschen hätten die Kubaner auch gern!

32. GRUND

Weil ich auf Kuba nicht suche, aber finde

Wir hatten eine verrückte Idee: einfach völlig ohne Ziel durch die Gegend fahren, uns nur treiben lassen, aber dabei keine größeren Straßen benutzen, einfach nur neugierig sein, wo wir landen würden. Zurückfinden würden wir immer, schließlich hatten wir auf unserem Smartphone ein – in Kuba verbotenes – GPS-System dabei. Wir starteten vom Dorf Esteban Hernández aus, nahe der Kleinstadt Martí, 50 km ostwärts von Varadero. Auf der Karte waren vor der Küste zahlreiche kleine Inseln eingezeichnet, aber keine Wege dorthin. Das wollten wir mal sehen!

Zuerst sahen wir eine Schotterstraße, die in den Wald hineinführte. Aus lichten Bäumen leuchteten uns intensiv gelb-rosa und auch gelb-weiß Blüten an, indessen wurde es alsbald dunkel um uns herum. Riesige Flamboyants und massige Majaguas und dichte indische Lorbeerbäume standen wie eine Mauer entlang des Weges. Über uns verzweigten sich ihre Äste zu einem grünen Tunnel. Durch klitzekleine Öffnungen fiel sekundenschnell ein gleißendes Funkeln auf die Frontscheibe unseres Autos, als ob eine Sternschnuppe direkt auf uns niedergegangen wäre. Wir fuhren mit eingeschalteten Scheinwerfern. War dies ein Rest kubanischen Urwalds? Nach einigen Hundert Metern wurden die ausladenden Flamboyants von den beleibten Stämmen der Regenbäume (Cenízeros) und von wilden Mandeln mit ihren dicken Blättern verdrängt. Jedoch konnten wir diese nur gerade mal so erkennen, denn von ihren Füßen aus rankten sich an ihnen Kletterpflanzen bis weit nach oben hinauf. Krakengleich belagerten sie die Bäume, diese sowie Kletterpflanzen und Farne waren derart dicht miteinander verwoben, dass wir nicht mehr zu erkennen vermochten, wo eine der Pflanzen begann, wohin sie führte und wo sie endete. Unwillkürlich kamen in uns Bilder aus Fantasyfilmen auf. Nach etlichen weiteren Metern Fahrt traten die Bäume in die Tiefe des Waldes zurück, dafür begannen neben unserem Auto oberarmdicke Bambusstämme aus dem Waldboden zu ragen. Ein Bambuswald! Anstelle der Scheinwerfer erleuchtete nun das helle Grün der Bambuszweige unseren Weg. Aber unser Weg duldete weder Beständigkeit noch Stillstand. Er wurde völlig licht, denn an seinen beiden Seiten breitete sich ein Wäldchen der kleinen, aber voluminöseren Corojo-Palmen aus, deren Blätter munter gegen das Dach unseres Autos klatschten, doch erneut veränderte sich die Natur. Plötzlich tauchte eine eigenartige Wiesenfläche auf, aus der wie verloren einzelne Pinien herausragten. Die grüne Fläche wiegte sich im leichten Wind, elegant und sanft und unwirklich schön. Ihre steil nach oben ragenden Grashalme standen in Büscheln zusammen, und zwischen ihnen schimmerte Wasser, kein blaues, auch kein grünes, nur schmutzig graues Wasser. Diese Wiese war nicht zum Betreten durch Menschen gedacht, denn diese Wiese war keine Wiese, sondern ein Sumpf.

Etliche Hundert Meter weiter gab der Sumpf seine Eintönigkeit auf, einige Bauminseln erhoben sich aus ihm, die weitgehend mit Palma Reales bewachsen waren. Gleichfalls veränderte der Sumpf seine Farbe. Zum Horizont hin wurde er immer ockerfarbener. Erst leuchteten in der Ferne kleine blaue Wasserflächen auf, dann schrumpfte er zu einem Rest entlang des Weges, bis uns klares Wasser umgab. Jetzt war der Weg endgültig zu einem Damm geworden, wenngleich das Wasser um uns herum nur flach war, denn in ihm standen Flamingopaare, über ihm schwebten mehrere Reiher, und zwei Pelikane ließen sich auf dem Wasser nieder. Sie hatten unsere Aufmerksamkeit so in Anspruch genommen, dass wir nicht bemerkten, wie am Himmel auch ein Seeadler aufgetaucht war, der den Rand des Sees nach versteckten Enten absuchte. Wo waren wir? Hatten wir uns in der Natur verloren? War die Natur hier nur für uns gemacht? Weshalb war dieser Damm gebaut worden? Wohin würde er uns noch führen?

Wir setzten unsere Fahrt fort, und auf einmal zog sich zu beiden Seiten des Damms ein undurchschaubares und unbegehbares Gewirr von Holzknüppeln entlang. Mangroven! Sie sind für das Ökosystem ungemein wertvoll, und für durchgeknallte Naturanbeter können sie auch ein Erlebnis sein, für uns waren sie verfaultes Holz in stinkig abgestandenem Wasser. Eine unbegehbare Wildnis. Aber wachsen Mangroven nicht direkt am Meer?

Als wir weiterfuhren, waren wir uns sicher, mehr Natur kann es nicht mehr werden, aber vielleicht hatte uns die Natur nur genarrt, und alsbald werden wir den Leuchtturm von Key West oder vielleicht sogar die Hochhaustürme von Miami sehen. Was wohl sonst sollte hier noch kommen!

Das Meer kam nicht zu uns, denn unser Damm war kein Damm mehr, sondern wieder zu einem normalen Weg geworden, zu dessen beiden Seiten sich eine offene Waldlandschaft ausbreitete. Saßen wir einer Halluzination auf? Nach Mangroven kann unmöglich eine Wiese mit gelben und rosa blühenden Gräsern, verstreuten Büschen und kleinen, in Gruppen zusammenstehenden Kiefern kommen, das ist unlogisch, nach Mangroven kommt immer das Meer und sonst nichts! Diese Landschaft hier war jedoch kein Nichts, wir waren zu einer Heidelandschaft gelangt. Heide auf Kuba? Nach Mangroven und Lagunen? Kurz vor dem Meer? Das war unwirklich! Das konnte es nicht geben!

Gemächlich fuhren wir weiter, bis die Mangroven verschwanden und uns beidseitig nur Wasser umgab, aber dieses Wasser müffelte elendig. An seinen Rändern zogen sich lachsfarbene Schlieren entlang, und in der Mitte bewegte es sich, anfangs bloß kleine Bläschen doch dann blubberte das Wasser geradezu. Gase stiegen aus ihm auf. Schwefeldämpfe lösten den brackigen Modergeruch ab, ein penetranter Odem nach Petroleum. Das Ende unseres Weges konnten wir an einem hohen Stahlturm mit einem riesigen hellgrauen Wassertank an seiner Spitze erkennen. Er stand seitlich hinter einem etwa drei Meter hohen Maschendrahtzaun, dessen großes Tor geschlossen war. Immerhin erblickten wir durch den Zaun hindurch ein Lager von massigen ovalen Metallschwengeln, langen Rohrgestängen und bulligen Motoren, typische Teile für die in Texas weit verbreiteten Ölförderanlagen.

Das Geheimnis unserer abenteuerlichen Fahrt war eine schnöde Zufahrtsstraße zu einem Gebiet, in dem nach Erdöl gebohrt wurde, allerdings bis jetzt offensichtlich nicht sehr erfolgreich, denn diese Zufahrt war menschen- und autoleer gewesen, aber gerade deshalb konnten wir auf ihm eine ungewöhnliche Erfahrung machen. Nicht wir, sondern die Natur hatte uns betrachtet.

33. GRUND

Weil im Hotel Nacional eine Ikone zu genießen ist

Es ist 7.30 Uhr in Havanna. Ich verlasse mein Hotelzimmer, fahre mit dem 80 Jahre alten Fahrstuhl in die große Lobby des Hotels Nacional. Wie zahlreiche andere Prachtbauten in Havanna wurde auch dieses Hotel in den 20er-Jahren des vorigen Jahrhunderts auf dem Hügel einer ehemaligen Kanonenbatterie erbaut und am 30. Dezember 1930 eröffnet. Bis heute wird es in manchen Reiseführern als Mafia-Hotel bezeichnet; das macht sich gut, um Touristen anzuziehen, durchzieht sie damit doch ein schaurig-aufregendes Gefühl. Wenn alle Hotels in den USA, in denen irgendwann eine der Mafia-Größen abgestiegen war oder in denen diese Anteile besaßen, deshalb gesondert herausgestellt würden, blieben unter den Luxushotels nur wenige »saubere« übrig. Demgegenüber war das Nacional stets ein Hotel der Promis, sowohl von Politikern als auch von Künstlern. Die Fotos von ihnen über acht Jahrzehnte hinweg bedecken ganze Wände in den Bars und Aufgängen. Doch wie auch immer, hier können Touristen gewiss sein, sich mit der Geschichte eins zu fühlen.

Ich durchquere die Lobby mit ihrer wuchtigen holzgetäfelten Decke, gehe zur großen Terrasse des Hotels und setze mich an das Ende ihres Säulenganges.

In der nicht weit von mir entfernten Bar erkennt mich der Keeper. Er unterbricht seine Arbeit des Einräumens neuer Flaschen, nimmt ein Glas zur Hand, gießt einen Ron Santiago ein, kommt zu mir, nickt und stellt es wortlos vor mir hin.

Vorsichtig zünde ich mir eine Cohiba-Siglo VI an. Ich lehne mich zurück, ziehe sanft, halte den Rauch einige Momente im Mund, schmecke die Aromen, lasse ihn langsam entweichen, genieße und neutralisiere meinen Gaumen mit etwas Rum. Ich blicke zum Himmel hoch. Der Morgen ist noch grau, die Sonne hat Mühe, nur langsam kämpft sie sich durch. An der Brüstung der Dachumrundung des Hotels erblicke ich zwei große Vignetten. Sie sind aus Beton, in einer ist eine Sonne eingraviert, in der anderen ein Schiff. Zwischen beiden, aber schon auf dem Dach, erblicke ich einen kleinen Obelisken, ebenfalls aus Beton.

Ich bin immer noch ganz allein, nur die Klimaanlagen an der Seite des Hotels brummen. Immer öfter wird dieses Geräusch jedoch vom Pfeifen der Vögel übertönt.

Die Sonne setzt ein erstes mildes Licht in die Luft, diese gibt noch eine leichte Kühle ab, die bereits dick mit Feuchtigkeit getränkt ist.

Zwei Kellner treffen ein und beginnen mit den Gläsern zu klappern. Unter mir am Malecón nimmt der Verkehr zu, sodass das Rauschen der Autos zu mir hoch dringt. Nach der Hälfte meiner Zigarre hat die Sonne das Grau weggedrückt, nun beginnt das Ocker der Hotelfassade zu strahlen, und das Grün der dicken Blätter an den Uva-Caleta-Bäumen (Strandwein) beginnt zu leuchten.

Ein junges Pärchen schlendert Händchen haltend durch den Park, der sich von der Terrasse des Hotels bis zum Felsabhang am Malecón hinzieht.

Das Meer vor Havanna ist leer und glatt. Sein Wasser schimmert in einem hellen Blau. Vor den Fenstern des Hotels werden erste Gardinen zurückgezogen.

Ein Kolibri taucht in den Bäumen vor mir auf; für einige Sekunden schwirrt er von Blatt zu Blatt, findet keine Blüte und ist so schnell wieder verschwunden, wie er gekommen war.

Ich stehe auf und schlendere durch den Park zum Felsabhang, schaue auf den Malecón und über das Meer.

Von hinten tritt ein alter Mann an mich heran. Er bietet mir eine Führung durch die unterirdischen Verteidigungsanlagen aus der 62er-Krise an. Bis dahin wusste ich nichts von ihrer Existenz. Ich zögere, erkenne jedoch, dass der alte Mann eine Münze als kleines Dankeschön erwartet, die er zum Leben benötigt. Ich könnte sie ihm einfach geben, aber habe Respekt, dass er dafür seine Arbeit anbietet. Ich nicke zustimmend. In einer Ecke des Parks schließt er eine versteckte Metalltür auf, und wir steigen in ein höhlenartiges Tunnelsystem hinab.

Der alte Mann schließt immer neue Türen für immer neue Tunnelgänge auf. Sie sind eng und niedrig in den lockeren Stein geschlagen und mit Beton befestigt. Sie wirken beängstigend auf mich, obgleich sie vollständig leer sind. In einem kleinen, von einer einzelnen Birne schwach beleuchteten Raum befindet sich an der Wand eine vergilbte Karte Kubas, auf der die Standorte der damals stationierten sowjetischen Raketen mit den Atomsprengköpfen eingezeichnet sind. Grauen kommt in mir auf. In einem weiteren Raum liegen alte Munitionskisten, Stoffreste von Uniformteilen und Gasmasken. Alles ist verrottet. Das scheint mir das Beste zu sein, was mit Kriegsmaterial passieren kann. Mehr ist hier von den Tagen, an dem ein Atomkrieg hätte ausbrechen können, nicht zu sehen, aber ich spüre es.

Wir steigen wieder hinauf.

Am Rand des kleinen Parks blühen blaue und gelbe Blumen.

34. GRUND

**Weil das größte Indianergrab
Mythen entlarvt**

Der Mythos lautet: Die Spanier haben in kürzester Zeit alle Indianer der Insel, also die Kariben, ausgerottet. Tatsächlich haben sie einen großen Teil der indigenen Bevölkerung auf ihren Eroberungszügen quer durch die Insel umgebracht. Aber das ist nicht die ganze Geschichte, und diese Lesart, für sich allein genommen, ist unzutreffend, ja sie verstellt den Blick für das Verständnis der historischen Entwicklung Kubas nach der spanischen Eroberung.

Die von den Spaniern eingeschleppten Krankheiten, gegen die die Kariben keine Abwehrkräfte besaßen, rotteten weitaus mehr von ihnen aus als Schwerter und Gewehre sowie die körperliche Ausbeutung durch die Kolonialisten. Zudem fielen in den ersten 50 Jahren, so das einzige deutsche neuere Geschichtswerk über Kuba, auch die Hälfte der Kolonialisten ihren ebenso unbekannten Krankheiten zum Opfer, vor allem dem Gelbfieber. Die Spanier, die die Insel nicht wegen der Ausbeutung der geringen Goldvorkommen an den Flüssen aufsuchten, sondern die sich hier dauerhaft ansiedeln wollten, hatten auch gar kein Interesse an der Ausrottung der Kariben, weil sie deren Erfahrungen im Anbau der lokalen Nahrungsmittel, Malanga und Boniato (Süßkartoffeln), benötigten und für die Arbeit auf den Feldern selbstverständlich einheimische Menschen erforderlich waren. Zugleich lebten wegen des Mangels an spanischen Frauen auch zahlreiche Spanier mit indianischen Frauen zusammen. Wenngleich die Anzahl der Kariben stetig zurückging, wohnten zu Beginn des 19. Jahrhunderts immer noch einzelne Reste der Ureinwohner in einigen abgeschiedenen Gegenden der Insel. Im Osten sollen sogar noch drei rein karibische Dörfer existiert haben. Heute sind keine reinrassigen Kariben auf Kuba mehr bekannt, allein auf der kleinen karibischen Insel Dominica hat sich in einem isolierten Gebiet noch eine Gruppe von einigen Hundert Kariben erhalten. Auf Kuba haben sich die Gene vermischt, was indessen nach meiner Erfahrung nur in abgelegenen Dörfern an der östlichen Küste zu erkennen ist.

Allerdings zeugt die größte archäologische Stätte Kubas von der vielfältigen Geschichte des Umgangs mit den Ureinwohnern.

Diese Ausgrabungsstätte liegt im Osten Kubas nahe seiner Nordküste und heißt Museo Arqueológico Chorro de Maíta. Vom kleinen Urlaubsgebiet Guardalavaca aus ist sie in Richtung des Dörfchens Canadón in einer halben Stunde zu erreichen, von Holguín aus in etwa einer Stunde. Vor drei Jahrzehnten wurden dort auf einem ausgedehnten Areal über 100 Gräber entdeckt und archäologisch aufbereitet. Sie sollen aus den Jahren 1490 bis 1540 stammen. Einige Dutzend Gräber wurden in einem kleinen, aber soliden Haus nachgestellt, dessen Besichtigung ein Gewinn für jeden historisch auch nur einigermaßen interessierten Besucher Kubas ist.

In diesem Haus sind in einer Vertiefung, quasi in einem nachempfundenen Grab, auf Gipssockeln etliche Skelette zusammengestellt, wie sie in ihrer originalen Form in den Gräbern aufgefunden wurden. Um einen Rundgang herum sind in Vitrinen zahlreiche Grabbeigaben ausgestellt. Dieses Haus ist die wichtigste Informationsmöglichkeit über das Leben der Ureinwohner kurz vor und einige Jahrzehnte nach der spanischen Eroberung auf Kuba. Allerdings hat sie drei Nachteile:

Erstens befindet sich diese Stätte abseits der großen Touristenwege, von den wenigen Hotels an der Playa Guardalavaca abgesehen. Das ist nicht zu ändern, aber die miserable Ausschilderung wäre es durchaus. Bereits in Holguín könnten durch Hinweistafeln und Prospekte in den Tourismusbüros sowie in den Hotels weitaus mehr Touristen darauf aufmerksam gemacht werden als allein durch die Reiseführer. Aber da ich mir bewusst bin, welche Anstrengungen dafür in den kubanischen Behörden erforderlich wären, bleibt dies ein frommer Wunsch.

Zweitens ist am Rande dieses Museum ein Indiodorf nachempfunden worden, welches aus Hollywood importiert sein könnte. Primitiv, geschmacklos und einfältig. Die amerikanischen Touristen lieben es, insbesondere wenn die älteren Männer die barbusigen Plastikindiofrauen fotografieren können.

Drittens sind diese einmaligen Funde zwar gut erhalten, aber jämmerlich präsentiert. Seit Jahren schon fehlen ausführliche Hinweistafeln, weder Prospekte noch Bücher sind zu erwerben, obgleich die doch Geld in die klammen Kassen des kleinen Museums bringen würden. Da die Gräber und die Grabbeigaben nur mit starkem zusätzlichen Licht gut zu fotografieren sind, könnten extra Lampen gegen Gebühr zur Verfügung gestellt werden, in einem Geschäft könnten Nachbildungen einiger bemerkenswerter Grabbeigaben verkauft werden, wie Muschelketten, Steinspitzen, Goldschmuck oder Keramikgefäße, auch für die Kinder nachgemachte Bögen und Pfeile und vieles anderes mehr. Das alles sind hehre Vorstellungen, die über das Fassungsvermögen der kubanischen Minister weit hinausgehen, zumal sogar diese keine Entscheidungen allein treffen könnten. Selbst die Ausbildung der Frauen, die den Besucher freundlich führen, ist jämmerlich. Beispielsweise meinte eine Dame auf meine Frage nach dem Alter der einzelnen Skelette, dass dies wegen fehlender Geräte dafür auf Kuba nicht ermittelt werden könne, was nachweislich glatter Unsinn ist.

Was ist nun bemerkenswert an diesen Gräbern? Unter den Artefakten befinden sich Objekte, die aus anderen Indianerkulturen stammen, beispielsweise sogar aus Kolumbien, was auf eine Handelstätigkeit weit über die karibischen Inseln hinaus hindeutet. Zahlreiche Menschen sind auf dem Rücken und mit über der Brust gekreuzten Armen beigesetzt, also nach christlichem Ritus. Einige Menschen waren keine reinrassigen Kariben, sondern hatten sich mit Spaniern vermischt, andere mit afrikanischen Sklaven, ein Skelett stammt sogar direkt von einem Sklaven ab, auch ein Spanier wurde hier beigesetzt. Die meisten Grabbeigaben, Metallteile und Stoffreste stammen aus der nachkolumbianischen Zeit, also aus dem Zusammenleben mit Spaniern.

Hier hat die Regierung eine Möglichkeit verschenkt, die Geschichte Kubas in moderner Form zu präsentieren und sich damit selber in moderner Form darzustellen.

Übrigens steht neben dem Museum ein Verwaltungsgebäude, größer als das eigentliche Museum, auch typisch für Kuba.

35. GRUND

**Weil der Almendares-Park
so herrlich verwunschen ist**

Inmitten von Havanna zieht sich entlang des Flüsschens Almendares der eigenartigste Park der Stadt hin. Er schaut so verwunschen aus, als wäre er direkt einem Märchenbuch oder einem Fantasy-Film entsprungen. Riesige Bäume mit herunterhängenden Kletterpflanzen, an deren dichten Blättern die Sonnenstrahlen abzuperlen scheinen, als wäre es ein grüner Wasserfall. An ihren Seiten hängen Feenhaare herab, und auf den höchsten Ästen der allergrößten Bäume hocken Geier in ihren Nestern. Unter ihnen führen kaum erkennbare Pfade in grüne Unendlichkeit. Auch er war als Kunstpark entstanden, wovon bis heute an seinem Eingang noch eine kleine steinerne gewölbte Brücke und heruntergefallene Steinquader zeugen. Dann jedoch hatte sich die Natur seiner angenommen und ihn zu einem Urwald umgestaltet. Seit ewigen Zeiten treffen sich an seinen Ufern Afrokubaner, um im Gleichklang mit der Natur ihre überlieferten afrikanischen Religionen zu zelebrieren. Unter den Touristen sprach sich dies als Kuriosität herum. Sie lassen sich in schicken hochbetagten amerikanischen Cabriolets herankutschieren oder quellen aus wackligen chinesischen Bussen heraus.

Bereitwillig öffnen sie ihre Geldbörsen, um ein Spektakel zu erleben, welches ihnen als originale Originalität verkauft wird, von dem sie jedoch mit etwas Verstand wissen müssten, dass sie nichts mehr als touristische Fassade erleben werden, ein schmieriges Theaterstück, abkopiert von einem längst vergessenen Original. Aber sie sind harmlos, wollen nur mit Farbe und Klang unterhalten werden, um zu Hause von einem Hauch Mystik berichten zu können.

Sind die Touristen wieder weggetourt, gehört der Park an den Ufern des Almendares wieder den Geistern, denen die Anhänger der Santería-Kulte versuchen, nahe zu kommen, was wir, die mit einem profaneren Verständnis des Außerweltlichen aufgewachsen sind, nicht zu beurteilen vermögen, aber in diesem Park können auch wir die Geister spüren.

Alejo Carpentier, der berühmteste kubanische Schriftsteller, hat mit Wörtern die Geister von Haiti eingefangen. Wer von Ihnen sein Buch *Das Reich von dieser Welt* gelesen haben sollte, wird auch die kubanischen Geister in diesem Park unmittelbar hören können. Diejenigen, die dieses Buch nicht kennen, benötigen ein wenig Zeit, bis die Natur auch zu ihnen zu flüstern beginnt. Nach wenigen Metern auf einem engen Weg fängt die Natur an, Sie grün zu umschlingen, doch was heißt hier Natur? Sind die Farne, die Bäume oder die Kletterpflanzen die Natur? Gehört nicht auch das Knarren der Äste und das Rascheln der Blätter dazu? Und was ist, wenn Gräser Ihre Füße bestreichen oder die Fäden der Spinnen sich auf Ihr Gesicht legen, oder wenn Sie das Flattern der Vögel hören, ohne diese zu erblicken. Ist das die Natur dieses Parks, oder beginnen die Geister zu säuseln? Gedanken kommen in Ihnen auf. Sprechen die Geister durch Gedanken zu Ihnen?

Vielleicht werden Sie aus der Ferne am Ufer eine kleine Gruppe von dunkelhäutigen und weißen Menschen erblicken, die alle weiße Kleidung tragen, einige schlagen sanft auf Trommeln ein, andere lassen langsam eine dicke ovale Samenkapsel rasseln, und alle wiegen sich in den Hüften, irgendwie weit entfernt. Für eine Santería-Zeremonie werden Bäume und Wasser benötigt. In beiden leben die Geister, und nur darin können sie angerufen werden. Hier sind die Bäume riesig und wirken bereits wie durch Geister verzaubert. Das Flüsschen Almendares schlängelt sich über kleine Stromschnellen hin zum Meer. An einigen Stellen weitet es sich zu einem flachen und sandigen Ufer hin aus. Das ist der Platz für die Santería.

Sie benötigen kein Foto davon, um dieses Bild in sich aufzunehmen. Doch auch wenn Sie einer solchen Zeremonie nicht ansichtig werden sollten, werden Ihnen die zahlreich in den Bäumen hängenden bunten Zettel oder Stoffteilchen oder Federn oder Knochen nicht entgehen. Vielleicht ist Ihnen in Ihrer Jugend eine Auffassung von heidnischen Kultbräuchen vermittelt worden oder gar von zurückgebliebenen Kulturen. Hier, am Almendares, säuseln Ihnen die Geister über den Hauch des Windes, dass alles, was einst entstand, sich immer noch in der Natur befindet, und wenn Sie sich mit Ihren Gefühlen dieser Natur öffnen, dann sprechen die Geister über Ihre Gedanken zu Ihnen. Das Verwunschene des Almendares-Park nimmt in Ihnen Gestalt an, die Natur ist nicht mehr außerhalb von Ihnen; mit den Geistern verwoben, gelangt sie in Ihnen zum Leben.

5. KAPITEL

SONNE UND MEER

36. GRUND

**Weil das kubanische Klima zu
jeder Jahreszeit ein Genuss ist**

Das kubanische Klima kann mit einem einfachen Vergleich zum deutschen Klima erfasst werden:
Der kurze kubanische Winter ist wie der lange deutsche Sommer. Der lange kubanische Sommer ist wie ein seltener Sommertag in Deutschland.

Allerdings ist das Interessanteste, was zum kubanischen Klima gesagt werden kann, im kubanischen Fernsehen zu sehen: eine starre Wetterkarte ohne andere Länder, darüber sich unendlich wiederholende Wolkenbewegungen, Damen und Herren mit höheren Konfektionsgrößen, die über diese Karte mit ihren Händen fahren, ohne jene selber zu sehen – eine blinde Wettervoraussage!

Selbstverständlich können Sie in den Hotels auch den alltäglichen Wetterbericht des kubanischen Fernsehens verfolgen, nicht um sich zu informieren, sondern um sich über die eigenartige Wetterkarte und die befremdlichen Bewegungen der Damen und Herren davor zu amüsieren.

Auf Kuba umarmt die Natur den Menschen. Sehr, sehr selten steigen die Temperaturen über 33 Grad, und selbst in der heißesten Gegend Kubas, in Baracoa hat es die Natur so eingerichtet, dass dafür dort Kakao und Kaffee gedeihen können.

Auf Kuba lässt die Natur niemanden allein. An vielen Tagen liegt die Luftfeuchtigkeit zwischen 60 und 70 Prozent, gelegentlich auch darüber, das ist wahrlich schweißtreibend, nichts für kranke Menschen, aber gut für korpulente!

Auf Kuba wird die Natur niemals langweilig. Das viel gerühmte blaue Meer ist auch auf Kuba blau, manchmal, zumeist aber wechselt es seine Farbe von hellem zu dunklem Blau, oder zu weichem Grün, auch zu Türkis und Lila, manchmal sogar zu Schwarz, dann droht jedoch Ungemach! Es drohen Stürme oder noch Schlimmeres, die gefürchteten Hurrikans. Wer einmal in Ufernähe einen kubanischen

Sturm erlebt, der wird allerdings nicht von Angst reden, sondern von einem überwältigenden Naturschauspiel.

Auf Kuba ängstigt die Natur nicht. Bei einem Hurrikan ist es angeraten, weit, weit vom Ufer entfernt zu bleiben. Hätten die kubanischen Häuser einen Keller, wäre darin der sicherste Ort, aber diese kleinen kubanischen Wohnbungalows aus Beton können selbst vom allerstärksten Hurrikan nicht umgeworfen werden. Indessen kann sich auch ohne Sturm der Himmel über Kuba öffnen, und Sie erleben einen Regen, wie Sie ihn in Deutschland niemals erleben werden. Wir drücken dies so schön aus: »Es schüttet wie aus Eimern.« Auf Kuba kommen keine Eimer und auch keine Kübel zum Einsatz, ebenso wenig öffnet der Himmel imaginäre Schleusen. Auf Kuba sammelt der Himmel einen kompletten See, und den entleert er dann innerhalb weniger Minuten vollständig über Felder, Gärten, Häuser und Straßen. Wappne sich davor, wer kann, aber nicht mit Wischlappen und Eimer! Das Haus muss einfach höher gelegen gebaut worden sein, andernfalls hilft nur Geduld, von der die Kubaner einen so reichlichen Vorrat haben müssen, wie der Himmel Wasser hat. In meiner Straße sind die Häuser auf der einen Seite erhöht an einen Hang gebaut. Von ihnen führt eine Treppe zur Straße hinab. Bei kräftigem Regen verschwindet diese Treppe unter einem intensiv plätschernden Wasserfall, und unsere Straße ist im Nu von einer herrlich brodelnden Wasserfläche bedeckt. Nach etlichen Minuten hat sich die Natur wieder zurückgezogen und das übliche eintönige Bild zurückgelassen.

Auf Kuba duftet die Natur. In Deutschland riecht sie nur, wenigstens zumeist. Zu jeder Jahreszeit sendet auf Kuba irgendeine Blüte ihre Aromen in die Luft. In Deutschlands Winter riecht es nach nasser Kälte und schweißiger Bekleidung.

Nicht allein an der Küste kann kubanische Luft etwas salzig sein, aber immer ist sie sonnig, wie in Limettenseife gewaschene und an der Luft getrocknete Bettwäsche.

Auf Kuba ruft die Natur Kuriositäten hervor. Kubaner haben ihre speziellen Besonderheiten im Umgang mit den Jahreszeiten. Wenn es im Winter etwas kälter wird, was höchstens mal ein oder zwei Wochen der Fall ist, und wenn dann die Temperaturen zwischen schrecklichen

20 und gerade noch so zu ertragenden 25 Grad schwanken, geht mit ihnen eine auffällige Verwandlung vor. Sie ziehen ihre Winterkleidung an, aber nicht so einfach Winterkleidung, denn schließlich ist dies doch eine zu seltene Zeit, und die muss auch äußerlich gewürdigt werden, sie zeigen stolz ihre Winterkleidung her, ihr einziges langärmliges Hemd, einen schicken dünnen Pullover oder sogar eine Jacke mit dem deutlich sichtbaren Aufdruck einer westlichen Marke.

Auf Kuba sollte man die Natur nicht benutzen, sondern genießen. Eine weniger auffällige, indessen umso nachhaltigere Verhaltensweise besteht in den Strandgewohnheiten der Kubaner. Im Winter kann die Wassertemperatur gelegentlich sogar unter 25 Grad fallen. Der Kubaner geht aber nicht zum Schwimmen in das Wasser, sondern um zu baden, was heißt, im Wasser ein Stündchen mit Freunden zu plaudern, wozu es schon 28 Grad sein müssen, im Wasser! Die Wintermonate sind dafür vollständig ungeeignet. Am Morgen im Sommer ist dazu die beste Zeit, allerdings schlafen die Kubaner gern ein wenig länger. Am Mittag ist es zu heiß. Im Unterschied zu den Europäern mögen die Kubaner keinen Sonnenbrand. Der späte Nachmittag eignet sich hervorragend. Nach dem Essen wird ein wenig geruht und sich dann ins Wasser gesetzt, nicht allein, sondern mit einer Flasche Rum, und dann kommen die Freunde wie von selbst.

Der Kubaner geht bedachtsam mit der Natur um, nicht überall und auch nicht immer, aber er hat davon ja auch überwältigend viel.

37. GRUND

Weil die Insel Jutía so wundervoll einsam liegt

Unverblümt ausgedrückt: Jutía liegt am Arsch der Welt! Allerdings ist dieser Arsch recht wohlgeformt, was wohl der Grund dafür sein dürfte, dass sich in diese abgelegene Ödnis überhaupt Erholung suchende Typen verirren.

Zwei Wege führen auf diese Insel, die ihren Namen von einem bisamrattenähnlichen Tier erhalten hat, das zwar harmlos, aber spukhässlich ist und das kaum ein Tourist jemals zu Gesicht bekommen wird. Der erste Weg beginnt an der Autobahnabfahrt Viñales und führt dann zur Küste nach Santa Lucía. Der zweite beginnt in Pinar del Río, führt über ein Gebirge (Vorsicht: 555 m hoch!), welches die Charakterisierung »malerisch« in den Schatten stellt, über die alte Bergwerkssiedlung Minas del Matahambre auch nach Santa Lucía, und stellt weniger fahrtechnische Ansprüche als der erste. Für beide beginnt ab Santa Lucía ein 10 km langer und 30 Minuten dauernder Weg der Entbehrungen. Die Straße zum Damm – der zur Insel führt –, der Damm selber und die Straße – die einzige – auf der Insel sehen zwar nach Asphalt aus, müssen jedoch im vorindustriellen Zeitalter in die Landschaft gehackt (wohlgemerkt nicht gebaut) worden sein. Aber wenn diese Erlebnisse nicht schon ausreichen, dann kommt eine absolute Ausnahmesituation.

An ihrer zum Festland hin befindlichen Wasserseite ist die Insel von einem Mangrovengürtel zugewachsen. Auch ihr Inneres ist dicht an dicht mit garstigen Büschen überzogen. Zwar ist dieser Wildnis durchaus mit einer Machete beizukommen, aber wer begibt sich schon mit einer Machete auf eine Inselwanderung. An ihrer Meeresseite erstreckt sich ein Puderzucker-Sandstrand. Unter Palmen sind zwei Bretterbuden errichtet, eine ordentlich mit einem Restaurant, die andere marode mit einem Grill. Geparkt wird in Schneisen unter Bäumen oder an der Straße. Wasser gibt es aus großen Tanks. Der von Palmen und Hartlaubgewächsen begrünte Strand wird die Vorstellungen der meisten Urlauber von einem Traumstrand vergessen lassen, oder besser: Hier wurde die Vorstellung von einem Traumstrand erfunden. Wenn Sie also jemals den Mut finden sollten, sich zur Cayo Jutía aufzumachen, dann können Sie hinterher allen Freunden erzählen, dass Sie an einem Ort waren, der unseren Sprachgebrauch geprägt hat. Und bitte jetzt keine Vorwürfe, dass ich mit dieser Werbung die Atmosphäre von Jutía doch nur zerstören würde, weil sich mit diesem Buch ganze Massen dorthin aufmachen werden. Nicht zu Ende gedacht! Bereits der erste Ansturm wird die restliche Idee von einer Straße noch weiter zuschanden fahren, sodass sich danach nur noch die wirklich hartgesottenen Strandfans dahin wagen werden.

Alles in allem ist Jutía das ultimative Stranderlebnis auf Kuba: weit weg von den touristischen Zentren und nur mühevoll zu erreichen, deshalb einsam. Nur mit einer »vortouristischen« Infrastruktur versehen, deshalb naturbelassen. Keine Wanderwege, nichts weiter als weißer Badestrand, deshalb ablenkungsfrei.

38. GRUND

Weil es eine 20 km lange Badewanne hat

Die etwa 180 km östlich von Havanna entfernte Halbinsel Hicacos (benannt nach einem borstigen Beerenstrauch) hat eine Ausdehnung von 20 km und ist zwischen 2 km und 100 m breit. Auf ihr befinden sich ca. 50 Hotels, hauptsächlich für internationale Touristen. Das ist eine der weltweit höchsten touristischen Hotelkonzentrationen auf einem derartig begrenzten Raum. Allgemein heißt dieses Gebiet einfach Varadero, nach dem Dorf, das sich auf ihm befindet. Zusammen mit Havanna ist Varadero das am häufigsten aufgesuchte touristische Ziel Kubas, und für Strandurlauber sogar das allerwichtigste. Bereits in den 30er-Jahren des vorigen Jahrhunderts begann hier der Tourismus, initiiert von reichen Amerikanern, der bis 1958 immer beliebter wurde. Bereits in einem amerikanischen Reiseführer von 1938 wird Varadero als »Cuba's most beautiful bathing beach« bezeichnet.

Nach 1959 legte sich über Varadero für über drei Jahrzehnte eine Käseglocke. Zwar wurden noch einige wenige Hotels gebaut, in denen jedoch vor allem kubanische Arbeiter und Angestellte urlauben durften, die sich sozialistisch bewährt hatten, sowie auch eine kleine Anzahl von Touristen aus sozialistischen Ländern. Nach dem Zusammenbruch der Sowjetunion von 1990 benötigte Kuba westliche Touristen, die bis dahin vehement verpönt waren. Das Land produzierte kaum etwas, was sich auf dem Weltmarkt verkaufen ließ, denn es hatte sich fast völlig am sozialistischen Lager orientiert, dessen Staaten aber der Insel nun nichts mehr abnehmen mussten. Landwirtschaft und Industrie lagen am Boden. Die einzige Quelle war der Verkauf der wenigen exportorientierten Unternehmen (siehe Grund 7.4.) und die Gewinnung westlicher Touristen, bis dann auch wieder amerikanische Touristen kamen und zu Tausenden medizinisches Personal an Venezuela verkauft werden konnte, später auch in andere Länder.

Im geläufigen Sinne »reiche Touristen« kommen heute jedoch nicht mehr nach Varadero. 2005 hatte die kubanische Regierung beschlossen, sämtliche Touristenhotels in allen Gegenden der Insel als »all inclusive« umzugestalten. Dahinter stand nicht – wie vielleicht zu vermuten wäre – eine sozialistische Gleichheitsvorstellung, sondern das Bestreben, Kubaner, die nicht in diesen Hotels arbeiten, vom Kontakt mit westlichen Ausländern abzuhalten. Bereits wenige Jahre danach hatten die Touristen das Land verändert, und die Regierung musste dieses Verbot aufheben. Bis heute jedoch werden die meisten Hotels auf Varadero streng bewacht, und selbst westliche Touristen können sie nicht ohne triftigen Grund betreten, was jedoch nicht allein auf Kuba zutrifft. Inzwischen jedoch hat sich das All-inclusive-System als Hemmnis für die Ausnutzung der Goldmine »Touristen« erwiesen. Ein Tourist, der im Wesentlichen an ein Hotel gebunden ist, hat – außer den reichlich fließenden Trinkgeldern, sowieso weitaus mehr von den Amerikanern und Kanadiern als von den Deutschen – nur wenige Möglichkeiten, zusätzlich Geld auszugeben, weshalb dieses System fast nur Pauschaltouristen anzieht. Vermögende Touristen meiden derartige Hotels. Vor etwa zehn Jahren begannen die westlichen Betreiber einiger Hotels, unterstützt von der Regierung, kleine »Luxus-Inseln« in den Hotels einzurichten. Außerhalb des üblichen Urlaubstrubels bauten sie kleine Bungalows und Appartementgebäude mit reichhaltiger ausgestatteten Räumen, besserem Service, besseren Speisen und Getränken, separaten Pools und manchem mehr. Entsprechend höher sind auch die Preise. Dieses Angebot wurde bestens angenommen, und Kuba hatte eine kleine Luxus-Nische, wenngleich überhaupt nicht mit westlichen Luxushotels zu vergleichen. Inzwischen sind diese »Servicio Real« in fünf Hotels eingerichtet, teilweise auch unter einem anderen Namen.

Ein wenig Hauch von westlichem Flair soll der an der Spitze von Varadero neu gebaute Komplex aus Marina und Hotels verbreiten.

Tatsächlich sind die Geschäfte dort besser ausgestattet als anderswo, in den Hotels können Appartements mit mehreren Räumen und Küche gemietet werden, und es gibt großzügige Freizeitaktivitäten. Eine davon ist ein echtes Kuriosum. Die erste Bowlingbahn Kubas! Gebaut, nachdem der Boom des Bowlings im Westen schon lange Geschichte ist.

Die Hotels in Varadero gehören ausschließlich dem kubanischen Staat, die meisten konkret dem Unternehmen Gaviota, das Teil des Unternehmenskonglomerats Gaesa/Cimex der Armee ist. Geführt indessen werden sie zumeist von einem westlichen Hotelmanager, dem jedoch »gleichberechtigt« ein kubanischer Direktor für Finanzen und Sicherheit zur Seite gestellt wird.

Im Dorf Varadero sowie in dem etwas außerhalb gelegenen Städtchen Santa Marta bieten seit einigen Jahren zahlreiche Kubaner in ihren Privathäusern und Wohnungen Quartiere für Touristen an, womit sich das Zimmerangebot beträchtlich erweitert hat und mittlerweile auch umfangreich von kubanischen Touristen genutzt wird, trotz rigider gesetzlicher Beschränkungen. Beispielsweise müssen für die reine Genehmigung der Gästezimmer monatlich Steuern gezahlt werden, auch wenn diese nicht belegt waren.

Umfangreich finden sich im Dorf Varadero Einkaufsmöglichkeiten und die üblichen Touristen-Abzocke-Märkte, die für schlichte Gemüter wunderschön sind, sowie an einigen anderen Stellen auch kleinere Einkaufskomplexe. All dies ist am üblichen kubanischen Niveau orientiert.

An den meisten hoteleigenen Stränden verhindern Sicherheitsmitarbeiter Hotelfremden den Zutritt, gleich ob Kubaner oder Westler. Allerdings gibt es am Anfang der Insel einen ausgedehnten offenen Strand, nicht weniger prachtvoll als die anderen.

Zweifelsohne ist Varadero die größte Badewanne Kubas, weil sie fast an allen Stellen über einen erlesenen Strand und ebenso über klares sowie auch fast badewannenwarmes Wasser verfügt. Zukünftig hat Varadero die allerbesten Chancen, der »Ballermann« Nordamerikas zu werden. Besuchen Sie Varadero am besten noch vorher, oder machen Sie mit am Aufbau des kubanischen Ballermanns!

Fahrradtaxi in der Neptuno-Straße in ›Centro Habana«.

Oben: Zuckerrohr in Blüte, weil es nicht rechtzeitig geschnitten wurde.
Unten: Baseball im Stadion der »Cocodrilos de Matanzas« in der Provinzhauptstadt Matanzas.

Oben: Typische kubanische Bodega, hier in der Provinzstadt Colón. **Unten:** Die berühmteste Brücke Kubas (erbaut 1825) über den Fluss Yayabo in der Provinzhauptstadt Sancti Spíritus erinnert an Italien.

Bäume, wie verwunschen, im Parque Almendares in Havanna erinnern an Gespenstergeschichten.

Oben: Ein nationales Monument: Das Hotel Nacional direkt auf einem kleinen Felsen am Malecón von Havanna
Unten: Das Castillo de San Severino in Matanzas von 1693 sollte – wie zahlreiche andere auf Kuba – die Stadt vor Piraten und Engländern schützen.

Oben links: Che-Guevara-Anbetung im Denkmalskomplex am Rande der Provinzhauptstadt Santa Clara.
Oben rechts: Denkmal für Celia Sánchez, Sekretärin und Geliebte (eine!) von Fidel Castro, verewigt im Lenin-Park von Havanna. **Unten:** Das weite Teile der landwirtschaftlichen Nutzfläche überwuchernde tropische Unterholz Marabú kann auch durch Feuer nicht ausgerottet werden.

Oben: Ein offiziell erlaubtes Werbeschild für eine staatliche Hahnenkampfarena am Stadtrand von Matanzas. **Unten:** Das Hauptgebäude der Großen Loge der kubanischen Freimaurer in der Carlos-III-Straße Havannas, ein imposantes Art-decó-Gebäude.

Oben: Verkauf von Gips-Figuren für die katholische Heiligenverehrung, die auch für die »Naturreligion« Santería benutzt werden. **Unten:** »Kleiner Schaden« vom letzten Hurrikan »Irma« in einer Straße Havannas.

Blick auf Havanna von der gegenüberliegenden Festung La Cabaña.

Eine Ceiba, der heilige Baum der Kubaner.

Oben: Abseits in der Provinz, zwar marode aus der Nähe, aber eindrucksvoll aus der Ferne: Das Kulturhaus in der Kleinstadt Florida kurz vor der Provinzhauptstadt Camagüey. **Unten:** Teatro Sauto, das wichtigste klassizistische Theater Kubas in der Provinzhauptstadt Matanzas.

Oben: Hügelige Weidelandschaft in der Provinz Holguín. **Unten:** Das größte Vogelparadies der Karibik: Das Sumpfgebiet Ciénaga de Zapata mit Flamingokolonien in »La Salina«.

Oben: Kakaobaum direkt am Straßenrand in der Umgebung Baracoas, der »am meisten tropischen« Stadt Kubas. **Unten:** Am frühen Morgen fahren Lkw durch die Straßen Havannas, um mit einem Gas-Öl-Gemisch Moskitos den Garaus zu machen.

Beliebter, aber wenig ertragreicher Fischfang am Malecón von Havanna.

39. GRUND

Weil Kuba mehr als nur Strand zu bieten hat

Tauchen

Kuba ist von einer etwa 6.000 km langen Küste eingefasst. Zahlreichen Teilen dieser Küste sind über 4.000 Inseln vorgelagert, darunter eine größere, die Isla de la Juventud, aber zumeist sind es kleinere und kleinste Inseln, die berauschendsten von ihnen bestehen aus Korallen und sind von Riffen umsäumt. Die spanischen Schiffe, die das Gold und Silber Südamerikas nach Spanien transportierten, sammelten sich im Hafen von Havanna, um im Konvoi sicherer über den Atlantik zu gelangen. Bis sie dort jedoch ankamen, setzten ihnen Piratenschiffe nach, private und staatliche. Waren sie dann im Konvoi, zausten Stürme sie auseinander. Unzählige von ihnen ruhten sich jahrhundertelang auf dem Boden des Meeres um Kuba herum aus, bis sie zum Objekt der Begierde der Taucher wurden. Heute leben davon andere Piraten, die sich nur nicht mehr so nennen, die Mitarbeiter der Tauchschulen, die Betreuer am Strand und auf den Booten, auch die Reiseagenturen, ja selbst die Designer der Webseiten sind daran beteiligt, den Reichtum Kubas zu heben, sei es den natürlichen, sei es den einstmals vernichteten. An ausgedehnten Tauchrevieren besteht auf Kuba wahrlich kein Mangel. Geschichten darüber vermag ich nicht zu erzählen, denn unter Wasser könnte ich weder rauchen noch Rum genießen. Berichten möchte ich Ihnen jedoch wenigstens kurz von einem Kuriosum.

Der Südküste Kubas ist ein 240 km langes Korallenriff vorgelagert. Es ist der Archipiélago Jardines de la Reina.

Es zählt zu den weltweit größten Riffen und ist zugleich das unberührteste der gesamten Karibik. Beide Charakterisierungen werden Ihr Interesse wecken, indessen sollten Sie bei das »unberührteste« bereits aufmerksam werden. Unberührt nach dem Verständnis der Tourismusindustrie und der kubanischen Regierung ist es, weil es seit fünf Jahrzehnten militärisches Sperrgebiet ist. Das heißt zum einen, bisher ist es von den touristischen Taucherschwärmen verschont geblieben, praktisch ein unerschlossenes Seychellenparadies. Zum anderen heißt dies jedoch nicht, dass während dieser fünf Jahrzehnte keine Taucher es berührt hätten, es sei denn, Sie würden davon ausgehen, dass die Offiziere der kubanischen Armee nebst Familien und Anhang an Tauchen desinteressiert wären. Da jedoch der Umfang dieser Gruppe im Vergleich zu derjenigen, die nach einer Öffnung des Riffs über seine Natur herfallen würde, zu vernachlässigen ist, hat die kubanische Regierung, ob aus berechtigtem Sicherheitsinteresse oder aus beabsichtigtem Eigennutz, der Welt eine weltweit einzigartige Insel und Korallenriff-Kostbarkeit bewahrt. Vor einigen Jahren konnte sie jedoch der Versuchung nicht widerstehen, etlichen Tauchtouristen den Zugang zum Riff zu gewähren, klugerweise zu Preisen, die automatisch ihre Anzahl limitieren. Der Weg dazu soll über ein vor der Küste liegendes kleines Hotelschiff erfolgen. Ich bin zufrieden, kein Tauchenthusiast zu sein, weil es mich sonst garantiert reizen würde, dieses Riff zu besuchen, und weil mit jedem weiteren Taucher die Gefahr für das Riff zunähme. Sie könnten sich die Schönheit dieses Riffes auch auf einem Video ansehen, wenn Sie unter den Tourismusbedingungen der kubanischen Regierung Glück haben, eines zu finden.

Bergwandern

Fast jeder Urlauber wird irgendwann einmal am Rande auch von den Guerilleros in den Bergen gehört haben. Mit diesen Bergen ist die Sierra Maestra gemeint, wo der höchste Berg immerhin fast 2.000 Meter über dem Meeresspiegel aufragt. Dieses im Osten Kubas befindliche Bergmassiv ist nur sehr dünn touristisch erschlossen. Häufig sind die Wanderungen darin mit Erinnerungen an die Zeit der Rebellen bestückt, wer dergleichen mag, wird davon angezogen werden, wer nicht, findet als Wagemutiger und Abenteuerbesessener ein wahres Paradies im Sozialismus, wenngleich dies kein Bergsteigen ist, denn die tropische Vegetation reicht bis auf die höchsten Wipfel.

Das zweite große Gebirge, wenngleich nur bis etwas mehr als 1.000 Meter hoch und ebenso deutlich weniger umfangreich, befindet sich an der Westküste und ist über die Autobahn sowie einige Küstenstraßen gut – wenn auch nicht immer bequem – zu erreichen. Durch diese Sierra del Escambray führen mehrere Straßen, und die Ziele – Bergkuppen, Wanderwege oder Wasserfälle – sind allesamt zügig zu begehen, was dem Wanderspaß keinen Abbruch tut, denn hier werden alpine Verhältnisse ohnehin nicht erwartet. Zwar ist die Escambray auch nicht völlig ideologiefrei, aber von Havanna oder Varadero, den touristischen Hauptzielen, schnell zu erreichen.

Im dritten Massiv, im Osten Kubas, recken sich an mehreren Stellen die Berge auch nur knapp über 1.000 Meter hoch, aber dies ist die ausgedehnteste und die einsamste und die unergründlichste und die vielfältigste – mehr Superlative können es gar nicht sein – Berglandschaft Kubas. Doch halt! Einen Superlativ hätte ich glatt unterschlagen: Es ist auch die am besten erforschte Berglandschaft, und deshalb am langwierigsten zu erreichende! Einen großen Teil darin nimmt der bekannte Nationalpark »Parque Nacional Alejandro de Humboldt« ein, für den jedoch das Gleiche gilt.

Das vierte Gebirge, die Sierra de Cristal, weist zwei Eintausender auf und sonst etliche Fünfhunderter, liegt im Osten zwischen Holguín und Santiago de Cuba, abseits der touristischen Pfade, mit vielfältiger Natur und Tierwelt sowie Wasserfällen und Höhlensystemen und ist weitgehend unerschlossen, deshalb kaum erwähnt, etwas für echte Abenteurer.

Die Sierra Maestra ist Geschichte, die Escambray Kräftigung, die Cristal Abenteuer und der Humboldt Einsamkeit.

Kubanische Mittelgebirge

Darüber hinaus werden Sie bei Ihren Fahrten durch Kuba immer wieder kleinere Berglandschaften um die 500 m bis 600 m antreffen. Wenn Sie von Havanna aus nach Pinar del Río fahren, erstreckt sich rechts entlang der Autopista die Cordillera de Guaniguanico. Von

Pinar del Río bis zur Nordküste gibt es eine Bergstraße, die so gut wie niemals von Touristen durchquert wird. Sie führt über jämmerliche Nester, wie El Cangre und Pons, hin zur einstmals bedeutenden Minenstadt Minas de Matahambre, die darauf wartet, von Amerikanern oder Chinesen oder Kanadiern aufgeweckt zu werden. Auf dieser Route werden Sie die Lieblichkeit deutscher Mittelgebirge erleben können, aber ohne Nebel oder gar Schnee und Eis, sondern prachtvoller Sonnenschein ermöglicht anmutige Ausblicke. Sie müssen es nur mögen und nicht daran denken, dass Sie dafür eigentlich 8.000 km weit geflogen sind. Indessen noch kein Stop, denn am Ende dieser Straße gelangen Sie an die Küste, und dort könnte Ihr Abenteuer weitergehen. (Siehe Grund 36)

Trotz der 4 Millionen Touristen, die 2016 auf die Insel kamen, ist ihre touristische Infrastruktur im Vergleich mit den wichtigen Urlaubszielen der Deutschen unterentwickelt. Es dominiert sozialistischer Einheitsbrei. Für die einen ist dies bedauerlich und die schwankende Versorgung in vielen Hotels ein Ärgernis. Auch die Möglichkeiten, traditionellen oder modernen Sport zu betreiben, sind nicht harmlos, beispielsweise entsprechen beim Reiten oder beim Tauchen die Ausrüstungen nicht internationalen Standards. Zudem stimmt im internationalen Vergleich auf Kuba einfach das Preis-Leistungs-Verhältnis nicht. Für andere Besucher hingegen sind derartige Mangelerscheinungen eher vorteilhaft, denn sie bieten ihnen die im internationalen Tourismus seltene Chance, natürliche oder naturbelassene Bedingungen zu genießen. Massentourismus und Individualreisen klaffen auf Kuba auseinander. Solange Kuba sein sozialistisches Gesellschaftssystem beibehält, wird sich daran auch nichts Grundsätzliches verändern lassen. Das hat die zwei Seiten Distanz und Reiz, Ferne und Nähe. Allerdings ist zu berücksichtigen, dass die Vorstellungen von einem Urlaub sowie die damit verbundenen Ansprüche in einzelnen Ländern sehr unterschiedlich ausgeprägt sein können. Der typische Kuba-Amerikaner will zuerst seine Verwandten besuchen. Er kennt die Bedingungen auf der Insel und wird sich über mancherlei Unbequemlichkeiten nicht mehr aufregen. Der normale Nordamerikaner hingegen ist vor allem ein Kreuzfahrtfan. Drei Tage Havanna mit Musik,

Architektur und ein wenig Geschichte, aber dabei immer schön die Bordbedingungen genießen, mehr will er nicht. Der typische Kanadier, vornehmlich der aus Québec, will einfach seinem Winter entfliehen und sich eine Woche nur an den Strand legen. Der deutsche Urlauber ist auf Kuba gerade nicht ausufernd beliebt. Zuerst gibt er zu wenig Trinkgeld. Dann meckert er über alle Unzulänglichkeiten und hat sogar das Ansinnen, bei ein wenig Schimmel im Bad oder nicht geöffneten Restaurants in den Hotels, auch ab und an Unrat in den Pools, von seinem Reiseveranstalter Geld zurückzuverlangen. In einigen Hotels, die ich kennengelernt habe, müssten die Kubaner – abgesehen von den Stränden – deutschen Urlaubern Geld anbieten, um sie anzulocken.

Aber Kuba bietet für ein jegliches Ungemach Lösungen an. Diese heißen: weg von der Liege am Strand und rein in den Tauchanzug oder rein in die Wanderstiefel.

40. GRUND

Weil in Baracoa Kakaobohnen am Straßenrand wachsen

In Baracoa fallen zuerst zwei Eigentümlichkeiten auf. Die erste sind die Kirchenglocken, die jede alte Stunde ab- und zugleich jede neue Stunde einläuten. Das ist recht praktisch gedacht, weil somit die Bewohner ständig daran erinnert werden, auf den nächsten kommenden Hurrikan aufzupassen, und es kommen viele da. Die zweite besteht in den unglaublich eifrigen Moskitos, die verhindern, dass die Touristen in den Kakaoplantagen die Früchte von den Baumstämmen abbrechen. Falls ein Unternehmen ein neues Antimückenmittel ausprobieren wollte, wäre Baracoa dafür ein ideales Testgebiet.

Darüber hinaus wird Baracoa stets mit einem besonders hervorgehobenen Satz verbunden: »Älteste ständig bewohnte Stadt Amerikas!« Diese touristisch wirksame Charakterisierung Baracoas gilt so lange, bis ein indigener Stamm in Mittel- oder Südamerika das Gegenteil beweist, um daraufhin seinerseits damit Touristen anzuwerben. Andere Superlative für Baracoa werden dabei gern vergessen:

Baracoa ist der heißeste Ort Kubas, weshalb dort Kakaobäume, Kaffeesträucher, Mandarinen, kleine rote Bananen (Plátano Indio) und gleichfalls Kokospalmen für die Kokosölgewinnung prächtig wachsen. Zudem könnte der Tourist dort mit größerer Wahrscheinlichkeit als anderswo grandiose Hurrikans beobachten, leider nicht ständig, weil diese bedauerlicherweise nur saisonal auftreten. Weiterhin gehört zu den Super-Besonderheiten dieses Ortes, dass er auf vier Wegen zu erreichen ist. Erstens mit dem Schiff, was nur im Konjunktiv zutrifft, weil praktisch kaum möglich. Zweitens mit dem Flieger, was zugleich ein Erlebnis mit dem innerkubanischen Flugverkehr verspricht. Drittens auf einer sogenannten Straße von Moa nach Baracoa (siehe dazu Grund 85). Und viertens auf der Straße La Farola, einer der ganz wenigen nach der Revolution gebauten Straßen, und schon allein deshalb wert, durch Ihre Anwesenheit gewürdigt zu werden, womit auch ein kostenloses (selten für Touristen!) Naturerlebnis verbunden ist, denn diese Straße windet sich um Berge nach oben, dann wieder nach unten. Sie beginnt in dem kleinen Ort Cajobabo (über Guantánamo zu erreichen) an der Küste und endet direkt am Ortseingang von Baracoa. Selten werden Sie in Europa Straßen durch ein eher kleines Mittelgebirge (nur drei Berge sind etwas höher als 1.000 Meter, sonst um die 500) finden, die derartig beeindruckend sind.

Zweifelsohne ist der Flieger die bequemste Möglichkeit, aber damit entheben Sie sich, das Schönste an Baracoa zu erleben, ebendiese La-Farola-Straße.

Da dieses Buch kein Reiseführer sein will, werde ich Ihnen auch nicht Baracoa und Umgebung beschreiben, aber trotzdem das, was Sie – außer La Farola – beeindrucken könnte. Als wir nach Baracoa hinein und später in Richtung Moa wieder hinausfuhren, fielen mir Baumstämme mit eigenartigen Auswüchsen auf, die immer unter Palmen wuchsen. Ich hielt an, wir gingen zu einem derartigen Stamm, und zum ersten Mal in meinem Leben stand ich vor einem Kakaobaum. Ich war total verblüfft, dass meine Lieblingsnascherei hier so ziemlich schnöde am Straßenrand wächst. An der Straße werden Ihnen wahrscheinlich auch kleine Rollen von Rohschokolade angeboten, privat hergestellt und dementsprechend nicht mit der cremigen Eleganz deutscher Schokoladen zu vergleichen, aber dafür hier im Original. In heißer Milch geschmolzen können sie dennoch eine schokoladige Wucht entfalten. Dasselbe trifft leider nicht auf die in Kuba verarbeitete Schokolade zu, denn dafür sind die Maschinen zu alt, und die Arbeiter verfügen über keine internationalen Maßstäbe.

Da die Kakaobohnen Schatten zum Reifen benötigen, werden sie zumeist unter Palmen angepflanzt. Diese Unübersichtlichkeit nutzen raffinierte Kubaner aus, um dort auch Marihuana anzubauen, zumal dessen Pflanzen leicht mit den Pflanzen der Yuca zu verwechseln sind.

Der Überfluss an exotischen Früchten hat auf Baracoa Gerichte und Süßspeisen entstehen lassen, wie nirgendwo sonst auf Kuba. Auch ein Kochbuch mit ausschließlich lokalen Gerichten ist hier geschrieben worden. Wenn Sie es finden sollten, wäre es ein besseres Mitbringsel als die bunten Gehäuse der kleinen Polymita-Schnecken, die Ihnen wahrscheinlich auch an der Straße angeboten werden, zweifelsohne herzallerliebst, eine Augenweide für die Lieben zu Hause, würden sie nicht zugleich unter Naturschutz stehen. Ich weiß nicht, ob diese Schnecken gezüchtet werden können, wie die kubanischen Krokodile für Handtaschen, aber in der Natur wird es weniger davon geben als Touristen auf der Insel.

Die letzte Besonderheit Baracoas sind frische Fische, sonst eine Seltenheit in Kuba, die hier in den privaten Restaurants genossen werden können, allerdings wegen frischer Fische etliche Hundert Kilometer nach Baracoa fahren? Indessen, sind nicht einige von Ihnen auch schon in Deutschland weit gefahren, um eines der hochgelobten Gourmetrestaurants zu besuchen? Warum nicht also auch auf Kuba!

41. GRUND

Weil Camagüey eine irre Stadt ist

Unter allen kubanischen Städten ist Havanna von vornherein außen vor. Oft wird dann Santiago de Cuba als zweite genannt, was wegen seiner Größe und damit der Unterbringungsmöglichkeiten der Touristen zutrifft, aber am Erhalt historischer Gebäude, ja insgesamt an Flair kommt gleich nach Havanna nicht Santiago, sondern Santa María del Puerto del Príncipe. Sie haben noch nie von dieser Stadt gehört? Da sind Sie eins mit den meisten Kubanern. Nach der Erringung der Unabhängigkeit von den Spaniern und dem Ende der ersten amerikanischen Besatzung setzte auf Kuba eine Bewegung ein, die wir später aus den kommunistischen Revolutionen, in Deutschland auch aus der Nazizeit, gleichfalls aus der DDR und aktuell – leidgeprüft – aus Bestrebungen bei uns kennen, sich durch Umbenennungen eine eigene Identität zu verleihen bzw. damit Geschichte nicht geschehen machen zu wollen.

1903 (nach anderen Büchern – typisch für die deutsche Literatur über Kuba – erst 1923) kam die kubanische Regierung auf die Idee, diese fast 400 Jahre alte Stadt nach einem indianischen Häuptling aus dieser Gegend umzubenennen, der Camagüeybax geheißen haben soll, was einer doppelten Ironie entspricht, denn Indionamen waren Übersetzungen der Spanier aus der Lautsprache der Kariben, soweit die Spanier diese überhaupt verstehen konnten, und zudem waren bereits seit den ersten spanischen Siedlungen Flüsse, Gebiete und auch Dörfer sowie städtische Siedlungen ganz von selbst mit indianischen Namen bezeichnet worden. Mit der Umbenennung setzte sich das schlechte Gewissen gegenüber dem Verstand durch. Heute könnten Sie höchstens noch in Geschichtsbüchern von Puerto Príncipe lesen. Jeder Kubaner kennt nur Camagüey, aber nicht mehr dessen Ursprung.

Dieses Camagüey ist die einzige kubanische Stadt, in die Sie sich verlieben könnten, so wie auch ich. Havanna ist quirlig, laut, geschäftig und abwechslungsreich. Santiago ist verträumt und entrückt. In Camagüey ist die kubanische Geschichte lebendig, Camagüey ist eine Perle und liebenswert verrückt. Unter den kubanischen Straßen hält es gleich mehrere Superlative: Es ist die Stadt mit den meisten Kirchen, mit den meisten verschwiegenen Plätzen, den meisten ordentlichen Cafeterías, den meisten gut erhaltenen kolonialen Häusern und den meisten Einbahnstraßen. Letztere sind eine absolute Besonderheit, nirgendwo sonst auf Kuba anzutreffen. Für derartige Besonderheiten wird immer eine Legende erfunden, die – weil sie plausibel einfach klingt – eine weite Verbreitung findet. Für Camagüey ist es die Legende, mit einem Irrgarten in der Straßenführung auch die Piraten zu verwirren, was wenig genutzt hatte, denn diese plünderten zweimal die Stadt. Andere Erklärungen sind weniger eingängig, könnten dafür jedoch zutreffender sein, aber ich will Sie mit deren Aufzählung nicht langweilen, lassen wir es einfach beim Zufall, dass diese Stadt nicht nach quadratischem spanischen Kolonialmuster angelegt wurde, ohne zu ahnen, welche Freude uns einige Hundert Jahre später damit bereitet wurde.

Fahren Sie durch Camagüey, werden Sie eine seltene Sinnestäuschung erleben. Alle Einbahnstraßen scheinen in dieselbe Richtung zu führen, tun sie selbstverständlich nicht, aber es ist ein aristokratisch verzweifelter Stoßseufzer, denn zweifellos hat diese Stadt etwas Aristokratisches an sich. Bereits die Dimension der länglichen Altstadt mit einer ausgedehnten Nase deutet darauf hin. Nun meinen Sie bitte nicht, ich will Sie veralbern, der kubanische Carnaval ist in Camagüey nicht richtig zu Hause, aber verrückt ist diese Stadt schon, na, jedenfalls ein wenig. Zum einen sind es die vielen Einbahnstraßen, zwar absolut notwendig, aber warum mussten die früheren Stadtväter denn ausgerechnet so enge Straßen bauen, dass keine zwei Pferdekutschen aneinander vorbeifahren konnten, und warum mussten die modernen Stadtväter den Platz vor der Iglesia de Nuestra Señora de la Merced ausgerechnet Plaza de los Trabajadores (Arbeiterplatz) nennen, und weshalb ist das Centro Alemán ein bescheidenes Klamottengeschäft, und warum schaut der Herr General Maceo von seinem Sockel auf einem Platz mit seinem Namen, aber weder schaut er zu diesem Platz noch zu seiner gleichnamigen davon abgehenden Straße, sondern zu einem einfachen Lokal namens Ranchón Luna. Hatte er gerade Hunger, als er aufgestellt wurde, aber wieso schaut er dann in den Mond? Weshalb heißt ein Hotel »El Camino de Hierro«, obgleich die Schienen der dort einst vorbeilaufenden Straßenbahn zumeist entfernt sind, und überhaupt die Straßenbahn, wo ist die eigentlich geblieben, aber da wäre ich bereits bei einer politischen Frage, jedoch die nach dem Verschwinden aller Straßenbahnen auf Kuba ist gar nicht witzig.

Durch Camagüey können Sie laufen und sich verlaufen und dabei glücklich werden. Die Stadt hat einfach Flair, vielleicht ähnelt sie darin einigen kroatischen Städten, kurz vor deren touristischer Generalüberholung, auch ein Vergleich mit Triest wäre passend. Habe ich Sie damit auf den Geschmack gebracht? Diese Stadt, obgleich durchaus von Touristen gut besucht, ist noch sie selbst geblieben, aber sie hat das Geld der Fremden benutzt, um nicht verfallen zu wirken wie oft anderswo auf Kuba. Nur wenigen Häusern droht der Einsturz, an den meisten sind kleine architektonische Kostbarkeiten zu entdecken, selbst die zu Restaurants oder Kultureinrichtungen entstellten Kolonialbauten haben ihre originale Fassade liebevoll erhalten. Die Sträßchen sind sauber, die kleinen Parkecken artig gepflegt, und über allem liegt eine milde Sonne. Romantik pur? Nicht überall und auch nicht immer, wenngleich eben eine für Kuba ungewohnte Romantik, und im Vergleich mit zahlreichen Städten in anderen Urlaubsländern eine angenehme Naivität. Dieses Camagüey hat etwas, was uns heute oft verloren gegangen ist, entdecken Sie, was es ist!

42. GRUND

Weil der Besuch in einem Zoo entspannend ist

Vor seinem Eingang stehen keine Tierschützer und halten protestierend Plakate empor. Aber hinter dem Eingang laufen auch keine Kinder fröhlich über die Wege. An diesem Vormittag bin ich allein mit all den Tieren des Zoos. Niemals war ich allein unter derartig vielen Tieren. Selbst in den urwaldartigen Gebieten des Harzes oder im Krüger-Park Südafrikas werden keine Dutzend um mich herum gewesen sein, aber hier sind es auf einem überschaubaren Raum unglaubliche 700!

Dieser Zoo würde den deutschen Namen »Tierpark« verdienen. Stets werde ich von einem Tier begleitet, und auf jedem meiner Schritte breitet ein Baum sein Blätterdach über mich aus.

Zuerst sind es die großen Mangobäume, die gerade in voller Blüte stehen. Aus der Ferne sind sie über und über mit dem dunkelbeigen Staub ihrer Blüten bedeckt, aus dem kaum ein grünes Blatt herausschimmert. Aus der Nähe stehen von all ihren Ästen dicke Blütenstände ab. Sie leuchten nicht so farbenprächtig wie unsere Kirsch- oder Apfelbäume, aber in der kräftigen Sonne heben sie sich kontrastreich vom dunkelgrünen Blattwerk ab. Die gewaltige Krone des Mangobaumes lässt keine Sonnenstrahlen zu mir durch, versetzt jedoch ein feiner Wind seine schmalen länglichen Blätter in Bewegung, so beginnt der Weg unter mir zu flimmern, als ob ich über einen Wasserlauf schreiten würde.

Einige Schritte weiter verändern zwei riesige Mameybäume die Parklandschaft. Zwar blühen sie nicht, und ihre breiten derben Blätter sind eher von Allerweltsnatur, aber sie tragen bereits runde Früchte, und es sind nicht allein ungemein viele, sondern zudem hängen sie an den tiefsten Ästen des Baumes, einzeln, ohne Blätter, in ihrem erdigen Schimmer unterscheiden sie sich erst aus unmittelbarer Nähe von den Ästen, sodass ich gelegentlich meinen Kopf neigen muss, um nicht an sie zu stoßen.

In der Mitte des Zoos wird es königlich. Ich muss meinen Kopf weit in den Nacken legen, um Wedel und Früchte des kubanischen Nationalbaumes, der Palmas Reales, betrachten zu können. Wie aus Beton gegossen ragen ihre grauen Stämme in den Himmel und sind doch Natur.

Die zahlreich freilaufenden Tiere des Zoos halten sich gern unter den Mamey und den Palmas Reales auf, liefern ihnen beide doch Nahrung, wofür nur Geduld erforderlich ist, aber dieser menschliche Begriff ist ihnen fremd.

Tauben flattern vor mir weg, Hühner picken sich durch das Gras, und ein Truthahn plustert sich mit seinem Harem warnend vor dem Besucher auf. Ich bleibe stehen, gehe einige Schritte rückwärts und wäre beinahe mit einem Strauß zusammengestoßen. Furchtlos war er mir leise gefolgt, doch jetzt stößt er mit seinem langen Hals seinen kleinen Kopf nach mir. Sein Gehege ist offen. Der Zoo rechnet heute Morgen nicht mit Besuchern, deshalb kann sein einziger Strauß nach

Herzenslust über die Wege streifen. Am Eingangsgebäude hatte ich einige Straußeneier gesehen. Ich stelle mir vor, wie Kinder die schweren Eier bewundernd emporheben und neugierig ihre Fingerchen über die glatte Schale gleiten lassen. Sie hören, dass die Eier vom eigenen Strauß stammen, der wohl ein Zwitter sein muss, aber Wunder sind Kubanern geläufig.

Von den 700 Tieren sollen etwa 50 Fische sein, kontrollieren kann ich dies nicht, was seinen Grund hat. Vor dem ersten Teich ist ein kleines verwaschenes Schild angebracht, auf ihm steht, dass hier der kubanische Urfisch Manjuarí schwimmen soll, allerdings verhindern die zahlreichen trockenen Blätter, die von einem über dem Teich ragenden Rasselbaum auf die Wasseroberfläche gefallen sind, ihn zu beobachten. Auf zwei weiteren Teichen hat sich eine Schicht von grünen Algen ausgebreitet. Sicherlich gehören sie auch zu einer der schützenswerten Spezies des Zoos, zumindest fühlen sich unter ihr die Fische vor neugierigen Augen der Besucher sicher.

Die Hauptgruppe der Tiere sind Vögel. An die 500 werden es wohl sein, Tauben, Hühner, Enten und Wasservögel. Die meisten davon laufen frei herum, aber einige sind auch in recht kleinen Volieren untergebracht, was indessen nicht weiter problematisch ist, denn wahrscheinlich werden sie sowieso der Futtervorrat für die Raubtiere sein. Beispielsweise für den einzigen kubanischen Adler, der einsam auf einer Stange sitzt, die Augen geschlossen hält und vermutlich von einer Adlerin träumt. Ähnlich wird es auch dem einzigen Papagei in seiner klitzekleinen Voliere gehen. Auch er ist ein kubanischer Papagei, mit gelbgrünem Gefieder, doch da es in den kubanischen Wäldern nur so von ihnen wimmelt, reicht für die Kinder dieser eine hier völlig aus.

Im Unterschied dazu hat das Löwenpärchen mehr Abwechslung. Der Löwe schaut mit seiner prächtigen Mähne mächtig gewaltig aus. Die Löwin ist erst vier Jahre alt, wie alt der Löwe ist, kann keiner sagen.

Zum Zoo gehören auch zwei abstoßend hässliche Hyänen, ein einzelnes Wildschwein, einige Paviane und Rhesusaffen sowie etliche Siamkatzen, Meerschweinchen, Kaninchen und auch zwei weiße Ratten. Welche Tiere davon künftig im Löwen- bzw. Hyänenkäfig landen werden, ist nicht zu erkennen. Auch die Ziegenherde wird nicht zuerst zur Betrachtung gehalten, denn Ziegen weiden an fast jedem Straßenrand. Hier werden sie die Wege und Wiesen frei halten sowie die Löwen erfreuen.

Auch zwei wirkungsvoll auf Beton präsentierte kubanische Schlangen sind zu sehen. Sie sind ungiftig, was nicht auf dem Schild steht, das jedoch wiederum ist nur konsequent, denn auch auf allen anderen Schildern steht ähnlich viel. Dies trifft auch auf das Schild der zwei einheimischen Jutías zu, Pflanzenfresser, die wie große Ratten aussehen, eigentlich auf Bäumen leben, sich aber mangels eines Baumes in ihrem Gehege in einem kleinen Stück Betonrohr verstecken.

Die Hälfte der Gehege und Volieren steht leer, das ist weise, denn somit ist der Zoo auf Wachstum ausgerichtet. In den 80er-Jahren sind auf Kuba etliche Zoologische Gärten eingerichtet worden. Die Kinder sollten exotische Tiere kennenlernen, für die eigene Tierwelt haben sie ja als Erwachsene noch genügend Zeit.

Als ich den Zoo verlasse, blickt mich das dynamische Antlitz des auf eine Mauer gemalten Che an, so als würde er zu mir sagen: »Es hat sich gelohnt zu kämpfen, denn alles, wofür ich gekämpft habe, ist erreicht worden!«

43. GRUND

Weil sich in das größte Sumpfgebiet der Karibik kaum ein Tourist verirrt

Die Atmosphäre könnte aus einem Edgar-Wallace-Film stammen: Ein lang gestreckter Hohlweg, über dem dicke Nebelschwaden liegen, gespenstische Geräusche aus dem Sumpf, und nach jedem Fußtritt flattert etwas Unbekanntes auf. Allerdings wird der Wegesrand von dickbäuchigen Canna- und schlanken Königspalmen gesäumt, die anzeigen, dass unser Krimi nicht in England stattfindet. Wir werden auch nicht von wilden Bestien gejagt, obgleich wir für eine dichte Wolke von Mücken durchaus ein geeignetes Frühstück wären, sondern wir sind es, die jagen, aber ausschließlich mit unseren Augen. Noch bevor die Sonne so richtig aufgegangen war, haben wir uns mit einem einheimischen Führer aufgemacht, um das Erwachen der Natur inmitten eines Sumpfgebietes zu beobachten. Wir befinden uns auf einem schmalen aufgeschütteten Weg, der kilometerweit in den Sumpf hineinführt. Dieser liegt auf der Halbinsel Zapata im Süden Kubas. Seine Fläche entspricht etwa der von Rheinland-Pfalz und ist damit auch für europäische Verhältnisse riesig. Es ist das größte Feuchtgebiet der ganzen Karibik und Winterquartier für zahlreiche Vögel aus Nordamerika. Mit seinen über 180 Vogelarten, Süßwasserkrokodilen, Riesenschildkröten, den äußerst seltenen Seekühen (Manatí) und sogar mit wilden Stieren ist es einzigartig.

Bereits nach wenigen Minuten Fußmarsch erregt ein kleiner rundlicher Vogel mit grüngelber Unterseite, weißer Kehle und einem dunklen Band im sonst olivgrauen Federkleid unsere Aufmerksamkeit. Auf einem Ast sitzt die Zapata-Ammer. Dann vernehmen wir die zwitschernde Melodie des außerordentlich seltenen Zapata-Zaunkönigs, den wir jedoch wegen seines graubraun gesprenkelten Federkleids im Geäst nicht zu erkennen vermögen. In der nächsten Stunde erleben wir in diesem Sumpf eine so reichhaltige Vogelwelt, dass wir uns nur noch wenige Namen merken können, wie die Carolinen- oder Trauertauben mit ihrem zartrosa Brustgefieder, den großen Kuba-Kuckuck, den Kubaspecht oder das Sperlingstäubchen, die weltweit kleinste Taube. Bevor wir diesen Teil des Sumpfes verlassen, schwirrt in leuchtendem Smaragdgrün ein Kolibri über die orangenen Blüten eines Majagua-Baums. Wir stehen gebannt von diesem Winzling in der Natur und wagen kaum zu atmen.

Auf der Straße, die den Sumpf zerschneidet, fahren wir in den Sobrilla-Waldstreifen des östlichen Sumpfgebietes. Vor uns öffnet sich eine völlig andersartige Landschaft. Zuerst bewegen wir uns in einem Mischwald, durchsetzt mit Fächerpalmen und Kakteen, dann stapfen wir durch dichtes trockenes Sumpfgras, aus dem immer wieder ausgewaschenes karstartiges Gestein herauszuwachsen scheint. Beides zeigt uns an, dass in den regenreichen Sommermonaten auch dieses Gebiet mit Wasser bedeckt ist. Plötzlich sehen wir in einer Baumkrone bedrohlich über uns einen eigenartigen riesigen schwarzen Klumpen hängen. Es ist der Bau von Termiten, die dort oben problemlos die regelmäßigen Überschwemmungen überstehen. Unbeabsichtigt stoße ich an den kahlen Baumstamm einer abgestorbenen Palme, und sofort erscheint über mir aus einem Loch das kleine Gesicht eines Kuba-Kauzes. In geringer Entfernung auf einem querstehenden Ast sitzt eine tagaktive Eule, jedoch in ihrer perfekten Tarnung kaum zu entdecken, der kubanische Sperlingskauz. Bevor wir das Sumpfgebiet verlassen, noch eine andere Sensation. Direkt vor uns hüpft zwischen lichten Zweigen der kubanische Nationalvogel Tocororo, und nur wenige Meter weiter entdecken wir ein weiteres Exemplar, prachtvoll in Weiß, Rot und Blau leuchtend, den kubanischen Nationalfarben. Da er in Gefangenschaft schnell stirbt, wird er gern als Synonym für das kubanische Freiheitsbewusstsein verwendet, was die fast zwei Millionen Exilkubaner sicherlich völlig anders als die kommunistische Regierung auslegen werden.

Zuletzt geht es zum Ende des Sumpfes am Meer. Dort ziehen sich die Lagunen des Gebietes La Salina hin, welche nur auf einem 22 km langen Schotterweg anzuschauen sind. Um diesen Weg befahren zu können, ist an einer Holzhütte die Genehmigung der Parkverwaltung vorzuweisen. Nach dem Wegräumen eines dünnen Baumstammes, der mit entsprechender Fantasie für einen Schlagbaum gehalten werden kann, öffnet sich für uns an diesem Tag eine dritte unvergleichliche Vogelwelt. Ab und an treten die Mangroven am Rande der Lagunen zurück und ermöglichen uns einen freien Blick auf zumeist größere und sich majestätisch bewegende Vögel. Immer wieder halten wir an, um im flachen Wasser stehende Kuba-Flamingos, schwarze Kormorane, weiße und graue Pelikane oder weiße Ibisse zu beobachten. Unweit von uns landet ein rosaroter kubanischer Löffler in der Lagune und beginnt sogleich mit seiner breiten Schnabelspitze im Wasser zu wedeln. Zum Horizont bannt am Ende der Lagune ein mächtiger Silberreiher mit seinen zwei Meter langen Schwingen unsere Augen.

Einige Teile des Sumpfes wurden bereits in den 70er-Jahren zum Nationalpark erklärt, was jedoch unter den kubanischen Verhältnissen nicht wortwörtlich zu nehmen ist. Größere Bedeutung für die internationale Aufmerksamkeit hatte jedoch um die Jahrtausendwende die Verleihung des Status eines UNESCO-Biosphärenreservats. Obgleich sich in seinem Kerngebiet drei Dörfer und etliche einzeln liegende Hütten befinden, ist dem Menschen selbst mit modernen Mitteln überhaupt nur ein sehr kleiner Teil des Sumpfes zugänglich. Seiner Tier- und Pflanzenwelt bietet dieser Umstand beste Lebensbedingungen. Im gesamten Park gibt es gerade einmal drei zur Vogelbeobachtung ausgewiesene dammähnliche Aufschüttungen, in die täglich auch nur eine Touristengruppe geführt wird. Weitere vier kleine Schotterwege führen in Waldgebiete an den Rändern des Sumpfes. Der Besuch im Nationalpark ist schon etwas recht Exklusives. Allerdings muss sich der westliche Besucher auf eine kubanische Besonderheit einstellen. Selbst die Führer verfügen über keinerlei Kartenmaterial der Sumpf- und Waldlandschaften. Allerdings können Sie sich auf ihre individuelle Erfahrung verlassen. Wenn Sie möchten, können Sie dies als eine kubanische Art des Naturschutzes verstehen. Der steht hier zwar noch am Anfang, aber wie überall in der Welt lebt er gerade an seinem Beginn vom Engagement einzelner Menschen, welches während der fünf Jahrzehnte ideologischer Revolution nicht vollständig unterdrückt werden konnte. Die Begrenzung der Besuchergruppen, der Einsatz von nur kleinen Booten oder auch die Verbannung der sonst bei Touristen so beliebten Pferdetouren sind positiv wirkende Resultate eines neuen Umgangs mit der kubanischen Natur. In Zapata setzen die Kubaner nicht auf Massen-, sondern auf Ökotourismus. Der hat für die Besucher sicherlich seinen Preis, bietet aber auch unvergleichliche Eindrücke in die Natur.

44. GRUND

Weil in Havanna Lebenslust und Gesellschaftsverdruss eng beieinander wohnen

Das Meer und ihr Fleiß brachten dem Bürgertum Havannas das Geld. Ihre Lebensfreude brachte sie dazu, es für die Architektur ihrer Häuser, für Parkanlagen und für Museen einzusetzen. Dabei war Havanna keine Stadt der berühmten Maler. Der bekannteste, Wilfredo Lam, lebte und arbeite zumeist in Paris. Sie beherbergte auch keine weltweit bekannten Musiker. Etwas besser stand es jedoch um die Theaterkunst. Mit Alicia Alonso lebte in ihr vor und nach der Revolution eine Primadonna, die ein Weltstar war. In der Literatur konnte Havanna vor und nach der Revolution Alejo Carpentier vorweisen, wenngleich dieser seine wichtigsten Werke auch nicht hier verfasst hatte, weil er es vorgezogen hatte, ebenso die meiste Zeit in Paris zu leben. Aber über allem war sie eine kunstbeflissene Stadt für die Architektur. Hier konnte jeder Architekt berühmt, und ein jeder Bürger konnte sein eigener Architekt werden. In keiner Stadt im Rest der Welt residieren heute so viele Diplomaten in herrschaftlichen Villen wie hier im politisch bedeutungslosen Havanna. Gleich, ob Protz oder Verspieltheit, ob praktischer Sinn oder ästhetischer Anspruch, ob verstaubte Tradition oder exzentrisches Wagnis – das Bürgertum Havannas gab jedem für jedes eine Chance.

Die Quelle dieser Aufgeschlossenheit für die Unterschiede in der Kunst liegt im Handel über dem Meer begründet. Der Export des wichtigsten Produktes, Zucker, lief hauptsächlich über den Hafen von Havanna, die Importe erfolgten fast ausschließlich darüber. Die Stadt musste offen sein, um diese Position zu halten. Sie musste aus den Provinzen die klügsten und wagemutigsten Kubaner anziehen können, und aus anderen Ländern Kaufleute mit denselben Eigenschaften. Die Künstler zogen nach, und ihre Architektur zog wieder andere Geschäftsleute an.

Die Quelle der Lebenslust Havannas liegt zuerst im Charakter der Karibik begründet. Indessen reicht für das Verständnis dieser Frohnatur der Habaneros das immergrüne, warme Klima und die Verschmelzung europäischer, afrikanischer und süd- sowie nordamerikanischer Kulturen nicht aus. Havanna hatte eine eigene Lebenskultur. Die ersten prachtvollen Gebäude und die ersten erholsamen Parkanlagen bereiteten ungeheure Lust auf mehr. Dann ließ die Lebensfreude die Stadt explodieren, alles war Entspannung, war Leichtigkeit des Lebens, Sinnlichkeit der Architektur und Besinnlichkeit der Parks. In dieser Atmosphäre konnte sich kein Unbehagen und kein Missmut lange halten. Besatzer, Präsidenten, Caudillos und Diktatoren wechselten, aber immer wieder stürzte sich die Stadt mit voller Wucht hinein ins volle Leben. Und genau mit dieser Einstellung bereitete sie den Revolutionären im Januar 1959 auch einen überschwänglichen, ja ausgelassenen Empfang. Aber schneller als anderswo im Land erkannte die Stadt, welche lebensabwendende Ideologie damit in ihr eingezogen war, und nach nur einem halben Jahr hatten diese Revolutionäre in Havanna keine Mehrheit mehr, aber nach zwei Jahren jedoch erneut wieder, weil die Träger der Lebensfreude Havannas übers Meer geflüchtet waren.

Ohne selbstbewusste Bürger und ohne Bürger, die zu Reichtum gelangen können, vermochte die Architektur nicht weiter zu blühen. Heute sind Altstadt und Zentrum von Touristen überlaufen. Sie kommen, um das ursprüngliche alte sozialistische Havanna noch einmal zu erleben. Sie irren. Die Altstadt ist bereits das kapitalistische Havanna, weil ausschließlich mit kapitalistischem Geld wieder aus Ruinen auferstanden, und in Geschäften, Hotels sowie Museen von merkantilem Geist beseelt. Wie in jeder ähnlichen Altstadt der Welt können ihre alten Gebäude nicht mehr als nur Fassaden sein, wenngleich prächtig anzuschauende.

Das sozialistische Havanna hingegen besteht weitgehend aus Verfall. Er beginnt nur wenige Schritte abseits der touristischen Wege schon in den Straßen der Altstadt. Aber diese Ruinen sind nicht stumm, sie berichten darüber, was Menschen mit ihnen angerichtet haben, die aus Machtbesessenheit und ideologischer Verblendung erst die Bürger vertrieben, die in ihnen wohnten, und dann die Häuser sich selber überließen. Außerhalb der wieder aufgebauten Altstadt sowie in den Wohngebieten der Nomenklatura, ebenso in denen der westlichen Geschäftsleute und der Residenzen ist Havanna eine Landschaft verfallener Häuser geworden. Einmalig unter den großen Städten der Welt, durchzieht Havanna ein morbider Charme. Er ist der einzige neue Charakterzug der Stadt. Morbid, weil es bis zum Tode krankhaft ist, eine Stadt verkommen zu lassen. Charme, weil in diesem Verfall die noch intakten alten Gebäude umso prächtiger wirken.

Ein plastisches Beispiel dafür ist eine der zentralen Straßen Havannas. Die Diez de Octubre führt vom Westen der Stadt über ihre Verlängerung, die Infanta, bis zum Zentrum. Insbesondere von der Kreuzung mit der Acosta bis zu der mit der Via Blanca war sie vor sechs Jahrzehnten eine beliebte Einkaufsstraße. Zahlreiche Geschäftshäuser mit Kolonnaden sowie Bürogebäude gaben ihr ein gutbürgerliches Gepräge. Heute? Verfall! Havanna weint, und das Herz scheint zu brechen. In den Nebenstraßen kleine Villen, dicht aneinandergedrängt, aber es waren Villen, zumeist mit Säulen davor, darin wohnten weder Superreiche noch Mafiosi, hier wohnte die breite Mittelschicht, und wie überall auf der Welt baute sie sich Häuser nach dem Vorbild der Reichen, nicht so glanzvoll, wenngleich hier in Havanna, im Unterschied zu Berlin oder Paris oder London, ihren ausgeprägten Sinn für Architektur vorzeigend. Wo gibt es Vergleichbares? Selbst in seinen Randbezirken ist Havanna einzigartig. Hier schlug sein Herz.

Und heute? Bewohnte Ruinen!

Glücklicherweise nicht alle, etliche konnten von ihren Bewohnern inzwischen gerettet werden, privat, ohne den Staat, und sie sind wieder sehenswert. Aber alles was vom alten Havanna gerettet oder neu gebaut wurde, ist mit fremden Geld entstanden, Geld der UNESCO, Geld westlicher Geschäftsleute, Geld der Überweisungen kubanischstämmiger Amerikaner und Geld der Touristen. Havanna gleicht einem riesigen Museum, seine koloniale Pracht sowieso, aber das alte Havanna besteht aus dem Havanna vor der sozialistischen

Revolution, entstanden von 1898 bis 1958, nur innerhalb von sechs Jahrzehnten. Ausgedehnte urbane Gebiete, überall Parks und vielfältige Industrieanlagen. Was für eine Lebenskraft muss in jenen Jahren in diesem Havanna gesteckt haben. In den folgenden sechs Jahrzehnten vermochte die kommunistische Führung nichts Neues hinzuzufügen. Aber ohne etwas neu Entstandenes ist alles, was zuvor entstanden war, heute museal, die amerikanischen Oldtimer als pittoreske Zutat.

45. GRUND

Weil in kleinen Städten Kostbarkeiten entdeckt werden können

In traditionellen Reiseführern werden Sie selten über am Rande liegende architektonische Kostbarkeiten lesen. Einige davon möchte ich Ihnen hier ans Herz legen. Damit will ich nicht der Manie folgen, unter größter Geheimhaltung in einem Reisebuch ganz besondere Geheimtipps abzuliefern, zumal dieses Buch auch kein Reise-, sondern ein Lesebuch ist. Ich will Ihnen zehn Gebäude vorstellen, die teilweise durchaus bekannt sind, aber wenig von den touristischen Strömen berührt werden, teilweise jedoch auch weitgehend unbekannt und nach meiner Ansicht versteckte kubanische Kostbarkeiten sind.

Schon unter den Spaniern wurde Havanna zu einer reichen Stadt, und es waren nicht die spanischen kolonialen Besatzer für diesen Reichtum verantwortlich, sondern Spanier, die Kuba besiedelten und deshalb dort dauerhaft lebten, die sogenannten Kreolen. Auch später, nach den Unabhängigkeitskriegen, die allein durch die Ignoranz und den Hochmut der spanischen Eliten in Spanien verursacht worden waren, war die Beziehung zu Spanien stets ambivalent, aber niemals exzessiv ablehnend. In den Jahrzehnten nach 1900 war Kuba ein Einwanderungsland für Spanier, selbst für Analphabeten, wie den Vater Fidels.

In der zweiten Hälfte des 19. Jahrhunderts wurden über Havanna hinaus auch andere Städte prachtvoll ausgestattet. Der Reichtum aus dem Zucker ermöglichte es. Und dieser Reichtum vermehrte sich noch nach der Unabhängigkeit. Selbst in kleineren Städten schlug er sich in zahlreichen architektonischen Kostbarkeiten nieder, die sich zumeist abseits der gängigen touristischen Pfade befinden. Auf Kuba können Sie ungewollt Entdeckungen machen. Es müssen nicht immer die ganz großen, vielleicht sogar weltbedeutenden Gebäude sein. Oft verstecken sich Kostbarkeiten inmitten der grünen Natur oder der Berge oder am Rande der Städte.

Matanzas: Teatro Sauto

Inmitten der Stadt gelegen, von einem italienischen Architekten erbaut und 1863 eröffnet, ist es der bedeutendste klassizistische Theaterbau Kubas und wäre eine Zierde jeder deutschen größeren Stadt. Der Innenraum ist komplett holzverkleidet und hat eine grandiosen Akustik. Zur Anzahl der Sitzplätze fand ich in vier Reiseführern vier verschiedene Angaben: 700, 725, 750, 775. Ich entschied mich für einen Kompromiss. Es hat Platz für 600 dicke Kubaner, aber die Dünnen passen zu fast 800 hinein. Die Statuen in der Eingangshalle sind aus Carrara-Marmor. Leider wird es seit Jahren umgebaut, aber mit einer freundlichen Bitte führt einer der Restauratoren ausführlich durch das gesamte Theater, es ist ein nie zuvor gekanntes Erlebnis.

Isla de la Juventud: Gefängnis Presidio Modelo

Gefängnisse besuche ich noch seltener als Festungen, rein aus Mangel an Gelegenheiten. Dieses Gefängnis ist das berühmteste Kubas, weil hier Fidel Castro inhaftiert worden war, allerdings als Sohn eines wohlhabenden Zuckerpflanzers, zudem unter komfortableren Bedingungen, als zahlreiche Kubaner heute leben müssen. Vielleicht dient es deshalb auch nicht mehr als Gefängnis, obgleich es sich, 1928 erbaut, dafür immer noch bestens eignen würde, und obgleich in den zurückliegenden Jahrzehnten etliche neue auf Kuba gebaut worden sind. Unabhängig von seiner früheren Eigenschaft könnte sein Eingangsgebäude mit einem mächtigen europäischen Schloss des 18. Jahrhunderts verwechselt werden, dahinter befinden sich eindrucksvolle runde Gebäude in einem heute immer noch modern anmutenden Stil.

Sagua la Grande: Casa de Salud de la Colónia Española

Von Santa Clara kommend fällt kurz vor der Stadt auf der rechten Seite ein eigenartiges Bauwerk auf. Ein breiter Torbogen, ähnlich dem eines Triumphbogens und nach einer Grünfläche ein breiter zweigeschossiger weißer Bau. Um die Wende vom 19. zum 20. Jahrhundert erbaut, war er einer der ersten prachtvollen Bauten nach der Unabhängigkeit, ursprünglich als ein Krankenhaus benutzt, dann ein Gesellschaftsgebäude der weißen Bewohner von Sagua la Grande, heute eine Grundschule. Ob die Lehrer wissen, in was für einem großartigen Gebäude sie unterrichten? Die Schüler wissen es schon gar nicht. Es ist in keinem Reiseführer erwähnt, denn wer kommt schon nach Sagua la Grande.

Remedios: Kirche San Juan Bautista

Sie ist eine der ältesten (1550) Barockkirchen Kubas, mit klassizistischem Glockenturm, oft erwähnt, aber abseits der Besucherströme, jedoch zum kubanischen Carnaval wird Remedios Anziehungspunkt für zahlreiche Kubaner. Die Kirche weist eine für Kuba einmalige Architektur und Innenausstattung (vergoldeter Zedernholzaltar, aus Mahagoni geschnitzte Kassettendeckenverkleidung) auf, manche bayerische oder österreichische Barockkirche verblasst dagegen.

Santiago de Cuba: Basílica del Cobre

Inmitten grüner Berge und subtropischer Landschaft der wichtigste Wallfahrtsort Kubas, prunkvoll ausgestattete Madonnenstatue, seit 1611 Vermischung afrikanischer Kulte mit katholischer Religion, ständig Pilger, Umgebung erinnert ein wenig an Lourdes, Kirche von 1926 aber eleganter Kirchenbau an Barockstil erinnernd, Erlebnis kubanische Religiosität und moderner Kirchenarchitektur.

Florida: Casa de la Cultura

Ursprünglich von 1920 als das Casino Español gebaut, 1930 zusammengebrochen, 1943 bis 1950 neu gebaut, dreigeschossig, mit zwei großen Bögen und oben einem dritten kleineren, seit 1979 das Kulturzentrum von Florida, mit einem Fassungsvermögen von 1.000 Menschen und einer grandiosen Innenarchitektur, Außen und innen völlig außergewöhnlich für eine Provinzstadt. Von der Durchgangsstraße Ciego de Ávila nach Camagüey aus zu erreichen, bereits von Weitem zu erblicken, allerdings kurz zuvor muss ein betonierter und offener Abwasserkanal entweder übersprungen oder mit dem Auto durchquert werden. Ähnlich ist auch der Zustand dieser Kostbarkeit, seine weiße Farbe blättert ab, der Putz bröckelt, am obersten Bogen wächst schwarzer Schimmel, und seine blauen Glasfenster sind teilweise zerbrochen. Direkt daneben befindet sich in der Seitenstraße ein weitaus älteres Kolonialgebäude, beige-grinsend angestrichen, sowie die Ruine eines immer noch imposanten Gebäudes: Hotel Unión 1924. Typisches Beispiel für herausragendes Kulturverständnis des Bürgertums auch in der Provinz und zugleich ebenso typisch für sozialistisches Kulturverständnis.

Camagüey: Iglesia Nuestra Señora del Carmen

Auf Kuba gibt es zwei Städte, über die ich ein ganzes Buch schreiben könnte. Die eine Stadt ist Havanna, über die es bereits reichlich Bücher gibt, und die andere ist Camagüey, deren Geheimnisse ich erst entlocken müsste (siehe Grund 41). Die gesamte Innenstadt ist eine einzige architektonische Fundgrube, an deren Rand, obgleich von Zentrum aus zu Fuß problemlos zu erreichen, der Platz Carmen liegt und an deren Seite sich die für mich bemerkenswerteste einzelne Architektur der Stadt befindet. Es ist das ehemalige Ursulinenkloster, der Konvent, mit der Kirche Nuestra Señora del Carmen. Der Hinweis, dass dies die einzige Kirche der Stadt mit zwei Türmen ist, bleibt belanglos, weil die Kirche nur eine unter vielen der Stadt ist, aber der ehemalige Konvent ist herausragend. 1829 gebaut, war es die erste Schule für katholische Mädchen der Stadt. Er ist komplett erhalten, mit Innenhof (für Konzerte), Wandelgang (mit Kunstausstellungen) und Wandelgang im ersten Geschoss (mit fächerförmigen Buntglasfenstern). Der Platz vor der Kirche ist mit dem alten Kolonialpflaster erhalten und sensibel mit eindrucksvollen Figuren ausgestattet, zudem in Touristenzeiten bei Weitem nicht so überlaufen wie die Plätze der Innenstadt. Insgesamt ein Ruhepunkt für die Augen (ringsherum bestens restaurierte Kolonialgebäude) und einer für das Gemüt!

Santiago de Cuba: Jardín de los Helechos

Abgelegen, am nördlichen Rand der Stadt Santiago in Richtung El Caney, ist er zwar kein bemerkenswertes architektonisches Gebäude, wohl aber ein architektonisches Garten-Kleinod. Vor der Revolution angelegt, mit 9.000 Farnen in 27 Arten und 350 Orchideen, ist er eine botanische Reise in die Evolution. Ich fand ihn in keinem Reiseführer, dafür jedoch erholsam entrückt von dieser Welt.

46. GRUND

Weil es nur zwei Golfplätze gibt

1958, im letzten Jahr vor der Revolution, gab es auf Kuba acht Golfplätze, vier in Havanna und vier in anderen Städten. Heute gibt es noch zwei, einen in Havanna in der Nähe des Flughafens sowie einen in Varadero. Kuba ist wahrscheinlich weltweit das einzige Land, in dem die Anzahl der Golfplätze drastisch reduziert worden ist. Auch eine Errungenschaft der Revolution.

Zwar verbreitete die Regierung gern Fotos von Che und Fidel, wie sie sich mit Zigarre locker auf einem Golfschläger aufstützen und dabei selig in die Kamera blicken, aber für das gemeine Volk war Golf völlig ungeeignet. Das sollte zuerst Baseball spielen, um den Klassenfeind Amerika darin zu besiegen, was ihnen als Sieger bei den Olympischen Spielen 1992, 1996 und 2004 auch gelang, worauf ihre besten Spieler sogleich in den USA blieben, sicherlich nicht des schnöden Geldes wegen, sondern ausschließlich wegen der vielen schönen Golfplätze. Außerdem war ihr oberster Revolutionslenker zuallererst ein begeisterter Baseballspieler, worüber es sogar Fotos aus der Kindheit und später in Uniform gibt. In seinen regierungsoffiziellen Biografien, auch solchen von deutschen Autoren, denn warum sollen nicht auch deutsche Publizisten begeisterte Anhänger von Fidel sein, schließlich haben sie ihre Rente in Deutschland sicher, wird er als ein außergewöhnlich exzellenter Baseballspieler gewürdigt, der auf eine lukrative Profikarriere zugunsten einer Aufopferung für das kubanische Volk verzichtete. Weniger regierungsnahe Publikationen sehen dies differenzierter, wie beispielsweise der amerikanische Fotograf Lee Lockwood, der 1965 sieben Tage lang Fidel begleitete, ihn dabei auch beim Baseballspielen beobachtete und als Kenner darüber keine glorifizierende Einschätzung abgab.

Drei Jahrzehnte lang waren westliche Touristen auf Kuba verpönt, und da die Kubaner Baseball spielen sollten, erübrigte sich der Erhalt der alten Golfplätze. Bis auf Havanna für die Diplomaten und die wenigen Touristen in Varadero sind die anderen sechs aus der Geschichte verschwunden. Jetzt kommen jährlich drei bis vier Millionen Touristen nach Kuba, und da Golf in vielen westlichen Ländern sich inzwischen von der Exklusivität einer Freizeitbeschäftigung der Reichen zu einer der soliden Mittelschichten verändert hat, ist Golf auf Kuba auch unter Touristen populär geworden. Der erste neue Golfplatz auf Kuba wird von einem deutschen Unternehmer geplant, der dazu auch einen Vertrag mit der Regierung geschlossen, allerdings dafür noch nicht das erforderliche Kleingeld eingesammelt hat. Es wird also noch viel Wasser ins Meer fließen, bis dieser Golfplatz fertiggestellt sein wird.

Ich verfüge auf vier Golfplätzen über intime Erfahrungen.

Einen an der Algarve in Portugal, bei dem der Ball über eine Schlucht geschlagen werden muss, geht er nicht darüber, fällt er ins Wasser des Atlantik, und da die Brandung dort stark ist, würden auch keine dressierten Delfine helfen, den Ball herauszuholen. Dort spielen Golfer, denen ein Gesamtverlust ihrer Bälle nicht schmerzen würde. Mit Interesse saß ich am Rande der Schlucht, um zu zählen, wie viele Bälle auf den Rasen oder in das Wasser fielen. An dem Tag, an dem ich dort weilte, müssen wohl mehr Amateure als Profis dort gespielt haben. Bei allen Produzenten von Golfbällen ist dieser Platz ungemein beliebt.

Der andere liegt in China, zwischen Hongkong und Macao, weist unglaubliche 22 Plätze mit 18 Löchern auf und soll weltweit der größte sein. Wahrscheinlich gedachten die Chinesen mit ihm schon einmal das auszuprobieren, was sie in der Politik erreichen wollen. Auf ihm arbeiten 110 junge Chinesinnen, vor allem als Golf-Kart-Fahrerinnen, weshalb ich dort den ganzen Tag Golf-Kart gefahren bin.

Zwei mir bekannte Plätze liegen in Deutschland, einer in meinem Wohnort und einer am westlichen Rande Kölns, beide kenne ich recht gut, weil ich dort öfters in ihren Restaurants weilte.

Ob mich diese Erfahrungen prädestinieren, sachgemäß über Golf auf Kuba zu schreiben? Da jedoch der Verleger einem »Golf-Grund« nicht abgeneigt war, besuchte ich auch die zwei Golfplätze Kubas.

Der Platz in Havanna liegt gut versteckt und ist zudem nur über eine jämmerliche Straße zu erreichen, was so manche Diplomaten ein wenig der kubanischen Realität näher bringen dürfte. Dieser Platz hält für Sie zwei immense Vorteile bereit. Es ist einer der ganz wenigen Golfplätze auf der Welt, wo Sie auf engstem Raum massenhaft Diplomaten antreffen können, die zum einen in der Diaspora von Havanna viel Zeit und zum anderen nur diesen einen Golfplatz zur Verfügung haben. Der zweite Vorteil betrifft Ihre körperliche Konstitution. Weil der Platz recht klein ist, weshalb sich ein Golf-Kart nicht lohnen würde, Sie indessen selbstverständlich standesgemäß unbedingt zwei Runden spielen wollen, kommen Sie dabei auf gute sechs Kilometer Fußmarsch. Das schlaucht in der Hitze Havannas. Danach können Sie sich im platzeigenen Schwimmbad abkühlen oder es mit Bier versuchen, was jedoch den körperlichen Effekt nach dem Golfspielen wieder verringern würde.

Der in Varadero liegt direkt an der Zufahrtsstraße zu den Touristenhotels, sodass die Golfspieler internationaler Beobachtung unterliegen, und ist leicht zu betreten. Er weist eine Spezialität auf, die ich bereits seit etlichen Jahren kenne und die, meiner Überzeugung nach, das Beste an diesem Golfplatz ist. An seiner Seite zum Meer hin liegt auf einer kleinen Klippe ein Haus aus schwarzen Hölzern und strahlend weißen Wänden. Es ist die Villa Xanadú, einst vom amerikanischen Chemieunternehmer DuPont gebaut, bereits in den Reiseführern aus den 30ern erwähnt (»Residence of Mr. Irenee du Pont«) und heute ein kleines Hotel mit einem Restaurant. Das allerbeste an dem Haus ist ein Raum, der sein ganzes drittes Geschoss einnimmt. Zu ihm können Sie über eine burgähnliche Treppe gelangen, oder mit einem original alten Fahrstuhl einschließlich einer »Ziehharmonika«-Tür zu ihm gondeln, sich dort vom Rundblick über den Golfplatz, das Hotel Las Américas und das Meer berauschen, einen standesgemäßen Mojito oder eine Piña Colada genießen und, wenn Sie Glück haben, sich von einem Saxofonspieler in Seligkeit versetzen lassen. Außerdem könnten Sie in einer einfühlsamen Atmosphäre auch eine Havanna genießen. Für mich einer der grandiosesten Golfplätze der Welt. Mojito, Saxofon, Zigarre und Meer, wo gibt es das schon noch einmal auf einem Golfplatz!

Die Insel Kuba verfügt über ausreichend Wiesen und Brachland für zahlreiche neue Golfplätze, wobei ich nicht sagen kann, wodurch sich diese von den unzähligen auf der Halbinsel Florida unterscheiden könnten, gar nicht zu reden von denen auf den Bahamas, in Yucatan, in Jamaika und sonst wo ringsherum um Kuba. Vielleicht könnte ein »Insel-Hopping« (siehe Grund 104) als Hopping von Insel-Golfplatz zu Insel-Golfplatz interessant sein. Aber ob dies auch erholsam wäre?

6. KAPITEL

KUNST UND MUSIK

47. GRUND

Weil kubanische Musik viel mehr als nur Salsa ist

Überall in Bars, Restaurants, auf öffentlichen Plätzen und in den Hotels wird Musik gemacht. Allerdings zumeist nur als schaler Abklatsch der eigenständigen kubanischen Musikszene. Das hat vor allem zwei eigenartige Gründe.

Zum einen ist in Europa insbesondere die Salsa bekannt, vor allem durch den Film von Wim Wenders über den Buena Vista Social Club. In zahlreichen Hotels werden Darbietungen dieser Gruppe angepriesen, obgleich keines ihrer Mitglieder noch am Leben ist. Möglicherweise werden einige Bands, die diesen ungeschützten Namen verwenden, auch das Gemüt von Touristen berauschen können, trotzdem ist es nur ein Plagiat. Hinzu kommt, dass dieser Film die Salsa bei uns zu einem Zeitpunkt bekannt machte, als sie in Kuba bereits ihren Höhepunkt weit überschritten hatte. Es ist grotesk, aber der Buena Vista Social Club war in Deutschland populärer als in Kuba.

Zum anderem hat infolge des enormen Anstiegs der Touristenzahlen auch die Nachfrage nach »originärem« kubanischen Musikgenuss, also nach Live-Bands, massiv zugenommen. Nichts ist einfacher für den Kubaner, dieses Bedürfnis zu stillen. Irgendwie kann doch schließlich jeder kubanische junge Mann Musik machen, insbesondere die dunkelhäutigen, und genauso klingen diese Bands dann auch, denn ihre Musik entstammt nur dem einzigen Wunsch, so schnell und so viel wie möglich Geld aus den Touristen herauszuholen. In zahlreichen kubanischen Städten werden an speziellen Musikschulen junge Musiker ausgebildet. Aber diese Ausbildung entspricht überhaupt nicht dem Anstieg der Nachfrage, auch deshalb bevölkern harmlose Amateure die aktuelle kubanische Musikszene.

Die Touristen erleben zumeist Bands mit drei oder vier Musikern und einer Sängerin. Stets kommt nach einigen Minuten das immer gleiche *Guantanamera* oder *Comandante Che Guevara*. Das ist die Musik, die anscheinend den Erwartungen der meisten Touristen entspricht. Es ist aber nicht die Musik, die Havanna zu einer der aufregendsten Musikszene Lateinamerikas macht.

Eigentlich ist eine 50-jährige Diktatur jeglicher künstlerischen Entwicklung nicht gerade zuträglich. Auf Kuba trifft dies für karibische Rhythmen erstaunlicherweise nicht zu. Hatte hier schon früher eine ungewöhnliche musikalische Vielfalt ihre Wurzeln wie Danzón und Rumba, Mambo und Cha-Cha-Cha, so hat nach der Revolution der Son und ab den 70ern die Salsa seinen Siegeszug über die ganze Welt angetreten, sicherlich auch mithilfe von nach Miami und nach Puerto Rico emigrierten kubanischen Musikern. Ohne Musik kann sich ein Kubaner das Leben nicht vorstellen, und der gemeinsame Besuch von Live-Konzerten ist für sie eine wichtige Abwechslung vom üblichen – für Europäer unvorstellbaren – Lebenskampf. Außer den Klängen der Musik scheint nur die Sonne immer auf Kuba. In Havanna findet der Europäer anspruchsvolle Musik für jeden Geschmack.

Zwar dominierte in den zurückliegenden drei Jahrzehnten die Salsa, die unter Kubanern auch mit einem mehr metallischen Klang als »Timba« gespielt wird, der zudem in kleinen Gruppen als eine weitere Unterart der Salsa auch als »Casino« gespielt und getanzt wird, wobei dem Besucher diese Unterschiede kaum richtig offensichtlich werden, indessen hat jedoch seit über zehn Jahren der Reguetón (in Cuba als eine von Puerto Rico abgesetzte spezielle Form: der »Cubatón«) mit frecheren, oft auch obszön-einfachen Texten seinen Siegeszug angetreten. Fast die Hälfte aller Bands konzentriert sich heute darauf. Künstlerisch anspruchsvollere Formationen setzen auf eine Mischung unterschiedlicher Stilrichtungen, was mit »Fusion« charakterisiert wird. Darin fließen auch Elemente des Latin-Jazz mit ein.

Darüber hinaus gibt es Nischen, zu denen u.a. auch eine lebendige Rumba, Rap und Hip-Hop-Szene, Rock und sogar Heavy Metal gehören. Nostalgiker finden auch romantische Bolero-Lokale, und natürlich gibt es nach wie vor eine renommierte und intellektuelle Jazz-Szene, die immer wieder einmal Musiker mit Weltklasseformat hervorbringt.

Zu den Stars der kubanischen Mainstream-Salsa-Szene zählen seit Jahren La Original de Manzanillo, Los Van-Van, La Charanga

Habanera, Bamboleo, Haila, Manolito Simonet, Adalberto Álvarez, Paulito FG, Habana de Primera oder auch Elio Revé aus Guantánamo mit seinem »Changüí«.

Einige Bands sind mehr am Regime orientiert, wie die landesweit bekannte Pop- und Nueva-Trova-Gruppe Buena Fe. Andere wandelten sich von einer Protestmusik zur unpolitischen Musik wie Silvio Rodríguez. Demgegenüber provozieren andere heftig aus dem »Underground« mit zum Teil sehr kritischen Texten, wie Los Aldeanos, was mitunter auch zu Auftrittsverboten führt. Für »Fusion« stehen David Blanco, David Torrens, Kelvis Ochoa und das Proyecto Interactivo.

Vor allem bei den Jüngeren und in den Städten dominieren derzeit die Reguetón-Bands mit ihrer provozierenden Vulgär- und Alltags-Sprache. Die Klänge sind für europäische Ohren gewöhnungsbedürftig, doch sie haben die Salsa an Popularität schon weit überholt. Zu den Protagonisten dieser Szene gehören Gente de Zona, Jacob Forever, Baby Lores, Los Cuatro und El Micha. Für Son, Bolero usw. interessieren sich zumeist nur noch die älteren Kubaner – durchaus wichtig für ihr soziales Leben.

48. GRUND

Weil es zahllose Musikstätten gibt

Für Europäer finden in Havanna Live-Musikveranstaltungen zu ungewöhnlichen Zeiten statt. Es beginnt mit sogenannten Matineen ab 16 Uhr, an Wochenenden auch schon mal früher, die zumeist gegen 24 Uhr enden. Für Europäer ist es kaum vorstellbar, dass es bereits am späten Nachmittag Hunderte von Kubanern in die Konzertsäle zieht, wo dann nach einer kurzen Aufwärmzeit die Post abgeht. Nicht nur Nachwuchsbands wollen sich hier profilieren, sondern auch bekannte Gruppen versuchen den Kontakt zu ihrem – vornehmlich jüngeren – Publikum zu vertiefen, denn diese Matineen sind bei den Eintritts- und Getränkepreisen günstiger als die Spätveranstaltungen. Oft wird dabei auch ausprobiert, wie neue Stücke ankommen. Die zweite Session startet dann offiziell ab 23 Uhr, aber vor ein Uhr nachts beginnt kaum eine Band zu spielen. Bis auf die Matineen ist Musik in Havanna eine Angelegenheit der Nacht. So geht es in einigen Clubs, wie dem Open Air Lokal »La Cecilia« in Miramar, erst nach ein Uhr so richtig los. Im »Salón Clip« (ebenfalls in Miramar) wird es erst ab zwei Uhr morgens voll beim Tanz zu den aktuellsten Hits aus den kubanischen »Lucas«-Videocharts (über den Satelliten-Sender »Cubavisión« jeden Sonntag auch international zu empfangen). Da empfindet so mancher junge Deutsche die Musik- und Clubszene in der Heimat als harmlos.

Zwei der wichtigsten Spielstätten für Live-Auftritte in Havanna sind die beiden »Casas de la Música«. Die erstere befindet sich in der Calle Galiano in Centro Habana, vom Zentrum der Altstadt leicht zu Fuß zu erreichen, ein großer Saal mit breiter Bühne, quasi ein »Muss« für alle bekannten Gruppen. Hier mischen sich lebenshungrige Ausländer mit tanzhungrigen Kubanern und verdiensthungrigen jungen Frauen. Vor dem Auftritt jeder Band läuft eine kleine Show ab, in der Tanzelemente gezeigt und die Geburtstagskinder im Publikum gefeiert werden. Da jeder Tag ein Geburtstag ist, wärmt sich die Stimmung bald auf. Wenn die Bands spielen, entsteht ein Gefühl, welches in Europa bei Live-Musik so kaum noch anzutreffen ist. Die Bands sind groß, häufig 12 bis zu 20 Musiker, dazu fast immer noch drei Sängerinnen bzw. Sänger. Sie setzen nicht nur Keyboards und Gitarren zum Synthesizern ein, oder ganze Schlagzeug- und Trommel-Batterien für den Rhythmus, sondern auch Kontrabass und – für europäische Verhältnisse ganz ungewohnt – fette Bläser-Sätze. Vor allem wenn die Trompeten und Posaunen voll einsteigen, wird es heiß im Saal.

Die zweite »Casa de la Música« im Stadtteil Miramar (ab der Magistralstraße Línea ausgeschildert) ist deutlich kleiner und mit grässlich unbequemen Metallstühlen ausgestattet. Indessen soll man dort auch nicht sitzen, sondern sich bewegen, jedoch nicht, wie so häufig bei uns für sich allein, sondern zu zweit oder in Gruppen. Falls ein Tourist sich doch einmal allein auf die Tanzfläche wagen sollte oder wie viele Kubaner gleich zwischen den Reihen mit dem Schwingen und Drehen beginnt, wird sich in kürzester Zeit eine junge Frau zu ihm gesellen, die ihm zeigt, wie Kubanerinnen zu tanzen verstehen, und alles Weitere kann er auch noch erfahren. Das Programm ähnelt dem in der großen Casa, nur etwas wagemutiger bei neuen Richtungen.

Für Nachtschwärmer mit Durchhaltevermögen führt gleich um die Ecke eine steile Holztreppe zu einem der angesagtesten Clubs – und auch verruchtesten, ob seiner vielen jungen Frauen mit extremen Dekolletés und ebenso extrem kurzen Röckchen –, dem »Diablo Tun-Tún«, wo kleinere Bands von ein bis fünf Uhr so aufdrehen, dass dem ungeübten Europäer bald die Ohren abfallen.

Zwei absolute Mekkas und die führenden Nightclubs der Reguetón-Szene sind der »Salón Rojo« in Vedado, neben dem Hotel Capri, oder auch der »Copa Room« im Hotel Riviera. Der »Salón Rojo« ganz in Rot, mit für kubanische Verhältnisse supermoderner Light- und Video-Show und legendären Live-Acts verfügt über keine Tanzfläche. Es wird sich in den Gängen und zwischen den Tischen oder an der langen Bar bewegt. An Wochenenden »kocht« der Laden.

Das Bertolt-Brecht-Theater (im Stadtteil Vedado) öffnet jeden Tag ab 23 Uhr bis drei Uhr seine Studiobühne dem kubanischen Jazz und der Fusion-Musik.

Im »Café Cantante« neben dem Nationaltheater am Revolutionsplatz werden Salsa, Reguetón und Fusion gespielt. Samstagabend ist dies auch ganz offiziell der Treffpunkt von musikbegeisterten Schwulen und Lesben. Auch im »Habanaciendo« (Nähe Galiano) sowie im »Las Vegas« (Ende Infanta) werden gesonderte Shows für diese Zielgruppe veranstaltet.

Das »Gato Tuerto« wandelt sich ab 22 Uhr in ein Medium für einzelne Künstler und kleinere Gruppen. Nacht für Nacht bis vier Uhr morgens treten hier bis zu drei verschiedene Sängerinnen und Sänger oder Vokalgruppen mit völlig unterschiedlichem Programm auf, von romantischen Boleros bis hin zu ironisch kritischen Texten. In diesem Café kann eine für Kuba kaum zu vermutende Vielfalt künstlerischer Ausdruckweisen entdeckt werden. Nicht nur künstlerischer, sondern auch politischer Mut, sonst ungemein gefährlich, artikuliert sich hier in der Musik.

Die kubanische »Jeunesse dorée« und westlichen Bewohner Havannas treffen sich zu mitternächtlicher Stunde im »Don Cangrejo«, einem Open-Air-Club im Residenz- und Diplomatenviertel Miramar, direkt am felsigen Meer. Dort spielen immer wieder die besten Bands der Fusion-Szene, und am Wochenende ist der Laden rappelvoll, allerdings auch mit jungen Kubanerinnen, die nicht unbedingt dort zum Tanzen hingehen.

Ein Muss für Jazz-Freunde ist das Kellerlokal »La Zora y el Cuervo« an der »Rampa« (23. Straße), wo sich bisweilen auch Musiker aus den USA mit ihren kubanischen Counterparts treffen. Oder auch im »Jazz Café« im Einkaufszentrum »Galerías Paseo« (gegenüber dem Hotel Meliá Cohiba).

In einer völlig anderen Umgebung wird gleichfalls eine vielfältige Musik gespielt. Unweit des Zoos von Havanna existiert eine Künstler-Bar für sehr intime Musik. Im »Barbaram« wird vor allem der Vokalmusik eine kleine Bühne geboten, von Bolero über Jazz bis hin zur sehr kubanischen Trova. Entsprechend intellektuell ist auch das Publikum. Komplett in Rot gehalten, wird die Bar geschlossen, wenn die 15 kleinen Tische besetzt sind.

Ein neuer absoluter Hotspot ist die Fábrica de Arte Cubano (allgemein FAC genannt) in einer ehemaligen Speiseölfabrik (Ende der 26. Avenida). (Siehe Grund 51)

Fast überall sind die Eintrittspreise (auch für Kubaner) in der Devisenwährung CUC zu zahlen. Sie schwanken zwischen etwa 2 und 20 CUC. Nur für die Matineen können die Kubaner auch mit ihren einheimischen Pesos Eintritt erlangen.

In Havanna entstehen immer wieder neue Musikbands, und die Spielstätten wechseln häufig. Auch die Öffnungszeiten sind nicht konstant. Wenig ist hier zuverlässig. Die jungen Kubaner »suchen« sich ihre Musik und die Musiker »ihre« Auftrittsstellen. Die staatlichen Informationsquellen, wie z.B. die Tourismusbüros, versagen völlig. Ebenso wenig auskunftsfähig sind die Schalter der großen Hotels. Vieles läuft über Mundpropaganda, einiges über das Internet, und häufig ist es ratsam, einfach das Programm telefonisch bei den Spielstätten zu erfragen.

49. GRUND

Weil ein Konzert auch ohne Musik beeindruckend sein kann

Am Tag ist der Platz grau und öde. Überall Beton! An seinem Ende prangt über einer steinernen Bühne sein Name: »Plaza Roja«. Hier in der Provinz wussten die kleinen Fürsten nicht, dass der weltbekannte Rote Platz in Moskau nichts mit der Farbe der Revolution zu tun hat, sondern mit der Farbe seiner Steine. Aber selbst wenn sie es gewusst hätten, würden sie ihren Platz wohl kaum den »Grauen Platz« genannt haben. Im Sommer und im Herbst heizt sich der Beton derartig auf, dass ihn selbst Hunde meiden.

Seit Tagen war die Jugend der Stadt im Fieber. Eine der angesagten Bands aus Havanna sollte am 26. Dezember in die Stadt kommen: »Los Ángeles«, deren letzte drei Hits es in die kubanischen Charts geschafft hatten. Zwei Tage vorher wurde das Konzert auf dem 27. um 23 Uhr verlegt. Das war ein schlechtes Omen!

In unmittelbarer Nähe dieses Platzes befindet sich das Rathaus der Stadt. An diesem Abend ist eines seiner Fenster weit geöffnet. Vor ihm steht eine lange Schlange von Jugendlichen. Der erste Jugendliche an der Schlange reckt seinen Arm nach oben, in seiner Hand hält er einen Geldschein, aus dem Fenster kommt ein Arm heraus, dessen Hand nimmt den Geldscheine auf, verschwindet im Fenster, kommt wieder mit einem Zettel in der Größe einer Streichholzschachtel sowie der Qualität von Ein-Blatt-Toilettenpapier heraus, die Hand von unten ergreift den Schnipsel, der Arm sinkt, und der Jugendliche tritt aus der Schlange heraus. Normalerweise kostet der Eintritt einen Euro, für dieses besondere Konzert müssen zwei mehr aufgebracht werden, eine Kleinigkeit für Deutschland, für einen jungen Kubaner eine happige Preiserhöhung.

Auf der Straße vor dem Platz haben pfiffige Händler Klapptische mit Kaugummi, Chupa-Chupa, Zigaretten, Popcorn, Rum oder Keksen aufgebaut. Einer hat seinen Stand mithilfe einer ganzen Batterie von Auto-Akkus beleuchtet und bietet Brötchen gefüllt mit zerzupftem

Schweinefleisch an, über das er aus zwei alten Getränkeplastikflaschen zuerst eine leicht säuerliche und dann eine etwas scharfe Flüssigkeit träufelt. Die Kubaner lieben ihre »Pan con Lechón«, ein Deutscher muss es mögen. Ein anderer Händler ist noch cleverer. Er bietet nur Piña Colada feil, frisch in einem Mixer zubereitet, dafür hat er die Stromleitung eines Laternenmastes angezapft, der Mixer röhrt, bunte Lämpchen blinken, und Musik dröhnt aus Lautsprechern.

Der Eingang zum Konzertplatz ähnelt mehr dem Eingang eines Tigerkäfigs denn dem eines Rockkonzerts. Dicke eiserne Gitter entlang der Straße und ein ebenso vergitterter zehn Meter langer Gang, durch den gerade mal ein Mensch passt, allerdings darf er nicht besonders dick sein, sonst muss ein Gitter für ihn ausgehängt werden. Auf dem Platz Dunkelheit. Keine grellen Lampen stören die Atmosphäre. Vorn eine hell beleuchtete Bühne mit einer Videowand und großen Boxen. An den Seiten sind zahlreiche mobile Stände aufgebaut, ähnlich denen vor dem Eingang.

Nach 30 Minuten Wartezeit sollte, jetzt um 23 Uhr, das Konzert beginnen, tatsächlich beginnen nun die Boxen zu rumoren, Musik vom Band, nach einer Stunde vermute ich von einem endlosen Band. Inzwischen hat sich der Platz auch gut gefüllt. 50 Meter vor der Bühne ist kein Durchkommen mehr. Mehrheitlich sind es junge Frauen. Bei einigen denke ich, dass es noch Kinder sind, aber nein, auch sie sind schon wie ältere Mädchen angezogen und auch so geschminkt. Fast alle haben sie ihre beste Kleidung angelegt, tragen die Haare geglättet lang, und führen ihre neuen Pumps aus. Die Männer tragen kurzärmlige T-Shirts und zeigen darin ihre Oberarm-Tattoos vor, sonst dominieren Bluejeans und Adidas-Turnschuhe, Hauptsache sie sind bunt. Ihre Haare halten sie bürstenartig kurz, das macht keine unnütze Arbeit, die bleibt den Frauen vorbehalten. So gut wie niemand unter den Frauen ist über 30, die Hälfte ist wohl sogar unter 20. Keine ist so gekleidet wie die andere, und eine jede ist so gekleidet, dass sie einer Deutschen an Attraktivität weit überlegen wäre: Die Kleine mit dem prachtvollen roten halterlosen Kleid, ohne BH, die dafür aber einen zu kleinen Busen hat und deshalb immer am Ausschnitt ihres Kleides fingert; die große Mulattin, deren goldgelbes Kleid sich über ihrem Gesäß wölbt, wenn sie es jedoch bei den Rhythmen aus den Boxen nach hinten ausstreckt, ist sie ein Blickfang für die Männer; die Schlanke in einem Glitzerkleid, gravitätisch ausschreitend, sich für niemanden interessierend, aber hoffend, dass sich alle für sie interessieren; die Große ganz in Rot, auch ihre High Heels sind rot, und sie zeigt ihren prachtvollen Ausschnitt vor; zwei Mädchen mit flachen Schuhen, aber eng anliegenden anthrazitfarbenen Kleidchen, die Figur ist schon da, alles andere wird auch noch kommen.

Die überwiegende Mehrheit der Häuser dieser Provinzstadt sind nichts weiter als Bruchbuden, außen wie auch innen, aber keinesfalls zivilisierte Wohnstätten. Sie befinden sich an Straßen mit Löchern so groß wie kleine Schwimmbäder. Zwar gibt's inzwischen in jeder Straße auch aufgehübschte Häuser, aber vorerst nur als Ausnahme. In all diesen Häusern, auch in fast jeder Bruchbude, wird für die Frauen teure Kleidung aufbewahrt, wenigstens ein prächtiges Kleid und ein Paar High Heels. Kuba weist viele Eigenheiten auf.

Eine Stunde ist um, etliche Besucher beginnen, sich selbst zu unterhalten. Drei Freundinnen beschäftigen sich mit einer Selfiestange. Erst blicken sie steif auf das Display der Kamera, dann beugen sie sich vor, zeigen ihre Dekolletés, darauf strecken sie ihre Gesäße weit nach hinten, sodass sie fast umkippen, darüber lachen sie ausgelassen in die Kamera, danach eng umschlungen mit Kussmund, gleichfalls strecken sie ihre Hände und die Zeigefinger nach vorn, kaum eine Pose lassen sie aus. Andere Gruppen beginnen mit ihren Hüften zur Musik zu wackeln. Wagemutige Frauen strecken ihre Hinterteile aus, berühren die Vorderteile ihrer Freunde, die lassen sich mit Freude daran reiben. Alles unbefangen, hauptsächlich die Zeit bis zum Beginn vergeht, nur nicht einfach stillstehen und warten.

In dieser Nacht gibt es auf dem Platz zwei Dinge reichlich: drei Wagen, deren mächtige Tanks bis an den Rand mit Bier gefüllt sind, und attraktiv aufbereitete junge Frauen. Diese Duplizität ist eigenartig, denn beides geht nicht zusammen. Je mehr Bier die Männer trinken, desto geringer werden ihre Chancen bei den Frauen, was jedoch aus ihrer Sicht durch den Preis für 0,7 Liter Bier von drei Pesos (15 Eurocent) durchaus wettgemacht wird. Für einen Euro die ganze Nacht saures Bier, welch ein seltenes Vergnügen!

Es ist jetzt 1.30 Uhr, uns reicht's! Ich frage einen vorbeilaufenden Polizisten, was hier los sei. Niemand auf Kuba fragt ungefragt einen Polizisten. Er erkennt in mir den Ausländer und schaut mich freundlich an. Nein, er weiß auch nur, dass die Band noch nicht eingetroffen sein soll, aber sein Blick sagt: Wie kann man nur auf das beste Konzert des ganzen Jahres verzichten!

Wir gehen wieder an dem Fenster an der Seite des Rathauses vorbei. Die ältere Dame schaut noch immer heraus. Ich wende mich ihr zu und bitte darum, nach zweieinhalb Stunden Wartezeit mir meine 30 Pesos zurückzugeben. Sie schaut mich an, als ob ich aus einer anderen Welt kommen würde. Komme ich ja tatsächlich auch!

Dann passierte es doch. Der Bus mit der Band fuhr an uns vorbei, um 2.30 Uhr, dreieinhalb Stunden nach dem angekündigten Beginn, begann sie zu spielen, nicht mit den angekündigten drei, sondern nur mit zwei Sängerinnen. Immerhin war zu dieser Zeit der Platz noch zu zwei Dritteln gefüllt. Es war Montagmorgen, die Schulen waren von Weihnachten bis zum neuen Jahr geschlossen.

50. GRUND

Weil San Francisco eine unglaublich gute Akustik hat

Einst war Havanna eine Stadt der Kirchen, der Katholizismus war Staatsreligion, Nichtkatholiken war der gesellschaftliche Aufstieg verschlossen. Heute sind viele Kirchen Havannas keine Tempel der Gläubigen mehr, aber die sozialistische Ideologie hat die Stelle der früheren Staatsreligion eingenommen; ohne Anhänger von ihr zu sein, ist ebenso kein sozialer Aufstieg möglich. Indessen hat diese neue religiöse Form keine tempelähnlichen Bauten geschaffen, das entspricht nicht ihrem Weltbild. Heute sind die Kirchen im Zentrum Havannas Touristenattraktionen, außerhalb sind sie immer noch Häuser für Gläubige. Eine solche Touristenattraktion ist die Basílica

Menor de San Francisco de Asís. Sie hat auch dem ausgedehnten Platz, auf dem sie steht, ihren Namen gegeben: Plaza de San Francisco.

Wie so manche Kirchen im Zentrum Havannas, aber auch in anderen kubanischen Städten, gehörte zu ihr auch ein Kloster, hier einst logischerweise das der Franziskaner. In seinen Wandelgängen befindet sich in hohen Vitrinen eine Ausstellung sakraler Gegenstände, die Sie eventuell auch aus anderen deutschen Kirchen kennen, aber hier kaum erwartet haben dürften. Gleichfalls können Sie auf den Turm der Kirche steigen, der zwar erst später angebaut wurde, was Sie aber bei Ihrem Blick über Hafen und Innenstadt nicht berühren wird.

Etliche Kirchen Havannas haben besondere Eigenheiten, die weniger die Gläubigen interessiert, dafür umso mehr jedoch die Touristen. Zuerst wird ihr Blick von einer vor dem Eingang der Kirche aufgestellten Statue aus Bronze angezogen, die ungewollt besser als alle Erklärungen auf den Gehalt der Kirche hinweist. Es ist die lebensgroße und lebensechte Statue eines Clochards von Havanna, genannt der »Caballero de París«. Bis vor etlichen Jahren war er der bekannteste Typ von Havanna, so eine Art lebende Sehenswürdigkeit, der zumeist in den Bars in der Nähe der Kirche »wohnte«, insbesondere im »Café de París«. Der Zeigefinger an seiner linken Hand sowie sein Spitzbart sind abgegriffen, die Patina ist verschwunden, sodass die blank polierte Bronze zum Vorschein gekommen ist. Ein Denkmal für einen Clochard, aufgestellt vor einer Kirche und von Menschen durch seine Berührung als Hoffnung genutzt, in einem sozialistischen System ist das eine wahrlich ungewöhnliche Symbolik.

Bis jetzt habe ich weder über Zeigefinger noch über Bart gestrichen. Wenn ich in die San Francisco gehe, setze mich still in die erste Bankreihe vor dem Kreuz und spreche lautlos ein paar Sätze. Nein, in einem traditionellen Sinn bete ich nicht, auch falte ich nicht meine Hände. Hier bitte ich an einem Ort um Hilfe, der für Hilfe gebaut worden war, und allein dieser Hilferuf gibt mir schon Kraft, vielleicht auch deshalb, weil ich diese Kirche schon oft aufgesucht habe, mit ihr vertraut bin, mit einer der ältesten Kirchen der Stadt, mit ihrem Deckengewölbe und den zwei Seitenschiffen, gehalten von fünf mächtigen Pfeilern, alles in dunkelgrauem Stein aufgerichtet, und zudem, kurz unter dem Gewölbe, nur durch kleine viereckige Fenster mit gelbem Glas erhellt.

Wie fast alle in der frühen spanischen Kolonialzeit errichteten Kirchen Havannas wirkt auch die San Francisco zuerst einmal recht düster. Ihre massigen Säulen und wuchtigen Steinquader saugen das geringe Licht in sich auf, welches durch die kleinen Fenster bereits dunkel einfällt, so als ob der spanische Katholizismus mit seinen Kirchen Bollwerke gegen die Farbenpracht der Karibik errichten wollte. Vielleicht sollte diese Kirche eine Mahnung an die Kolonisten sein, den Versuchungen der Lebensfreude auf dieser Insel zu widerstehen. Mit dieser Kirche war ihnen jedoch ein kapitaler Fehler unterlaufen, oder ihr Baumeister hatte die frömmelnden Franziskanermönche einfach ausgetrickst. Der Baumeister hatte die Kirche so gebaut, dass sie in den Menschen ein ganz besonderes Gefühl hervorrief, welches nichts mit Gott zu tun hat, sondern mit Lebensfreude. Die Kirche des San Francisco verfügt über eine Kostbarkeit, die nicht allein die Touristen, sondern auch die Bewohner Havannas anzieht. In diese Kirche hatte ihr Baumeister die Fähigkeit eingebaut, Musik so zum Klingen zu bringen, dass sie zu einem tiefen Erlebnis wird, zur reinen Lebensfreude, wie sie in keiner anderen Kirche empfunden werden kann. Darin unterscheidet sie sich von allen anderen Kirchen der Stadt, wahrscheinlich sogar von denen des ganzen Landes. Von außen sieht die San Francisco noch wie eine Kirche aus, ebenso auch von innen, tatsächlich ist sie nach der Revolution zu einem Konzertsaal mutiert, durchaus nicht das Schlechteste, was einer Kirche passieren kann.

In der Frühzeit der Revolution verfolgten die Revolutionäre den christlichen Glauben, zwar konnten sie ihn zurückdrängen, aber nicht ausrotten, weshalb sie ihn duldeten, bis sie ihm in den letzten zwei Jahrzehnten huldigen mussten, denn er brachte Geld in das Land, und zudem hofften sie auf eine unpolitische Wirkung der Religion. Indessen ist jeder Kubaner irgendwie religiös, sogar die 100 mächtigsten, wenigstens deren Frauen. Ein Kreuz um den Hals, eine Heiligenfigur in der Ecke der Wohnung, die Verneigung in einer Kirche, all das ist nicht mehr verpönt. Und immer wird damit die Hoffnung verbunden, Hilfe zum Leben zu erhalten, wozu auch die Hoffnung gehört, dass eine glückliche Situation nicht so schnell wieder vergehen möge. Ich gewinne sie bei einer stillen Andacht in dieser Kirche oder bei einem Konzert in ihr.

51. GRUND

Weil die Fábrica de Arte Cubano beispielhaft für Deutschland ist

Über die Fábrica de Arte Cubano, abgekürzt nur FAC, ist im deutschsprachigen Raum bereits des Öfteren berichtet worden, völlig verständlich, denn dringen über ein herausragendes Kulturereignis auf Kuba zu uns doch wenige Informationen. Die FAC ist für Kuba eine einzigartige Sensation, und sie wäre es auch in Deutschland, aber für Kuba ist sie noch weitaus mehr, denn in der kubanischen Geschichte gab es nach der Revolution kein Kulturereignis, das beispielhaft für westliche Ländern gewesen wäre.

Die meisten Fabriken Kubas stehen still, und ihre Hallen zerfallen. Das wäre auch unausweichlich das Schicksal der ehemaligen Speiseölfabrik in Havanna gewesen, wenn sie nicht von einer der auf Kuba bekanntesten Musikerfamilien entdeckt worden wäre. Nach ihrer Entdeckung verhalfen ihr zwei Eigenschaften der Familie von Carlos Alfonso zum neuen Leben. Die eine Eigenschaft bestand in der Kreativität und damit eng verbunden im Netzwerk von Künstlern seines Sohnes und Musikers Equis Alfonso (auf Kubanisch: X Alfonso). Über diese ist breit geschrieben worden. Die andere bestand in den vorzüglichen Kontakten des Vaters zur Regierung. Ohne derartige Kontakte ist es auf Kuba unmöglich, für private Ideen staatliche Einrichtungen nutzen zu können, und schon überhaupt nicht eine komplette – wenngleich völlig leere – Fabrik. All die Erzählungen um die Absichten der Familie und ihrer Freunde, im Viertel, in dem diese Fabrik steht, ein kulturelles Leben zu installieren, jungen Künstlern eine Auftrittsmöglichkeit zu bieten und so manches mehr, sind reine Nebelwerferaktionen, die von naiven westlichen Journalisten bereitwillig nachgeplappert werden.

In einer Diktatur werden sämtliche Entscheidungen stets nur unter einem einzigen Gesichtspunkt getroffen, unter dem der Machterhaltung. Menschenfreundlichkeit wird dann als schmückendes Beiwerk hinzugefügt. Zweifelsohne musste die Familie Alfonso erst Mitglieder der obersten Führungsriege davon überzeugen, dass ihr Konzept für die Umwandlung der Fabrik in ein Kunstzentrum eine enorme Ausstrahlungskraft auf Touristen, das Ausland und die kubanischen Künstler entwickeln kann. Kuba benötigt Touristen zum wirtschaftlichen Überleben, es benötigt internationale Zustimmung für die Auseinandersetzungen mit den USA, und es muss einen Teil seiner international bekannten Künstler als Aushängeschild im Lande halten, wenigstens zeitweilig. Vielleicht liest sich dies durchaus verständlich, aber die wichtigsten kubanischen Entscheidungsträger (das ist sehr selten nur ausschließlich einer, weil dieser eine seine Entscheidungen auch von Mitarbeitern vorbereiten lässt) mussten dafür erst einmal gewonnen werden, so wie auch gelegentlich bei uns Unternehmer erst von Mitarbeitern zum Tanzen getragen werden müssen. Das verringert nicht die Anerkennung für die Familie Alfonso.

Der dann folgende zweite Teil, die Ausformung des Konzepts in enger Zusammenarbeit mit anderen Künstlern sowie das Auftreiben der Gelder für den Umbau der Halle, hört sich schwieriger an als der erste, wird es aber nicht gewesen sein, obgleich ein derart geniales Konzept wie die FAC zweifelsohne nicht in wenigen Wochen oder Monaten auf die Beine gestellt werden konnte. In der Öffentlichkeit ist über die Eigentümerstruktur der FAC und ihre Finanzierung wenig bekannt. Wahrscheinlich ist jedoch, dass dabei Enrique Rottenberg, eine schillernde Figur in Havanna (argentinischer Jude, lebte und arbeitete auch in Israel, baute ein Handelszentrum in Havanna, produzierte Filme und betätigte sich umfangreich als Fotograf), eine wesentliche Rolle spielte. Auf der Präsentation seiner aktuellen fotografischen Installationen bezeichnet er sich als einen verstorbenen Künstler, tatsächlich ist er recht lebendig, was selbst in der an skurrilen Eigenschaften reichhaltigen westlichen Künstlerszene ausgesprochen obskur wäre, auf Kuba jedoch schon Blasphemie gegen das sozialistische Verständnis von Kunst.

In der FAC sind folgende Künste vereint:
- Ausstellungen fotografischer Arbeiten
- Präsentationen von Gemälden und Collagen
- Installationen von Videos
- Abspielen von Filmen
- Herausstellen von Skulpturen und skulpturähnlichen Anordnungen
- Vorstellungen musikalischer Arrangements
- Jamsessions
- Experimentelle Theateraufführungen
- Tanzdarbietungen
- Gourmetkreationen (völlig neu für Kuba!)
- Modeschauen von Designern
- Auftritte von Liedermachern

Allerdings fehlt eine Kunstrichtung, nämlich die der Literatur, die jedoch, soll sie nicht im Beliebigen bleiben, die politischste ist, und Politik wird in der FAC nicht gemacht, zumindest keine direkt erkennbare, wenn man davon absieht, dass jede Kunst auch einen politischen Impetus beinhaltet.

In der FAC wird ein uralter Traum in der Kunst realisiert, und das ist das Sensationelle an ihr, der Versuch, ein Gesamtkunstwerk zu installieren. Damit und nicht durch einzelne – wenngleich teilweise geniale Einzelobjekte – strahlt die FAC auf die Kunstszene der westlichen Welt aus. Der erste Gedanke dabei besteht darin, dass die Bedingungen eines sozialistischen Staates diametral dem Projekt eines Gesamtkunstwerkes entgegenstehen. Hinweise auf Versuche in der frühen Sowjetunion gehen fehl, denn dies waren Versuche in der Frühzeit des Sozialismus, mit produktiven Aufbruchstendenzen, und allesamt scheiterten sie. Stets überwindet Kunst vorhandene Grenzen, dafür muss sie sich mit dem Bestehenden auseinandersetzen, dies sogar negieren, aber zugleich auch in ihr Neues aufnehmen. Indessen ist der größte Feind des Neuen stets das Alte. Das Projekt von X Alfonso, seinem Vater und seinen Freunden ist nicht gescheitert, ganz im Gegenteil, es ist quicklebendig. Allerdings die Grundidee eines Gesamtkunstwerkes, nämlich verschiedene Künste zusammenzubringen, um damit Neues entstehen zu lassen, zeichnet sich in der FAC erst im Rahmen ab, nicht jedoch in der inhaltlichen Gestaltung. Dafür wäre eben die Integrationskraft der Literatur erforderlich, und die existiert in der FAC noch nicht. Ob diese zukünftig in der FAC gelingen oder es dann doch wie bisher in der Kunstgeschichte nur bei isolierten Eindrücken bleiben wird, könnten nur die Macher der FAC beantworten, aber auf meine Fragen dazu blieben sie stumm.

In den Hallen, auf den Zwischendecken und in den angebauten Containern wogen Menschenmassen und prallen mit jedem ihrer Schritte auf Kunst. Für manche wird das ermüdend sein, sie setzen sich im Theatersaal auf die Stühle, lauschen den Musikern oder verfolgen die Schauspieler. Andere verweilen einfach unendlich lange vor einer Fotografie oder einem Gemälde. Die Beweglicheren drängen sich auf die Fläche vor der Musikbühne. Einige genießen die ausgefallenen Speisen im Restaurant. Die Touristen staunen, die Kubaner erleben eine unbekannte künstlerische Freiheit, und alle nehmen sie Eindrücke mit, die sie bisher nicht gewonnen hatten. Aber was sie alle während ihres Aufenthaltes in der FAC auch unternehmen, der Kunst können sie nicht entrinnen.

52. GRUND

Weil ich Manolito Simonet in den Garten gucken kann

Wenn ich in der ersten Zeit meines Aufenthalts in Havanna vom Zentrum mit einem Taxi zu der Straße fahren wollte, in der ich wohne, hatte ich enorme Schwierigkeiten, dem Taxifahrer zu erklären, wie er dorthin gelangen kann, bis einer zu mir meinte:

»Warum hast du nicht gleich gesagt, dass du bei Manolito Simonet wohnst.«

Danach brauchte ich den Namen meiner Straße nicht mehr zu erwähnen, der Hinweis auf Manolito Simonet reichte aus, um den Weg zu mir fast blind zu finden. Vor wenigen Jahren hat sich Manolito hier das einzige neue Haus in der Straße gebaut, zugleich das größte und im Stil zweifelsohne auch ein opulentes, darüber hinaus könnte ich den Stil nicht näher beschreiben.

Etliche kubanische Musiker würden sich für eine Vorstellung in diesem Buch anbieten, immerhin haben sie in den verschiedenen Stilrichtungen schon öfter Grammys errungen, sich allerdings danach auf Kuba rar gemacht. Ihre musikalische Prägung erfuhren sie auf Kuba, ihr Geld verdienten sie außerhalb. Manolito Simonet hat sich nicht so verhalten, er ist seiner Heimat eng verbunden geblieben, was mich bewegte, zusätzlich zu der räumlichen Nähe, Kontakt zu ihm zu suchen. In den zurückliegenden Jahren nutzte er die Popularität der Salsa beim westlichen Publikum durch Auftritte in zahlreichen Ländern aus, darunter auch – als große Seltenheit für einen kubanischen Musiker – in Israel und in Australien. Ebenso gastierte er einige Male in Deutschland, wo die Salsa wohl am populärsten war. Jetzt ist die wirklich populäre Zeit der Salsa und der Arrangements mit anderen Stilrichtungen (Timba oder Salsatón als Vermischung von Salsa und Reguetón) vorbei. Seine internationalen Erfolge liegen über zehn Jahre zurück. Die Auftritte vor großem Publikum in westlichen Ländern werden schwieriger und damit auch das richtige Geldverdienen. Seine wirklich großen Erfolge hatte er jedoch stets im Heimatland. Immer noch ist er im kubanischen Fernsehen präsent, wenngleich er auch Auftritte vor kleinerem Publikum, wo ich ihn mehrfach erlebt habe, nicht abweist, kein Wunder, muss er doch das Geld für seine 25 Musiker und Mitarbeiter mit seinem Namen heranschaffen. Immer noch ist er auf der Insel ein Aushängeschild der lebendigen kubanischen Musik. Sicherlich hat dazu auch beigetragen, dass er nie mit der Regierung in Konflikt gekommen ist. In seiner Band hat er keine Sänger zugelassen, die obszöne Texte von sich gaben oder gar kubanische Verhältnisse kritisch reflektierten. So einen Künstler, zumal mit internationalem Anstrich, lässt die Regierung nicht im Stich.

Manuel Perfecto Simonet Pérez ist in bescheidenen Verhältnissen in Camagüey geboren. Da Musik im Leben der Kubaner nicht nur ständig präsent, mehr noch bei den dunkelhäutigen als bei den weißen, sondern Teil ihrer Lebensäußerung ist, fällt ein Talent schon in sehr jungen Jahren unausweichlich auf. Mit 20 war er bereits Pianist in einem der bekanntesten Tanzorchester Kubas, und vor 25 Jahren gründete er seine eigene Gruppe, die »Manolito y su Trabuco« (Trabuco ist die Bezeichnung für ein kleines Gewehr aus der Zeit der Unabhängigkeitskriege), die bis heute zusammengehalten hat. Diese große Kontinuität konnte er erreichen, weil er in früheren Jahren nicht nur klassische Salsa komponierte, sondern nach Vermischen mit anderen Stilrichtungen suchte, ohne jedoch die Salsa-Basis dabei aufzugeben. Dafür erweiterte er die traditionelle Orchesterbesetzung um zusätzliche Instrumente, wie vor allem mit Piano, Geige, Cello oder Flöte, auch setzte er eine kubanische Conga und einen Synthesizer ein.

Manolito ist stolz, aus der Provinz den Sprung in die große weite Welt der Musik geschafft zu haben. Er ist stolz, mehrfach als Juror für die Grammy-Awards eingesetzt worden zu sein. Er ist stolz auf sein großes Haus in Havanna. Er ist stolz auf seinen schwarzen Audi mit abgedunkelten Scheiben. Er ist stolz auf seine große Popularität in Kuba. Er erwartet, dass dieser Stolz respektiert und gewürdigt wird. Er ist durch und durch ein nach oben gekommener Kubaner. Ich wünsche ihm noch einmal einen großen internationalen musikalischen Erfolg, doch ich kenne in der Unterhaltungsmusik die Bedingungen dafür nicht. Bei einem Schriftsteller könnte ich einschätzen, was ein überbordender Stolz für einen Einfluss auf die schriftstellerische Kreativität hat. In der Musik ist mir diese Fähigkeit verschlossen.

Bis auf ganz wenige Ausnahmen waren früher und sind heute die bekannten Musiker Kubas Mulatten oder Schwarze, so auch Manolito. Hingegen sind die Schriftsteller weitgehend weiß, gleichfalls früher die Maler und die Architekten. Mich beschäftigt die Frage, woraus dieser Unterschied resultiert, was sind seine verschiedenen Quellen? Die älteste Ursache geht einerseits auf die Sklaven zurück, für die Musik eine Bindung an die ihnen geraubte Heimat war. Andererseits erfordert Schreiben einen höheren Bildungsstand, der nur Weißen möglich gewesen war. Zweifellos sind derartige Ursachen über zwei Jahrhunderte hinweg immer noch prägend. Bis in die Gegenwart hinein ist für viele dunkelhäutige Kubaner die Musik die schnellste Möglichkeit für einen sozialen Aufstieg, und die Tradition der Großeltern und Eltern hält an, was ich als positiv empfinde. Die auf mich übergegangene Tradition meiner Großeltern und Eltern bestand in ordentlicher Handwerksarbeit und in Disziplin. Damit werde ich in Deutschland heute oft belächelt oder sogar mit abwertenden Bemerkungen bedacht. Ich bin stolz auf meine Tradition. In Havanna wohnen in meiner Straße bis auf Manolito nur Weiße, und Manolito besitzt das größte Haus und das größte Auto. Auch ich bin stolz, einen so berühmten Musiker in meiner Nachbarschaft wohnen zu haben. Als ich ihn gelegentlich einmal fragte, wie er mit Neid umgeht, schaute er mich erstaunt an, den würde er nicht kennen. Vielleicht sind auch andere Bewohner in der Straße stolz auf ihn, aber sie zeigen es nicht.

Ich wünsche Manolito weiteren musikalischen Erfolg, aber mein Wunsch wird ihm dabei nicht helfen.

7. KAPITEL

WIRTSCHAFT

53. GRUND

Weil ein kubanischer Bauer auch kleine Kartoffeln liebt

Was bleibt von einem zerstörten Land übrig? Von einem Land, in dem die Häuser Ruinen sind, die Fabriken als rostige Stahlgerippe in den Himmel ragen und die Straßen aus Löchern bestehen? Es bleibt das übrig, was – außer durch Umweltgifte – unzerstörbar ist: seine Erde!

Alberto ist Herr über 70 Hektar Erde, keine gewöhnliche Erde, rote Erde, beste Erde für den Anbau von Kartoffeln. Er verfügt nur über diese Erde. Das Saatgut für den Anbau der Kartoffeln kommt aus Europa, der Dünger aus Mexiko, die Beregnungsanlage aus den USA, die Säcke aus Kanada, und mit den Kartoffeln gehen diese nach Kanada zurück in eine Fabrik für Kartoffelchips. Sein Traktor ist ein vielfach geflickter 40 Jahre alter russischer Traktor. Zwar holt er mit einer Pflugschar die Knollen aus der Erde, aber ohne Hunderte von Schulkindern kämen sie nicht von der Erdkrume weg in die Säcke hinein. Alles andere ist ihm fremd. Er weiß nicht, für welche Verwendungen er die Kartoffeln anbaut. Den Unterschied zwischen fest und mehlig kochend hört er sich interessiert an, Berichte über 20 verschiedene Kartoffelsorten auf einem deutschen Wochenmarkt nimmt er ungläubig entgegen. Düngung und Beregnung erfolgen nach Vorschriften. Hingegen ist die Ernte eine glückliche Zeit für ihn. Nach acht kartoffellosen Monaten sehnen die Menschen die neuen Kartoffeln herbei. Es ist die einzige Zeit, in der er über seinen Lohn hinaus Einnahmen erzielen kann, wenngleich nur in sehr engen Grenzen, denn so wie die Erde sind auch die Kartoffeln nicht seine eigenen, sie gehören dem Staat. Trotzdem ist Alberto ein Bauer geblieben, eng verbunden mit der Erde um sein Dorf herum und dieser Erde in Ehrfurcht verbunden. Schon seit Jahren leben Vater und Bruder in Miami. Er hätte auch gehen können. Die Erde hat ihn festgehalten.

Wie wohl die meisten kubanischen Dörfler ist er von mittlerer und kräftiger Gestalt, nicht sportlich schlank, denn welchen Sinn würde eine sportliche Betätigung haben, wenn die tägliche Arbeit in der freien Natur stattfindet. Zudem eignen sich weder dicke noch hochgewachsene Menschen für die größtenteils mit der Hand zu erledigende Feldarbeit. Die Sonne hat sein Gesicht, den Hals und die Arme eingedunkelt. Auch seine Augen sind durch die Arbeit unter der Sonne geprägt, sie sind schmal geworden, aber sie blicken aufmerksam und zugleich gutmütig. Sie kennen keinen Argwohn. Seine Haare haben sich auf den Hinterkopf zurückgezogen, nur ein dünner Streifen reicht noch an die Stirn heran. Der Haarschnitt ist ohne jegliche Modernismen, praktisch auf einer halben Streichholzlänge. Wenn er lächelt, wölben sich seine Wangen zu einer kräftigen Falte. Das gibt ihm einen verschmitzten Ausdruck. Gefühlsausbrüche oder laute Worte sind nicht seine Sache, es ist, als wäre die Weite der Felder, ihre Fruchtbarkeit und die üppige Natur, die sein Dorf umschließt, in sein Wesen hineingewachsen. Wenn am Morgen die Sonne über seinen Feldern aufgeht, umfließen ihre Strahlen zuerst seine Füße, dann seine Hände, bis sie seinen Kopf erreichen. Für wenige Momente kämpfen sie noch mit der Kühle der Nacht, und für diese Momente hält Alberto inne, um sein Herz sich öffnen zu lassen.

Das Einsetzen der Saatkartoffeln bewältigt er mit den 15 Mitarbeitern der Finca. Bei dem Wort »Finca« wachsen den Deutschen Urlaubsträume. Die Finca von Alberto ist ein riesiger Kartoffelacker, der zu einer landwirtschaftlichen Kooperative gehört, einem Staatsbetrieb, dessen Kapital aus der Erde und den Arbeitskräften besteht. Kapital verlangt Pflege, um es zu erhalten, auch das Staatskapital. Die Pflege für das Kapital »Arbeitskraft« ist das Gehalt. Da dieses so niedrig ist, dass es kaum zur Ernährung einer Familie ausreicht, setzen die Frauen und die Männer Albertos ihre Arbeitskraft auch außerhalb der Finca zur Aufbesserung ihres Einkommens ein, indem sie in den Gärtchen hinter ihren Häusern Reis, Tomaten, Möhren oder Paprika anbauen, auch Bananenstauden sowie die Mango- und Avocadobäume pflegen und die Früchte auf dem Markt verkaufen. Die Felder des Staates müssen Geduld mit den Bäuerlein haben.

Für die zahlreichen Schüler, die während der Ernte die Kartoffeln einsammeln, ist der Einsatz auf dem Feld eine willkommene Abwechslung vom Schulalltag. Bereits auf dem Lkw, der sie zur Finca bringt, wird sich unentwegt geneckt. Ihre Fröhlichkeit steckt auch die Lehrer an, zumal sie sich auf das erste Abendessen mit Kartoffeln – seit Monaten – freuen. Aber Alberto wird ihre Taschen streng kontrollieren. Das ist Vorschrift! Indessen kennt er viele der Lehrer persönlich. Auch er und seine Mitarbeiter haben Kinder in den Schulen. Aber streng kontrolliert muss trotzdem sein, indessen wirklich jede Tasche jeder Lehrerin bis auf den Boden? Und auch die der fröhlichen Kinder? Jedes Kind hat eine Norm zu erfüllen, drei bis vier Säcke müssen gefüllt werden, dann ist Alberto zufrieden, sein Chef ist zufrieden, und die kubanische Exportfirma ist zufrieden. Diese Zufriedenheit füllt auch die mitgebrachten Taschen. Emsig arbeiten die Kinder auf dem Feld, wenngleich sie manche der runden Erdäpfel übersehen. Alberto und seinen Mitarbeitern ist es recht. Ihre Nachbarn kommen am späten Nachmittag zur Nachlese auf das Feld. Dank den Kindern essen auch sie abends neue Kartoffeln, und es bleiben auch welche für den Markt am Wochenende in der Stadt übrig, das freut die Städter und füllt den Bauern ihre kleinen Börsen.

Der Staat hat es nicht geschafft, Alberto zu einem abgestumpften Staatsangestellten zu erziehen. Er hat seine Bauernmentalität nicht ablegen können. Das zeigt sich an seinen Kartoffelfeldern. Ihre Reihen sind schnurgerade, bestens angehäufelt, und das Unkraut hat in ihnen keine Chance. Eine Pumpe aus Deutschland holt für die lange Beregnungsanlage das Wasser aus wohl 40 Metern Tiefe heraus. Alberto mag nicht darüber nachdenken, was dies dauerhaft für das Oberflächenwasser bedeutet. Das hat er gemeinsam mit der Fabrik für Kartoffelchips im fernen Kanada; die mag auch nicht darüber nachdenken, dass Kinderarbeit die Kartoffeln in die kanadischen Säcke gebracht hat.

Jedes Jahr zur Erntezeit treibt Alberto eine Sorge um. Seine Kooperative hat weder eine Sortieranlage noch eine Anlage zum Abrütteln der Erde von den Kartoffeln. Einmal, seine Kooperative hatte das Erntesoll übererfüllt, fand eine kleine Feier statt, zu der sogar ein Vertreter des Ministeriums aus Havanna angereist war. Was für eine große Ehre für die Kartoffelbauern! Alberto nutzte die Gelegenheit und fragte den hohen Herrn nach den beiden Anlagen, denn die kleinen Kartoffeln sind für die kanadische Fabrik nutzloses Beiwerk, und wenn immer wieder Erde nach Kanada gelangt, wird die Erdkrume seiner kubanischen Finca dünner. Der Herr aus dem fernen Havanna machte eine abwehrende Handbewegung, die paar kleinen Kartoffeln sollen die Kanadier ruhig behalten, und wegen der Erde haute er Alberto leutselig auf die Schulter und fragte ihn, ob er denn wisse, wie dick die Erdkrume auf seiner Finca sei und wie viele Jahrtausende lang man daraus Kartoffeln mit Krümeln von Erde forttragen könne, und dann lachte er lauthals los.

Das war der Moment, an dem Alberto hätte nach Havanna fahren können, um bei der amerikanischen Botschaft einen Antrag auf Familienzusammenführung zu stellen. Er fuhr nicht. Das hier war einmal seine Erde, und er hofft, dass es wieder seine werden wird, dann wird er sie auch wieder ganz und gar wie die Seinige behandeln.

54. GRUND

Weil auf Kuba Land urbar gemacht wird

So einfach geht das nicht! Sich mal eben in das Auto setzen, an den Stadtrand fahren und vom Bauern Früchte kaufen! Nur tief im flachen Land bauen auf kleinen Fincas Bauern privat Früchte an. Um zu den Feldern von Eduardo zu gelangen, bedarf es eines geländegängigen Autos und guter Beine.

Zuerst geht es einen Feldweg entlang, der von beiden Seiten dicht mit Marabú, dem tropischen Unterholz, zugewachsen ist. Als das Marabú zurückweicht, begrenzen Zuckerrohrfelder den Weg. Etwas weiter ragen wie überdimensionale Streichhölzer mannshohe Stecklinge aus der Erde, an ihrem Ende tragen sie einen kleinen luftigen Blätterkranz. Es sind Yuca-Pflanzen (Maniok), sind sie reif, werden sie herausgezogen, und schmale, längliche, stärkehaltige Wurzeln hängen an ihnen, gekocht und mit gebratenen Zwiebeln sowie Knoblauch dürfen sie bei keinem kubanischen Fest fehlen. Gleich daneben wachsen armlange herzförmige Blätter, die Malangas. Ihr Püree und

Yuca, Reis, schwarze Bohnen und Boniato (Süßkartoffeln) ernähren die Kubaner. In allen steckt Stärke. In ordentlichen Portionen genossen, setzt sie sich dauerhaft zwischen Brust und Hüfte fest. Vitamine? Gibt es das in der Apotheke? Am Wegesrand hängen bis auf Kopfhöhe die länglich-dickbäuchigen festen Früchte einer Tamarinde über den Weg, ein riesiger Brotfruchtbaum reckt sich gen Himmel.

Das kleine Holzhaus, vor dem uns Eduardo erwartet, ist von zahlreichen Bananenstauden, dichten Mango- und Mameybäumen, hohen Kokospalmen sowie lichten Orangen- und Avocadobäumen umgeben. Zwischen ihnen schlagen Ferkel Purzelbäume, Hühner scharren, kleine kubanische Tauben flattern auf, und aus den breiten Blättern des Kürbisbeetes lugt die schwarze Schnauze eines mächtigen Schweines heraus. Weiter hinten grasen einzelne Pferde und Kühe. Dort liegen auch die Felder Eduardos. Aus ihrem Boden steigt der schwere Duft fetter Erde auf. In einem Feld stehen in kräftig saftigem Grün die blühenden Bohnenpflanzen, daneben ein Feld mit dem dunklem Grün der schon gewachsenen Bohnen und danach eines mit erntereifen Bohnenhülsen an grau verwelkten Pflanzen. Dahinter sind an gerade ausgerichteten hüfthohen Holzstangen Tomatenpflanzen angebunden, die geilen Triebe ausgereizt, kurz vor der Blüte. Gegenüber ragen die dunkelgrünen Spitzen von Knoblauchpflanzen aus der Erde, weiter entfernt sind gerade noch die dicken Stiele der Papayas zu erkennen.

Die Arbeit auf dem Feld hat Eduardos Körper gebräunt. Alles an ihm sind Muskeln, aber sie treten nicht hervor wie bei einem antrainierten Körper, sie sollen ihre Kraft nur während seiner Arbeit entfalten. In der Stadt würde er als ein schlanker Mann gelten, doch hier draußen gelten ästhetische Ansprüche nicht. Zusammen mit den Fältchen wirken seine Augen gutmütig. Aufmerksam und prüfend richtet er sie auf den Besucher. Er benötigt keine Gesten mit Armen und Händen, um das auszudrücken, was er vermitteln möchte. Wenn er redet, dann zuerst über seine Pflanzen und über die verschiedenen Erden, die sie benötigen, und wie viel Wasser und welchen Dünger und über die Gefahren von Insekten, Pilzen, Mäusen sowie Ratten. Das dauert. Er redet bedächtig, aber er redet klar. Aus manchen Bemerkungen ist deutlich zu vernehmen, dass die Schädlinge nicht seine natürlichen Feinde sind. Sein natürlicher Feind ist ein imaginärer, von dem er aber weiß, wo er sich befindet. Einst gehörte dieses Feld seinem Großvater, dann seinem Vater, und dann sollte es ihm gehören. Die Revolution nahm das Land und ließ es von einer Kooperative bearbeiten, das wäre, so die Auffassung ihres obersten Revolutionslenkers, produktiver, und nur durch eine Landwirtschaft in großem Stil könnten wissenschaftliche Erkenntnisse in ihr umgesetzt werden.

Die Bauern der Kooperative verstanden dies nicht, vor allem jedoch empfanden sie das Land nicht mehr als ihr eigenes, sie hörten nur, dass sie die Eigentümer sein sollen, aber da sie weder bestimmen konnten, was sie anbauen, noch wie sie das Land bearbeiten, schon gar nicht die Preise, gleichfalls wurden ihre Löhne in Havanna festgelegt, konnten sie das Land nicht als eigenes empfinden. Es war fremdes Eigentum, und fremdes kümmerte sie nicht. Auch in Havanna fand sich kein Eigentümer, der sich darum kümmerte. Anfangs bauten der Vater und der kleine Eduardo auf gartengroßen Feldstücken umrundet von Wildnis heimlich Mais, Bohnen, Yuca, Malanga und Boniato an, auch ein paar Hühner und ein Schwein versteckten sie dort. Als der Touristenstrom anschwoll, besann sich der Staat, dass es auf diesem Land einst Eigentümer gegeben hatte. Jetzt sollte Eduardo sein eigenes Land zurückerhalten, allerdings war dies inzwischen vollständig von Marabú überwuchert. Sie rodeten genau so viel von ihrem früheren Land, wie ihnen der Staat zurückgeben wollte, mit Macheten, Beil, Hacke, Ochsengespannen und mit Feuer. Danach behandelten sie es wieder wie ihr eigenes.

Seine Felder bearbeitet er im Wesentlichen mit der Hand. Kürzlich hat er sich einen 40 Jahre alten russischen Traktor von einem privaten Besitzer gekauft. Damit kann er nun endlich die Ochsen beim Pflügen ersetzen, und auch der Transport des Düngers und der Ernte ist leichter für ihn geworden. Die Aussaat nimmt er mit der Hand vor, das Unkraut zieht die Hand heraus, die Erde zwischen den Reihen lockert die Hacke in der Hand auf, auch die reifen Früchte erntet er gebückt. Er hätte das Geld, um sich zwei oder drei weitere Maschinen zu kaufen, aber der Staat lässt keine Importe zu. Auch den Motor, die Pumpe, das Gestänge und die Leitungen hat nicht der Staat ihm geliefert, gleichfalls zu wenig Saatgut, und kaum Dünger und ebenso Spritzmittel gegen die Schädlinge. Aber wer und wie dann? Schweigen! Dafür übersieht der Staat, dass er ihm nicht seine gesamte Ernte zu einem festen Preis abliefert. Einen Teil verkauft er privat, auch an die großen Hotels in Varadero. Diese eigenartigen Bedingungen haben Eduardo zu einem kleinen Wohlstand verholfen und zu einer Erkenntnis.

Kürzlich bot ihm der Staat an, auch seine früheren angrenzenden Felder zu roden, aber das drei Meter hohe Marabú müsste er dafür selber roden, ohne Maschinen vom Staat, und dann durfte er das Land nur pachten. Jederzeit könnte der Staat die Pacht wieder beenden, und er hätte umsonst gearbeitet. Immer noch legt der Staat alle Preise fest, für das Saatgut und für die Ernte. Nein, er bleibt bei seinen wenigen Hektar. Ihm geht es besser als vor fünf Jahren, zwar muss er täglich von Sonnenaufgang bis Sonnenuntergang arbeiten, aber auf seinem eigenen Land ist er ein freier Mensch. Was würde er benötigen? Besseres Saatgut, einige Maschinen, ausreichend Wasser und variable Preise, dann könnte er zweimal im Jahr ernten.

Hier, auf dem Land, wachsen keine Revolutionen, aber hier wächst die Saat dafür.

55. GRUND

Weil Luis Alberto die besten Schweine züchtet

Der Ort ist idyllisch und perfekt geeignet. Selbst im fünf Kilometer entferntem Dorf wissen nur sehr wenige, was hier in der Wildnis passiert. Noch immer ist Reichtum in Kuba offiziell verpönt, und deshalb ist es ratsam, seine Quellen vor neugierigen Blicken zu verbergen.

Den Eingang verdecken außer den dichten Dornen des Marabú auch breite Blätter hoher Bananenstauden und die bis zum Boden reichenden Wedel der Fächerpalmen. Dann flimmert das brackig grüne Wasser eines kleinen Waldsees auf. An seinem Rand stehen mächtige

Bäume locker zusammen, und unter ihnen wuchern Gesträuche und Hecken, als würde ein jeder den anderen respektieren, nur die weiten Äste unterhalb ihrer Kronen berühren sich, als wollten sie ein wenig zusammen schwatzen. Sie tragen alle nur denkbaren Früchten der Karibik: große Mangos, riesige Avocados, kleine Limonen, süße Orangen, auch die einer saure Orangensorte, gelbe Zitronen, klitzekleine Mandeln, fleischige Guaven, kratzige Mamey, aromatische Maracuyá und schlanke Bananen. Nichts davon ist angepflanzt. Hier hat das die Natur übernommen.

Dazu gehört auch, dass die Sonne drückt und die Luft mit Moskitos angefüllt ist. Wehe dem, der jetzt keinen Sombrero, kein langes Hemd und keine langen Hosen trägt. Im nächsten Augenblick werden sicherlich Tom Sawyer und sein Freund Huck aus dem Gebüsch springen, wäre da nicht eine Kleinigkeit. Zuerst ist sie zu riechen und dann unter den Bäumen auch zu sehen. Hier zieht einer der großen privaten Schweinezüchter dieser Gegend seine begehrten Tiere auf.

Jeder ökologisch und biodynamisch und nachhaltig und naturverbundene Deutsche wäre von dieser Schweinezucht begeistert, aus der Ferne betrachtet! Aus der unmittelbaren Nähe würde ihre Begeisterung in schieres Entsetzen umschlagen. Stets entfernt die Realität den Heiligenschein von der Idee. Es stinkt, es ist mistig, es ist marode! Dort wachsen grandiose Schweine heran!

Vor etwa 15 Jahren erlaubte die Regierung den Bauern, unbegrenzt Schweine zu züchten und zu mästen. Einige Wagemutige unter ihnen ergriffen diese Möglichkeit, um unbemerkt von der Öffentlichkeit eine Großproduktion von Schweinen aufzubauen.

Luis Alberto hat an die 100 Stück in seinen beiden Ställen stehen: Eber, Muttersauen, ausgewachsene Tiere, Überläufer und Ferkel. Der gesamte Schweinezyklus! Unentwegt wird in seinen Ställen gegrunzt, geschmatzt, gequiekt, gepisst und geschissen. Dazwischen laufen überall Hühner herum und auch etliche der kleinen kreolischen Hunde. Wie viele? Luis Alberto zuckt die Schultern. Aber er weiß genau, dass er zwei Enten hat, und die baden sich gerade in einer Lagune des Sees. Er weiß nicht, wie sie schmecken, auch nicht, woher sie gekommen sind. Wie so vieles in und um seine Stallungen.

Aber er weiß genau, mit welchen Tricks er an den Traktor gekommen ist, die einzige Technik, über die er verfügt, aber die verrät er nicht. 40 Jahre schon halten Maschine, Getriebe und Bremsen. Alles andere, nicht unbedingt Erforderliche fiel der Zeit zum Opfer. Der Traktor ist grausam laut und schrecklich langsam, säuft enorm viel Sprit und tuckert immer. Beste russische Technik für die kubanische Wildnis. Unkaputtbar und wertvoll – weil es keinen anderen gibt.

Ihm gehören auch noch sechs Pferde und sechs Kühe, aber eigentlich gehören sie ihm nicht. Er darf sie nur benutzen, für die Feldarbeit und für die Milchgewinnung. Ihr Fleisch gehört dem Staat. Wenn sie für ihn nicht mehr zu gebrauchen sind, muss er sie an den staatlichen Schlachthof abliefern, kostenlos. Demgegenüber gehören ihm die Schweine ganz allein. Seine beste Sau wiegt jetzt 180 Kilo. Steht der neugierige Besucher unmittelbar vor ihr, legt sie ihre Vorderläufe auf die oberen Streben der Metallabsperrung ihres Kobens, reckt drohend ihren mächtigen Kopf in den Gang hinein, reißt ihre Schnauze auf und grunzt den Besucher angriffslustig an. Angstvoll weicht er einen Schritt zurück. Aber aus dem Koben hinter ihm grunzt es ihn ebenfalls an. Wegrennen? Luis Alberto bemerkt die Unsicherheit, lacht und wedelt mit seinen Gummistiefeln nach den Schweinen. Zu ihm sind sie gutmütig.

Vor der Revolution besaß die Familie Luis Albertos auch das Land rings um seine Ställe herum, bis der Staat es ihr für eine bessere Zukunft aller Menschen entwand. Heute ist diese bessere Zukunft noch nicht einmal am ganz fernen Horizont zu erkennen, weshalb er Alberto widerwillig erlauben musste, wieder Schweine zu mästen. Als der Staat ihm nicht mehr genügend Futter liefern konnte, erlaubte er Luis Alberto, einen Teil seines früheren Landes zurückzupachten. Darauf baute er dann Futter für seine Tiere an, aber auch Bohnen und Tomaten für die Küche seiner Familie. Der Staat hat niemals begriffen, warum ein Bauer eigenes Land anders behandelt als das fremde, aber er benötigt Bauern wie Luis Alberto, denn die Touristen kommen immer zahlreicher in die Sonne am Meer. Kürzlich hat ihm der Staat 15 Hektar seines Vaters zurückgegeben. Das Bewahren von Macht geht vor ideologische Prinzipien.

Luis Alberto ist ein typischer Bauer und gelernter Unternehmer. Hochgewachsen und kräftig gebaut, alles an ihm sind Knochen, Muskeln und Sehnen. Mühelos schultert er die zentnerschweren Futtersäcke. Seinen Händedruck muss man aushalten können. Aber sein schnurrbartverziertes Gesicht strahlt Gutmütigkeit aus. Kinn und Wangen sind etwas ausgestülpt, die Nase erinnert an eine Erdfrucht, der tägliche Fleischgenuss hat seine Wangen rot eingefärbt, auch der tägliche kräftige Schluck Rum wird das seinige dazu beigetragen haben, doch was soll's, mit ihm rutscht der trockene Reis einfach besser herunter.

Er kennt alle seine Tiere, sieht, wenn eines davon erkrankt ist, weiß, wann welches Futter auf seinen Feldern heranwächst, kennt die Preise für Schweine bis zu den Bauernmärkten Havannas und hat einen Traum: Er möchte weiteres Land dazukaufen, moderne Stallungen bauen, Schinken in die USA liefern und Sicherheit seines Besitzes haben.

56. GRUND

Weil bekannte westliche Unternehmen das Rückgrat der kubanischen Wirtschaft sind

Alles begann 1898. Die Spanier hatten den Kolonialkrieg verloren, die Amerikaner den spanisch-amerikanischen Krieg gewonnen, und für die nächsten vier Jahre hielten sie Kuba besetzt. Nach vielen Jahren aufopfernden Kampfes um ihre Unabhängigkeit hatten die USA die tapferen Kubaner um ihren Sieg betrogen. So lernt es jedes kubanische Schulkind, und das nicht erst seit dem Sozialismus, sondern auch bereits früher in den Schulen unter bürgerlichen Regierungen. Jede Regierung liest aus dem großen Buch der Geschichte immer nur diejenigen Seiten vor, die in ihr politisches Konzept passen, die anderen verbrennt sie am besten. Tatsächlich hatten die Kubaner die Spanier 1898 in die Enge gedrängt, aber noch ein Jahr zuvor wäre ihr Unabhängigkeitskrieg beinahe gescheitert. Die Amerikaner sandten mehrere Zehntausend Soldaten auf die Insel, während der größte kubanische Kampfverband nur dürftig bewaffnete 4.000 umfasste. Die US-Marine vernichtete vollständig die spanische Atlantikflotte und unterband damit jeglichen Nachschub. Die kubanischen Aufständischen verfügten über keine Kriegsschiffe und kaum über Kanonen. Sowohl politisch als auch militärisch waren die einzelnen Gruppen der Kubaner zerstritten. Weder gab es eine einheitliche Führung noch eine Vorstellung über die Gestaltung des neuen Staates. Nach den Soldaten brachten die Amerikaner Kapital nach Kuba, viel Kapital, etliche Jahre investierten sie dort mehr als auf dem gesamten südamerikanischen Kontinent. Sie bauten nicht nur die zerstörte Zuckerindustrie wieder auf, sondern gleichfalls die Infrastruktur und entwickelten neue Wirtschaftszweige, wie beispielsweise den Bergbau. Nach dem Einmarsch der Amerikaner begann auf Kuba ein für Lateinamerika beispielloser Wirtschaftsaufschwung, wozu sicherlich auch die Konjunktur während des Ersten und Zweiten Weltkrieges beitrug. Mit dem Sieg von Fidel Castro brach diese Entwicklung ab. Seine danach folgende Revolution begründete Castro auch damit, Kuba aus der ökonomischen Abhängigkeit der USA zu befreien.

Die Besucher aus den deutschsprachigen Ländern werden von der aktuellen wirtschaftlichen Situation Kubas wenig direkt mitbekommen, allenfalls werden sie sich wundern, weshalb in den Hotels selten frisches Gemüse aufgetischt wird oder Waren in den Geschäften größtenteils chinesischen Ursprungs sind oder wozu es überhaupt zwei verschiedene Währungen gibt. Kuba ist eine unglaublich fruchtbare Insel, trotzdem importiert es ca. 80 Prozent seiner Nahrungsmittel. Es importiert für ungefähr 12 Mrd. Dollar, aber exportiert nur für ungefähr 4 Mrd. Die drei wichtigsten Einnahmequellen des Staates sind die Überweisungen der kubanischstämmigen Amerikaner, der Tourismus und der Verkauf von medizinischem Personal in andere Länder. Fast alle wichtigen Wirtschaftsbereiche liegen in westlicher Hand, wenngleich sie als Joint Ventures etikettiert sind, in denen die kubanische Regierung über 50 Prozent und eine Stimme verfügt. Wahrscheinlich wird sich kaum ein Besucher darüber wundern, dass er in einem Hotel nächtigt, welches von einem spanischen oder einem kanadischen Management geführt wird, das kennt er ja auch aus anderen Urlaubsländern, allerdings wird er ein rein kubanisches kaum kennenlernen. Aber wer wird sich schon dafür interessieren, dass er Mineralwasser ausschließlich von Nestlé trinkt, ebenso andere Erfrischungsgetränke, dass das kubanische Bier Cristal und Bucanero vom weltweit größten Brauereikonzern INBEV gebraut wird, dass die Havannas, die er raucht, also die Cohiba und die Montecristo und die Romeo y Julieta, unter der Kontrolle der britischen Imperial Tobacco stehen, dass die kubanischen Zigaretten von einem brasilianischen Unternehmen hergestellt werden oder dass der bekannteste kubanische Rum, Havanna Club, von Pernod Ricard aus Frankreich destilliert wird. Bei allen anderen Produkten, die in relevanten Mengen exportiert werden, haben inzwischen ebenfalls westliche Unternehmen die Verantwortung übernommen, beispielsweise ist Kuba der fünftgrößte Nickelproduzent (die kanadische Firma Sherrit International).

Die Revolution hatte sämtliche privaten Unternehmen in Staatseigentum überführt, sprich die Unternehmer enteignet. Fünf Jahrzehnte danach hat der Staat in so gut wie keinem exportorientierten Unternehmen mehr die alleinige Verantwortung und ebenso nicht mehr in den zahlreichen nur für den kubanischen Markt produzierenden Unternehmen. Marketing, Finanzen und zumeist auch die Produktion sind in der Verantwortung westlicher Unternehmen. Die Revolution ist wieder an ihren Ausgangspunkt zurückgekehrt.

So wie 1898 am Beginn der Unabhängigkeit die Hoffnungen auf amerikanischen Investoren ruhten, ruhen sie heute auf denen aus westlichen Ländern. Bereits zehn Jahre nach der Revolution hatte die Revolution das von ihr übernommene Kapital verbraucht und 15 Jahre danach auch die Infrastruktur. Heute verfügt Kuba über keinerlei Potenzial, um seine Wirtschaft neu aufzubauen. Im Wesentlichen werden dies westliche Unternehmen leisten müssen. Man kann es drehen und wenden, wie man will, und man kann noch so viele superschlaue akademische Entwürfe anführen, die Joint Ventures zeigen schon heute, wo die Lösungen zu finden sind. In der kubanischen Wirtschaft werden weitgehend nur in den westlichen Unternehmen junge kubanische Fachkräfte ausgebildet und erhalten damit Kontakt zu westlicher Technologie.

Unser Milliardengrab »Entwicklungshilfe« ist für Kuba noch ungeeigneter, als es anderswo schon war. Kuba ist kein neues Experimentierfeld von akademischen Abenteurern und anlagesuchenden politischen Entwürfen. Bereits jetzt arbeiten fast eine Million Kubaner selbstständig, vornehmlich in Servicebereichen wie in der Gastronomie, in der Vermietung oder auch im Transportwesen, zunehmend jedoch auch – wenngleich noch in kleinem Maßstab – in der Reparatur von Autos, im Bau von Häusern und in zahlreichen Handwerksbereichen. Wenn sie Unterstützung von westlichen Kreditinstituten erhalten würden, und in der Zusammenarbeit mit westlichen Unternehmern wachsen könnten, wären auch Kubaner eine Hoffnung für die Wiederbelebung der kubanischen Wirtschaft.

Allerdings sieht dies die kubanische Regierung ein klein wenig differenzierter. Kaum ein Selbstständiger kann sich in Kuba so entwickeln, wie er es gern möchte. Es ist für das westliche Verständnis vielleicht grotesk, aber für das kubanische Staatsverständnis völlig logisch, dass der Staat sich mehr vor der Akkumulation von Kapital in privaten Händen fürchtet als vor Demonstrationen eines Häufleins von Dissidenten. Er benötigt wirtschaftliche Privatinitiative für die Versorgung der Bevölkerung und der Touristen, aber gleichzeitig will er ihre Ausdehnung verhindern. China ist ein enger Verbündeter Kubas, aber kein Vorbild.

57. GRUND

Weil es in der 19. y B einen Bauernmarkt gibt

Selten nutzen in Havanna die Nummern von Häusern für die Orientierung durch die Stadt. Entweder sie sind nicht mehr zu erkennen, oder die Straßen sind einfach zu lang dafür. Deshalb werden praktischerweise, um ein Haus oder eine Lokalität zu finden, stets die Straße und die Ecke der dazugehörigen Straße angegeben. Also der beste

Bauernmarkt Havannas liegt in der 19. Straße an der Ecke zur Straße B, was im Stadtteil Vedado bedeutet; nicht weit von der deutschen Botschaft entfernt, die sich in der 13. y B befindet.

Der Markt liegt in einer überdachten Halle mit steinernen Verkaufstischen, was für Havanna bereits ein enormer Verkaufsvorteil ist, denn die Verkaufsstände sind weder von Regenpfützen noch von allzu vielen Fliegen oder Mücken umgeben. Zudem wohnen in den benachbarten Straßen zahlreiche Ausländer und noch weitaus mehr wohlhabende Kubaner, die ihre guten Wohnungen zumeist ihren Diensten für die kubanische Regierung zu verdanken haben, heute jedoch Zimmer an Touristen vermieten, wodurch sie wohlhabend geworden sind. Für den Markt hat dies zwei Konsequenzen. Erstens wird er ausschließlich von privaten Bauern beliefert, teilweise aus Fincas über 800 km entfernt mit ebenso privaten Lkw, wodurch die Qualität dieses Marktes deutlich über dem aller anderen in Havanna liegt. Zweitens sind seine Preise ebenso deutlich höher als anderswo, was selbstverständlich erheblich zur besseren Belieferung beiträgt. In Nischen funktioniert auch auf Kuba das System von Angebot und Nachfrage.

In einem unterscheidet sich der Markt aber nicht von allen anderen. Von einigen Ausnahmen abgesehen sind seine Verkäufer durchweg Gangster. Ihre Verkaufswaagen sind alt, ihre Gewichte gefälscht, ihre Daumen dick, und sie sprechen schneller den Preis aus, als der Käufer die Waage beobachten kann. Herausragend auf diesem Gebiet sind die Fleischverkäufer. Hauptsächlich verkaufen sie Schweinefleisch, das sie gleichfalls von privaten Erzeugern angeliefert bekommen, sowie etwas Hammelfleisch, ab und an auch Leber, Herz und Knochen. An guten Tagen lösen sie sogar das Kotelettstück und die Filets aus, was auf Kuba üblicherweise durchgehauen wird. Hier ist Fleisch gleich Fleisch, wenn jemand edlere Stücke kaufen möchte, soll er doch gleich das ganze Schwein kaufen! Es gibt nur drei oder vier Fleischverkäufer, aber über 20 für Obst, Gemüse und Salat, das erleichtert die internen Absprachen.

Insgesamt ist die Atmosphäre recht rau! Der Käufer muss handeln oder die Verkäufer langjährig kennen. Bei seltenen Produkten, wie jetzt gerade bei Tomaten, gilt: entweder nehmen oder es sein lassen. Bei weniger gefragten Produkten werden die Käufer auch leicht am Arm und der Schulter berührt, auf Kuba ist körperliche Nähe normal. Ich kaufe kleine Bananen, sie sollen zwei Kilo wiegen. Der Preis dafür ist ausgeschildert. Ich hole meine kleine elektronische Waage aus der Tasche, wiege nach und zeige das Resultat dem Verkäufer: eineinhalb Kilo, Gleichgültig zuckt er mit den Schultern. Heute hat er ein Monopol, nirgendwo sonst finde ich kleine Bananen.

Jetzt, Ende Oktober, konnte ich Tomaten kaufen, wenngleich in einer Qualität, wie Sie diese noch niemals auf einem deutschen Markt gesehen haben werden, aber immerhin waren es Tomaten, ausreichend für einen Salat. Auf Kuba muss jeder Westler relativieren können. Zudem auch Gurken, Schnitt- und Feldsalat, Melonen, Papayas (dreimal so groß wie bei uns), Auberginen, Möhren, Frühlingszwiebeln, Paprika, sogar noch kleine kubanische Weintrauben und Ingwerwurzeln, wohlgemerkt: Alles nur in diesem einen Markt für zwei Millionen Einwohner! Weniger selten sind zu dieser Jahreszeit noch Ananas, Mango und Avocado, Yuca, Süßkartoffeln und Malanga sowieso. Mehrfach höre ich an meinem Ohr das Angebot für Kartoffeln, illegal und zu einem irren Preis – aber immerhin Kartoffeln. Einige Händler schneiden die Früchte auch auf und verkaufen sie gesondert in kleinen Plastiktüten, wie beispielsweise Ananas, auch rote Beete oder Salat aus geraspeltem Weißkohl und Möhren. Andere bieten selbst produzierte und abgepackte Gewürze sowie Kekse an.

Der Markt hat ein Belieferungssystem, welches die gesamte Bandbreite der Wirtschaft Kubas beinhaltet. Zuerst ist er staatlich organisiert mit einem zwar schäbigen Büro, aber cleveren Mitarbeitern. Diese erhalten ein spärliches staatliches Gehalt, allerdings regelmäßig. Zudem haben sie die Genehmigung, von privaten Produzenten Produkte aufzukaufen, gegen Rechnung und zu festen Preisen, indessen ist auch auf Kuba Papier geduldig. Banküberweisungen und Registrierkassen sind in diesem Genre unbekannt. Die aufgekauften Produkte werden an die Händler verteilt, möglichst gleichmäßig, was von den Preisen abhängt, die die Händler dafür bereit sind, an die staatlichen Betreiber des Marktes zu bezahlen, allerdings werden allzu grobe Unterschiede vermieden, sonst könnte sich ein Händler eventuell bei der staatlichen Aufsicht beschweren, dann hätte er zwar auf dem Markt ein schweres Leben, aber die Marktleiter ebenso. Die Handelsspanne soll hier um ein Drittel des Verkaufspreises schwanken, aber wer außer den Marktleitern und den Händlern interessiert sich schon für eine solche Belanglosigkeit. Die Marktleiter machen für die Händler einen guten Job, die Produzenten sind mit den ordentlichen Preisen zufrieden, und die Händler haben angesichts ihrer besseren Produkte auch gute Kunden. Alles greift ineinander, und überhaupt niemand – außer natürlich die Kunden! – profitiert davon, aber alle sind über diesen einzigartigen Markt hochzufrieden, und alle – auch die kubanischen Kunden – fürchten, dass die Regierung ihre Zufriedenheit mitbekommt.

Dies ist auch der einzige Markt, durch den gelegentlich Touristengruppen geschleust werden, wodurch sich urplötzlich und völlig unverständlich die Preise verändern, allerdings nur in eine Richtung. Bitte vergleichen Sie diesen Markt nicht mit La Boquería in Barcelona und schon gar nicht mit dem Viktualienmarkt in München! Sie erleben hier einen Markt, den es fünf Jahrzehnte lang nicht gab, nicht geben durfte. Ich freue mich über den Markt in der 19. y B, wenngleich ich mich noch mehr freue, wenn ich wieder München besuche.

8. KAPITEL

WELTWEIT DIE BESTE KREOLISCHE KÜCHE

58. GRUND

Weil Alte Wäsche grandios schmecken kann

Der Anfang ist wie bei Gulasch, das Ende wie schon einmal gegessen. Das beste kubanische Gericht liest sich primitiv, schaut grässlich aus und kann großartig schmecken. Allerdings kommen mehr Touristen in seinen Genuss als Kubaner. Der Grund dafür heißt Fidel Castro. Dieser berühmte Revolutionär hatte die unvergleichliche Idee, die Landwirtschaft Kubas nach streng wissenschaftlichen Gründen umzugestalten, um damit die armen Schichten in den westlichen Ländern mit billigem Gemüse und Obst zu beliefern, so in einem Interview, das er 1965 sieben Tage lang mit dem amerikanischen Fotojournalisten Lee Lockwood geführt hatte.

Bis auf Kuba Obst und Gemüse im Überfluss zur Verfügung standen, wollte er jedoch seine Bevölkerung in einem Geniestreich ausreichend mit Rindfleisch und Milch versorgen. Dafür entwickelte er die wissenschaftlich fundierte Idee eines Einheitsrindes. Bereits die Spanier hatten auf der winterlosen Insel das ursprüngliche indische Cebú-Rind angesiedelt, erkenntlich an seinem weißen Fell und dem wackelnden aufragenden Höcker. Es war dem subtropischen Klima Kubas gut angepasst, wuchs aber langsamer und gab weniger Milch als europäische Rinderrassen. Warum also nicht, so sagte sich Castro – und hatte dabei Vorbilder in anderen Ländern wie in Brasilien, ohne dies herauszustellen, was ein agrarwissenschaftlicher Revolutionär ja schließlich auch nicht nötig hat –, die kubanische Abart des Cebú mit dem Holsteiner kreuzen! Milch und Fleisch aus einem und dazu auch noch klimaverträglich. Seitdem wird auf Kuba frische Milch und Rindfleisch nicht mehr frei verkauft. Viele Jahre stand auf den illegalen Handel mit Rindfleisch, wenn dies im Schlachthof versehentlich liegen geblieben war oder zufällig vom Transportwagen herunterfiel, pro Kilogramm ein Jahr Gefängnis. Noch einmal: Wer illegal ein Kilo Rindfleisch verkaufte und sich erwischen ließ, wanderte ein Jahr hinter Gitter, bei zwei Kilo waren es zwei. Ab und an wurde über die Bodega (siehe Grund

86) auch Rindfleisch verteilt, stets als Gehacktes, weil darin sämtliche Teile eines Rindviehs ordentlich eingearbeitet werden können. Milch wurde nur an Kinder bis zum Alter von sieben abgegeben. In den letzten Jahren verkauften auch einige wenige Supermärkte in Havanna gelegentlich Rindfleisch. Dafür erhielt der Käufer eine gesondert ausgestellte Kaufbescheinigung, falls die Polizei nachfragen sollte. Inzwischen ist dies Geschichte, obgleich Rindfleisch immer noch eine rare Ausnahme ist. Allerdings bleibt ein solcher Kauf nur Ausländern und derjenigen kleinen Schicht Kubanern vorbehalten, die über ausreichend Geld verfügen, denn ein Kilo kostet zwischen 6 und 14 CUC, was bei normalen Löhnen um die 25 und 35 CUC sowieso eine seltene Ausnahme wäre. Frischmilch wird nach wie vor nicht verkauft, aber H-Milch des Öfteren, allerdings bei einem Preis von 2,20 CUC pro Liter gilt dieselbe Einschränkung wie bei Rindfleisch.

Trotzdem fehlt in keinem kubanischen Kochbuch das Parade- und ohne jeglichen Zweifel beliebteste kubanische Gericht »Ropa Vieja«, lies »Alte Wäsche«. Woher und warum diese eigenartige Bezeichnung? Das müssen Sie selber herausfinden!

Hier jedoch das Rezept für Sie:

Rindfleisch für Braten oder Gulasch wird in mittlere Würfel geschnitten oder auch etwas größer, was die Arbeit später erleichtert. Diese werden in einem Sud so lange gekocht, bis sie leicht mit zwei Gabeln – kubanisch standesgemäß mit den Fingern – zerfasert werden können. Tatsächlich! Es geht nur um die Fleischfasern. Denken Sie dabei einfach an das amerikanische »pulled pork«, was zwar bei uns gerade auf der »In-Hitliste« ziemlich weit oben steht, aber geschmacklich weit hinter der »Ropa Vieja« zurückbleibt. In das Wasser kommen Zwiebeln, Lorbeerblatt und Salz. Sind Sie eine Anhängerin der feineren Küche, bereiten Sie vorher einen Gemüsefond mit individueller Zusammensetzung zu, in dem gart dann dieses Fleisch. Während das so langsam vor sich hin brodelt, bereiten Sie eine Sauce vor, aber bitte keine deutsche Soße!

Am einfachsten setzen Sie als Grundbasis dafür eine industriell gefertigte Tomatensoße ein, die in spanischsprachigen Ländern als »Tomate frito« angeboten wird. Sie wird bereits mit Zwiebel, Knoblauch und Gewürzen hergestellt, wenn Sie das als zu primitiv empfinden, stellen Sie gelassen Ihre individuellen Tomaten – aber diesmal vornehmer als »Sauce« – zusammen. Zugleich erhitzen Sie in Olivenöl »Ají Cachucha«, das ist eine kleine rundeingekerbte, grüne oder rote paprikaähnliche Schote, als Ersatz könnten Sie auch kleine Chilischoten oder Peperoni einsetzen, aber bitte ohne Kerne. Wenn diese beginnen, ihre Aromen an das Öl abzugeben, Sie erkennen es an ihrer Verfärbung zum Gelblichen hin, fügen Sie rote Zwiebeln hinzu und lassen diese goldgelb werden. In diesem Moment drücken Sie Knoblauch hinein, und wenn dieser von weiß nach gelb übergeht, würzen Sie mit Kreuzkümmel, salzen leicht, sowie Pfeffer und auch etwas Zucker. Das ist ein kubanisches »Sofrito«. Eine Abart davon heißt »Mojo«, weil diese mit einem sauren Ton versetzt wird, am besten mit dem Saft von sauren Orangen.

Nachdem Sie das Fleisch aus dem Sud entfernt haben, reduzieren Sie diesen und geben so viel zum »Tomate frito« hinzu, dass ein sämiger Brei entsteht, dahinein kommen einige wenige Streifen roter Paprika, diese garen lassen und mit dem oben beschriebenen »Mojo«-Ansatz vermengen. Dann alles mit etwas Thymian, Oregano sowie weiterem Kreuzkümmel abschmecken. Zuletzt die Fleischfasern hinein und alles ziehen lassen. Kurz vor dem Ende können Sie auch noch Kapern zugeben, nach anderen Geschmäckern auf keinen Fall, sondern nur noch etwas zuckern, salzen und pfeffern, ebenfalls nach individuellem Geschmack. Wenn die »Ropa Vieja« einen Tag im Kühlschrank ruht, sollte sie sogar noch aromatischer sein als beim sofortigen Genießen. Kubaner essen stets weißen Reis dazu.

Zweifellos ist dies kein Gourmetgericht, aber sind dies unsere Braten und Schnitzel? Die »Ropa Vieja« haben die Kubaner erfunden, indem sie ältere Gerichte variierten und damit etwas Neues schufen. Genießen Sie es!

59. GRUND

Weil Langusten in den Topf springen und Fidel Castro dazu ein Rezept aufgeschrieben hat

Wer kennt nicht die Geschichte Ernest Hemingways *Der alte Mann und das Meer*! Danach ernähren sich die Kubaner prächtig von den Fischen, die sorglos um sie herum im weiten Meer schwimmen. Hört sich vertraut an, entsprach aber weder früher und schon gar nicht heute der Realität.

In der frühen spanischen Kolonialzeit diente Havanna hauptsächlich der Versorgungen der spanischen Gold- und Silberflotten. Zwar vertilgten die Seeleute auch gesalzenen und getrockneten Fisch, aber weder hielt sich der auf See längere Zeit, noch machte er so richtig satt. Viel lieber füllten sie sich ihre Bäuche mit Rindfleisch und gepökeltem Schweinefleisch. Für einige Jahrhunderte war Kuba vornehmlich ein fleischproduzierendes Land und blieb es auch bis kurz nach der Revolution. Überall auf der Insel konnten Schweine gezüchtet werden, hingegen war die Rinderzucht auf den weiten savannenartigen Flächen um die Städte Camagüey und Ciego de Ávila herum konzentriert. In einem Buch über die letzte gesamtkubanische Landwirtschaftsausstellung von 1956 werden ausführlich zahlreiche auf Kuba gezüchtete Tierrassen porträtiert, insbesondere Schweine und Rinder. Obwohl Kuba eine Insel ist, wurden in den kubanischen Kochtöpfen Fische niemals so richtig heimisch.

Mit zunehmendem Reichtum durch den Zuckerexport verfeinerten sich die Sitten in den Ober- und Mittelschichten. In der Mitte des vorigen Jahrhunderts besaß Havanna die lebendigste gastronomische Szene Lateinamerikas. Darin nahm auch Fisch eine größere Rolle ein. Die bekannteste kubanische Köchin Nitza Villapol hat in ihrem wichtigsten »vorrevolutionären« Kochbuch etwa 25 Fisch- und Meerestierrezepte vorgestellt, zwar sind das nicht so wahnsinnig viele, aber weitaus mehr, als die Kubaner früher kannten.

In einem grandiosen Buch über die Geografie Kubas von 1955 werden um die kubanische Küste herum sieben bedeutende Fisch verarbeitende Fabriken aufgeführt. Heute existiert davon keine einzige mehr.

Der küstenferne Fischfang ist auf Jahre hinaus an eine spanische Firma verpachtet, die vor allem tiefgefrorenen Fisch nach Spanien und auch nach Japan exportiert. Die Kubaner fischen nur mit kleinen Booten, und nur mit sehr wenigen, da in den 90ern zahlreiche für die Flucht nach Miami benutzt worden waren. In größeren Supermärkten von Havanna und in den Provinzhauptstädten wird gefrorener Fisch angeboten. Selbst an der Küste ist der – stets illegale – Kauf frischen Fischs wie ein Lottogewinn. Auch der Fisch in den Hotels ist »TK-Ware«, zumeist Garnelen und der Hundskopffisch.

Da ich mich jedoch bei einigen Köchen privater Restaurants Havannas durch Artikel in deutschen Medien eingeschmeichelt habe, gelingt es mir ab und an, auch frischen Fisch zu schlemmen. Auch Sie können mit einigem Bemühen durchaus Glück haben. Dafür würde sich vor allem ein Meerestier eignen, für das Kuba geradezu berühmt ist. Für mich sind die kubanischen Langusten die besten aller Meere. Sie werden vor der Küste wild gefangen oder in speziellen Behältern extra gezüchtet. Sie sind geschmacklich milder als die weitaus bekannteren Hummer und haben zugleich auch saftigeres Fleisch, jedenfalls meiner Meinung nach. In etlichen Restaurants, die vor allem für Touristen gedacht sind, werden Langusten, spanisch »Langosta«, als besondere Spezialität angeboten, selbstverständlich auch zu »speziellen« Preisen. Falls Sie sich nicht auskennen und Ihnen die lebendige Languste nicht gezeigt wird, haben Sie es auch bei diesem gourmetmäßigen Tier mit TK-Ware zu tun. Als Hinweis: Frische Langusten besitzen immer noch ihren Kopf mit den typischen langen Fühlern (nur Hummer haben Scheren). Wird Ihnen nur der Schwanz gezeigt, war der vorher eisig.

Übrigens: Überall auf Kuba wird die Languste auf Englisch als »Lobster« bezeichnet, was Blödsinn ist, denn ein Lobster ist ein Hummer (auf Spanisch »Bogavante«, Languste auf Englisch »Crayfisch«), aber da jeder in Kuba sowieso nicht von Hummer ausgeht (auf Kuba unbekannt), richtet diese Verwechslung auch keinen Schaden an.

Nach wie vor dürfen Langusten nicht gehandelt werden, mit Ausnahme einiger, vor allem von Ausländern frequentierter Supermercados in Havanna. Sämtliche Langusten sind Staatseigentum. Allerdings fallen ab und an auch welche so rein zufällig von ihren Transportwagen. Die werden dann von fleißigen Kubanern mühevoll aufgelesen und für eine kleine Aufwandsentschädigung privaten Restaurants (Paladares) angeboten.

Es gibt vornehmlich zwei Zubereitungsarten der Languste:
- Gegrillt: längs in der Mitte geteilt und auf dem Blechgrill behutsam grillen lassen, vorher Knoblauch zerkleinern und in Öl leicht anbraten, damit die Langustenhälften bepinseln, salzen und pfeffern.
- Enchilada: Kopf entfernen, Schwanz in Ringe zerhacken, diese ca. drei Minuten in heißem Fisch- oder Gemüsefond ziehen lassen, Sauce zubereiten aus Tomate frito (schon leicht gewürzte dünne Tomatensauce), Knoblauch, Schalotten und kleine Paprikastreifen dünsten, dies zur Tomate frito und mit Kreuzkümmel, Kapern, Salz, Pfeffer, Oregano, etwas Zucker sowie Lorbeerblatt garen, nach Gusto auch einen Schuss Weißwein, zuletzt die Langustenringe darin erwärmen.

Fidel Castro muss auch ein großer Langustenliebhaber gewesen sein, denn ein Freund hat mir die Kopie eines von ihm unterschriebenen Langustenrezeptes zugesteckt. Dieses gebe ich hier wieder. Bekanntlich war Castro fast so etwas wie ein Universalgenie, deshalb konnte er sich mit einem schlichten Rezept begnügen, oder macht gerade die kulinarische Schlichtheit seine politische Größe aus?

Languste Cayo Piedra (seine ausschließlich private Insel)
- eine mittlere Languste
- säubern und auslösen
- mit Salz, weißem Pfeffer, Limonensaft und Knoblauch würzen
- halbmondförmige Zwiebelringe auflegen
- darauf Butterwürfel
- alles auf ein Blech aus nicht rostendem Stahl
- in den Ofen bei 180 bis 200 Grad
- für 15 bis 20 Minuten garen lassen, bis sie weich wird

Als dieses Rezept aufgeschrieben wurde, lebten 95 % der Kubaner mit Lebensmittelkarten. Als ich vor zehn Jahren die große Familie meiner Schwiegermutter (zwei Schwestern und vier Brüder) kennenlernte, war ihnen Butter unbekannt, und niemand besaß einen Küchenherd.

60. GRUND

Weil eine Schwarze-Bohnen-Suppe in Deutschland unbekannt ist

Mit dem Wirtschaftswunder sank der Stern der urdeutschen Weiße-Bohnen-Suppe mit Speck. Die ersten exotisch anmutenden Gerichte kamen auf, darunter mengte sich heimlich die serbische Bohnensuppe, nicht sehr unterschiedlich, aber durch Tomaten und allerlei Gemüse kam sie dunkel und auch nicht auf einem Teller, sondern in irdenen Schüsseln sowie ein wenig pikant oder auch kräftig paprikascharf.

Dann kam lange nichts mehr mit Bohnen auf den Tisch. Es dauerte Jahre, bis die kleinen französischen und italienischen Bohnen in den Salat gelangten oder sich auf Gourmettellern vereinsamten. Die Globalisierung spülte die Fusion-Küche in deutsche Kochzeitschriften, die eifrig Gerichte mit mexikanischen Frijoles propagierten, nur Bohnen durften im Titel nicht auftauchen, das war zu altbacken deutsch, duftete nicht nach original Großmutter, sondern roch nach Armeleuteessen. Und jetzt komme ich Ihnen mit einer neuen Bohnensuppe, einer, die Sie garantiert noch nicht kennen und die Sie umhauen wird, auch garantiert.

Bohnen nähren bekanntlich zuerst die Frau, dem Manne blähen sie, gelegentlich. Diese Eigenschaft können auch die kubanischen schwarzen Bohnen nicht verleugnen, aber der Herr Lafer aus dem Fernsehen würde sicherlich sein »lecker« bemühen, wenn er sie denn kennen würde, tut er aber nicht, und da er nicht mehr liest, sondern nur noch lesen lässt, vornehmlich die Skripte zu seinen

Kochshows, bekommt er die Schwarze-Bohnen-Suppe meiner Frau nicht mit. Selber schuld und Punktum!

Schwarze Bohnen werden in Kuba in großem Stil angebaut. Sie sind ein Grundnahrungsmittel. Selten wird Reis, die tägliche »Sättigungsbeilage« der Kubaner, »weiß« gekocht, sondern zumeist vermischt mit Bohnen. Ein Standardgericht kubanischer Hausfrauen besteht in der Zubereitung einer recht sämigen Bohnensuppe, die separat gegessen werden kann, dann ist sie etwas dünner, oder mit weißem Reis vermengt wird, dann ist sie noch nahrhafter, und da sie ein Alltagsgericht ist, hat sie die Eigenschaft, sich dauerhaft in den Hüftregionen auszubreiten, was auf Kuba vielfach unschwer zu erkennen ist.

Meine Frau setzt mir ihre Bohnensuppe gesondert vor, und dann kann ich mich von ihr – trotz der unweigerlich folgenden Gasentwicklung einschließlich eines Bauchgrimmens – einfach nicht lösen. Das ist echt tragisch, aber eben mein Schicksal.

Die Kubanerin kauft die schwarzen Bohnen lose in der Bodega, so wie auch den Reis. Beides schüttet sie zu Hause auf ein weißes Tuch und sortiert aus den Bohnen die kleinen Steine und anderen Verunreinigungen heraus, die eine freundliche Zugabe der kubanischen Regierung sind, um die Küchenarbeit nicht langweilig zu gestalten. Meine Frau verfügt über die kubanischen Devisen CUC, womit sie die Bohnen auch in einem Supermarkt kaufen könnte, ordentlich in einer Plastikhülle verpackt, und bereits gesäubert. Diese Bohnen kommen selten aus Kuba, zumeist aus Mexiko oder Chile, was im Unterschied zu den losen kubanischen Bodega-Bohnen an der Aufschrift der Plastikverpackung zu erkennen ist. Aber was ich ihr auch immer über die Hygiene in den westlichen Bohnenverpackungsfabriken erzähle, nach kubanischem Verständnis müssen alle Bohnen zuerst kräftig gewaschen werden.

Als Zweites wird ein Fond mit Rinderknochen gekocht, in der üblichen Weise mit Lorbeer, Piment, Zwiebeln und Suppengemüse. Auf Kuba werden jedoch mangels Rinderknochen normalerweise Schweineknochen und fette Teile des Schweins dafür eingesetzt. Ist der Fond geklärt, werden darin die Bohnen gegart, mit kleinen Teilen von Rind- oder Schweinefleisch. Wenn die Bohnen weich, aber noch nicht aufgeplatzt sind, werden sie mit einem Sieb herausgenommen, ebenso die Fleischbrocken. Die Hälfte der Bohnen wird in einem Mixer zu Brei zerkleinert, mit einem Teil des Fonds versetzt und durch ein Metallsieb gedrückt. Dazu kommen der andere Teil der Bohnen sowie das Fleisch, beides wird warm gehalten. In Olivenöl wird »Ají Cachucha« erhitzt, das ist eine kleine rundeingekerbte grüne oder rote paprikaähnliche Schote, als Ersatz können Sie auch kleine Chilischoten oder Peperoni ohne Kerne einsetzen, wie schon oben erwähnt. Wenn diese beginnen, ihre Aromen an das Öl abzugeben, Sie erkennen es an ihrer Verfärbung zum Gelblichen hin, fügen Sie rote Zwiebeln hinzu und lassen diese goldgelb werden. In diesem Moment drücken Sie Knoblauch hinein, und wenn dieser von weiß nach gelb übergeht, geben Sie diese kubanische »Sofrito« in den Brei mit dem Fleisch. Je nach Gusto noch etwas von dem Fond hinzufügen sowie noch einmal mit Kreuzkümmel, Oregano, etwas Zucker, Pfeffer und Salz abschmecken.

Der Geschmack muss kräftig und zugleich rund sein, selbstverständlich auch nach Bohnen, aber der Bohnengeschmack darf nicht vorherrschen, also nicht die anderen Noten übertünchen. Wenn Sie das Gefühl haben sollten, sich in die Suppe reinsetzen zu können, haben Sie alles richtig gemacht.

61. GRUND

Weil das Restaurant von Carlos Cristóbal ein Antiquitätenmuseum ist

Carlos Cristóbal ist 1,80 Meter hochgewachsen und wiegt 110 Kilo, 20 Zentimeter länger, und er hätte sein Idealgewicht, aber vielleicht wäre er dann nicht so wuselig, wie er sich jetzt zwischen dem Eingang seines Restaurants, den Speisetischen und seiner Küche hin und her bewegt, und er würde nicht mehr so aussehen, wie Sie sich eventuell einen richtigen Koch vorstellen würden.

Die Gastronomieszene von Havanna zeichnet sich durch einige Besonderheiten aus. Bis auf zwei private Restaurants (von der Regierung zur Unterscheidung von den staatlichen – den »richtigen« – Paladar genannt) sind der Eigentümer und der Chefkoch zwei verschiedene Personen. Der Eigentümer verfügt über etwas Kapital, wozu auch das geeignete Gebäude gehören kann, er will investieren, was sich angesichts der Touristenströme sowie der jahrzehntelangen Entbehrung von gutem Essen am schnellsten rentiert. Dafür benötigt er allerdings einen Koch, aber in der Vorstellung zahlreicher kubanischer Investoren ist dies sein geringstes Problem, für die Gäste wird es dann zu ihrem größten. In Kuba gibt es zu wenige Köche, sie werden schlecht ausgebildet, und deshalb werben sich die Besitzer der Paladares die guten gegenseitig ab. Carlos können sie nicht abwerben, denn er ist einer der beiden erwähnten Ausnahmen.

Seine Karriere ist klassisch und deshalb kubanisch total untypisch. Vor und nach der Revolution kochte seine Großmutter in Privathäusern der oberen Mittelklasse, bis es 1966 auf Kuba überhaupt keine Mittelklasse mehr gab. Ihr Enkel jedoch hatte sich bei ihr mit dem Kochbazillus infiziert, lernte Koch und hatte das Glück, dabei auch westliche Köche kennenzulernen, arbeitete in den Küchen zahlreicher internationaler Hotels in Havanna, wurde dann Lehrer an einer staatlichen Kochschule, bis ihn die Regierung an Küchen in den USA und nach Westeuropa »verkaufte«. Carlos erhielt im Vergleich zu kubanischen Bedingungen ein geradezu fürstliches Gehalt, indessen davon die kubanische Regierung 90 % auf ihre Konten weiterleitete, was für Carlos immer noch ungemein lukrativ war. Als die Regierung 2010 nach vier Jahrzehnten Abstinenz wieder generell private Restaurants zuließ, war Carlos einer der Ersten, die eine solche Lizenz beantragten. In seinem Haus in einer verwahrlosten Straße im Zentrum Havannas richtete er ein Lokal ein, zuerst nur ein so klitzekleines, denn man weiß auf Kuba ja nie, ob die Regierung es sich nicht wieder anders überlegt, dann ein größeres und wenige Jahre danach ein richtig großes, während er mit Frau und Tochter im winzigen Obergeschoss wohnt, allerdings schläft er dort nur, denn vom ganz frühen Morgen bis in die späte Nacht hinein kauft er auf Märkten ein, bespricht sich mit seinen Mitarbeitern, kocht, begrüßt die Gäste, kontrolliert den Restaurantbetrieb und betreut wichtige Gäste persönlich. Bereits frühzeitig hatte er die Wände seiner Speisezimmer mit Fotos vom alten Havanna und originalen Werbeplakaten verziert, das sparte Geld für die Bemalung. Nachdem zahlreiche Gäste bewundernd davor stehen blieben, stattete er sein Restaurant proppenvoll mit Antiquitäten aus: alte Uhren und Radios, Spielautomaten und Heiligenfiguren, bemalte Wandkacheln und Kristalllüster, Kinderschaukelpferde und eine Texaco-Tanksäule, dicke Folianten und jede Menge Nippes aus Porzellan oder Kristall oder Plastik, von den Decken schaukeln überdimensionale und bunt bemalte Holzpapageien, und an der Wand hängt eine Schiffsglocke, alles nicht zu kaufen, aber inzwischen auch auf Kuba wieder begehrter Tand.

Zu den Eigenschaften eines guten Kochs fügte er die eines Marketinggenies hinzu. In verschiedenen karibischen Kochshows trat er als der Vorzeigekubaner auf, und als er zum viertbesten karibischen Koch gewählt wurde, was immer dieser Titel gastronomisch bedeuten mag, meldete sich eines Tages die amerikanische Botschaft bei ihm. Der Präsident Obama hätte von ihm gehört, und wolle während seines Besuches auf Kuba mit seiner Familie bei ihm zu Abend essen. Ein westlicher Koch hätte sich die Beine ausgerissen und sogar extra einen Fotografen engagiert, Carlos ließ gelassen die Sicherheitskontrollen und die grauen Männer in seiner Küche über sich ergehen, machte nur ein unscheinbares Foto vom Präsidenten in seinem Lokal, aber als das spanischsprachige Fernsehen in Miami darüber berichtete, war sein Paladar in aller Munde, vor allem in denen der amerikanischen Touristen. Inzwischen ist sein Lokal auch zu einem Treffpunkt prominenter kubanischer Künstler geworden und Carlos zu einem Star, durchaus vergleichbar mit dem Starbonus westlicher Köche, allerdings einer von der bescheidenen Sorte. Nach wie vor erhält er keinerlei Vergünstigungen vom Staat, muss sich zwei Drittel seiner Zutaten mühselig von privaten Lieferanten besorgen, kocht nicht nur in seiner Küche, sondern auch für etliche Botschaftsempfänge, ist also prächtig im »Geschäft«. Zurzeit beschäftigt er zwölf Köche und 16 Mitarbeiter im Service, dies in zwei Schichten. Nach wie vor ist sein größtes Problem die wechselnde Qualität der Zutaten, und gar allzu oft bekommt er etliche Zutaten überhaupt nicht. Wenn er jedoch das Catering für 600 Gäste in der

Residenz des deutschen Botschafters zum Nationalfeiertag betreiben kann, muss er allerdings über ungewöhnlich gute Kontakte verfügen.

Carlos ist ein erfolgreicher kubanischer Unternehmer geworden, von denen es selbst in der ansonsten umfangreichen Szene der kubanischen Privatrestaurants nicht allzu viele gibt! Zugleich ist er auch ein Typ, der durchaus als »ausgeschlafen« charakterisiert werden könnte.

Hat ihn sein Erfolg verändert? Ich kenne ihn jetzt seit acht Jahren und kann keine einschneidende Veränderung feststellen. Immer noch begrüßt er Besucher mit seinem überschäumenden kubanischen Temperament, ist stets zu einem Schwätzchen aufgelegt, geht nach wie vor mit seinen Mitarbeitern direkt, aber auch respektvoll um, weshalb ihn kaum jemand verlässt, aber viele bei ihm arbeiten wollen, sicherlich auch, weil hier die Trinkgelder reichlicher als anderswo fließen. Gleichfalls hat er seine Küche nicht verändert. Hauptsächlich besteht sie aus verfeinerten kreolischen Gerichten nebst einigen internationalen Speisen. Sein Lieblingsgericht ist Kartoffelpüree mit Rumpsteak geblieben, während Fische und Meeresfrüchte der große Renner bei ihm sind.

Ein heimliches Ziel hat er dann doch noch, aber nur ein so ganz leises, nicht für lauschige Ohren bestimmt, irgendwann einmal vielleicht ein Zweitlokal in Miami.

62. GRUND

Weil Moros y Cristianos nicht rassistisch ist

Für die Spanier waren die Mauren, die sie von ihrer Halbinsel vertrieben, nur einfach Moros. Einige konvertierten zum Christentum, was ihnen in Spanien wenig half, weshalb sie den Konquistadoren in die neu entdeckten Länder folgten. Auf Kuba hatte 50 Jahre nach der ersten Besiedlung das Gelbfieber die Hälfte der Eroberer hinweggerafft; genauso hatten die von ihnen eingeschleppten Krankheiten die Hälfte der ursprünglichen indianischen Bevölkerung vernichtet. Auf Kuba gab es kein Gold mehr, weshalb es viele der Überlebenden zu den neuen Goldländern Mexiko und Peru zog. Kuba war ziemlich leer. In den ersten sieben gerade gegründeten Städten wohnten jeweils nur einige Hundert Menschen. Hier wurden Menschen gebraucht, und es wurde wenig nach deren Herkunft gefragt, ob aus der Gosse, dem Gefängnis oder einer konvertierten Gemeinschaft. Für etliche Moros wurde Kuba dauerhaft zu einer neuen Heimat. Noch einige Jahrhunderte später kündeten in Havanna prächtige Fassaden etlicher Häuser und zahlreiche Innenhöfe von dieser maurischen Vergangenheit; sie künden bis heute davon. Zugleich ging ein Name in die Kochgeschichte ein. Der Reis ist weiß – Cristianos –, aber weil er so ganz allein und für sich fad schmeckt, erfanden die Kubaner seine Vermischung mit dunklen Bohnen – Moros.

Indessen gibt es auf Kuba zwei Gerichte mit Reis und dunklen Bohnen. Das »Moros y Cristianos« wird mit braunen (leicht rötlichen) Bohnen zubereitet und das »Congrí« mit schwarzen. Die Zubereitung ist identisch. Beides werden Sie vielleicht selten in den All-inclusive-Hotels erhalten, aber wahrscheinlich in jedem Paladar, und fast täglich wird es in der normalen kubanischen Familie zubereitet.

Zuerst wird aus Schweineknochen ein Fond zubereitet, ganz mit den üblichen Gewürzen und Suppengrün, je nach Gusto. Der Fond wird geklärt, nicht nur am Anfang des Kochvorgangs, sondern auch danach, mittels Abgießen durch ein feines Gazesieb. In diesem Fond werden die Bohnen gekocht, bis sie weich sind aber noch nicht geöffnet. Dann werden die Bohnen aus dem Bohnen-Jus genommen und zurückgehalten. Vorher wird der Reis gewaschen und dann in der Flüssigkeit gegart, aber dabei auf die Proportionen achten, sonst haben Sie am Ende eine Pampe oder müssen permanent beim Kochvorgang Flüssigkeit hinzufügen, also eine Tasse Reis und eine Tasse Fond. Demzufolge benötigen Sie für dieses einfachste kubanische Gericht zwei Töpfe. Bevor Sie jedoch den Reis aufs Feuer setzen, bitte das Salzen nicht vergessen, und zudem fügen Sie die Hälfte der Bohnen hinzu und lassen diese mit garen, sowie etwas Schweineschmalz, gleichfalls Salz und Kreuzkümmel. Währenddessen bereiten Sie den Ihnen inzwischen bekannten »Sofrito« zu. Wenn der gar ist, fügen Sie ihn diesem Ansatz hinzu und lassen das Ganze einige Minuten ziehen.

Und was passiert mit der anderen Hälfte der Bohnen? Die Wohlhabenden werfen Sie weg, und die anderen legen sie für eine Bohnensuppe zurück.

Diese Reis-Bohnen-Mischung ist niemals ein Gericht für sich, sondern stets die normale kubanische »Sättigungsbeilage«, von der die Kubaner Massen vertilgen können, denen wir Kartoffelesser nur staunend gegenüberstehen. Selbst die Italiener kommen mit einer Pastamahlzeit nicht an diese kubanischen Essgewohnheiten heran. In einem Paladar werden Sie »Moros y Cristianos« – oder eben auch »Congrís« – separat serviert erhalten. Schaufeln Sie sich davon bloß nicht zu viel auf Ihren Teller, sonst werden Sie es am nächsten Tag bereuen. Aber in kleinen Portionen genossen nehmen Sie Kuba in sich auf.

63. GRUND

Weil José Raúl eine ordentliche Leistung abliefert

Nur wenige kennen ihn persönlich, aber jeder kennt seinen Familiennamen. 24 Jahre war sein Vater einer der mächtigsten Männer Kubas. Er war der Innenminister Fidel Castros und für einige Jahre auch noch der seines Bruders Raúl. Auf diese Familienbande führen viele, die über sein Restaurant »Starbien« urteilen und auch schreiben, den außerordentlichen Erfolg dieses »Paladar« zurück. Ohne José persönlich zu kennen, mag es angesichts der üblichen kubanischen Verhältnisse tatsächlich schwerfallen, diese Vermutung von sich zu weisen. Da ich jedoch José Raúl kenne, gelangte ich zu der Einschätzung, dass dies auch eine Unterstellung sein könnte, denn nur mit seinen unzweifelhaften Beziehungen hätte er niemals vier verschiedene Unternehmen aufbauen, davon zwei wieder verkaufen und zwei immer noch erfolgreich führen können. Die zwei erfolgreichen sind ein Großhandel mit Humidoren und das bereits erwähnte Restaurant »Starbien«.

Zwar trägt er einen bekannten Namen, ist aber bei seiner Mutter aufgewachsen, also nicht unmittelbar in einem privilegierten Milieu, weshalb er sich seine geschäftlichen Möglichkeiten erkämpfen musste, er bekam sie nicht auf einem Tablett serviert. Andererseits half ihm sein bekannter Name, zumal er um so manche unsichtbaren Wege zum Geschäft in Kuba wusste.

Er verfügt über Fähigkeiten zum Geschäft, wie sie auch in jedem westlichen Land jungen Unternehmern eigen sind. Er hat an der Universität von Havanna Recht studiert, was im Vergleich zu Abschlüssen an westlichen Universitäten nicht viel heißen will, aber für Kuba solide ist. Danach hat er zwei Jahre in einem Ministerium gearbeitet und dort die innerkubanischen politischen Abläufe kennengelernt. Über seine erste Frau kam er mit einem Freund in Kontakt, der bereits selbstständig mit Humidoren handelte. Nachdem er 15 Jahre lang Humidore von kleinen Produzenten aufkaufte und diese an die Einzelhändler auf den sogenannten Kunstmärkten von Havanna und Varadero weiterverkaufte, war er der Größte im Geschäft. Außer geistiger Beweglichkeit benötigte er dafür kaufmännisches Gespür und Durchsetzungsvermögen. Das ist bis heute an ihm haften geblieben, aber zugleich kommen zwei Eigenschaften hinzu, die in Kuba Ausnahmen sind. Er spricht fließend englisch, weil seine Mutter dies an der Universität unterrichtet hatte, und er legt eine freundliche Umgänglichkeit an den Tag. Beides führt dazu, dass sich seine ausländischen Gäste von ihm angezogen fühlen, sie können mit ihm reden, ohne spanisch sprechen zu müssen, und sie fühlen sich akzeptiert. Beides ist selbst in den besten privaten Restaurants Havannas keine Selbstverständlichkeit. Freilich bestand ein weiterer Wettbewerbsvorteil darin, dass er bereits mit 30 Jahren zum ersten Mal ins westliche Ausland, nach Frankreich, reisen durfte. Er wusste besser um die Mentalität der westlichen Touristen als die meisten seiner Wettbewerber. Allerdings hat er mit den gleichen kubanischen Bedingungen wie diese zu kämpfen, weshalb etliche seiner Gerichte zwar gut gelungen sind, aber bei Weitem nicht an Gourmet-Niveau heranreichen. Das strebt er auch gar nicht an. An manchen Tagen muss sein Einkäufer 100 km weit um Havanna herum fahren, um die erforderlichen Produkte zu besorgen, wohlgemerkt nicht die für einen ausgefallenen Gaumenkitzel, sondern die für ein paniertes Schweineschnitzel oder gegrillten Fisch mit Gemüse. Wann er frischen Fisch angeboten bekommt, weiß er niemals im Voraus. Stammgäste erhalten dann einen Anruf. Ich weiß nicht, wann er mich einmal in diese Kategorie aufnehmen wird.

Manches an seinem Erfolg ist familiär und persönlich ungewöhnlich, das meiste jedoch ist typisch kubanisch. Mit seiner Mentalität wäre er auch problemlos in Miami ein erfolgreicher Unternehmer geworden, vielleicht keiner von den ganz großen, aber das ist er ja auch in Havanna nicht, allerdings führt er ein Restaurant, an das in Miami kein kubanisches Restaurant heranreicht, und zweitens in einem Gebäude, welches in ganz Miami nicht zu finden ist. Er hat dieses Gebäude auch nicht von der Regierung günstig erhalten, sondern er wohnt zwei Häuser davon entfernt in einer Wohnung, allerdings war dies das Elternhaus seines späteren Mitbesitzers und Chefkochs, zudem gingen die beiden Kinder in dieselbe Schule. Es befindet sich in einer der typischen verschwiegenen, dicht mit Bäumen bewachsenen Seitenstraßen im früheren Viertel der kubanischen Mittelklasse, nur wenige Minuten vom Revolutionsplatz entfernt. Dort hat er – wie es offiziell in Deutschland so vornehm heißt – 35 Arbeitsplätze geschaffen.

Im »Starbien« sind weniger Touristengruppen anzutreffen als in anderen vergleichbaren Paladares, dafür weitaus mehr wohlhabende Kubaner und private Ausländer. Die Räume sind klein und im Stil der gehobenen Restaurants der 30er-Jahre eingerichtet. Gäste, die eine intime Atmosphäre bevorzugen, sind auch bereit, dafür etwas mehr zu zahlen.

In Gesprächen mit kubanischen Unternehmern ist für mich stets die interessanteste Frage nach ihren Vorstellungen über die Zukunft ihres Unternehmens. Immer, aber auch immer, ist es jedoch diejenige Frage mit den dürftigsten Antworten. Ich versuche es immer wieder, lasse nicht locker, hake nach und erhalte nur ausweichende Satzfetzen und harmlose Reaktionen oder sollte ich schreiben: ungefährliche. Ich lese heraus: So wie es jetzt ist, kann es nicht weitergehen. So wie wir es uns wünschen würden, wird es kurzfristig nicht kommen. Würden wir sagen, was wir erwarten, könnten wir unser Geschäft verlieren, und wir haben viel zu verlieren, nämlich ein weitaus besseres Leben als all die übrigen 99 Prozent der Kubaner.

64. GRUND

Weil ich mich an kubanisches Fast Food gewöhnt habe

Können Sie im Urlaub keinesfalls auf Currywurst oder Schnitzel oder Bratkartoffeln verzichten? Auch nicht auf einen ordentlichen Hamburger oder einen Döner? Nein, wirklich nicht? Dann sollten Sie auf keinen Fall nach Kuba fahren! Currywurst und Bratkartoffeln und Döner können Sie völlig vergessen, Schnitzel manchmal in einigen Hotels, aber nur vom Schwein und tiefgefroren, Hamburger schon des Öfteren, zumeist in einer Version, von der Sie nachts träumen werden. Allerdings gibt es Pizza, sogar reichlich, auch danach werden Sie träumen, allerdings von der Pizza Ihres Italieners um die Ecke! Indessen sind Sie ja nicht nach Kuba geflogen, um deutsches Fastfood auszuprobieren, hingegen sollten Sie es durchaus mit dem kubanischen probieren, wenngleich es für Ihren Gaumen, Magen und Darm gewöhnungsbedürftig ist, bei Letzterem vielleicht auch für die Fähigkeit Ihrer Beine zur Beschleunigung.

Wenn Sie das erste Mal auf der Straße kubanisches Fast Food probieren, wird die Wahrscheinlichkeit recht groß sein, dass Sie bald danach öfter die Toilette aufsuchen müssen. Aber Sie müssen sich keine größeren Sorgen machen, nach weiteren zwei oder drei Versuchen hat sich Ihr Darm an die kubanische Zubereitungsart gewöhnt, und Sie werden sich ausgiebig am kubanischen Straßenessen laben können. Gleichfalls wird Sie der äußere Anblick auch nicht mehr abschrecken, denn der ist ebenso reine Gewöhnungssache.

Wo sollten Sie diesen Test Ihrer Sehgewohnheiten und Gaumenprägungen beginnen? Vielleicht bei dem, was Sie schon kennen, beispielsweise bei Hühnchen und Reis? Zuerst sollten Sie eine Weile in einer Cafetería den neben Ihnen mampfenden Kubanern zuschauen, wie sie sich genussvoll an »Arroz Frito con Pollo« laben, dann werden Sie schon ihre zivilisatorische Scheu überwinden. Vielleicht sollten Sie sich zuvor zwingen, kein Frühstück zu sich zu nehmen, Hunger ist immer hilfreich, Barrieren zu überwinden.

Also zuerst: **Arroz Frito con Pollo**
Das kommt in einer Pappschachtel, die genauso aussieht wie früher das Packpapier um die Weihnachtspäckchen, als die Post noch nicht auf die Idee mit den gelben Paketen gekommen war, und das ist schon lange her. Eigentlich müsste es eine spezielle Farbe mit dem Namen »packpapierartig« geben, denn ich weiß nicht, wie ich dieses grau-gelbliche Braun richtig beschreiben soll. Gabeln oder Löffel gibt es selten. Der erfahrene Kubaner reißt einfach vom Deckel ein Stück Pappe ab, faltet sie, wie wir eine Pizza falten würden, und schaufelt sich damit die Reismischung in den Mund, allerdings sollten Sie ihn dabei weit aufmachen, vorerst wenigstens, denn Ihnen geht die rechte Übung dafür noch ab. Der Reis ist gekocht und in der Gourmetversion mit Sojasprossen sowie mit Schnipselchen von Möhren oder Zwiebeln oder anderem gerade erhältlichen Gemüse leicht angebraten, zumeist dann mit kubanischer Sojasoße gewürzt, also etwas echt chinesisch, wie es die Kubaner lieben. Wenn gerade einmal keine Sojasoße zur Hand ist, wird die Mischung mit Colorante (ein in Spanien verbreitetes und in Kuba beliebtes Färbemittel) getönt. Und das Huhn? Das wird vorgekocht, in reichlich Mehl gewälzt und in Öl schön dunkel frittiert. Die Kubaner lassen davon nur die Knochen übrig.

Am populärsten jedoch ist die Pizza, genauer: **Pizza Cubana.**
Ein dicker Teigfladen, in den privaten Cafeterías selbst hergestellt, in den staatlichen aus der Fabrik geliefert, wird mit Tomatensoße (jedenfalls sieht es zumeist danach aus, wissen tut man es aber nicht) bestrichen und mit kubanischem Käse belegt. Der Käse ist gummiartig, dabei jedoch recht porös und salzig, da er allerdings auf der Pizza zerläuft, werden Sie dies nicht mehr erkennen können, und außerdem reduziert der Teig mit der rötlichen Soße auch seinen Salzgehalt. Jetzt folgt bei privaten Cafeterías jedoch der ultimative Clou! Der Pizzaofen. In einem alten Ölfass wird eine Zwischendecke eingezogen. Am hinteren Teil einige Löcher eingebohrt, vorn über den oberen Teil aus dem Deckel eine Klappe gebastelt, und unten kommt die Kohle hinein. Kein Ingenieurgeist hätte sich diese einfache Konstruktion besser ausdenken können. Wohl bekomm's!

Sandwich de Queso y Jamón
Das normale kubanische Brötchen – andere gibt es nicht – ist so groß und so rund und so weich wie unsere Milchbrötchen, womit allerdings die Analogie schon beendet wäre. Damit das nicht weiter auffällt, wird es mit Mayonnaise bestrichen, mit kubanischem Schinken (bitte dafür keine deutschen Vorstellungen verwenden! Aber er ist essbar – wenn Sie keine überzogenen Gourmetanforderungen stellen) und mit kubanischem Käse belegt. Ab und an gelang es mir auch, ein Sandwich mit polnischem Gouda zu erhalten. Wenn Sie dieses Buch lesen, könnte es auch ein Gouda aus Vietnam sein. In guten Cafeterías wird es noch in der Mikrowelle angewärmt. Mein Rat: Nicht hingucken, schnell aufessen und nicht weiter daran denken!

Der absolut unübertreffliche Höhepunkt kubanischen Fast Foods, zu dem auch Ausländer greifen, weshalb an der Straße Vía Blanca von Havanna nach Varadero, die immer am Meer entlangführt, davon wenigstens fünf Schilder künden, ist:

Pan con Lechón
Es ist das teuerste Straßenessen, das zweifellos angesehenste, und zudem könnte es Ihnen gelegentlich sogar munden, denn zumeist ist es frisch sowie aus nachvollziehbaren Zutaten zubereitet, und dies immer auf privater Basis.

Ein kleines Schwein, bei uns ein Spanferkel, wird gegrillt (siehe dazu Grund 67). Die Haut muss knusprig werden und darf nicht reißen, denn sie wird hochgeklappt, das muskulöse Fleisch darunter mit zwei Gabeln zerzupft, dies in ein eingeschnittenes Brötchen – siehe oben – gelegt und dann die Haut bis zum nächsten Kunden wieder zugeklappt.

Als ich diese Prozedur erlebte und erfuhr, dass sie seit Jahrzehnten in Kuba ausgeübt wird, war ich überzeugt, dass die Amerikaner ihr »pulled pork« von den exilierten Kubanern übernommen haben müssen. Nur auf Kuba schmeckt es nicht so rauchig, also besser!

Der richtige kubanische »Pan con Lechón«-Verkäufer hat neben sich zwei eklig, weil ständig mit fetten Händen angegrapschte, ausschauende uralte Plastikflaschen stehen, in denen sich zwei unterschiedliche Würzflüssigkeiten befinden, die er, oder nach Belieben sein Kunde, über das Fleisch auf dem Brötchen gießt. Eine davon ist mehr scharf, die andere mehr säuerlich. Versuchen Sie bitte nicht herauszufinden, was diese Flüssigkeiten enthalten, sonst könnte es Ihnen so gehen wie einmal mir, dass Sie auf den Verzehr des Pan con Lechón verzichten. Da das Ferkelchen für diese Art der Verwendung ungewürzt gegrillt wird, steht auf dem Verkaufsstand auch Salz. Wenn Sie auf Kuba waren und Pan con Lechón angeboten gesehen haben sollten und es nicht probiert haben, hatten Sie noch niemals Kuba auf der Zunge!

65. GRUND

Weil Obst und Salat zwar immer frisch sind, aber Kubaner Fleisch lieben

Kuba ist ein Paradies für Anhänger absoluter Frischkost, mit gewissen Abstrichen sogar auch eines für Vegetarier, während es Veganer schwer haben werden. Wenngleich sich Allesesser hier wie in China fühlen können, indessen ohne über die kulinarische Vielfalt Chinas zu verfügen, also besser nach China fliegen sollten, können sie auf Kuba auch ungewohnte Erfahrungen gewinnen.

Zuerst die Allesesser. Der normale Kubaner isst nur das, was er kennt, demzufolge keinesfalls alles, weil es auf Kuba – im Unterschied zu China – eben nicht alles gibt, beispielsweise gibt es auf Kuba keine giftigen Tiere, wodurch sowohl der Kubaner als auch der Gast weniger Sorgen um ihre Gesundheit haben müssen. Dafür jedoch kriechen und huschen überall kleine Leguane durch die Gegend, einschließlich die Wände hoch, aber komischerweise trauen sich da die Kubaner nicht ran, wenngleich unter der Hand leicht Fleisch von Schildkröten oder Krokodilen zu bekommen ist. Beides habe ich probiert und muss es nicht unbedingt jeden Tag haben. Auch Hunde, wie bei vielen Koreanern, sind in Kuba verpönt. Dafür sind Kubaner zu sehr Europäer, zumindest was das Essen anbelangt. Allerdings finden sich in Küstennähe große Meeresmuscheln, die die Kubaner als Schnecken identifizieren, Cobo genannt, auch deren Fleisch wird unter der Hand gehandelt, gleichfalls deren imposante Gehäuse. Letztere werden den Touris günstig angeboten (5–10 CUC) und vom deutschen Zoll teuer abgenommen. Zur Entschuldigung bleibt mir nur die Bemerkung übrig, dass wir, so wenig wie wir ständig mit unserem Grundgesetz unter dem Arm herumlaufen, noch weniger ständig mit dem bedeutend dickeren Washingtoner Artenschutzabkommen ähnlich verfahren können. Das Cobo-Fleisch ist weiß und gummiartig, der Schnellkochtopf bekommt es jedoch weich, und dann mundet es den Kubanern, während ich es als ungenießbar empfinde. Ob das an meiner verqueren kulinarischen Kindheitserziehung liegt?

Die wichtigste Errungenschaft der Kubaner waren die Chinesen, rein kulinarisch gesehen. Diese relativierten zwei ihrer Nahrungsgrundlagen. Die eine stammt noch von den Kariben ab, das waren die stärkehaltigen Wurzeln Malanga und Boniato, später auch die Yuca. Zwar sind diese bis heute noch wichtigste Grundnahrungsmittel, aber von der ersten Stelle hat sie der Reis verdrängt. Kartoffeln gibt es gelegentlich ebenfalls, zur Erntezeit – indessen gehört das schon in die Frische-Abteilung hinein –, aber ein Volk, das keine Bratkartoffeln hinbekommt, wird niemals Kartoffeln zu schätzen wissen. Bleibt noch die Pasta übrig. Zwar glauben die Kubaner nicht – im Unterschied zu den Amerikanern –, dass Spaghetti ein uramerikanisches Gericht sind, indessen hat es die Regierung geschafft, durch die Qualität der original kubanischen Spaghetti ihnen den kulinarischen Spaß daran gründlich zu vermiesen. Der gemeine Kubaner meint, wenn es nichts gibt, gibt es immer noch Spaghetti mit »Ketchup«.

Die zweite revolutionierende Nahrungsgrundlage waren Gemüse und Salate, wenngleich bis heute viele Kubaner damit ihre Mühe haben. Die Spanier aßen Fleisch, die Seeleute aßen Fleisch, die Indianer aßen Yuca. Woran wohl sollten sich die Kubaner ein Vorbild nehmen? Sie kannten ja noch nicht unsere Vegetarier! Das wichtigste Fleisch für den Kubaner sind Hühnerkeulen. Aufgrund der Preispolitik der kubanischen Regierung werden diese vor allem in Brasilien hergestellt, und das funktioniert so:

In den Bodegas wird als Fleisch Hühnerfleisch verteilt, tiefgefroren, als Hühnerkeulen. Obgleich auf dem Land überall Hühner herumlaufen, werden in Kuba weder auf den Bauernmärkten noch in den Geschäften frische Hühner angeboten. Die privaten Hühner dienen ausschließlich der Eigenversorgung. Für ihre zielgerichtete Aufzucht stellt der Staat kein Futter zur Verfügung, und den auf Kuba angebauten Mais verkauft die Regierung so teuer, und zugleich hält sie die Hühnerpreise so niedrig, dass jegliche Aufzucht zu einem Verlustgeschäft geraten würde. Die Preise für die Hühnerkeulen, tiefgefroren, weil zumeist aus Brasilien, hält die Regierung niedrig, damit sich der geringverdienende Teil der Bevölkerung überhaupt Fleisch leisten kann. Würde sie die Hühner privater kubanischer Produzenten teuer aufkaufen und billig weiterverkaufen, wäre der Effekt zwar derselbe, denn auch die Brasilianer verschenken ihre Hühner nicht, aber dadurch würde es in Kuba noch mehr reiche Bauern geben, was für die Regierung einen unannehmbaren Gedanken darstellt. In Brasilien müssen ganze Hühnerfarmen ausschließlich für die 11 Millionen Kubaner produzieren, dafür haben die Brasilianer anscheinend – gemessen am Angebot in den kubanischen Geschäften – eine Hühnerrasse gezüchtet, die nur aus Keulen besteht.

Ähnliche ökonomisch-politische Kuriositäten gab es in allen früheren sozialistischen Staaten. Allerdings hat sich die kubanische Regierung aus Gründen ihrer Stabilität dazu entschlossen, lieber die Besitzer brasilianischer Agrarkonzerne reich zu machen als ihre eigenen Bauern.

Nach den Hühnern kommt das Schweinefleisch. Dafür hat die Regierung private Aufzucht zugelassen und verkauft auch günstig Futter an die Bauern. Allerdings gibt es Schweinefleisch nicht in den Geschäften, und selten in den Bodegas, denn die privaten Züchter verkaufen es auf dem freien Markt zu Marktpreisen. Zwar gibt es auf den Märkten auch staatliche Stände für Schweinefleisch, zu günstigeren Preise, aber in schlechterer Qualität. Das hat dazu geführt, dass zahlreiche staatliche Hotels am Meer an den Wochenenden mit kubanischen Schweinezüchtern sowie deren Familien und Freunden gefüllt sind. Dort lassen es die Bauern dann einmal so richtig krachen. Diese privaten Züchter bilden auch die Grundlage der Belieferung der Touristenhotels. Zudem wäre die Zerteilung von Schweinen komplizierter als Hühner, und ebenso ihr Einfrieren. Hühner sind ein ideales sozialistisches Fleisch.

Zusammengefasst: Kubaner sind Fleischesser, haben aber von den Chinesen die Zuneigung zum Reis übernommen. Hühner und Schweine werden von der Regierung unterschiedlich behandelt, wovon vor allem Brasilien profitiert.

Wieso sind Obst und Gemüse auf Kuba dann immer frisch? Lesen Sie dafür bitte den nächsten Grund!

66. GRUND

Weil Kühlhäuser gesundheitsschädlich sind

Obst, Gemüse und Salate verdienen einen extra Grund. Im Titel des vorhergehenden Grundes habe ich sie nur deshalb angeführt, weil ich nicht sofort in der Überschrift das Fleisch erwähnen wollte, um mir noch wenigstens für eine Minute die Zuneigung der Vegetarier zu erhalten, die ich im weiteren Verlauf dieses Grundes dann zwar verlor, mir aber nun wiederholen werde!

Für den Konsum der normalen Kubaner existieren keine Kühlhäuser, ob sie für die Regierung existieren, sagt die Regierung nicht. Deshalb sind Gemüse, Obst und Salate auf den kubanischen Bauernmärkten – und andere gibt es so gut wie nicht – immer Saisonware. Importware gibt es nur als TK-Ware, und dies auch nur in ausgewählten Geschäften. Das hat den Vorteil, dass Obst und Gemüse immer frisch sind, zugleich jedoch auch den Nachteil, dass der normale Kubaner damit nicht ständig versorgt ist. Dieses Wechselverhältnis von Vorteil und Nachteil kennen wir auch aus Deutschland. Zu jeder Zeit können wir Bananen kaufen, aber wer einmal eine frische kubanische Banane genossen hat, wird Schwierigkeiten haben, mit einer in Deutschland erworbenen denselben Genuss zu empfinden.

Apropos Bananen: Sie sind die einzige Frucht, die auf Kuba fast ständig zu erhalten ist, da sie zu unterschiedlichen Zeiten an der Staude reift, abgesehen von den größeren staatlichen Bananenplantagen, denn diese werden – ähnlich anderen Massenproduzenten in Mittel- und Südamerika – so gezogen, dass größere Mengen von ihnen in einem überschaubaren Zeitraum zur Reife gelangen. Das können Sie schmecken.

Für den Konsumenten wachsen auf Kuba drei wichtige Sorten: Die bekannten größeren gelben; sodann die Kochbananen, Kubaner nennen sie »Plátanos« und setzen sie nur in der Küche ein; sowie kleine gelbe, die mit zwei Bissen verzehrt werden können, jedoch weitaus süßer, ja lieblicher munden als die normalen großen gelben, aber sie kann man nicht bevorraten, rascher Verbrauch ist erforderlich, vielleicht weil ein exzellenter Geschmack sich generell nicht konservieren lässt. Die beiden letzteren haben inzwischen auch bei uns eine gewisse Popularität erreicht, sodass sie teilweise in Supermärkten angeboten werden. Eine vierte Sorte ist bei uns noch weitgehend unbekannt und reift auch auf Kuba nur in der Region um die Stadt Baracoa. Sie hat eine rötliche Schale und übertrifft nach meinem Eindruck alle anderen im Geschmack. Sie ist begehrt auf Kuba.

Nach Deutschland kommen Bananen normalerweise in grünem Zustand, und werden in Kühlhäusern mit einem Gas zur gelben Reife gebracht. Ich meine, das ist auch zu schmecken, jedenfalls im Unterschied zu ihren kubanischen Verwandten.

Kuba braucht keine Reifehäuser für Bananen. Aber es wäre überheblich zu verneinen, dass sich die Kubaner nicht auch jederzeit Gurken, Tomaten, Möhren oder Salat wünschen würden. Auch die Restaurants für die Touristen leiden darunter, ihre auf den Karten so prächtig angekündigten Gerichte erweisen sich zu bestimmten Zeiten als glatte Konsumententäuschung.

Trotzdem kann der Vegetarier auch auf Kuba nach seiner Lebenseinstellung leben, ohne sich mit Bananen, Reis und Bohnen begnügen zu müssen, allerdings kann er nicht zu jeder Zeit aus dem Vollen schöpfen, er muss variabel sein, indem er sich dem Wechsel des Angebots anpasst.

In den zurückliegenden fünf Jahren sind nach meinem Eindruck mehr Bücher über eine vegane Lebensweise publiziert worden, als es tatsächlich Veganer gibt, zumindest langjährige. Auch Veganer können nach Kuba reisen, sie müssen nur ihre Koffer mit ihren speziellen Lebensmitteln füllen und diese durch den Zoll bringen, der zwar selten nachschaut, und wenn aber doch, wäre ein Schreiben von einem Arzt hilfreich. Zwar können kubanische Zöllner höchst selten Deutsch, aber wenn es mit zwei dicken Stempeln sehr amtlich aussieht, wirkt es besser, was Veganer sehr gut verstehen können, denn sie nehmen sich ja auch selber sehr ernst.

Wenn Sie sehr an deutsche Essgewohnheiten gebunden sind, wird Ihnen bei einem längeren Kuba-Aufenthalt die Umstellung nicht so leicht fallen. Aber bitte bedenken Sie dabei, dass Sie damit wieder auf die Füße gestellt werden, indem Sie erkennen, wie sehr wir inzwischen von der Globalisierung abhängig geworden sind.

67. GRUND

Weil niemand am Schlachten eines Schweines Anstoß nimmt

Es wirkte friedlich in seinem Gatter, hier auf einem gewöhnlichen Hof, in einem gewöhnlichen Dorf. Zutraulich näherte es sich mir, und als ich meine Hand hineinhängen ließ, schnupperte es neugierig daran. Menschen waren ihm vertraut. Indessen dachte das kleine Schwein weder an seine Bestimmung noch an seine Zukunft.

Derartige Begriffe übertragen nur Menschen auf Tiere. Menschen leben mit Zielen und auch mit der Vorstellung von einer Todesangst, wenngleich nur wenige sie jemals erfahren. Wir vermögen uns in abstrakten Zusammenhängen auszudrücken. Die Sprache überträgt die Erfahrung anderer Menschen auf uns. Das unterscheidet uns von der Welt der Tiere.

Was in den nächsten Minuten mit diesem Ferkel passieren wird, ist für die Menschen, die es vornehmen, völlig normal. Jedoch werden unerfahrene Menschen diesen Vorgang als archaisch charakterisieren, und nicht wenige sogar vehement verurteilen. Beide Menschengruppen unterscheiden sich durch ihre Intentionen. Was der ersten Gruppe normal ist, weshalb sie sich für die Auffassungen der anderen auch rein gar nicht interessiert, ist der zweiten Gruppe bekämpfenswert, weshalb sie sich in einen oft vehementen Gegensatz zur ersten Gruppe begibt.

Zwei kräftige Männer, erfahren in diesem Tun, packen das Schwein, und vorbei ist es mit der friedlichen Stille. Ein grässliches Gequieke durchbricht die dörfliche Idylle dieses Morgens. Aber für wen grässlich? Nicht für die beiden Männer, auch nicht für die zwei Frauen im Hintergrund, die ihrer Hausarbeit unberührt nachgehen, und auch nicht für die drei kleinen Kinder, die die Szenerie beobachten.

Das Schwein, so klein es auch noch war, wehrt sich heftig. Die Männer müssen kräftiger zupacken, um es auf den improvisierten Tisch legen zu können. Das Gequieke verstärkt sich, verzweifelt strampelt das Schwein hin und her und auf und nieder, aber es gibt kein Entrinnen. Die beiden Männer wissen um eine solche Reaktion. Jeder ihrer Handgriffe ist eingeübte Erfahrung, Fehlgriffe sind höchst selten, heute ist nur die Routine, auch der sichere Stich mit dem Messer, und das Abwenden vor dem unmittelbar darauf in einem weiten Strahl herausspritzende Blut.

Einige Momente ist nur Gewähren, dann hat das Leben das Schwein verlassen. Als es nicht mehr zuckt und alles Blut auf die Erde geronnen ist, die Hunde lecken nur ein wenig daran, folgt der nächste, diesmal wahrhaft archaische Akt.

Ein Griff zur Rumflasche, daraus ein großer Schluck, und das Versprühen des Rums über den toten Schweinekörper. Den Geistern musste Genüge getan werden. Das Schwein wurde geehrt. Das Archaische war der Respekt vor dem Tier und zugleich das Gnädigstimmen der Geister für die nächsten Tiere, als Nahrung für den Menschen.

Die Männer haben noch niemals von Stresshormonen gehört. Als ich versuche, ihnen mein Wissen dazu nahezubringen, um herauszufinden, ob es auch hier unter den ländlichen Bedingungen möglich wäre, ein Schwein in einer ruhigeren Weise zu töten, blicken sie mich mit ein wenig spöttischen Augen an.

Neben dem Tisch brodelt in einem verrauchten Kessel Wasser über einem Holzfeuer. Einer der Männer schöpft dampfendes Wasser heraus und gießt es schwungvoll über den Schweinekörper, dann nehmen beide ihre langen Messer und schaben das Fell glatt. Kein Härchen soll zum Grillen an der Haut bleiben.

Auf dem Tisch liegt jetzt ein glatter Körper. Einer der Männer säubert sein Messer und schneidet damit die Bauchdecke auf. Innereien und Därme quellen heraus. Das war der große Moment der Hunde. Sie konnten nichts von dem Vorgang sehen, aber rochen alles. Unentwegt springen sie an den Beinen der Männer hoch. Die Männer lachen, werfen ihnen Milz und Lunge hin, und fortan hören wir nichts mehr von ihnen.

Es ist aber auch der Moment der beiden Männer. Bis jetzt hatten sie ohne Regungen gearbeitet, eingeübt, nichts als reine Routine. Der Ältere hält die Innereien hoch, der andere tritt hinzu, beide sehen sie sich die großen roten Leberlappen und das blutige Herz an. Zufriedenheit, ja auch Stolz, legt sich auf ihre Gesichter. Das ist ganz ihr Moment. Sie haben nicht nur Fleisch bearbeitet, sie haben etwas Besonderes gewonnen. Herz, Leber, Magen und Nieren waren bislang unter dem Fleisch verborgen geblieben. Jetzt haben sie diese ans Licht gebracht, nun leuchten sie vielfarbig in der Morgensonne. Die Männer genießen es!

Danach bleibt nur noch eine Aufgabe zu erledigen, die mich verwundert. Ich wusste, das Schwein soll im Ganzen gegrillt werden. Also, so dachte ich, auf einem Spieß befestigen und über dem Feuer drehen. Doch was passiert jetzt auf einmal? Der ältere Mann nimmt ein Holzscheit auf, setzt längst am Kopf des Schweines sein Messer an, und mit einem kräftigen Schlag auf den Messerrücken trennt er den Kopf entzwei. Dann setzt er das Messer am Steiß an, dem sogenannten Schloss, spaltet auch dieses, und klappt dann den Schweinkörper in zwei Hälften auseinander, gehalten nur noch durch die Wirbelsäule. Hier ist Improvisation die Normalität. Ein Metallgestell mit einem Brett darauf ist ein Tisch. Eine Grube mit Holzkohle, zwei Betonquader und darüber ein einfacher Metallrost – fertig ist ein Grill. Die Frauen haben in der Zwischenzeit eine Marinade zubereitet: Orangensaft von einer bei uns nicht bekannten säuerlichen Sorte, viel Knoblauch, reichlich Zwiebeln, Salz und Kreuzkümmel sowie auch ein wenig Pfeffer. Damit reiben die Männer das Schwein ein und drücken die Marinade auch unter die Haut und in die Muskeln hinein. Zudem bestreichen sie während des Grillens damit öfter seine Oberfläche.

Bis jetzt war alles nur Technik, ab jetzt wird es Kunst.

Es gilt das Fleisch zu garen und gleichzeitig die Haut zu bräunen. Das Fleisch muss saftig bleiben, und die Haut darf nicht verbrennen. Eigentlich alles banal, funktioniert auch automatisch, aber nur mit Standardhühnern und entsprechender Technik, eben wie in Deutschland. Unser Schwein ist alles andere als Standard, und der Rost ist als Technik alles andere als deutsch. Die Männer prüfen, wie weit die Glut der Holzkohle das Fleisch schon gegart hat. Immer wieder müssen sie das Schwein anheben und drehen, war eine Stelle bereits zu dunkel, muss die Glut beiseite geschoben werden, war eine Stelle noch nicht weit genug, kommt darunter ein wenig mehr Holzkohle zum Einsatz, und immer wieder mit Marinade bepinseln.

Je dunkler das Schwein brät, desto stärker zieht sich an den flachen Betonbungalows der kleinen Schotterstraße ein unnachahmlicher Grillduft entlang. Vorbeigehende Nachbarinnen bleiben interessiert zu einem Schwätzchen stehen, die Männer halten sich anfangs geziemt zurück, aber wenn sich die Gelegenheit bietet, treten sie in einen Erfahrungsaustausch mit dem Griller ein. Das einstmals lieblich rosige Schweinlein liegt jetzt wundervoll gebräunt und berauschend duftend vor mir, bereit, mir und der Familie, die inzwischen zahlreich eingetroffen ist, ein Festmahl zu sein.

Wonach schmeckt das Fleisch? Zuerst nach Schwein, also ein wenig süßlich. Sodann nach der Marinade, mit einer feinen säuerlichen Note, ein klein wenig exotisch nach dem Kreuzkümmel und zurückhaltend beißend nach Knoblauch. An der Haut und auf dem Fleisch unter der Oberfläche kommen Röstaromen durch, auch ein wenig der Rauch von der Kohle. Schinken und Kotelett sind saftig, das Filet trocken und teilweise verbrannt. Aber außer mir interessiert sich für derartige Feinheiten hier überhaupt niemand!

Nachdem sich die Bäuche der gesamten Familie vom Schweinefleisch, der extra gekochten kubanischen Yuca mit Knoblauch und ein wenig auch von meinem am Tag vorher zubereiteten deutschen Nudelsalat gerundet hatten, füllt meine Frau mit diesen drei Zutaten etliche Schüsseln, geht von Haus zu Haus, um sich damit bei allen Nachbarn für frühere Unterstützung zu bedanken. Im kleinsten Haus lebt eine Frau mit ihrer Tochter und deren drei Kindern von drei unterschiedlichen Männern, die nach der Zeugung sich allesamt ins Nirwana verzogen hatten. Sie bekommen in einem großen Plastikbeutel zusätzlich alle Knochen, keiner fein abgeschabt, um darin Unmengen von schwarzen Bohnen kochen zu lassen. Jeder der Nachbarn nimmt seine Schüssel selbstverständlich entgegen, freut sich über das unerwartete Geschenk, dankt und verzieht sich zum Mahl in sein Haus.

9. KAPITEL

RUM UND TABAK

68. GRUND

Weil ich den besten Mojito mixen kann

Auf Kuba wurden mindestens zwei international berühmte Cocktails erfunden, beide wahrscheinlich von Ernest Hemingway, zumindest ist dies der Eindruck nach Besuchen zahlreicher Bars in der Altstadt von Havanna, in denen stets genau dies behauptet wird, aber dies stets immer nur in der Bar, in der Sie sich gerade befinden. Der eine, der Daiquirí, ist etwas vornehmer, weil er als Eisschneepyramide in einem typischen Cocktailglas mit einigen Tropfen des unaussprechlichen Maraschinos kommt. Der andere, der Mojito, ist ein Massenprodukt, ideal für Touristengruppen, anscheinend auch leicht zu Hause herzustellen, aber er hat seine Geheimnisse, und wer die nicht kennt, kriegt anstelle eines Mojitos nur kalten Minztee mit einem Schuss undefinierbaren Rums.

Wenn Sie ein offizielles Mojito-Rezept wünschen, kaufen Sie sich bitte eine entsprechende kubanische Postkarte. Suchen Sie jedoch das einzige originale und dazu ultimative Rezept, dann sind Sie hier richtig. Es hat nach Hemingway wohl kaum jemand so viele Mojitos in so vielen unterschiedlichen Bars getrunken wie ich. Außerdem wächst allein und ausschließlich in meinem Garten die dafür unumgängliche Yerba Buena.

Folgende Zutaten benötigen Sie:
- Eiswürfel, aber Vorsicht: nur aus Mineralwasser, nicht aus dem kubanischen Leitungswasser, dem würden Ihre Gedärme nicht trotzen können.
- Weißer Rum, gekühlt! Da es mir nicht gelungen ist, einen der kubanischen Rumproduzenten zu einem Sponsoring zu bequatschen, nenne ich Ihnen auch nicht meinen Lieblingsrum dafür!
- Mineralwasser, sprudelnd und gekühlt! Da es auf Kuba dafür nur eine Marke gibt, die vom weltweit größten Nahrungsmittel- und Wasserproduzenten auf Kuba hergestellt wird, brauche ich Ihnen auch keine Empfehlung zu geben. Dieses Mineralwasser des

Schweizer Wassermultis kommt auf Kuba weitgehend geschmacklos daher, obwohl es in der Näher von Cienfuegos, wo es auch einige – nach kubanischen Maßstäben – stattliche Berge gibt, direkt aus der Erde gefördert werden soll. Wieso ausgerechnet Mineralwasser so geschmacksneutral wie das Wasser aus meiner Klimaanlage sein kann, erschließt sich meinem Verstand leider nicht.

- Zucker, aber Vorsicht: Bitte sich nicht von Ihren Gasteltern den Zucker aus einer Bodega-Rationierungs-Verteilung aufschwatzen lassen! Zwar ist das rein chemisch gesehen auch Zucker, allerdings schlecht raffinierter, deshalb mit einer leichten grauen Tönung. Nehmen Sie den Zucker aus einem Supermercado, das ist zwar auch nur Zucker, aber manchmal kommt er sogar aus Spanien.
- Limonensaft, ausgepresster: Bitte keine ordinäre Zitrone verwenden, die kann unter Umständen den Geschmack des Mojitos unangenehm verändern.
- Yerba Buena, das ist das Allerwichtigste! In Europa wird anstelle der kubanischen Yerba Buena ordinäre Minze verwendet. Das schmeckt man, peinlich! Allerdings gibt es auf Kuba die beste Yerba Buena nur in meinem Garten in Havanna. Sie haben also Pech! Ihr Mojito wird kein einzigartiger originaler und ultimativer sein können.

Und nun zur Prozedur, wie Sie diese sechs Ingredienzen mixen müssen, denn es kommt dabei entscheidend sowohl auf ihre Zusammensetzung als auch auf die Vorgehensweise an.

Sie warten?

Ja, was denken Sie denn! Ich werde Ihnen doch nicht mein Geheimrezept verraten, auf dass es alle Welt nachmachen könnte, schließlich wird das Rezept für den »Underberg« auch seit über 100 Jahren in einem Banktresor verwahrt. Aber wenn Sie mich einmal besuchen kommen sollten, mixen wir gemeinsam, denn so arg viele der Leser werden wohl nicht zu mir kommen!

69. GRUND

Weil die Cohiba ein Kulturgut ist

Über jede Revolution geht die Zeit hinweg, aber stets bleibt aus ihr auch etwas erhalten; aus der französischen Revolution die bluttriefende Nationalhymne, aus der russischen der ursprünglich rein kommunistisch-proletarische Weltmachtanspruch, aus der chinesischen die Rückkehr in die Geschichte, aber was bleibt von der kubanischen? Von der kubanischen Revolution bleibt etwas, was von keiner anderen Revolution geblieben ist, ein Kulturgut! Dieses Kulturgut trägt den Namen »Cohiba«, der allerdings nur einem kleinen eingeweihten Kreis von exquisiten Kulturkennern geläufig sein dürfte. Alle Welt kennt aus dem kleinen Holland seinen Maler Rembrandt, aus der noch kleineren Schweiz den Emmentaler, aus dem unvergleichlich größeren Frankreich den Champagner, aus Deutschland ganz klar den Dichterfürsten Goethe, aber was hat es mit einem Kulturgut »Cohiba« auf sich?

Der Hinweis, dass die Cohiba eine Havanna, also eine kubanische Zigarre, ist, könnte Ablehnung provozieren, schließlich leben wir in einem aufgeklärten Zeitalter, welches uns sagt – nein, nicht einfach sagt, sondern kategorisch vorschreibt –, dass Rauchen extrem gesundheitsschädigend ist. Zuerst habe ich bei derlei von kleinen gesellschaftlichen Gruppen initiierten staatlichen Gewaltanwendungen immer das Gefühl, dass unter der Decke der Volksbeglückung sich nur private Machtgelüste verstecken. Wenn sich jemand durch das Rauchen umbringen will, dann sollte er das auch tun können, schließlich verbieten wir ja auch nicht das Motorradfahren mit seinen hohen Todesraten und zahlreiche andere Sportarten, nur das Problem der Gesundheitsversicherung müsste dann anders als heute üblich gelöst werden. Übrigens habe ich noch nie Zigaretten geraucht, verteufele dies aber auch nicht, und gehe einfach beiseite, wenn in der Öffentlichkeit jemand neben mir raucht. Aber der riesige Unterschied zwischen Zigarette und Zigarre besteht darin, dass die Zigarre ein reiner Vorgang des Genusses ist, ohne jegliche Abhängigkeit. Seit in den Jahrzehnten nach Kolumbus die Zigarre zu den Europäern gelangte, war sie ein Kulturgut.

Aber lassen wir sowohl den Blick in eine lang zurückliegende Vergangenheit als auch Überlegungen zu Fragen des Genießens. Die Auffassungen können da erheblich differieren, und schließlich sollen Sie mein Buch lesen und nicht einfach in die nächstbeste Ecke werfen!

Also einigen wir uns darauf, dass die Erfindung – oder besser die Entwicklung – der Cohiba für einen Zigarrenraucher ein kulturelles Erweckungsereignis gewesen war, welches allerdings mit Legenden und auch Mythen behaftet ist, wie wohl bei jedem nachwirkenden Weltereignis.

Eine dieser Legenden besagt, dass Mitte der 60er-Jahre der bekennende Zigarrenraucher und kubanische Diktator Fidel Castro einen ihm unbekannten Duft erschnüffelte, der einer Zigarre eines seiner – zahlreichen – Leibwächter entströmte. Castro, als ein von sich absolut überzeugter Alleskenner, erfasste augenblicklich den ungewöhnlichen Charakter dieses edlen Glimmstängels, enteignete kurzerhand die Besitzer einer in Havanna versteckt gelegenen prachtvollen Villa, kommandierte dorthin die besten Roller seines Landes und verfrachtete alljährlich ausschließlich die beste Rohware in diese Manufaktur, hatte über einige Jahre hinweg für seine Staatsgäste, darunter auch renommierte westliche Politiker und Künstler, ein Geschenk, bei dem ihm kein anderer Potentat auch nur annäherungsweise den Tabak reichen konnte. Das Ganze hatte nur einen Nachteil. Politiker und Künstler sind geschwätzig, und sie prahlen gern, sodass diese geheimnisumwobene Zigarre immer bekannter und damit für Staatsgäste weniger wertvoll wurde. 1982 kam dann diese Zigarre unter dem besagten Namen Cohiba auf den Markt.

Die wahre Geschichte kennt heute keiner mehr, denn alle, die daran beteiligt waren, sind bereits in den Zigarrenhimmel eingegangen, und die aus den früheren Erzählungen berichten könnten, hüten sich, eine weit gestreckte Legende zu demontieren. Das britische Tabakunternehmen Imperial Brands (bis 2015 direkter als »Imperial Tobacco« bekannt), die über ein Joint Venture namens »Habanos« mit dem kubanischen Staat (im Jahr 2000 zahlten sie für einen 50-prozentigen

Anteil 500 Mio. Dollar, dieser Anteil ist heute ein Vielfaches wert) heute die 27 wichtigsten kubanischen Zigarrenmarken vertreibt, lebt prächtig von dieser Legende, beschert sie ihm doch jährlich wenigstens 40 Mio. Reingewinn, was einer prima Verzinsung entspricht. Von diesen 27 Marken werden gerade einmal zehn in allen Ländern (bis auf die USA!) vertrieben. Die anderen 17 nur in denjenigen Ländern, wo die Nachfrage dafür ausreicht. Allerdings werden weitere Marken ausschließlich für den Inlandsbedarf hergestellt, die meisten davon jedoch nicht mit der Hand gerollt, sondern maschinell. Vor der Revolution war ein erheblicher Teil der Produktion bereits in wenigen Großunternehmen konzentriert, aber zusammen mit zahlreichen kleineren Fabriken betrug die Anzahl der Marken ein Vielfaches der heutigen staatlichen, was die Sammler der Zigarrenbilder und der Bauchbinden erfreut. Allerdings sind von den wenigen gegenwärtigen internationalen Marken unvergleichlich vielfältigere Formate auf dem Markt als zu früheren Zeiten.

1960 hatte Fidel Castro ganz andere Ideen. Zuerst war er überzeugt, dass die Besitzer der kubanischen Zigarrenmanufakturen, gleich ob Ausländer oder Kubaner, ihre Mitarbeiter nur knechten würden und diese Manufakturen enteignet werden müssen. Sodann war er überzeugt, dass auch die Tabakbauern nur elende Ausbeuter ihrer Landarbeiter seien und sie deshalb auch vom Land vertrieben werden müssen. Zuletzt kam die absolut einmalige Krönung seiner Gedankenkette, nach der die kubanischen Arbeiter und Bauern und Angestellten überhaupt nichts von dem bürgerlichen Schnickschnack der vielen traditionellen Zigarrenmarken halten würden, weshalb er eine Einheitszigarre verordnete. Allerdings nahm er davon eine wenngleich nur rein unwesentliche Ausnahme vor, nämlich die seiner eigenen Person. Das Resultat war überwältigend. Die Zigarrenproduktion brach total ein, niemand in der Welt wollte eine kubanische Volkszigarre kaufen, die es zudem bald auch gar nicht mehr gab, weil niemand mehr Tabak anbauen wollte. Die Praxis hatte die Theorie besiegt. Zwar verblieben die Fabriken Staatseigentum, aber wenigstens die Tabakbauern, soweit sie noch auf Kuba geblieben waren, erhielten einen Teil ihres Landes zurück. Auf diesem insgesamt geringen Teil der gesamten Anbaufläche wird bis heute der weltweit beste Tabak produziert, auf den weiten Feldern der Kooperativen zwar immer noch ein guter, den jedoch die privaten Bauern als Abfall ansehen. Zahlreiche alte Marken wurden wieder belebt und sogar neue – z.B. Cohiba, Cuaba, Trinidad, Vegas Robaina, San Cristóbal de La Habana – entwickelt, dafür jedoch weitaus mehr der traditionellen Marken aufgegeben. Die neuen westlichen Mitbesitzer orientierten sich dann ausschließlich an den Margen der Marken, weshalb sie in üblicher Manier eine Markenbereinigung auf die margenstärksten vornahmen und dafür die für den Konsumenten interessante Vielfalt aufgaben.

Heute werden auf Kuba ca. 90 Millionen Zigarren von Hand gerollt, in der Dominikanischen Republik sind es ca. 300 Mio. Ohne jeglichen Zweifel sind es die besten Zigarren der Welt, und die Cohiba ist ihr weltweit unerreichtes Spitzenprodukt. Allerdings ist nicht jede Cohiba einfach eine Cohiba. Derzeit gibt es von ihr etwa 20 Formate (auch bei diesem absoluten kubanischen Premiumprodukt wird die Konstanz vernachlässigt), von der einfachen Robusto über die kräftige Maduro bis zu eleganten Lancero. Um 2010 wurde dann eine völlig neuartige Zigarre entwickelt, die unter dem Oberbegriff »Cohiba« den Namen »Behike« erhielt. Im Unterschied zur normalen Premiumzigarre enthält sie nicht drei, sondern vier Einlageblätter. Pro Stück liegt ihr Preis weltweit zwischen 40 und 70 Euro.

Generell soll für alle Cohibas der beste Tabak verwendet werden, aber weder ist öffentlich bekannt, von welchen Pflanzern dieser stammt, noch in welcher Fabrik sie gerollt werden, denn beispielsweise werden die beliebten Robuste in wenigstens einem Dutzend über die ganze Insel verstreuten Manufakturen gerollt. Kein privater Unternehmer würde unter Marktbedingungen sich für sein Spitzenprodukt eine unklare Abstammung einschließlich wechselnder Qualität erlauben können.

Eine Frage muss offen bleiben. In einer sozialistischen Diktatur gilt stets nur eine Meinung. Kunst und Kultur benötigen zu ihrer Entfaltung generell Meinungsvielfalt. Wie war es also diesem Fidel Castro möglich, mit dem Kunstprodukt Cohiba einen Beitrag zur internationalen Kulturentwicklung zu leisten? Mir fällt als Antwort nur der Hinweis auf den berühmten »Zufall« ein, das ist wenig, aber bei allem diktatorischen Gehabe war Castro auch eine widersprüchliche Persönlichkeit.

Als Anmerkung noch eine Kuriosität: Seit Jahrzehnten kann sich der normale Kubaner keine dieser Markenzigarren leisten, denn ihr Minimumpreis beträgt wenigstens die Hälfte seines Monatslohnes, für eine! Deshalb lässt der Staat in einigen Fabriken eine kleine Einheitszigarre rollen, die es in den Bodegas (siehe Grund 86) für 5 Eurocent das Stück zu kaufen gibt. Sie schmeckt dementsprechend. So ist das Erbe der Ideen des Fidel Castro bis heute bewahrt.

70. GRUND

Weil auf Kuba die beste Zigarre der Welt gerollt wird

Die beste Zigarre der Welt heißt »Behike«, es ist eine Cohiba, und eine kostet so viel wie ein ordentlicher Bordeaux. Sie wird erst seit einigen Jahren auf Kuba gerollt, ist ein Kunstwerk, und deshalb hat jede ihre eigene Individualität.

Millionen Typen auf der Welt rauchen jeden Tag Zigarren, aber Paffen hat nichts mit dem Genuss einer Zigarre zu tun, das ist nur die schlichte Beruhigung einer uneingestandenen Nervosität, keinesfalls jedoch eine Leidenschaft, nichts weiter als Gewöhnung.

Jährlich werden auf Kuba 90 Millionen Zigarren hergestellt. Würde die Hälfte der Deutschen kubanische Zigarren rauchen, könnte jeder von ihnen sich gerade zwei Mal im Jahr eine davon anzünden. Wäre das immerhin ein jährliches Kunsterlebnis? Weit gefehlt! Zwar sind die meisten der kubanischen Zigarren weitaus besser als alle anderen aus den übrigen Ländern, aber nur sehr wenige von ihnen sind Kunstwerke, so wie die meisten Gemälde in unseren ungemein zahlreichen Museen auch keine Kunstwerke, sondern nur schlichte Massenware sind. Allerdings ist dies auch kein Problem, die Besucher dieser Museen sind auch Masse.

Ist das ein abgehobenes elitäres Denken? Aber eindeutig!

Fragen Sie doch einmal unseren ehemaligen Außenminister Fischer, ob er sich als Masse versteht. Vor der Barrikade wird alles anders, als es dahinter einmal war. Nur eine Elite ermöglicht der Masse zu Verstand zu kommen. Wer hat zuerst verfeinerte Speisen zubereiten lassen? Die römischen Adligen oder der Plebs? Hat Beethoven seine Werke vor der österreichischen Oberschicht oder in den Wiener Elendsvierteln aufführen lassen? Hat Picasso seine Bilder an die reichen Bourgeois oder an die Pariser Arbeiter verkauft? Und ganz zuletzt: Lebte Friedrich Engels wie ein Prolet? Also hören wir auf, uns selber herunterzusetzen. Stehen wird dazu, Elite sein zu wollen und dies auch zu leben! Vor allem beim Genießen einer außerordentlichen Zigarre.

Jetzt das peinliche Eingeständnis: Auch die Behike ist keine perfekte Zigarre. Allerdings ist es vollkommener Schwachsinn, nach einer perfekten Zigarre zu suchen. Wenn Sie eine Behike perfekt empfinden, und die nächste, die Sie genießen, exakt genauso perfekt empfinden, waren beide keine echten Behike! Kunst ist nicht mit »perfekt« zu charakterisieren!

Die Felder der beiden besten kubanischen Pflanzer liegen ein paar Kilometer entfernt. Deren Erde weist gemeinsame Eigenschaften auf, um besten Tabak gedeihen zu lassen, aber sie ist nicht völlig identisch. Außerdem liegen zwischen den beiden Pflanzungen Häuser, Bäume und kleine Hügel, keine Chance für gleichartige Tabakpflanzen. Zum Glück für Sie und für mich! Und noch detaillierter: Jeder dieser beiden lässt seine Pflanzen auf Feldern wachsen, die auch von Wegen, Rinnsalen und kleine Schluchten voneinander abgetrennt sind. Jeder der beiden Pflanzer erntet unterschiedliche Blätter, nicht mit Maschinen, sondern ausschließlich durch menschliche Erfahrung. Darauf werden die Blätter in stickigen Holzhütten getrocknet, aber wann exakt kommen sie heraus? Der Pflanzer wird doch nicht eines seiner innigsten Betriebsgeheimnisse preisgeben! Erneut macht die rein menschliche Erfahrung den Unterschied aus. Danach kommt ein staatlicher Aufkäufer und sortiert die Blätter. Die Pflanzer lieben diesen Typen nicht gerade, denn von seiner Qualitätsbestimmung hängen die Preise für die Blätter ab. Dafür benutzt er nicht irgendwelche Messgeräte, sondern ausschließlich seine Erfahrung, und schon haben wir in der zukünftigen Zigarre die nächste individuelle Abweichung. Nun werden die Blätter in Ballen zusammengepackt. Welche Blätter von welchen Pflanzen? Nur der Mitarbeiter der staatlichen Organisation »Tabacuba« weiß dies, aber er wird es Ihnen nicht verraten! In diesen Ballen beginnt das Drama der Fermentation, erst eine kurze und dann noch eine längere, aber Drama, weil die Blätter alles verlieren, was ihnen lieb, aber dem Raucher nicht teuer ist, und nur ein Rest bleibt übrig, der jedoch ist nichts weiter als pures Aroma. Kontrolliert wird die Veränderung mit einem Thermometer und mit Erfahrung! Nach einem Jahr oder auch nach vieren werden die Ballen in die Zigarrenmanufaktur gesendet. Dort sortiert ein Qualitätsmanager die Blätter und legt die Mischung für die Roller zurecht – nach seiner Erfahrung! Für den Roller ist der Anteil der Blätter mit dem leichten und dem starken Aroma sowie dem gut brennbaren Blatt in einer Behike festgelegt. Aber wie festgelegt? Kein Blatt ist exakt wie das andere. Die rollenden Hände sind individuell, kein Roller rollt akkurat so wie der Nebenmann oder die Nebenfrau. Sogar Gewichtsunterschiede sind normal, zwar nur minimale, aber eben nicht identisch.

Meinen Sie nun immer noch, dass jede Ihrer Behikes genau gleich schmeckt? Kunst ist die Kunst des Unterschieds! Jede Behike ist ähnlich, aber keine ist dieselbe.

Wenn Sie ein visuell ästhetischer Typ sind, werden Sie sich schon am Anblick der Zigarren in der Kiste erfreuen. Mag sein, ist aber Schnickschnack. Entscheidend ist nur das, was Sie im Mund haben werden. Zuerst müssen Sie ihr Schmerz zufügen, nämlich ein Loch bohren. Auch Ihnen mag dies Schmerzen bereiten, weil ein guter Bohrer mehr kostet als eine Behike!

Wenn die Behike einmal brennt, sucht sie sich ganz allein ihren Weg. Nach einigen Zügen wird sie ganz von allein anfangen, nur noch rund zu brennen, dann können Sie sanft ziehen oder auch nuckeln, nur nicht saugen! Um Geschmack in den Mund zu bekommen, gibt es keine Gnade, zieht die Behike schwer, soll sie im Kamin brennen, aber nicht in ihrem Mund.

Mir ist es völlig gleichgültig, ob eine lange Asche kühlt oder auch nicht. Ich streife niemals meine Asche ab, sondern lasse sie stets abfallen. Für mich ist eine lange Asche ein ästhetischer Genuss. Bei mir fällt die Asche, wenn sie fällt, auch mal auf Hemd oder Hose. Ist das nicht eklig oder wenigsten unästhetisch? Keinesfalls. Sie lässt sich leicht abklopfen, und zudem bildet sich ja alsbald wieder eine neue ansehnlich anzuschauende Asche. Ja, ich versaue mir schon mal Hemd und Hose und gelegentlich auch ein Jackett. Wahrscheinlich habe ich mir beim Rauchen mehr Kleidungsstücke ruiniert, als mich die Behikes gekostet haben. Na und! Es geht um den Genuss, und der leidet, wenn ich ständig nervös nach der Aschenlänge schiele, um ja rechtzeitig den Ascher zu erreichen. Wenn Sie aber nur mit einer tadellos weißen Hose eine Behike genießen können, genießen Sie gar nicht, sondern sind nur ein affiger Spießer. Eine Behike verlangt, sich völlig ihrem Rauch hinzugeben, und zwar so lange, bis die Fingerkuppen anfangen zu brennen.

Beim Rauchen einer Behike stört vor allem eines, und dieses eine verhindert den Genuss einer jeglichen Kunst: Zu versuchen, dieses Kunstprodukt begreifen zu wollen. Sie können nur schwelgen, ausschließlich. Nur wenn die Sehnsucht nach Sinnesfreude Sie mit der Behike in ihren Fingern verbindet, denn werden Sie diese auch genießen!

71. GRUND

Weil kubanische Zigarrenfabriken die reinsten Fundgruben sind

Meine Frau ist stolz auf die Naturwunder ihrer Insel, insbesondere haben es ihr die Wasserfälle angetan, wahrscheinlich, weil es davon auf Kuba nur recht wenige und zudem auch noch ziemlich harmlose gibt. Auch Männer haben bekanntlich zuweilen eine eigenartige Logik, vornehmlich beim Fußball. Zuerst besuchten wir Cienfuegos, nein, nicht die Stadt, sondern die zwei Möbelgeschäfte in dieser

Stadt, weil meine Frau darin vor Jahren einmal einen herrlichen Stuhl erworben hatte und wir nun gerade zwei neue benötigten. Leider waren die guten Stühle anlässlich unseres Besuches gerade in eine andere Stadt gezogen, in welche, wussten die Verkäuferinnen jedoch auch nicht. Indessen war meine Frau überhaupt nicht niedergeschlagen, weil sich für sie damit die Chance ergab, nicht weit von Cienfuegos entfernt, mir am Hanabanilla-See einen der schönsten Wasserfälle Kubas zu zeigen. Der Weg dorthin führte durch die kubanische Naturlandschaft. Selten war so viel Natur! Meine Frau steigerte sich in eine ausgedehnte Vorfreude hinein. Das Leben kann manchmal recht grausam sein. In dieser Gegend hatte es monatelang nicht mehr richtig geregnet. Der normalerweise zweifelsohne ungemein eindrucksvoll laut hinunterbrausende Gischt-umtoste Wasserfall war zu einem einsamen und gemächlich rieselnden Rinnsal geschrumpft.

Alles kein Problem! Wir hatten immer noch die Natur, und bis zum nächsten Autobahnanschluss führte sie über 50 km einfachster Landstraße, was für mich hieß, argwöhnisch langsam zu fahren, und für meine Frau, sich geruhsam der vorbeiziehenden Natur zu widmen. Als wir zu Manicaragua, dem einzigen Städtchen auf unserem Weg, gelangten, wollte ich wegen der zurückliegenden kleineren Schlaglöcher, aus denen allerdings weitgehend die Straße bestanden hatte, ein Päuschen einlegen. Vor einer Cafetería am Straßenrand, die weder Café noch Tería und genauso wenig ein Kiosk, sondern eine geöffnete Garage war, kauften wir zwei – wie es inzwischen im schönen Neuhochdeutsch heißt – Kaltgetränke. Wir standen mit den Dosen in unseren Händen so auf der Straße und erblickten uns gegenüber ein längliches, eingeschossiges, säulenbewehrtes Gebäude der späten Kolonialzeit. Na wenigstens etwas, dachte ich mir, und nichts wie hinüber! Über die gesamte Straßenfront zogen sich geöffnete Fenster hin, hinter denen zahlreiche Frauen werkelten. Aber was? Meine Frau erkannte es zuerst, worauf ich elektrisiert wurde: Zigarren! Eine Zigarrenfabrik in der tiefsten Provinz! Nach einer Minute unseres bloßen Betrachtens erschien hinter dem Fenster ein junger Mann, der uns etwas zuflüsterte, was ich nicht verstand, aber meine Frau durchaus. Ob wir nicht Zigarren brauchen konnten. Konnte ich immer! Der junge Mann verschwand, um kurz darauf am ebenfalls an der Straße befindlichen Eingang wieder aufzutauchen, in der Hand einen in Zeitungspapier eingewickelten Gegenstand. Er raunte dem Pförtner etwas zu, worauf dieser sich in das Gebäude verzog. Wenige Augenblicke später lag in meiner Tasche eine Kiste exzellenter Zigarren, welcher Marke verrate ich nicht, zu einem Zehntel des Preises in Deutschland. Der junge Mann hatte seinen Monatslohn verdoppelt und der Pförtner sich ein Trinkgeld »weggesehen«. Auf Neuhochdeutsch würde dies wohl als Win-win-Situation bezeichnet werden. Jetzt war es eine richtiggehend schöne Fahrt geworden! Für mich!

Nach zehn Kilometern mussten wir einen Bach passieren, über den sich jedoch eine hohe Brücke spannte. Just auf dieser Brücke hatten zwei Lkw-Fahrer ausprobieren wollen, ob ihre beiden Kisten gleichzeitig über den Bach gelangen könnten. Als sie erkannten, dass sie nicht konnten, saßen sie auf der Brücke schon verklemmt fest. Wir hatten noch 20 km bis zur Autobahn, aber vor uns nicht nur die beiden Lkw, sondern auch fünf weitere Lkw, drei Busse, etwa 20 Pkw sowie eine Unmenge gelassen am Straßenrand sitzender Fahrer und Mitfahrer. Aber immerhin war bereits ein Polizist auf einem Motorrad erschienen, der zu mir meinte, dass es Stunden dauern könne, bis die Brücke wieder befahrbar sei. Wir kehrten um und hatten nun noch auf einem Umweg 100 km bis zur Autobahn vor uns. Als wir uns wieder Manicaragua näherten, fuhren weitere Busse, Lkw und Autos an uns vorbei. Unentwegt gaben wir Lichtzeichen, fuhren langsam, und ich winkte mit der linken Hand heftig aus dem Autofenster. Nichts! Niemand hielt an, einzig einige Lkw-Fahrer gaben uns ebenfalls Lichtzeichen, sozusagen als Dank, dass wir sie vor einer Polizeikontrolle warnten. Keine Polizei, keine Absperrungen, kein Hinweisschild. In Manicaragua ließ ein Bus Fahrgäste einsteigen. Ich hielt an und informierte den Fahrer. Der zuckte mit den Schultern. Da es eh keinen Umweg gebe, führe er einfach zum Stau. Als ich ihn groß ansah, hörte ich den am häufigsten verwendeten kubanischen Spruch: »Das ist Kuba!«

72. GRUND

Weil der bekannteste Humidor-Fabrikant eine Künstlernatur ist

Humidore gehören fast schon zum Alltagsbild eines Touristen auf Kuba. Gar so manche von Ihnen werden diese jedoch nicht deshalb kaufen, um darin die kostbaren Havannas aufzubewahren, sondern um ein Andenken – und wenn Sie etwas mehr Geld angelegt haben sollten – auch ein kleines Kunstwerk mit nach Hause zu nehmen.

Aber ein Fabrikant für Humidore auf Kuba? Zuerst wird doch sicherlich der gesamte Touristen-Tand Kubas in China hergestellt. Wird er aber nicht! Vielleicht ist dafür der kubanische Tourismusmarkt für die chinesische Industrie noch zu klein, oder die kubanische Regierung will ihre einheimischen Handwerker schützen. Aber ein Fabrikant? Ich will mich nicht in eine Diskussion einlassen, wo ein Handwerksbetrieb endet und wo eine industrielle Produktion beginnt. Auf alle Fälle beschäftigt das Unternehmen »Humidors of Havana«, das José Ernesto Aguilera gehört, zwischen 30 und 50 Mitarbeiter – je nach saisonalem Bedarf, womit es zweifelsohne zu den größten privaten Unternehmen Kubas gehört, wahrscheinlich sogar zu den ganz, ganz wenigen größeren. Das ist sein Erfolg und zugleich auch sein Problem!

Diese wenigen Unternehmer, egal ob klein oder etwas größer – so ganz große gibt es ja gar nicht –, sprechen nicht gern darüber, wie sie in einem sich streng sozialistisch gebenden Staat zu Unternehmern werden konnten. Fast immer war dies nur durch Kontakte zu den Mächtigen des Landes möglich, aber nicht bloß zu den einfach Mächtigen, nein, sondern vor allem zu den richtig Mächtigen, besser: zu dem einzig Mächtigen. Auch José Ernesto redet darüber nicht, deutet nur an, dass in der Anfangszeit seine künstlerisch gestalteten Humidore vor allem Geschenke dieses einzig Mächtigen für Regierungsmitglieder aus aller Welt und für potente westliche Unternehmer gewesen waren. Der bekennende Zigarrengenießer Gerhard Schröder wird wohl bedauerlicherweise nicht dazugehört haben, denn als er von Fidel Castro Mitte der 90er empfangen wurde, war er noch Oppositionsführer, und weder von Helmut Kohl noch von Angela Merkel ist bekannt, dass sie Zigarren bzw. Kuba zugeneigt waren, was ich einerseits bedauere, einerseits!

José Ernesto ist 1,80, Mitte 40, trägt einen lichten Kinnbart und verfügt über einen noch begrenzten Bauchansatz. Vor allem jedoch kann er strahlen! Seine Augen leuchten den Gesprächspartner an, fast immer ist sein Mund zu einem leichten Lächeln geöffnet, zudem redet er ohne Atempause. Er selbst bezeichnet sich als introvertiert, um das Künstlerische in seiner Seele zu erklären, in seinem äußeren Verhalten ist er mehr Unternehmer, und da muss er reden. Als Unternehmer hat er in Kuba Probleme, ähnlich denen anderer Unternehmer in aller Welt; zuerst muss er Aufträge hereinholen. So arg viele Anhänger des Sozialismus pilgern nicht mehr nach Kuba, und noch weniger sind so potent, dass sie mit einem mehrere Tausend Dollar teuren Geschenk bedacht werden können. In diesen Regionen liegen die Preise seiner Humidore, sind also tatsächlich kleine Kunstwerke. Zudem möchte die kubanische Regierung ihre wenigen privaten Produktionsbetriebe weg von den Staatsaufträgen und hin zum Export in alle Welt drängen. Heutzutage sind selbst die kleinsten Deviseneinnahmen willkommen. Zugleich will die Regierung dies nicht allein ihren Vertrauten überlassen, sondern fördert unter den Produzenten der Humidore eine Eigenschaft, die es ideologisch für menschenverachtend denunziert, die Konkurrenz, und die macht José Ernesto auch zu schaffen, dem steht jedoch eine andere seiner Eigenschaften entgegen.

Mit 15 Jahren brach er die Schule ab und verließ sein Elternhaus, um allein Geld zu verdienen. Er produzierte für die Touristen kleine Ringe aus Metall. Mit 17 heiratete er und wurde Vater. Nun musste er noch viel mehr Ringe für die Touristen produzieren. Drei Jahre später verließ er Frau und Kind und brauchte nun weniger Geld zu verdienen, weil auf Kuba der Unterhalt nur auf dem Papier steht, aber damit hatte er Zeit für eine neue Welt. Er konnte seine Träume Realität werden lassen. Zwar waren einfache Metallringe sein Lebensunterhalt gewesen, aber niemals sein Lebensinhalt. Jetzt hatte er Zeit, Metall kreativ zu bearbeiten, eine tief in ihm versteckte Künstlernatur brach sich Bahn. Er wurde Mitglied der kubanischen Künstlervereinigung und erlebte dort bei Freunden, dass Humidore, ein wenig künstlerisch angehaucht, mehr Geld einbringen als einfach gestaltete Metallringe. Allerdings ging er dafür andere Wege als seine Freunde. Er beobachtete die Roller, wie unter ihren Händen kleine Kunstwerke entstehen, und er sprach mit wohlhabenden Touristen, wie sie diese Kunstwerke auch in künstlerisch gestalteten Behältnissen aufbewahren wollten, womit er eine Einstellung begriff, die mit der Revolution verloren gegangen war. Fortan bestand sein Ziel darin, mit einem »Möbelstück« eine Geschichte zu erzählen. Dieses Ziel prägte seine weitere Entwicklung.

Jeden Tag trägt José Ernesto einen inneren Kampf aus, den zwischen einem knallhart kalkulierenden Unternehmer, der sich zudem seiner Verantwortung für seine Mitarbeiter und deren Familien sehr bewusst ist, und dem nach Verwirklichung trachtenden Künstler. Der Träumer ringt mit dem Geschäftsmann. Seine besten Humidore sind eine Projektionsfläche für seine Metallkunst; dafür können die Preise auch schon in Regionen von mehreren Hunderttausend Euro gehen. Ausstellungen seiner Metallarbeiten in lateinamerikanischen Staaten und auch in den USA sind Bestätigung für ihn, während die Sorge um die Gehälter am Monatsende unternehmerischer Antrieb ist.

José Ernesto hat schon jetzt mehr erreicht, als er sich in seinen ärmlichen Kinderjahren jemals erträumte. Er ist weltweit bekannt, kommt gelegentlich den Mächtigen auf Kuba nahe, trägt Verantwortung für Menschen und bedauert, seinen Kindern nicht die Zuwendung gegeben zu haben, die er und sie sich gewünscht hätten, ein Gefühl, das er jedoch mit den allermeisten Unternehmern dieser Welt teilt.

Die Fabrikationshalle von »Humidors of Havana« liegt in einer einfachen Straße eines normalen Randbezirks von Havanna, nicht im Zentrum und auch nicht in den Ausläufern der Stadt. Nach kapitalistischem Verständnis ist er mit seinen 30 Mitarbeitern der wichtigste Arbeitgeber des Gebietes, zumal er weitaus besser bezahlt als staatliche Unternehmen. Damit zieht er eine Eigenschaft auf sich, die zwar in anderen westlichen Ländern nur rudimentär auftritt, allerdings den Deutschen bestens bekannt ist, wenngleich auf Kuba mit völlig anderen Auswirkungen: Neid! Er wird beobachtet, er wird kontrolliert, er wird denunziert, tagtäglich! Er ist zu groß und zu bedeutsam, als dass er normal für Kuba sein könnte. Darüber redet er nicht. Nachfragen dazu würde er höflich lächelnd in Abrede stellen, aber er tut etwas dagegen. Fast alle seine Mitarbeiter stammen aus den umliegenden Straßen. Zuerst muss er diese in seinem Unternehmen ausbilden, denn die staatliche Ausbildung, offiziell hochgelobt, steht nur noch auf dem Papier. Ab und an lädt er die Kinder seiner Mitarbeiter in die Fabrik ein, die Arbeit der Väter kennenzulernen. Er versteht dies als seine soziale Verantwortung. So wie zu Fragen nach seinen Beziehungen zur Regierung äußert er sich auch zu Fragen zur Zukunft seines Unternehmens blumig, indessen mit feinen Ohren die Sorgen darin durchaus hörbar sind.

Unternehmertypen wie José Ernesto sind die Hoffnungen für eine zukünftige Wirtschaftsentwicklung Kubas aus eigener Kraft, mindestens zu einem Teil.

73. GRUND

Weil ich mit dem besten Tabakpflanzer befreundet bin

Für die einen ist er ein kleiner Gott, für die anderen der Diener des Teufels. Er beschäftigt sich mit einem Produkt, welches Genuss und zugleich Tod bedeuten kann, je nachdem, auf welcher Seite der Urteilende steht. In diesem Zwist habe ich es leicht. Ich habe noch niemals Zigaretten geraucht und erst mit 55 Jahren den Genuss von Zigarren kennengelernt. Wenn mich jetzt Ihr Fluch erreichen sollte, befinde ich mich altersmäßig auf der sicheren Seite. Für die Besucher Kubas trifft dies nicht zu, denn nicht so arg viele boykottieren den Tabakanbau und die Herstellung von Zigarren. Der Name Kuba wird sich bis ans Ende unserer Tage nicht von Musik, Zucker, Rum und Tabak lösen lassen, und selbst der absoluteste Antialkoholiker und aggressivste Nichtraucher wird geduldig ein Rummuseum und eine Zigarrenmanufaktur besichtigen. Es ist das Gute an Traditionen, dass ihnen »à la longue« Gesinnungen nicht viel anhaben können.

Héctor Luis hat tagtäglich einen Spagat auszuhalten, den ein jeder Unternehmer, egal in welchem Land dieser lebt, ebenfalls auszuhalten hat. Indessen ist dieser Spagat für ihn zugleich leichter und schwieriger.

Die kubanische Regierung benötigt seine Tabakblätter, denn ihre Qualität ist die beste auf Kuba, nur noch eine Handvoll anderer Pflanzer können damit mithalten. Zudem wäre er als Anziehungspunkt für Touristen mittelfristig nicht zu ersetzen, wie beispielsweise der Betreiber eines Paladar es sogar kurzfristig wäre. Aber er ist ein innovativer und beweglicher Unternehmertyp, der die Grenzen seines Unternehmens überwinden will, und der gerade wegen seiner enormen Außenwirkung (ein, zwei Busse karren täglich 50 bis 100 Touristen auf seine Finca, die betreut und beköstigt werden wollen, früh am Morgen und am späten Nachmittag füllen die Mietwagen der Individualtouristen seinen kleinen provisorischen Parkplatz) ständig kontrolliert wird, vom Staat, von den Nachbarn, von den kubanischen Touristenführern und auch von eigenen Mitarbeitern (alle der drei Letzten auch für den Staat …). Mit jeder neuen Idee, die er versucht, durchzusetzen, überschreitet er Grenzen, was eine selbstverständliche unternehmerische Tätigkeit wäre, nur nicht auf Kuba, denn er weiß nicht, wann diese Grenzen so dicht geschlossen sein könnten, dass sie ihn wieder auf den Zustand eines zwar exzellenten, aber einfachen Tabakbauern zurückwerfen würden. Es ist die alte biblische Geschichte. Kein Segen ohne einen Fluch!

Er ist an sein Land gebunden, das gibt ihm Sicherheit, aber zugleich ist dieses Land auch ein unbewegliches Kapital, das er nirgendwo mitnehmen kann wie der Betreiber eines Paladar sein Wissen. Inzwischen kennen ihn zahlreiche Zigarrenfreunde in aller Welt, er hat Bewunderer und Anhänger, aber sie hängen an seinen Fähigkeiten als Pflanzer. Die Erweiterung seiner Finca um einen Restaurationsbereich sowie um umfangreiche Touristenführungen, einschließlich der dazu erforderlichen Marketinganstrengungen, verstärkt bei ihm auch die Einsicht in die ihm vorgegebenen Grenzen.

Dieser Héctor Luis hat von Großvater und Vater die Tradition des Tabakanbaus übernommen, die Natur hat ihm die Fähigkeit verliehen, von allen Menschen, denen er begegnet, zu lernen, sie hat ihm auch die Energie gegeben, über den Stand der anderen Pflanzer hinauszugehen. Zugleich hat er an seiner Seite eine Frau gewonnen, die ihn mit ihrem kaufmännischen Wissen, über das er nicht verfügt, unterstützen kann. Er ist kein kühl berechnender, distanziert abwägender Unternehmer, diese Eigenschaft konnte er mit seiner Bodenverbundenheit nicht entwickeln. Er ist ein warmherziger Menschentyp geblieben, und auch deshalb pilgern die Zigarrenkenner aus aller Welt zu seiner Finca »Quemado de Rubí« (altertümliche Bezeichnung einer Tabakgegend mit rötlichen Blättern), 20 km nach Pinar del Río, in der Nähe des Städtchens San Juan y Martínez. Héctor weiß genau, welche Blätter die allerbeste Qualität haben, er weiß genau, wann sie den exakt richtigen Trockenzustand erreicht haben, und er raucht seine Zigarren jeden Tag, die ein Roller vor den Besuchern anfertigt, womit er auch weiß, welche perfekt gelungen sind und welche auch nicht. Er darf keine Zigarren verkaufen, nur als kleine Show für die Besucher, und gelegentlich als kleines Mitbringsel sind sie erlaubt. Da seine Blätter in den Zigarrenmanufakturen allerdings ausschließlich für die Herstellung der Cohibas eingesetzt werden, haben die Zigarren seines Rollers auch deren Qualität.

Wenn er am frühen Morgen zu seinen Feldern reitet, die ersten zarten Pflanzen setzt, ihr Wachstum beobachtet, sie beständig pflegt und dann ihre Blätter erntet, diese im Trockenhaus aufhängt, um sie zuletzt vom staatlichen Aufkäufer begutachten zu lassen, dann lebt er, dann lebt er in seiner Welt, die für ihn gottgegeben ist. Der Kontakt zu seinen Gästen ist eine Pflicht. Sie fühlen sich wohl unter seinen zehn Pferden, dem Ochsengespann, den unzähligen Schweinen und Hühnern, Tauben, Truthühnern, den zwei Pfauen, und den um das Haus sowie das offene Restaurant wachsenden Obstbäumen, den Mangos, den Orangen, den Zitronen, den Mameys, den Avocados, den Guaven, den Kokospalmen, den Bananenstauden, sie sind gar nicht alle aufzuzählen. Zu jeder Jahreszeit blüht und wächst es hier.

In dieser Gegend geht die Arbeit auf dem Feld und im Trockenhaus nur mit gegenseitigem Vertrauen. Weder können die Mitarbeiter regelmäßig angeleitet noch ständig kontrolliert werden, sie müssen ihrer Arbeit selbstständig nachgehen können. Das erstreckt sich wie selbstverständlich, quasi naturgegeben, auch auf den Umgang mit den Touristen und den Besuchern der Finca. Seine Finca ist offen zugänglich, in dieser abgelegenen Gegend Kubas gibt es noch keine Angst vor Kriminellen.

74. GRUND

Weil am 31. Dezember Weihnachten nachgeholt wird

Der 31. Dezember ist der einzige richtige Feiertag auf Kuba, obgleich er ein normaler Arbeitstag sein sollte. Denn erst der folgende Tag, der 1. Januar, ist ein offizieller Feiertag, allerdings keiner für den ersten Tag im neuen Jahr, also ein freier Tag für das normale Volk, sondern der höchste Feiertag, weil der Tag der Machtergreifung der Rebellen, der als Beginn der Revolution gefeiert wird. Was wiederum nicht zutrifft, doch das ist eine ganz andere Geschichte als diejenige, die ich Ihnen in diesem Grund erzählen möchte.

Dem letzten Tag des alten Jahres ergeht es auf Kuba genauso wie in Deutschland. Nur die Verkäufer in den Geschäften arbeiten, die anderen machen blau, weil auch die Leitungen der Unternehmen nur noch ans Feiern denken und sich dafür schon einmal eintrinken wollen. Für die normalen Kubaner ist dieser Tag Geburtstag, Weihnachten und Silvester in einem, also großartiger kann es für die folgenden 364 Tage nicht mehr werden!

An diesem Tag ist jeder Kubaner auf den Beinen, die Frauen schmücken sich mit dem Besten was nur geht, sogar die Männer bemühen sich um etwas Eleganz, auch die Kinder sind neu eingekleidet, bereits am Morgen werden die Musikboxen auf Volllast gestellt, und dann beginnt die Vorbereitung des Gelages, wobei ein deutsches Gelage gegenüber dem kubanischen 31.-Dezember-Gelage sich wie ein Teller Bohnensuppe gegenüber Champus mit Kaviar ausnimmt. Zuerst ein Schwein, wenn nicht ein ganzes, dann doch mindestens eine Keule, eine große, schließlich soll auch eine große Familie davon satt werden.

Ein Sofrito wird mit dem Saft saurer Orangen vermischt, dann wird es Mojo genannt, und damit wird das Schwein geimpft, zwar meist bereits zwei oder drei Tage vorher, aber am Morgen des 31. wird es gründlich inspiziert, wobei der Ehemann stets behauptet, davon mehr zu verstehen als alle Frauen in seinem Haus zusammen; die Frauen lassen ihn in dem Glauben, schließlich soll er an diesem Tag für einige Stunden beschäftigt werden, was heißt, das Schwein über einen Grill sanft zu bewegen oder im Ofen zu beobachten.

Dann kommt das Gemüse dran. Die Knollen von Malanga, Yuca und Boniato werden geschält. Ein Teil der Boniatos wird sogleich in dünne Scheiben geschnitten und in Öl frittiert. Das sind die Chips zum Bier, Wein und Rum. Der andere Teil der Boniatos sowie Malanga und Yuca werden separat gekocht, aber nicht zu weich, sodann ein Teil davon als Malanga-Püree zubereitet, und ein Teil der Yuca in Stifte geschnitten, später leicht frittiert, um mit geschmorten Zwiebeln sowie massig viel Knoblauch zum Schwein gegessen zu werden. Die nicht sofort benutzten Boniatostücke, Malanga und Yuca werden zurückgehalten.

Darauf kommen die »süßen Orangen« dran, die aber von sauren Orangen zubereitet werden. Saure Orangen sind in Deutschland kaum zu bekommen. Auch in Kuba müssen sie zumeist »organisiert« werden, sind aber unbedingt erforderlich, um dünnes Schweinefleisch vor dem Braten einzulegen, oder um eben ein Schwein beim Grillen damit beständig einzureiben. Zuerst wird ihnen ihr aromatischer Saft entzogen, danach werden sie so geschält, dass die weiße Haut in zwei Hälften komplett erhalten bleibt (ohne die Haut der Orange). Sie werden etwas in Wasser gekocht, um die Bitterstoffe in ihnen zu entfernen; zugleich wird aus Wasser, Zucker und Vanille ein dünner Karamell gekocht, in dem dann die in Stücken zerteilten Hälften ziehen gelassen werden, bis der Karamell eingedickt ist. Wegen ihrer früheren Helmform heißt diese Süßspeise »Cascos de Naranja«. Außen sollten die Stücke knusprig vom Karamell sein und innen weich.

Etwas später wird Congrí angesetzt und Salat geschnitten, auch Tomaten, Gurken und Winteravocados. Kartoffeln sind zu dieser Zeit nicht mehr zu haben.

Zwischendurch bleibt niemand irgendwo stehen, sondern schwingt sich zur Musik, zumeist die Frauen und Kinder, diejenigen Männer, die nicht das Schwein zu wenden haben, spielen Dominó, und zusammen trinken sie sich schon mal »ein«.

Am Abend versammeln sich Familie und Freunde um einen großen Tisch, oder auch um zwei, die Musik erreicht fast die Schmerzensgrenze, alle Speisen werden aufgetragen, als Höhepunkt erscheint auf einem Holzbrett, das mit einem Bananenblatt abgedeckt ist, das Schwein in einer goldbraunen Kruste. Das Gelage beginnt!

Bis zur Mitternacht wird getanzt, die Sidra (wer kann sich auf Kuba schon Champagner für mindestens zwei Monatsgehälter leisten!) wird kaltgestellt, es wird geschmust und gealbert, die Kinder beobachten und machen nach. Zuallerletzt noch ein wenig Santería.

Nach dem Anstoßen und Abküssen und Wünschetauschen wird ein Eimer mit Wasser gefüllt und mit Schwung aus dem Haus gegossen, alle Familienmitglieder und Freunde beobachten den Schwung und klatschen dazu.

Darauf wird ein Koffer geschnappt, völlig leer, und damit einmal die Straße hoch und runter gegangen, das soll hilfreich für eine gute Reise ins neue Jahr sein, und schaden tut es auch nichts.

Allerdings geht das Gelage mit dem ultimativen Höhepunkt weiter. Jetzt wird die Süßigkeit aufgetragen, eine traditionelle, zumeist nur an diesem 31. Dezember zubereitet, denn sie macht richtig Arbeit. Buñuelos ist ihr Name, und hier ist ihr Rezept:

- 50 % gekochte Yuca
- 30 % gekochte (Boniato) Süßkartoffeln
- 10 % Malanga
- 10 % Kürbis
- Eier
- Mehl
- Salz
- Zucker
- Anis
- Öl

Das Gemüse durch einen Wolf drehen, daraus mit den anderen Zutaten einen relativ festen Teig kneten, diesen zu dünnen Strängen drehen und darauf kleine Brezeln formen und diese im Öl frittieren, in Kuba am liebsten jedoch in Schweinefett. Am besten lauwarm essen mit anisversetztem Sirup oder mit Honig.

Und das Ende? Wie überall – allgemeine Ermüdung!

75. GRUND

Weil ich keinen Likör trinke

Auf fast jeder touristischen Karte ist sie verzeichnet, und gleichfalls findet sich in so manchen Reiseführern ein Hinweis darauf. Sie ist die einzige spezialisierte Likörfabrik Kubas, in der aus Rum und Guaven eine alkoholreiche Flüssigkeit hergestellt wird, die Sie beruhigt trinken können, wenngleich wahrscheinlich nicht genießen werden, aber wo sonst in der Welt wurde Ihnen schon ein landestypisches Gebräu angeboten, welches Sie wirklich mit Genuss zu sich genommen haben! In der westlichsten Provinzhauptstadt Kubas, in Pinar del Río, ist außer der kleinen örtlichen Zigarrenmanufaktur diese Likörherstellung die einzige vorzeigbare Fabrik. Auf den Karten ist sie eingetragen, in der Stadt jedoch nicht ausgeschildert, und mit Karten verbindet sich zuweilen die Eigenschaft, dass die Karten richtig, aber die Gegend falsch ist, also, die Fabrik war nicht da, wo sie eigentlich sein sollte, aber mithilfe einiger Hinweise ortskundiger Kubaner war sie auffindbar, nachdem wir vorher in drei zwar richtige Straßen, aber für unser Ziel dann doch falsche geschickt worden waren.

Sie befindet sich in einer unscheinbaren Seitenstraße, aber ihr Gebäude aus dem 19. Jahrhundert verspricht bereits viel, zumal eine gusseiserne Tafel an ihr verkündet, dass in diesem Gebäude bereits 1892 zum ersten Mal der weltweit einzige »Guayabita del Pinar« hergestellt wurde und seitdem ununterbrochen immer noch wird. Es war das letzte Versprechen. Die Touristeninformationen werben für eine

Besichtigung der Fabrik. Das sollten sie im Interesse einer Werbung für Kuba lieber sein lassen.

Die Frontseite der Fabrik zur Straße ist nur Fassade, ähnlich einer überpuderten Frau. Innen ist alles so wie auch in den meisten der noch funktionierenden kubanischen Fabriken, es sei denn, sie haben westliche Miteigentümer oder arbeiten direkt für die Regierung. Ein Mitarbeiter führt uns durch die Fabrik, er ist freundlich und unwissend. Zuerst geht es in die Abfüllanlage, normalerweise der Abschluss einer Führung, wenige Minuten später erkennen wir jedoch ihren Sinn. Es ist eine wenigstens 25 Jahre alte italienische Anlage, klein und in einem Zustand, wie sie nach 25 Jahren Betrieb mit unentwegten amateurhaften Reparaturen, beispielsweise mit Dichtungen aus alten Fahrradschläuchen, in Kuba üblich ist. Auf ihr, so erklärt der freundliche Typ auf meine Frage hin, werden täglich 10.000 Flaschen abgefüllt. Als ich vorsichtig nachfrage, dass aus dieser Anlage dann im Jahr wenigstens zwei Millionen Flaschen mit Likör herausrollen, nickt er zustimmend. Im hinteren Teil warten auf Holzpaletten maximal 100 Glasflaschen, um gefüllt zu werden, zudem wird jetzt, gegen 15 Uhr, hier nicht mehr gearbeitet Ich will ihn nicht düpieren, und wir folgen ihm in den Hof der Fabrik. Auf kleinem Raum stehen vielleicht zehn blaue Plastikbehälter, doppelt so groß wie eine normale blaue Tonne, die ursprünglich in der Fabrik »Mauser« im rheinischen Brühl zum Transport und zur Aufbewahrung flüssiger Chemikalien entwickelt worden waren und nun weltweit verbreitet sind. In ihnen soll hier der Alkohol aus einer 300 km entfernten Rumfabrik transportiert und gelagert werden. Darüber hinaus liegen alte Holzpaletten und rostige Metallgestänge herum.

Weiter geht es nicht. Die Tür zur einzigen weiteren Halle ist verschlossen. In der sollen Holzfässer stehen, in denen die unzerteilten Guaven zum Rumextrakt gegeben werden, um dann einen Monat zu reifen. Ich frage nach einer Wasch- und Filteranlage, er nickt, das würde alles so gemacht, ich frage weiter, wo? Das könne er mir nicht zeigen. Ich frage nach dem Umsatz, er zögert, ich danke ihm und drücke ihm verstohlen einige CUCs in die herunterhängende Hand, der Mann ist anständig, nickt und meint leise, alles sei hier bescheiden, für die Flaschen bräuchten sie die Rückgabe, aber dafür gäbe es auf Kuba kein System, zudem gäbe es zurzeit auch keinen Zucker, weshalb sie nur trockenen Likör herstellen könnten (der sich an einem deutschen Gaumen mächtig süß ausnimmt, wie würde da der Süße wirken?), sie könnten auch nicht exportieren (obgleich jeder Kubaner nach Miami gern eine Flasche zur Auffrischung der alten Geschmacksprägung mitnimmt), und mehr als 200.000 CUC Umsatz würden sie hier im Jahr nicht schaffen, mit 30 Mitarbeitern und einem Endpreis von 3,50 CUC. Ich rechne im Kopf schnell nach, teile ihm aber mein Ergebnis nicht mit, welchen Zweck würde das auch wohl haben.

Mit ein wenig Kapital könnte diese Fabrik als Museum mit angeschlossener Likörfabrikation umgebaut werden. Damit würden hier mehr Menschen beschäftigt und mehr Flaschen verschiedenen Inhalts hergestellt werden können. Aber wenn in einem sozialistischen Kuba Guavensaft in den üblichen Pappkartons aus Spanien und Südamerika importiert, und Rum von Franzosen destilliert werden muss, woher sollen dann die Rohprodukte für diesen weltweit einmaligen und sogar trinkbaren Likör wohl kommen?

Zuletzt doch noch ein Lichtstrahl. Als ich den freundlichen Mann frage, ob ich nicht auch zu Hause Guavenlikör herstellen könne, gibt er mir den Tipp, ihn nur mit gut raffiniertem weißen Zucker und mit zerkleinerten Guaven wenigstens drei Monate reifen zu lassen und ihn dann über feinste Tücher abzuseihen. Na also, dachte ich mir, geht doch!

76. GRUND

Weil die Bar Cho echt abgefahren ist

In dieser Gegend kann es überhaupt keine Bar geben, das ist völlig undenkbar! Und würde ich diesem Typen in Deutschland begegnen, bekäme er für den Betrieb einer Bar keinen einzigen müden Euro geliehen. Auf Kuba ist alles (fast) anders als in Deutschland!

Maikel, der Besitzer dieser Bar, ist ein gewitzter Typ, der auf Kuba durchaus gelegentlich anzutreffen ist, aber zugleich ist er auch ein international erfahrener Geschäftsmann, und damit ist er auf Kuba eine rare Erscheinung.

Er ist gewitzt, weil er seine Bar nicht neben vielen anderen in der Altstadt oder in angesagten Vierteln Havannas eröffnet hat. Er hat sie in einem Viertel eröffnet, das zwar vom Zentrum aus mit dem Auto in gut 20 Minuten zu erreichen ist, aber damit schon in einem Randbezirk liegt. Es liegt am Ende einer der wichtigen Straßen, die vom Zentrum bis an den Rand der Stadt gehen. Die meisten Häuser in dieser Straße, der Diez de Octubre, sind nicht restauriert, etliche sehen sogar so aus, als wäre ein Bürgerkrieg über sie hinweggegangen, was hintersinnig in einem übertragenen Sinne zutrifft. Trotzdem wohnen darin noch Menschen, und in den besseren Häusern wohnen Kubaner, die über mehr Geld verfügen als die in den anderen. Maikel setzt nicht auf internationale Kundschaft, also die nur »am Laufen« sind, und ebenso wenig auf ansässige Ausländer, die einen Hotspot für sich suchen, sondern ausschließlich auf Kubaner aus der näheren Umgebung, und er weiß, dass es ausreichend Potenzial auch um diese Diez de Octubre herum für den Besuch einer durchaus anspruchsvollen Bar gibt. In Deutschland wäre ein derartiges Konzept normal, in Havanna ist er damit weit und breit allein.

Seine internationale Erfahrung hat er in der Zusammenarbeit mit vietnamesischen Geschäftsleuten erworben. Nach dem Jura-Studium arbeitete er kurz für die Regierung, was eine Vorgabe für die Zulassung zu diesem Studium war. Während des Studiums wohnte er mit einem vietnamesischen Studenten zusammen, der in Vietnam Anfang des neuen Jahrtausends nichts anderes im Sinne hatte, als Unternehmer zu werden, für Kuba damals undenkbar. Als er in Kuba eine Zulassung für ein Importunternehmen erhielt, holte er seinen Studienkumpel zu sich ins Unternehmen. Alsbald lernte Maikel jedes Jahr für einige Monate in Vietnam kapitalistisches Geschäftsgebaren in der Aufbruchssituation eines sich noch sozialistisch bezeichnenden Staates kennen. Nachdem ihn seine vietnamesischen Freunde reichlich ausgenutzt hatten, stellte sich das ein, was wir bei uns wissenschaftlich angehaucht als »Burn-out« bezeichnen, indessen war er nur ein wenig erschöpft, erholte sich jedoch schnell und ging wiederum zu seinen Vietnamesen, die ihn diesmal nach Ecuador sandten. Das war die Zeit, in der die kubanische Regierung private unternehmerische Tätigkeit zuließ, weshalb Ecuador für ihn weniger interessant wurde als die Eröffnung eines Bekleidungsgeschäftes in seinem Viertel in Havanna, doch nachdem die Margen mit Klamotten sanken, weil auch andere diese Idee hatten, verkaufte er es wieder, eröffnete eine moderne Bar in seinem Wohnviertel, die jedoch für kubanische Bestimmungen zu groß geraten war und nach kurzer, aber ungemein erfolgreicher Zeit schließen musste. Der größte Teil seines Geldes war damit weg, worauf er wiederum für die Vietnamesen in Havanna arbeitete. Das spricht für sein Standvermögen. Nicht weit von der ersten Bar entfernt fand er eine leer stehende Bruchbude, günstig zu haben, und begann ein neues Wagnis. Neues Konzept, die Behörden stimmten zu, kleiner, aber exquisiter, totaler Umbau mit abenteuerlich besorgten Materialien, und es entstand die erste Bar außerhalb des Zentrums von Havanna in einer Qualität, mit der sie auch in jeder deutschen Großstadt »laufen« würde. Aus Dankbarkeit – oder vielleicht aus geschäftlicher Anhänglichkeit? – benannte er sie mit dem vietnamesischen Namen Cho.

Das Cho ist zweigeschossig, rustikal, aber mit viel Holz gediegen ausgestattet, verfügt im oberen Geschoss über niedrige, sesselartige Bänke sowie dementsprechende Holztische, an den Wänden hängen die für kubanische Bars üblichen großen Bildschirme, auf denen internationale Videoclips laufen, die Musik dröhnt, er setzt nur junge Frauen als Kellnerinnen ein, allesamt Studentinnen und aus der Nachbarschaft, sie bewerben sich reichlich, es ist chic, im Cho zu arbeiten – selbstverständlich spielen dafür die Trinkgelder überhaupt keine, aber auch wirklich gar keine Rolle – und allabendlich brummt der Laden. Mit seinem Konzept ist eine Webseite nicht erforderlich.

Maikel war Angestellter des Staates, Angestellter eines kapitalistisch agierenden Unternehmens, Partner eines solchen Unternehmens und ist selbstständiger Gastronomieunternehmer. Auch er kann seine Getränke und alle anderen Zutaten nicht günstig in einem Großmarkt einkaufen, sondern nur dort, wo auch alle Kubaner einkaufen können, besser: könnten! Er muss sich also andere Quellen erschließen, wie jeder seiner Kollegen. Das schlaucht auf die Dauer, immer so mit einem Bein in der Finsternis zu arbeiten. Vielleicht trinkt er deshalb ein wenig zu viel, indessen sieht es jeder seiner Besucher – von denen er fast alle aus seinen früheren Berufen kennt und die aus der Nachbarschaft sowieso – als selbstverständlich an, dass Maikel ihm den kubanischen Respekt erweist, also mit ihm wenigstens ein Bier trinkt. Maikel ist ein umgänglicher Typ, cleverer und geschickter als viele seiner Kollegen, aber kein abgeklärter und überlegen auftretender Geschäftsmann, das macht ihn in seiner Umgebung sympathisch, und Sympathie ist in einem Barbetrieb unumgänglicher Teil des Erfolgs. Wenn sich in seine Bar einmal Ausländer verirren, dann deshalb, weil sie in den zahlreichen umliegenden Casas Particulares übernachten, aber darauf erleben sie etwas, was sie in den Bars des Zentrums niemals erleben würden, sie erleben Kubaner!

Welche Träume hat dieser Maikel? Er träumt von einer Kette »Bar Cho« als einer Kette in anderen Randbezirken Havannas. Er träumt, weil er weiß, dass die kubanischen Behörden nichts von Bar- oder Restaurantketten verstehen und hören wollen, aber wenn dann doch, diese eher für ausländische als für kubanische Betreiber zulassen würden. Er träumt auch noch von etwas: von besseren Zeiten!

10. KAPITEL

ABENTEUER AUTOFAHRT

77. GRUND

Weil ein Kilometer auch zwei oder null sein können

Zuerst fiel es mir während einer Fahrt von Matanzas über Colón nach Santa Clara auf. Kurz nachdem ich in mein Auto gestiegen war, las ich in der Stadtmitte von Matanzas am Straßenrand auf einem Entfernungsschild: St. Clara 193 km, Colón 80 km. Alles klar, dachte ich. Nun wusste ich, auf wie viele Kilometer ich mich einzustellen hatte. Gelassen fuhr ich weiter. Nach etwa zwei Kilometern am Ende von Matanzas dann ein weiteres Schild: St. Clara 189 km. Oh dachte ich, da hat jemand zwei Kilometer zu viel gemessen, na ja, so etwas kann schon mal passieren. Nach weiteren vier Kilometern fuhr ich an einer Militärschule vorbei. Auch dort war ein ordentliches Schild aufgestellt: St. Clara 173 km, Colón 79 km. Verwundert rieb ich mir die Augen. Hatte ich falsch gelesen? Nein, meine Frau neben mir bestätigte. Wir waren sechs Kilometer gefahren, doch das Entfernungsschild hatte für St. Clara 20 km abgezogen, aber für Colón nur einen einzigen. Als ich nach vier Kilometern in der Ferne ein weiteres Schild sichtete, fuhr ich langsamer. Es stand genau am Ende des Stadtbezirks von Matanzas: St. Clara 169 km. Na bitte, sagte ich mir, stimmt doch wieder. Das nächste Schild tauchte in der Stadt Limonar auf, etwa 19 Kilometer von meinem Ausgangspunkt entfernt: St. Clara 170 km, Colón 60. Die paar Kilometer Unterschied konnten mich nun wirklich nicht mehr erschüttern. Nach 68 Kilometern dann in der Kleinstadt Perico die nächste Information des kubanischen Straßendienstes: St. Clara 125 km, Colón 12 km. Jetzt setzte bei mir die totale Verwirrung ein. Welcher Angabe ist zu glauben? In Colón dann der ultimative Höhepunkt: St. Clara 93 km, Los Arabos 20 km. Demzufolge musste ich seit Matanzas 100 Kilometer gefahren sein, es waren aber lediglich 80. Wo kommen die 20 zusätzlichen her? Als ich dann in Los Arabos nach 20 Kilometern tatsächlich las: St. Clara 81 km, schloss ich vor den folgenden Entfernungsschildern, bar jeder Gefahr, immer kurz meine Augen. Allerdings konnte ich damals nicht wissen, dass ich erst am Beginn einer Leidensgeschichte stand, denn überall auf Kuba begegnete mir dasselbe Phänomen. Entweder zu viele oder zu wenige Kilometer und öfter sogar auf einer Strecke beides zusammen.

Als Deutscher konnte ich nicht verhindern, dass sich in meinem Kopf Gedanken über die Ursachen dafür entwickelten. Meine erste Vermutung war, dass der kubanische Staat keine geeigneten Messinstrumente zur Verfügung hat. Für jede Mangelsituation gibt es auf Kuba seit 50 Jahren nur eine einzige Antwort: das Embargo der USA. Nach dieser politischen Lesart würden sich die Amerikaner permanent weigern, Kuba Messinstrumente zu liefern, und so dem Land absichtlich Schaden zufügen. Sie halten dies für völlig unsinnig? Na dann sollten Sie mal die Parteizeitung *Granma* lesen, in der nachgerechnet wurde, dass diese Embargopolitik Kuba allein beim Zigarrenexport jährlich 106 Mio. Dollar Schaden zufügt. Aber da die englische Imperial Tobacco 50 Prozent Anteile am für den Zigarrenexport zuständigen kubanischen Unternehmen Habanos hält und als AG Umsatz sowie Gewinn ausweisen muss, exportiert danach Habanos für ca. 450 Mio. und erzielt damit ca. 80 Mio. Gewinn. Gern würde ich den kubanischen Anteil für einen Dollar erwerben, um dem kubanischen Staat den Verlust abzunehmen, den es durch das amerikanische Embargo erleidet. Diesen Verlust würde ich dann in meine Bücher aufnehmen und den Gewinn meinem Bankkonto zuführen.

Die nächste Vermutung geht in Richtung normaler kubanischer Schlamperei. Nein, auf keinem Fall! Kubaner schaden sich nicht selber. Das verbietet der Staat kategorisch. Zudem ist es ausgeschlossen, dass der kubanische Staat dies absichtlich macht. Wer würde sich denn wohl selber schaden! Also, absichtlich schon gar nicht, und das auf keinen Fall. Indessen könnte ja vielleicht ein Fehler in der Planung und in der Messung vorliegen? Nun mal ganz allgemein: Kennen Sie in Deutschland einen Politiker oder eine Behörde, der bzw. die einmal einen Fehler öffentlich eingestanden hat? Nein? Ich auch nicht. Der Kubaner, der seinem Staat einen Brief wegen der falschen Straßenangaben schreiben würde, könnte eine unangenehme Reaktion erhalten. Möglicherweise würden bei ihm ein paar distinguierte Herren in grauen Anzügen vorbeikommen, aber auf Kuba wegen der Hitze ohne

Krawatte, um sich mit ihm über seine staatsbürgerliche Gesinnung auszutauschen. Das wäre kein sehr tagverschönerndes Gespräch.

Möglicherweise könnte auch hier wieder die CIA eine Hand im Spiel haben. Vielleicht, so die Denke der Geheimdienstler, könnte sich wegen der wechselnden Entfernungsangaben zwischen Fahrer und Castro ein derartig heftiger Disput entwickeln, dass der Wagen an einem Baum endet. Nein? Na dann scheinen Sie wohl eine sehr friedfertige Frau neben sich im Auto zu haben. Ich kenne dies ganz anders!

Allerdings gäbe es eine recht simple Lösung. Auf dem Straßenschild könnte in der umgekehrten Richtung die zutreffende Kilometerangabe geschrieben werden. Dann wäre der Autofahrer einfach in die falsche Richtung gefahren. Allerdings am einfachsten wäre der Hinweis, dass der normale Kubaner diese Schilder eh nicht beachtet, aber bei einer amerikanischen Invasion die Amis arg in die Irre geführt werden würden. Blödsinn? Na da kannten Sie die alten sowjetischen Karten wohl nicht!

Sicherlich werden Sie sich fragen, weshalb Kuba diese Instrumente nicht bei dem Rest der Welt einkauft? Fragen Sie in Kuba besser nicht!

78. GRUND

Weil von Brücken die Straßen geklaut werden

Auf der Straße von Matanzas nach Santa Clara ist in der Nähe des Ortes Coliseo auf der linken Seite eine Brücke zu erkennen, zu der weder eine Straße hin- noch eine wegführt. 40 Kilometer weiter ist vor dem Ort Perico dasselbe Phänomen zu sehen. Fährt man von Colón in Richtung Guareiras, hebt sich links ebenso eine einsame Brücke aus der Landschaft heraus. Von Santa Clara in Richtung Sancti Spiritus das gleiche Wunder, und ebenso auf der Autobahn von Havanna nach Pinar del Río. Quer durch Kuba hinweg sind zahlreichen Brücken ihre Straßen weggenommen worden. Eine Brücke ohne Straßenanbindung ist bei der vorbildlichen gesamtstaatlichen Planung Kubas schier undenkbar. Das leitet zu einer gesellschaftspolitisch immanenten Frage

Kubanerin posiert in typischer Bekleidung für eine Fotoserie zu ihrem 15. Geburtstag.

Oben: Koch und Besitzer Carlos Cristóbal am Herd seines Restaurants »San Cristóbal« am Rande der Altstadt von Havanna. **Unten:** Gemüseverkäuferinnen auf Havannas einzigartigem Bauernmarkt in der 19. Straße Ecke B im Stadtteil Vedado, unweit der deutschen Botschaft.

Oben links: Der am besten etikettierte weiße, dunkle und braune Rum Kubas aus dem Viñales-Tal.
Oben rechts: Zutaten für einen authentischen kubanischen Mojito. **Unten:** Kubanische Kreativität: Selbstgebauter Pizzaofen aus einem alten Ölfass.

Oldtimer warten vor dem Gran Teatro in Havanna auf »Kunden«.

Oben: Eine Hütte zum Trocknen der Tabakblätter in der wichtigsten Tabakregion Vuelta Abajo in der Provinz Pinar del Río. **Unten:** Pflügen des Tabakfeldes mit einem Ochsengespann, damit die Erde aufgelockert bleibt.

Oben links: Sortieren von Zigarren. **Oben rechts:** Im Trocknungshaus.
Unten: Die berühmte Tabakfabrik »El Laguito«, in der die besten Cohibas gerollt werden.

Oben: Der Künstler und Humidorfabrikant José Ernesto Aguilera in seinem »Showroom«.
Unten: Zigarrenfabrik in Cienfuegos.

Brücke ohne Anschluss.

Ambulante Autoreparatur.

Oben: Kubanischer Zeitungskiosk mit seinem »reichhaltigen« Angebot.
Unten: Dominóspieler am Straßenrand Havannas.

Oben: Rodeo in der Mittelstadt Colón.
Unten: Wahrsagerin wartet mit ihren Utensilien auf Kundschaft.

Das nebelverhangene Yumurí-Tal von der Schnellstraße aus kurz vor Matanzas.

Oben: Der Paseo del Prado, seit über 130 Jahren die traditionelle Flanierstraße Havannas. **Unten:** Diese imposante Villa in einem Vorort Havannas kündet trotz des Verfalls noch heute vom früheren Reichtum der Stadt.

Oben links: »Obispo«, die Einkaufsmeile Havannas. **Oben rechts:** Blick in den Paladar »San Cristóbal«.
Unten: Ein Haus in typischer »Vergitterung« in Havanna wegen der »geringen« Kriminalität.

Der berühmteste Karneval Kubas (»Parranda«) in der Kleinstadt Remedios mit grandioser Beleuchtung.

über: Wer klaut auf Kuba von den Brücken die Straßen und lässt diese Brücken einsam in der Landschaft stehen?

Die erste Antwort, die dazu einfällt, betrifft den ständigen Hauptverdächtigen, die CIA! Aber weshalb könnte die CIA das beabsichtigt und wie könnte sie es unternommen haben? Nach der Zentralverwaltung für Statistik der DDR gibt es wohl weltweit keine andere Institution, die so viel gelogen und betrogen hat wie die CIA. Vielleicht haben die direkt hinter einer Brücke die Straße abmontiert, um Fidel Castro, wenn er darüber fährt, ins Nichts abstürzen zu lassen. Denkbar wäre es, denn schließlich wollten sie ihn sogar mit einem Taucheranzug und einer Zigarre vergiften.

Auf keinen Fall war es der kubanische Staat selber, denn der würde sich völlig anders verhalten. Der würde die Brücken als Denkmäler stehen lassen und auf ihren Seiten schreiben:

»Mit Fidel für immer weiter vorwärts!«

Waren es vielleicht Kubaner selber? Eine absurde Vorstellung! Wie könnte ein Kubaner wohl eine ganze Straße klauen und wozu? Wahrscheinlich kennen Sie Kuba nicht, sonst würden Sie nicht eine solch einfältige Frage stellen! Erstens gibt es nichts, was ein Kubaner nicht gebrauchen könnte. Und zweitens findet er für alles eine Lösung! Beispielsweise will er an einer zentralen Straße vor einer Brücke eine Cafetería aufmachen, erhält für diese Stelle aber keine Genehmigung, sondern nur für eine an seiner Dorfstraße. Die Lösung dafür ist ganz einfach. Die Straße muss umgeleitet werden, ob dies eine Verkürzung oder eine Verlängerung mit sich bringt, ist für sein Problem völlig belanglos. Erforderlich dafür sind ein paar Freunde und ein kräftiges Ochsengespann, eventuell sogar mit sechs Ochsen, und außerdem eine sehr dunkle Nacht. Ja, sicherlich, das neue Straßenstück ist nicht so haltbar wie das alte, aber die Straße durch sein Dorf war es sogar noch niemals. Also muss in Bälde das neue Straßenstück ausgebessert werden, die Dorfstraße gleich dazu, zum ersten Mal seit 50 Jahren! Der Typ könnte glatt Bürgermeister werden.

Eine auf den ersten Blick recht abwegige Antwort könnte lauten, dass auf Kuba Außerirdische am Werk sind. Nonsens? Da scheinen Sie wohl nicht die deutschen Einschaltzahlen für die vielen Serien auf unterschiedlichen Kanälen mit Außerirdischen zu kennen! Im kubanischen Staatsfernsehen laufen derartige amerikanische Serien ebenfalls mit großem Erfolg. Wenn sich so viele Menschen so viele Abende lang mit so vielen Außerirdischen beschäftigen, könnten dann diese Straßen nicht einfach im All verschwunden sein? In diesem Fall wäre ein Stoßseufzer der Kubaner verständlich:

»Scotty, hör auf mit dem Embargo und beame endlich unsere Straßen wieder herunter!«

79. GRUND

Weil kubanische Autofahrer unkonventionell sind

Der kubanische Mann ist autoverrückt. Wenn es einen Gegenstand gäbe, an dem festgemacht werden könnte, wie sehr die Kubaner Nordamerikaner und keine Latinos sind, dann wäre dies zweifelsohne ihre Liebe zum Auto. 1958 verfügte Kuba in beiden Amerikas nach den USA über die höchste Pro-Kopf-Zahl von Pkw. Danach schnitt die Revolution, die im allgemeinen Verständnis etwas mit Fortschritt zu tun haben soll, sie von jeglicher technischen Entwicklung des Automobils ab. Selbst heute sind Autos des letzten technischen Schreis auf den kubanischen Straßen eine Rarität. In den fünf Jahrzehnten des Sozialismus haben die kubanischen Autofahrer im alltäglichen Straßenverkehr eine Mentalität entwickelt, die den deutschen Autofahrer gehörig verwirrt und zuweilen in tiefe Verzweiflung stürzt.

Blinken ist total uncool: Die uralten amerikanischen Schlitten haben anstelle eines Blinkers nur schwache Leuchtzeichen. Die Blinkanlagen der greisenhaften russischen Ladas erfordern ungemein geübte Augen. Generell sind Glühbirnen für Blinkanlagen teuer, deshalb vermeidet der kubanische Autofahrer die Betätigung des Blinkers, gleich ob er anhalten, anfahren oder abbiegen will. Schwieriger wird es, wenn doch einmal gelegentlich geblinkt wird, und wenn dies rechts erfolgt, aber damit links gemeint ist. Das muss gar nicht ein Versehen sein, denn wahrscheinlich funktionierte gerade nur ein

Blinker, und wenigstens wurde ein Abbiegen angezeigt. Indessen gibt es eine andere Form, das Abbiegen anzuzeigen. Wird der Arm gerade aus dem Fenster herausgestreckt, heißt dies nach links; wird er im rechten Winkel nach oben gehalten, heißt dies nach rechts; wird mit der Hand am ausgestreckten Arm nach unten getippt, heißt dies nicht vorbeifahren; wedelt die Hand nach vorn, heißt dies vorbeifahren.

Reißverschluss ist unmännlich: Der kubanische Autofahrer hat in seinem Leben zu kämpfen gelernt! In der Schlange vor der Bodega bei der Verteilung gefrorener Hühnerkeulen; im Unternehmen bei der Abwehr zusätzlicher Arbeit durch den Chef; beim Arzt, um rare Medikamente verordnet zu erhalten; im Auto, um dort mit seiner Geliebten nicht von der Ehefrau gesehen zu werden. Warum um alles in der Welt soll er jetzt einen anderen Autofahrer in eine Lücke lassen. Soll der doch selber kämpfen!

Ölspur ersetzt Orientierung an Spurlinien: Weiße Farbe ist teuer auf Kuba. Selten können Spurlinien nachgezogen werden. Auf der normalen Straße heißt die Spurlinie: Ölspur. Mit großer Zuverlässigkeit hinterlassen die uralten Straßenkreuzer und die Ladas – Lkw sowieso – eine Ölspur, schließlich muss nicht gleich jedes klitzekleine Leck in der Ölwanne oder in der Hydraulik geflickt werden. Diese Spurlinie verläuft weder rechts noch links vom Auto, sondern genau in der Mitte zwischen den Reifen, was ausgesprochen praktisch ist.

Vollbremsung bedeutet Lebensgefahr: Fehlende Spurlinien und Blinkanlagen veranlassen den Autofahrer, sich stets gleichzeitig nach vorn, nach rechts, nach links und nach hinten zu orientieren. Eine Vollbremsung ist also extrem gefährlich. Zum einen muss beim Hintermann infolge seines erforderlichen Rundblicks immer mit einer Bremsverzögerung gerechnet werden, zum anderen ist der technische Zustand der Bremsanlagen in den alten Autos zu berücksichtigen. Deshalb wäre es besser, sanft auf den Vordermann zu prallen, als in die Eisen zu gehen und den Motorblock des Hintermannes im Nacken zu spüren.

Baumäste ersetzen Warndreiecke: Der täglich durch Havanna fahrende Automobilist wird kaum einen Tag erleben, ohne wenigstens um zwei liegen gebliebene Autos herumkurven zu müssen. Warndreiecke sind viel zu winzig, deshalb hat jeder kubanische Autofahrer eine Machete im Wagen, nein, nicht zur Selbstverteidigung, sondern um von einem Baum einen Ast abzuschlagen und diesen hinter dem Auto quer zur Straße zu platzieren. Bäume gibt es in Havanna überall, und im Vergleich zu den Warndreiecken kosten deren Äste nichts. Warum bleiben so oft Autos liegen? Reifenpanne, Radbruch, Achsenbruch, Bremsscheibe gerissen, Motorausfall, Getriebeschaden, Elektrikausfall – fahren Sie selber mal einen 50 Jahre Schlitten oder eine 35 Jahre alte Lada-Schrottkiste oder eine fliegende Untertasse aus China!

Straßen eignen sich hervorragend zur Autoreparatur: Liegen gebliebene Autos werden nicht erst umständlich in eine Werkstatt abgeschleppt. Der kubanische Autofahrer ist selbst der Mann. Er begibt sich unter seinen Wagen und beginnt zu schrauben. Das kann dauern. Für ihn ist dies kein Problem, für einen ungeübten deutschen Autofahrer allerdings durchaus, denn der könnte nämlich die quer zur Straße aus dem Auto herausschauenden Beine des Reparaturgenies leicht übersehen, was unangenehm für ihn wäre, während der Reparaturtyp zu keiner Zeit an Ungemach denkt.

Links fahren – rechts überholen: Das Rechtsfahrgebot haben die Kubaner aus rein praktischen Gründen außer Kraft gesetzt. Links weisen die Straßen weniger Schlaglöcher auf als rechts. Rechts stehen an den Straßenrändern liegen gebliebene Autos, Abfallbehälter, Straßenkehrer, fliegende Händler und zu fast jeder Tageszeit zahlreiche Menschen, die allesamt auf eine Mitfahrgelegenheit aus sind.

Dosen und Flaschen stören im Auto: Der Kubaner mag es nicht, wenn leere Dosen oder Flaschen in seinem Auto hin und her rollen. Es ist warm, die Fenster sind offen, die Straße ist leer, die Entsorgung gestaltet sich einfach. Da der dahinter fahrende Automobilist sowieso gehalten ist, sich nach vorn zu orientieren, kann er diesen Wurfgeschossen ausweichen. Umweltbewusstsein? Auf Kuba gibt es zuerst nur das Bewusstsein von einer permanenten Revolution, danach kommt lange nichts. Im Auto ist sich jeder selbst der Nächste, raus mit dem Abfall, und zwar so schnell wie möglich!

Motorradfahrer sind potenzielle Selbstmörder: Eine 35 Jahre alte DDR-MZ (für die jüngeren Leser: Das war die Motorradmarke der

DDR) ist bereits für schlappe 3.000 Euro zu haben. Sehr, sehr selten fährt ein Motorradbesitzer allein, mindestens zu zweit, gern auch mit Kind zu dritt, oder mit zwei Kindern zu viert, aber immer mit Helm, Marke kubanischer Eigenbau; sie sind mutig und verwegen, kennen und fürchten keine Gefahr; ihre Reifen sind abgefahren und die Bremsbeläge dünn; die US-Schlitten sind riesig und schwer, die Ladas nicht wendig und unaufmerksam; die Blüte der kubanischen Jugend zerschmilzt mit ihren Motos.

Fußgänger: Zuerst stören Fußgänger den Autoverkehr, außerdem sind sie selber daran schuld, wenn sie kein Auto haben. Und dann? Dann kommt nichts mehr!

80. GRUND

Weil »cubisima.com« echt irre ist

Die beliebteste Internet-Seite für Kubaner heißt »cubisima.com«. Es ist die kubanische Version von »ebay«. Es kann gar keinen Zweifel geben, »cubisima« ist eine sehr eindrucksvolle Seite. In ihrem Bereich »Carros« finden sich Autos, denen in jedem Land ohne zu zögern das Prädikat »exotisch« erteilt werden würde, und mit denen Länder, die niemals selbst Automobile produziert haben, sich grandiose Museen der Automobilgeschichte aufbauen könnten. Darunter finden sich so altehrwürdige amerikanische Marken wie De Soto, Studebaker, Dodge und Plymouth oder auch englische wie MG und Hillman, gleichfalls die längst verblichene französische Simca, nur die Deutschen sind Weltmeister im automobilen Markenbewusstsein, denn aus den zurückliegenden 60 Jahren gibt es mit Borgward nur eine einzige zusammengebrochene Marke, aber die wenigen Wagen, die davon nach Kuba gelangten, scheinen allesamt rechtzeitig herausgekauft worden zu sein.

Lasse ich den russischen Lada unberücksichtigt, weil der ja nur die Karikatur eines Autos ist, dann liegt auf »cubisima« der Chevrolet mit 8.219 Angeboten eindeutig an der Spitze. Der jüngste (bitte nicht mit »dem ältesten« verwechseln!) aus dem Jahr 1958. Ich suchte aber kein Auto zum Basteln, sondern eines zum Fahren. Nach langwierigen Erkundigungen hatte ich mich auf einen Hyundai kapriziert. Davon wurden zwar nur halb so viele wie von den Chevis angeboten, 4.823 Stück, aber für einen nur 15 Jahre währenden Import ist das eine beträchtliche Anzahl. Allerdings könnte die Argumentation auch zugunsten des Chevis laufen, denn im Gegensatz zum Hyundai wurde der ausschließlich privat importiert, zum letzten Mal vor 57 Jahren, dann war Schluss! Mit diesem ersten Blick war ich gewiss, in wenigen Tagen problemlos mein Wunschauto gefunden zu haben! Der zweite Blick, schon immer der entlarvende, ließ mich ratlos zurück.

Kein Hyundai jünger als 2008 und keiner unter 60.000 Euro! Zwar hatte ich damit gerechnet, dass die Preise für Gebrauchtwagen auf Kuba Schwachsinn sind, aber ich hatte mich nicht auf Wahnsinn eingestellt. Ich suchte und erkundete und durchforstete cubisima, nein! Der günstigste Hyundai war ein Accent von 2003 für 40.000, 14 Jahre und eine ununterbrochene Wertsteigerung! Was für eine grandiose Leistung auf dieser geheimnisvollen Insel. Ich wagte den Versuch und wählte die zu diesem Hyundai angegebene Telefonnummer. Der Verkäufer klang gleichgültig, es hätten sich schon zahlreiche Interessenten gemeldet, denn schließlich hätte dieser Wagen noch nicht einmal 200.000 km auf dem Tacho, und das wäre ehrlich gerechnet! Einige Tage später wusste ich, dass dies eine schamlose Lüge gewesen war. Indessen, woher soll bei einem Gebrauchtwagenverkäufer die Scham kommen, die wäre ja geschäftsschädigend, denn kein Auto fährt auf Kuba in einem Jahr nur 20.000 km, und die allererste Übung bei einem Autoverkauf ist es, gefühlvoll den Kilometerzähler zu korrigieren. Das verstehe ich allerdings nicht so richtig, denn wenn dies jeder Autokäufer weiß, macht das ja eigentlich keinen Sinn, aber »eigentlich« ist ein kubanisches Zauberwort: Würde der Verkäufer es nicht wenigstens versuchen, würde der Käufer davon ausgehen, keinen seriösen Verkäufer vor sich zu haben, sondern nur einen Idioten. Im Augenblick war ich der Idiot, glücklicherweise nur am Telefon.

Wieder zu Hause, öffnete ich erneut »cubisima«, strich Hyundai von meiner Liste, stieg eine Etage tiefer und konzentrierte mich auf

Kia. An der Spitze der Liste stand ein Kia Carnvial von 2009, Automatik, 8 Personen, für 85.000. Das entsprach nicht so ganz meinen Vorstellungen, denn ich wollte eigentlich keinen 7er-BMW erwerben. Ich suchte alle Kias ab, bis mir bewusst wurde, dass nur ein Picanto möglich wäre, denn selbst der lag auf einer Ebene mit einem neuen 1er-BMW, rein preislich gesehen!

Beim eingehenden Studium der Annoncen stellte ich fest, dass meine Vorstellung von einer Autoannonce und die der kubanischen Verkäufer in geringen Details voneinander abweichen. Zuerst suchte ich nach Automatik, hatten fast alle, darauf nach dem Jahr, 2008 war das jüngste, und da las ich: »wie neu«. Na ja, dachte ich so bei mir, die Auffassung von »neu« ist recht variabel. Dann schaute ich auf den Preis: 32.000. Es war der günstigste. Sodann nach dem Kilometerstand: Nichts! In jeder Annonce fehlte diese Angabe, wahrscheinlich unterstellten die Verkäufer, dass diese Angabe für die Käufer von vornherein unglaubwürdig sei. Zuletzt fiel mir auf, dass alle Annoncen betonten, die Autos hätten DVD (für Kubaner wohl wichtiger als die Bremsscheiben) und Licht (sogar, man bedenke!) und die Karosse wie neu (was für zehn Jahre, gemessen an den 60 Jahre alten Chevi-Karossen, ein Klacks ist), auch der Hinweis auf eine Alarmanlage fehlte nirgends (na immerhin bei diesem Preis!), desgleichen auch der auf schicke Radkappen (sind ja auch bei Deutschen unumgängliches Statussymbol). Zuletzt eine Telefonnummer. Sonst nichts!

Ich telefonierte mit den für mich interessantesten vier Nummern. Bei allen war die Stimme am Telefon dieselbe. Darauf telefonierte ich mit den nächsten vier Nummern, eine andere Stimme, aber auch viermal dieselbe. Darauf mit zwei weiteren Nummern, auch zweimal dieselbe Stimme. Immerhin hatte ich jetzt herausgefunden, dass auf dieser Internetseite nicht die privaten Verkäufer inserieren, sondern immer nur einige wenige Vermittler. Ich begriff, dass es keinen privaten stationären Autohandel gab, weil niemand das Kapital hat, sich mehrere Autos auf den Hof zu stellen, noch der Staat einen solchen Handel erlaubt. Da zudem auch der normale Kubaner keinen Zugang zum Internet hat, versuchen wenige Vermittler mit Auslandskontakten, so etwas Ähnliches wie einen Autohandel anzubieten. Ich lernte sogar volkswirtschaftliche Zusammenhänge: Ohne richtigen Handel nur richtiger Betrug.

Ich verabredete mich mit allen drei Vermittlern an einem Tag zu unterschiedlichen Zeiten in Havanna. Ich hatte die Zusage, mir acht Autos zu zeigen. Am gleichen Tag rief der erste spätabends noch an, er hätte von dem zweiten gehört, dass ich mit dem auch eine Verabredung hätte, ich bräuchte ihn dann nicht kennenzulernen, seine Autos würde er diesem mitgeben. Am folgenden Tag rief der zweite an. Er hätte jetzt nur noch drei Autos, aber die würden alle in unterschiedlichen Städten stehen, doch wir könnten uns in Havanna treffen und dann mit meinem Auto dorthin fahren. Ich fragte ihn, wie er sich das vorstelle, ich müsste für ein Auto über 30.000 bezahlen und dafür auch noch jeden Verkäufer extra aufsuchen. Darüber war er am Telefon sehr erstaunt, das sei doch auf Kuba alles so üblich, schließlich wolle ich doch ein Auto haben. Zwar wollte ich das, aber nicht als Bittsteller. Ich sagte ab. Darauf rief ich den dritten an. Der wollte sich mit uns gegen 9 Uhr an einer Tankstelle außerhalb Havannas treffen. Meine Naivität war nicht so groß wie meine Hoffnung. Ich gab es auf.

81. GRUND

Weil ein Autokauf ein Wagnis ist

In Deutschland gehört der Kauf eines neuen Autos mit zu den aufregendsten Erlebnissen im Leben. Auf Kuba ist dies genauso und ist doch völlig anders. Neue Autos importiert die Regierung nur für ihren Bedarf, private Importe sind verboten. Der private Mensch kann allerdings gebrauchte Autos kaufen, zu einem kleinen Teil von der Regierung, aber zum größten Teil von privaten Eigentümern. Dadurch ist Kuba zu dem einzigen Land auf der ganzen Welt geworden, in dem der Preis eines Gebrauchtwagens mit seinem Alter ansteigt. Ja, Sie haben das völlig richtig gelesen. Ein Beispiel: Vor zwei Jahren habe ich in einem staatlichen Geschäft einen KIA-Picanto Automatik gekauft, vier Jahre und 90.000 km, für 35.000 Euro, ohne Garantie. Das war ein echtes Schnäppchen, auf das ich ungemein stolz war, denn zwei Jahre später könnte ich den Wagen, inklusive der Verbesserungen wie z. B. neue Reifen, neue Motordichtungen usw. für schlappe 50.000 verkaufen. An sich wäre das ein prima Geschäftsmodell, zumal nicht jeder Kubaner einen Gebrauchtwagen vom Staat kaufen kann, weil er nämlich nachweisen muss, woher er das Geld dafür hat. Allerdings habe mein Auto nicht ich, sondern meine Schwiegermutter gekauft, weil Ausländer keine Autos kaufen dürfen, und weiterhin konnte meine Schwiegermutter es nur per Banküberweisung erwerben, zudem erkundigte sich der staatliche Autohändler bei der Bank, woher auf dem Konto einer armen Rentnerin (12 Euro Rente monatlich) dieser Batzen Geld stammt. Da jedoch unbegrenzt Geld aus Deutschland überwiesen werden kann, war dies alles schön legal, während im privaten Markt mit »Briefumschlägen« bezahlt wird.

Nun das Geschäftsmodell: Da die Anzahl der Touristen auf Kuba ständig nach oben geht, werden auch mehr Leihwagen benötigt. Da der Staat jedoch nicht ausreichend Devisen für Importe zur Verfügung hat, müssen die Leihwagen länger gefahren werden – so werden also weniger in den Markt für Gebrauchtwagen gegeben. Da ein Teil der Kubaner, vor allem in Havanna, durch den Kontakt mit Touristen inzwischen ordentlich Geld verdient, steigt die Nachfrage nach Gebrauchtwagen, deshalb erhöht der Staat für seine wenigen Gebrauchtwagen kräftig die Preise. Und die Privatbesitzer, die ihren Wagen verkaufen wollen, haben ein essenzielles Interesse daran, auch einmal in ihrem Leben richtig zu verdienen. So kommt für meinen KIA-Picanto nach zwei Jahren und 120.000 km eine Steigerung von 15.000 Euro zustande, für die in Deutschland glatt ein neuer KIA gekauft werden könnte. Haben Sie das alles verstanden? Kuba ist anders als alle anderen Länder, die Sie bereits schon einmal besucht haben.

Wir suchten eines der Geschäfte auf, in denen der Staat seine Gebrauchtwagen verkauft. Dort waren die Wagen repariert, waren also fahrtüchtig und standen gewaschen im Verkaufsraum. Sie waren nicht neu lackiert, hatten alte Batterien, abgefahrene Reifen und die üblichen Macken von Gebrauchtwagen. Darunter waren sechs Picanto von 2012, zwischen 80.000 und 130.000 km, jeder zum Festpreis von 35.000. Wer hier über den Preis diskutieren will, kann gleich wieder gehen. Der gebrauchte Renault für 90.000 interessierte mich mit seinen 150.000 km nicht wirklich. Auch drei chinesische Geelys standen vor mir, jeder eine Typenklasse höher als der Picanto, mit einer größeren Maschine und zwischen 125.000 und 190.000 km, jeder für gerade einmal 25.000. Ich begriff, dass die kubanische Regierung sich der Qualität chinesischer Autos durchaus bewusst ist.

Der Verkäufer konnte etwas Englisch. Ich redete mit ihm allein, dann redete meine Frau mit ihm auf Spanisch, allein. Dann sprach er mit uns beiden. Diese Picantos hier könne er uns nicht empfehlen, da müssten Kubaner noch daran basteln. Aber beim nächsten Picanto, den er hereinbekäme und der unseren Vorstellungen über ein fahrtüchtiges Auto entsprechen würde, erhielten wir einen Anruf. Selbstverständlich würde er keine Provision nehmen. Er trug westliche Schuhe einer prominenten Marke, eine recht propere westliche Hose sowie ein fein gewirktes westliches Hemd, mehrere Goldkettchen um Hals und Arm sowie eine teure Marken-Armbanduhr am Handgelenk. Alles ordentlich von seinen 40 Euro Monatslohn.

Drei Wochen später erhielten wir den versprochenen Anruf, tätigten das Geschäft und drückten dem Verkäufer auf der Straße lange und fest die Hand.

82. GRUND

Weil es einen Schutzengel für mich gibt

Ich bin in Camagüey, einer im Osten Kubas gelegenen Stadt, und will westwärts nach Havanna fahren, zwar nur gute 550 Kilometer, aber da ich bereits recht früh im Wagen sitze, dürfte das kein Problem werden, denke ich mir, obwohl die Autobahn erst kurz nach Ciego de Ávila beginnt. Bis dahin stehen mir schlappe 100 Kilometer auf der sogenannten Carretera Central bevor, die längs durch Kuba verläuft, allerdings mit Bedingungen, die unsere Landstraßen als Traumstraßen erscheinen lassen würden. Auf den ersten 30 Kilometern bis Florida muss ich ständig um Schlaglöcher herumkurven, einige so groß wie Badewannen, vor allem auch so tief. An anderen Stellen ist die Asphaltdecke an den Rändern völlig abgebrochen, sodass ich mich ständig vorsichtig in der Mitte dahinbewege. Gerade wenn die Straße einigermaßen Tempo zulässt, muss ich erneut scharf abbremsen, weil der Asphalt zugunsten eines schotterähnlichen Belags verschwindet. Ich kann mich keine fünf Minuten am Steuer ausruhen. Es ist eine erbärmliche Tortur. Permanent habe ich mich ungemein zu konzentrieren, damit mein Auto alle Misshelligkeiten der Straße heil übersteht. Und dann der Hoffnungsschimmer, kurz hinter Florida beginnt ein einigermaßen ordentlicher Abschnitt, ich hatte es schon nicht mehr zu hoffen gewagt. Ich kann es kaum fassen, glatter Asphalt, auf dem ich mühelos mein Tempo halten kann. Ruhig gleite ich dahin, wage sogar seitliche Blicke in die Landschaft und erhole mich allmählich.

An der Einfahrt zu einem kleinen Straßendorf erblicke ich am rechten Straßenrand kurz einen alten Mann, der mit einem dunklen Lappen vor sich hin wedelt, aber nicht so aufgeregt von oben nach unten oder heftig mit waagerechter Hand, nein, das gerade nicht, sondern nur so, als wolle er Staub von seinen betagten Hosen entfernen. Es ist nicht mehr als nur eine Augenblickserfassung, nur so aus dem Augenwinkel heraus, die sich nicht in mein Bewusstsein eingeprägt hätte, wäre nicht eine Sekunde später mein Leben in Gefahr geraten.

Ich sehe gerade noch, wie unmittelbar vor mir die Farbe des Straßenbelags urplötzlich in Tiefschwarz umbricht, spüre einen kräftigen Schlag gegen die Stoßdämpfer, und dann schwimmt mein Auto. Es nimmt die Lenkung nicht mehr richtig an, gleitet nach rechts direkt auf einen Baum zu. Ich reiße das Steuerrad scharf nach links, gehe massiv in die Eisen, der Wagen dreht sich einmal um die eigene Achse, driftet dabei auf die Gegenfahrbahn, befindet sich jedoch wieder in meiner ursprünglichen Fahrtrichtung, und dann sehe ich, wie ein

Trumm von Lkw direkt auf mich zukommt. Vielleicht kam mir in Sekundenbruchteilen in den Sinn, dass nun alles aus und vorbei ist, aber der Fahrer des Lkw hatte die Kapriolen meines Wagens wohl gesehen, und zieht scharf nach links, also auf seine Gegenfahrbahn. Dort bringt der Schmierbelag einen schweren Lkw nicht in solche Schwierigkeiten wie eine Sekunde vorher mein zweitüriges Autolein. Ich will aufatmen, komme aber nicht dazu, denn nun fährt ein Pkw auf mich zu, ich habe vor dem unvermeidlich scheinenden Zusammenstoß jedoch gerade noch Zeit, mein Steuer wieder scharf nach rechts einzuschlagen, gelange wieder auf den tiefschwarzen Belag, beginne wieder zu schwimmen, drehe mich jedoch glücklicherweise nicht noch einmal, weil ich inzwischen schon ausreichend an Fahrt verloren habe, bin bis zum Hals mit Angst erfüllt, kann nicht mehr denken, rutsche mit den Füßen vom Gas und von der Bremse, lenke intuitiv vorsichtig gegen die Ausweichbewegungen des Wagens und komme nach 100 Metern, die mir wie ein Kilometer vorkamen, erneut auf Asphalt an. Ich stoppe, meine Hände zittern, mein Herz pocht mir bis zum Hals, meine Beine sind weich wie Butter. Um buchstäblich Haaresbreite, und nur, weil der Lkw-Fahrer geistesgegenwärtig gehandelt hatte, der eigenen Gefahr nicht bewusst, bin ich davongekommen. Tod vor den Augen und Rückkehr ins Leben – alles innerhalb eines kurzen Augenblicks.

Der löchrige Asphalt war auf meiner Fahrbahn auf etwa 500 Meter abgetragen und zugleich mit frischem Teer grundiert worden, was dem Autofahrer das Gefühl gab, seine Fahrbahn sei eingeseift. Es gab vorher keinen Hinweis, nur der alte Mann wollte mich wohl darauf aufmerksam machen, doch zugleich hilflos.

Vorsichtig schleiche ich weiter. Nach fünf Kilometern erblicke ich am Straßenrand ein Polizeifahrzeug. Ich halte an, gehe zu den Polizisten, schildere ihnen das Erlebte und frage sie, warum um alles in der Welt diese Gefahr nicht angekündigt, weshalb keine Absperrung vorgenommen worden wäre, und wieso sie mit ihrem Auto hier, aber nicht vor der Gefahrenstelle stehen würden. Der junge kubanische Polizist schaut mich gelassen an und meint:

»Warum freuen Sie sich nicht? Ihnen ist doch nichts passiert!«

83. GRUND

Weil ich nirgendwo auf der Welt so wundervoll allein auf der Autobahn fahren kann

Eine der großen Leistungen Fidel Castros bestand in dem Bestreben, längst durch die gesamte Insel, also auf ca. 1.300 km Länge, eine Autobahn zu bauen. Der Bau begann 1979, als die Subsidien der Sowjetunion reichlich flossen. Damals gab es noch keine Diskussionen über die mit einer derartigen Trennung der Insel in zwei Hälften verbundenen Gefahren für die Natur. 1988 war ein ca. 550 km langes Teilstück von Pinar del Río über Havanna bis kurz nach Sancti Spiritus fertiggestellt, kurz danach gleichfalls ein ca. 60 km langes Teilstück von Santiago in Richtung Havanna und eines über ca. 40 km von Guantánamo nach Westen. Gleichfalls wurden um Havanna herum autobahnähnliche Anschlussstücke gebaut. Es war gestückelt und ist es bis heute, denn 1990 war Schluss, bis jetzt. Der einzige Geldgeber war die Sowjetunion gewesen. Es war wie bei einem großen Konzern. Geht die Mutter bankrott, reißt es zumeist auch die Töchter mit. Bereits in den 80ern war dieses Projekt nicht bloß äußerst anspruchsvoll, sondern auch reiner Größenwahn. Schon damals konnten die meisten Straßen auf Kuba nur noch im Notfall ausgebessert werden, und äußerst selten wurden überhaupt neue Straßen gebaut, aber eine das Land längst in der Mitte aufspaltende Autobahn musste her, obgleich der Umfang des damaligen Autoverkehrs keine Autobahn erforderte. Ein vierspuriger Ausbau der Carretera Central hätte völlig ausgereicht, hätte aber nicht spektakulär von sozialistischen Wundertaten gekündet. Außerdem sind etliche Passagen der Autopista als Landepiste für Düsenflugzeuge hergerichtet.

Allerdings ist das heute alles nicht mehr so problematisch. Zwar ist die zentrale Straße über Kuba noch immer nicht ausgebaut, zudem über weite Strecken hinweg sogar in einem gottsjämmerlichen Zustand, aber die »Autopista« wurde weitgehend sich selbst überlassen, womit für den deutschen Automobilisten eine geradezu fabelhafte Zeit begann.

Die Autopista weist drei Eigenschaften auf. Erstens ist sie frei von technischem Schnickschnack, also keine Leitplanken, eingezeichneten Spurlinien oder irgendeine leuchtende und wechselnde Verkehrssignalisierung. Der grüne Mittelstreifen kann problemlos überquert werden, und Ausfahrten sind zurückhaltend ausgeschildert.

Zweitens bewegen sich auf ihr generell ausgesprochen wenige Fahrzeuge. Gelegentlich Fahrradfahrer, Pferdefuhrwerke, Ochsengespanne, Kühe und Pferde, gern auch mal in Gegenrichtung, diese irritieren eigentlich nicht, weil leicht zu passieren.

Drittens ist der Belag noch der originale. Zwar wurde er an einigen Stellen erstaunlicherweise sogar erneuert, aber seine Solidität über drei Jahrzehnte hinweg spricht für ordentliche Handwerksarbeit. Das kann der Autofahrer auch spüren.

Die Höchstgeschwindigkeit beträgt 100 km/h. Das ist jedoch für den deutschen Automobilisten völlig belanglos, denn erstens gibt es keine Geschwindigkeitsmessungen, zweitens nur wenige Polizeikontrollen, die zudem rechtzeitig erkannt werden können, und drittens ist die Autobahn ja leer. Es ist ein unbeschreibliches Vergnügen, den Mietwagen einmal so richtig ausfahren zu können. Na ja, sicherlich nicht mit 250, das geben diese Kisten nun doch nicht her, aber 180 habe ich schon locker geschafft, und ein paar Sekunden reichen dafür, müssen es allerdings auch, weil zwischen der rechten, der mittleren und der linken Spur ein gelegentlicher und außerdem ausgesprochen gefühlvoller Wechsel erforderlich ist, um zu verhindern, dass bei gewissen, allerdings nur wirklich kleineren unbedeutenden Unebenheiten im Belag die Stoßdämpfer heftig protestieren oder die Achsen ihren Geist aufgeben, und Letzteres muss nun wirklich nicht sein. Was ist das für ein Gefühl, endlich einmal, während der Wagen ausgefahren werden kann, gleichzeitig auch zu essen, zu trinken, zu telefonieren, Zeitung zu lesen – halt! Nein, dies doch nicht, denn welche wohl, es gibt ja keine lesbaren, aber ansonsten sind alle in Deutschland verbotenen Annehmlichkeiten auf der kurzen kubanischen Autobahn ohne Weiteres machbar!

Ich, anstelle der Regierung, würde längere Abschnitte der Autopista als geradezu idealtypische Teststrecke an internationale Autohersteller verpachten. Der deutsche Automobilist muss sich nicht auf Überholungen konzentrieren, und wenn zufällig einmal doch, dann werden sie nur als eine angenehme Abwechslung empfunden. Eine einzige Wehmutsträne rinnt aus den Augen, nämlich wenn dieses Autofahrerparadies verlassen werden muss, denn die Autopista ist endlich. Zumeist geht sie in die Carretera Central über, aber gelegentlich, wie bei Bayamo, hält sie auch Überraschungen bereit, indem sie in einen Lehmweg übergeht, der mitten durch Zuckerrohrfelder führt. Was könnte wohl romantischer sein!

Ich lege Ihnen dringend eine Fahrt über eine kubanische Autopista ans Herz. So entspannt und mit so viel Natur werden Sie nie wieder eine Autobahn erleben!

84. GRUND

Weil Oldtimer Normalität sind

Ganz Kuba ist ein Museum, aber seine Oldtimer sind das Museum des Museums!

Für gar so manche Besucher ist es der Höhepunkt, mit einem Oldtimer-Cabriolet den Malecón entlangzufahren, dabei die Haare im Wind flattern zu lassen und Selfies zu machen. Vor der Revolution dürfte es weniger Cabriolets als heute gegeben haben, was für den Erfindungsreichtum und die Tatkraft der Kubaner spricht, wenn es darum geht, den Touristen einen Gefallen zu tun – auf privater Basis versteht sich.

Auf der Internetseite cubisima.com sind unter »carros« alle Oldtimer verzeichnet, die zum Kauf angeboten werden, wie viele es jedoch tatsächlich gibt, verliert sich in den Untiefen der kubanischen Statistik. Rechne ich nur die tatsächlichen Oldtimer zusammen, lasse also die 18.063 Ladas beiseite, die sich immerhin auch mindestens schon 35 Jahre auf den kubanischen Straßen abmühen, dann wird auf dieser Webseite die unglaubliche Anzahl von wenigstens 30.000 Wagen angeboten. Darunter:

- Chevrolet 15.363
- Ford 6.479
- Dodge 2.745
- Plymouth 1.950
- Buick 1.600
- Pontiac 931
- Oldsmobile 709

Cadillac, Mercury, Lincoln, Corvette, Chrysler, Studebaker, de Soto, Hillmann oder gar die lächerlichen Simca führe ich erst gar nicht an, und Fiat kenne ich nicht. Aber Stolz kommt auf, wenn ich von 866 Mercedes-Benz und von 520 BMW lese, aber wie soll ich mich erst fühlen bei 18 Porsche! Na ja, die Italiener werden auch bei 193 Alfa Romeo und 36 Ferraris jubeln.

Indessen, alles ist auf Kuba mit Vorsicht zu genießen. Zahlreiche dieser über die Straßen pesenden Karossen sind tatsächlich nur Frankenstein-Autos, der Motor von Hyundai, das Getriebe von Toyota, die Bremsanlage von Renault und vieles mehr in Handarbeit nachgefertigt. Wie gut haben es da die Amerikaner mit ihren kleinen spezialisierten Fabriken, in denen jedes Ersatzteil für einen Oldtimer originalgetreu nachgebaut werden kann. Der Kubaner erfährt es von seinen Verwandten in Miami, und manches Teil aus diesen Fabriken gelangt über verschlungene Wege auch in sein Auto.

Das soll nicht bedeuten, dass Kubaner ihre Autos so sehr lieben, dass sie keines davon in die Schrottpresse bringen würden. Schrottpressen gibt es in Kuba nicht, sie würden unbenutzt herumstehen. Der kubanische Mann bastelt nicht aus Liebe an seinem verrosteten Schrotthaufen, ebenso wenig bastelt er aus Zeitvertreib. Er bastelt, während er inständig zum lieben Gott betet und zur Sicherheit auch noch zu Ochun (siehe Grund 22), der Wagen möge am Endes des Tages doch bitte wieder anspringen, das Getriebe etwas länger halten, die Kabel der Elektrik nicht durchbrennen und sich bitte sehr doch niemand über die fehlende Blinkanlage aufregen.

Wenn sich ein Leser hier über die Autoverliebtheit der deutschen Männer mokieren sollte, dann sollte er oder sie sich niemals mit einem kubanischen Autobesitzer unterhalten. In der Nähe meiner Straße wohnt ein Typ mit einem schwarzen Porsche. Als ich einmal an ihm vorbeifuhr und anhielt, um ihn zu fragen, aus welchem Jahr der Porsche ist und wie er sich so tadellos halten konnte, schaute er mich von oben herab (denn ich saß gerade im Auto und er stand vor seinem) mitleidig an und meinte, ich würde wohl keinen Porsche kennen, sonst würde ich ihn nicht fragen. Dann war er weg, und ich konnte ihm nicht mehr mitteilen, aus welchem Land ich komme.

85. GRUND

Weil hier abgefahrene Straßen echt abgefahren sind

Wenn Sie ein fremdes Land besuchen, geht es Ihnen vor allem um Erholung und nur selten um Abenteuer. Der Strand, die Landschaften und die Städte haben es Ihnen angetan. Das Bedürfnis nach Abenteuer wird sich in Grenzen halten; keinesfalls darf es in Anstrengung ausarten, die Sie an Ihre Grenzen führen oder gar anhaltenden Stress verursachen würde. Aber vermutlich wird es unter Ihnen auch Ausnahmen geben – diese Menschen können jetzt weiterlesen, die anderen sollten den folgenden Grund überblättern.

Ich bin auf Kuba über Straßen gefahren, die auf den Karten ordentlich als Straßen ausgewiesen waren, die ich jedoch nicht als Straßen bezeichnen würde. Waren es Asphaltreste oder Schotterpisten oder Feldwege oder Teststrecken, oder sollten es gar keine Straßen, sondern moderne Kunstwerke sein? Als geistige Hilfskonstruktion, um meinen Frust in Ironie umzuwandeln, stellte ich mir anfangs vor, dass diese Straßen zwar auf den Karten verzeichnet sind, aber von der kubanischen Regierung ganz speziell hergerichtet werden, um sie als Teststrecken für asiatische und europäische Autobauer zu vermieten. Ich empfand diese Vorstellung als witzig, vor allem, wenn ich wieder einmal daran zweifelte, ob ich auf dieser Straße weiterfahren oder umkehren oder auf ein Zeichen des Himmels warten sollte. Nach einiger Zeit gewann ich jedoch Abstand zu meinen früheren Empfindungen und kam zu der Überzeugung, dass derartige kubanische Straßen eine einzigartige Chance für richtiggehende Abenteurer sind, sozusagen etwas für moderne Konquistadoren. Entdeckungen auf Kuba harren insbesondere auf diesen Straßen!

Im Folgenden können Sie unter einer Hitliste meiner persönlich irrsinnigsten Straßen die Ihnen gemäße aussuchen. Die Reihenfolge ist willkürlich, ich bin sicher, dabei gar nicht alle geeigneten erfasst zu haben, und vielleicht hat inzwischen die Regierung einige Teile dieser Straßen auch bereits ausgebessert. Das sollte Sie aber nicht verzagen lassen, weil auf Kuba Ausbesserungen an einer Stelle die Löcher an anderen wachsen lassen, denken Sie dabei einfach an die zwei kommunizierenden Röhren.

Banes – Deleite

Das ist eine Straße bzw. ein Lehmweg, der für Ihre weiteren Abenteuer nur zum Eingewöhnen gedacht ist. Von Banes im Osten führt eine Straße mit der Nummer 307 zu einer größeren Straße mit der Nummer 123, die Sie westwärts nach Holguín bringen würde. 4 km hinter Banes zweigt eine 421 in den Süden ab. Das ist eine meiner »Traumstraßen«, die zudem nicht so leicht zu finden ist und deren auf der Karte angeführten Dörfer sich hinter Bäumen verstecken. Landschaftlich gibt sie rein gar nichts her, alles flach, Zuckerrohrfelder und Bananenplantagen. Zudem ist es eine Straße, mit der die Regierung Sie auf einigen Teilstrecken verwirren möchte, denn zwischendurch fährt es sich für einige Hundert Meter ganz passabel. Es beginnt mit einer ordentlichen Teststrecke für Stoßdämpferfabriken, nie zuvor und auch nicht später habe ich eine Asphaltstraße derartig wellig erlebt. Das schüttelt herrlich durch. Darauf folgt eine Strecke, die einst wohl ein Testgelände für Panzer gewesen sein muss, und danach – oder vorher? (ich war wohl zu sehr durchgerüttelt) – war die Straße weg, aber direkt neben dem quasi Nichts hatten die schweren Lkw zum Transport des Zuckerrohrs sich am Feldrand eine eigene Fahrrinne gefahren, die ganz gut für mein Auto gewesen wäre, hätte dieses dieselbe Spurbreite wie ein Lkw gehabt. Darauf folgen Abschnitte mit kleineren und größeren Löchern, bei denen das Fahrern in Schlangenlinien gelernt werden kann. Kubaner haben einen speziellen Ausdruck für derartige Straßen: »Eine Straße, auf der Dinos Fußball gespielt haben!« Höhepunkt ist eine grüne Mittelinsel, in der sich früher wohl ein Loch befunden haben muss, das sich mit Regenwasser füllte, das aber die Lkw mit dem Lehm von den Feldern wieder füllten, sodass es sich begrünte. Sie können bequem darum herumfahren, denn am Rand der Felder ist ausreichend Platz.

Santiago de Cuba – Pilón

200 km, rechts hohe Berge, links das Meer, die Berge sind grün, das Meer ist blau; wenn Sie eines davon sehen sollten, ist Ihr Auto gerade zum Meer heruntergekullert oder gegen einen Felsen geprallt oder in einem zufällig gerade entstandenen Bach stecken geblieben. Sie sehen nur dunklen Asphalt, zumeist aber Steine, Schotter und Lehm. Ob Sie in Pilón ankommen werden, oder umgekehrt in Santiago, ist ungewiss, und genau darin besteht das Abenteuer. Konzentration ist hier fast alles – fast, weil das andere Glück ist. Aber wenn Sie Pech haben sollten, haben Sie auch Glück, weil Sie dann ausreichend Zeit haben werden, sich durch die Natur beglücken zu lassen.

Moa – Baracoa

Die Straße beginnt bereits verheißungsvoll. Moa ist das Schlimmste, was eine kubanische Stadt zu bieten hat. Hier wird einer der wenigen Exportartikel Kubas gefördert: Nickel. Der Produzent ist die kanadische Minengesellschaft Sherritt International, und die hält sich für den Umweltschutz auf Kuba nicht für zuständig. Grauer Staub überzieht die Landschaft. Laut Karte sollen es 45 km bis Baracoa sein, ich glaube es nie! Drei Stunden habe ich benötigt! Keine Frage, alles war sehr malerisch – Wald entlang des Weges, kleine Örtchen, manchmal sogar Ausblicke auf das Meer. Wenn da nur eine richtige Straße gewesen wäre, war sie aber nicht, nur Loch an Loch, gelegentlich auch keine Löcher, weil eine Lehmschlucht zu durchfahren wäre. An einer warteten Frauen, um mitgenommen zu werden. Als ich fuchtig wurde, indem ich ihnen durch das Fenster zurief, das sei hier doch wie in Afrika, antwortete mir eine, das sei falsch, »hier ist Afrika!«

Yara – Santo Domingo

Yara hat in Kuba einen guten Klang, hier war einer der Ausgangspunkte des ersten Unabhängigkeitskrieges. Das ist bereits das Beste, was über diese Straße gesagt werden kann. Sie führt direkt ins Gebirge hinein und endet im Dörfchen Santo Domingo, was nur deshalb so schön nach der Dom Rep klingt, damit sich die Verzweiflung abkühlen kann. An sich ist die Straße weniger als Straße für Abenteurer gedacht als mehr für Naturliebhaber. Von Dschungel bedeckte Berge und unter Nebelwänden verborgen, auch die Straße verbirgt sich, irgendwie muss sie unter der Erde angelegt worden sein. Wo Serpentinen zu langweilig werden, geht es bequem so steil bergauf, wie Sie es garantiert nie wieder erleben werden. Hinter Santo Domingo hatte Fidel Castro früher sein Hauptquartier, das war uneinnehmbar, jedenfalls für Militärautos.

San Diego de los Baños – La Palma – Viñales

Für diese Straße benötigt der Abenteurer etwas Geduld, nicht weil sie so derartig abenteuerlich wäre, sondern weil einige Strecken zügig abgefahren werden können, bis die echt abgefahrenen die wahren Fahrkünste verlangen. Zumindest auf den moderaten Teilstrecken können Sie sogar die Berglandschaft bewundern, aber vor allem die Wildnis genießen, die die Straße umschließt. Dann jedoch wird es so ziemlich haarig, weil von der Straße manchmal nur noch die Hälfte übrig geblieben ist, die allerdings mit einem Jeep oder besser noch mit einem Traktor problemlos zu bewältigen wäre, aber ob Sie an einen Traktor kommen werden, wage ich zu bezweifeln. Indessen gewinnen Sie hier eine völlig unerwartete Einsicht. An einem Teil befindet sich ein ausgedehntes Höhlensystem, in dem sich während der Kubakrise von 1962 Che Guevara aufgehalten haben soll, um von hier aus die westlichen kubanischen Truppen gegen eine amerikanische Invasion zu kommandieren. Wenn Sie in die Nähe dieses verborgenen Unterstandes gelangt sind, zweifeln Sie an dieser Version, denn es könnte auch sein, dass sich Che hier vor den Amerikanern versteckt gehalten hatte, weil kein amerikanischer Militärwagen den Weg dorthin ohne Achsenbruch geschafft hätte. In La Palma entschädigt Sie jedoch der Ausblick auf das Meer für alles, was diese Rennpiste Ihnen bis dahin abverlangt hat.

La Fe – María la Gorda

Der Weg zu Ihrem eigentlichen Ziel beginnt in Pinar del Río, führt Sie über San Juan y Martínez und Sandino, dann jedoch beginnt eine tollkühne Fahrt bis zu Ihrem Ziel in María la Gorda. Auf der Karte schaut die Straße wie eine mittelprächtig ordentliche aus, denn immerhin befindet sich in den Riffen vor »María der Dicken« eines der bekanntesten kubanischen Tauchreviere. Verglichen mit anderen kaum existenten kubanischen Straßen ist diese hier immerhin noch vorhanden und auch leidlich zu befahren, solange man nur das Schritttempo beachtet und gewohnt ist, den Wagen in Schlangenlinien zu steuern. María die Dicke besteht aus einem Hotel, das mit viel Erfahrung und mit noch mehr Gelassenheit durchaus gerade so zu ertragen ist. Der Strand besteht aus Steinen mit etwas Sand dazwischen, aber da hier sowieso nur abgehärtete Taucher anhalten, gehört das alles noch zu den besten unter den weniger gelungenen kubanischen Zielgebieten.

11. KAPITEL

GEHEIMNISSE UND KURIOSITÄTEN

86. GRUND

Weil die kubanische Bodega ein mystischer Ort ist

Jeden Tag sehe ich Luis. Meist steht er schon morgens vor der Tür der Bodega in meiner Straße. Er kennt alle Besucher, jeder Besucher kennt ihn, und ebenso kennen ihn die Verkäuferinnen. Luis übt einen ungemein modernen Beruf aus. Er ist ein Multifunktionsdienstleister.

Die Bodega ist ein viereckiger flacher Betonbau, etwa 20 Meter lang, 10 Meter breit und 2,50 Meter hoch. Von außen wie von innen ist sie unschön, was eine freundliche Charakterisierung ist. Über die gesamte Breite der Bodega ragt ein Vordach heraus. Vier kräftige Betonsäulen stützen es ab. Wenn es heftig regnet, haben sicherlich Menschen darunter Platz, allerdings müssen sie sich rechtzeitig eingefunden haben, denn vom Dach strömt der Regen direkt auf den Vorplatz. Dann bildet er einen durchgehenden Vorhang aus Wasser, und darunter ist die Erde im Nu so aufgeweicht, dass in ihr die einfachen Schuhe der Bodega-Kunden wie in einem zähflüssigen Leim kleben bleiben. Sie ist eine kubanische Bodega. Zwar werden in ihr – wie auch in einer spanischen – Essen und Getränke verkauft, aber dort wird nichts konsumiert. Im Grunde genommen wird in ihr auch nicht richtig verkauft. Es wird mehr verteilt, zumindest für die Menschen mit einem durchschnittlichen Einkommen und einer normalen Rente. Alle Bodegas in Kuba sehen von innen ähnlich aus. Ihnen allen ist eine große Tierliebe gemeinsam. Vor der Tür halten sich ständig die kleinen kubanischen Straßenköter auf, drinnen laufen zahlreiche Insekten herum, unter denen die Kakerlaken in Streichholzschachteldimension die bemerkenswertesten sind. Häufig haben auch Mäuse, manchmal sogar Ratten ein Hausrecht.

Meine Bodega besteht aus vier Räumen. In einem Lagerraum stapeln sich mächtige weiße Säcke mit Reis, Zucker und schwarzen Bohnen. In einer Ecke stehen Fässer mit Speiseöl, in einer anderen sitzt der Administrator. Wie ein mittelalterlicher Klosterverwalter trägt er fleißig Zahlenkolonnen in eine Kladde ein. An der Vorderseite befindet sich der Verkaufsraum, in den kein vernunftbegabter Europäer einen

Schritt hineinsetzen würde. Die ersten Aldi-Filialen mit ihren einfachen Holzregalen müssen sich demgegenüber wie Verkaufspaläste ausgenommen haben. Jeder Kubaner, der diesen Raum betritt, hält ein kleines Heftchen in der Hand. Es ist die sogenannte Libreta oder auch Tarjeta. In der Bodega trägt eine Verkäuferin darin ein, wie viel er von seiner monatlichen Ration, die ihm der Staat zugesteht, gerade erhalten hat. Gleichzeitig hält sie diese lebenswichtige Information in einem Schulheft fest, in dem sie fein säuberlich Längs- und Querlinien gezogen hat. Schließlich ist die doppelte Buchführung auch in Kuba bestens bekannt.

Manche Rationen, wie beispielsweise die zwei Kilo Reis pro Monat, kann der Besitzer einer Libreta auch auf einmal erwerben. Die reichen dann für zwei Wochen. Ein Kilo Reis kostet 10 Pesos, etwa 40 Cent, insofern geht es in der Bodega eigentlich nicht so richtig ums Bezahlen, sondern mehr ums Verteilen. Allerdings auch nur eigentlich, denn bei 200 Pesos monatlicher Rente müssen weiterer Reis und weitere Bohnen, mit denen sich der Kubaner hauptsächlich am Leben erhält, zugekauft werden. Für seinen Reis benötigt er monatlich 40 Pesos, für die Bohnen 160. Und weiter? Dann beginnt die viel gerühmte Lebenskunst der Kubaner.

Rechts vom Verkaufsraum sind zwei kleine Verschläge abgetrennt, der eine für Brot und Eier, der andere für Wurst und Fleisch. Beide haben ein Ausgabefenster. Davor bilden sich die längsten Schlangen. Die Regierung Kubas ist sehr um das Wohl ihrer Bürger bemüht. Deshalb verschafft sie ihnen ab und an echte Glücksmomente, beispielsweise wenn eine Lieferung von Eiern oder gar von Rindfleisch die Bodega erreicht. Bei Rindfleisch steht sie ihnen sogar hilfreich zur Seite, denn Rindfleisch gibt es nicht am Stück – welches Stück wohl auch! –, sondern bereits als Gehacktes, in dem alle Teile eines Rinds verarbeitet worden sind, manchmal auch Sojamehl, aber das ist eine amerikanische Verleumdung. Die beiden Ausgabefenster für Fleisch und Brötchen sind mit dicken eisernen Längs- und Querstäben versehen. Damit sichert die Regierung das Eigentum ihrer Bürger, denn die Brötchen und die Eier gehören nicht ihr, sondern den Benutzern der Bodega, von Gesetzes wegen.

Im Verkaufsraum stehen auf den Tresen zwei traditionelle mechanische Waagen, sowohl ihrer Form als auch ihrem Alter nach. Mit ihnen werden Reis, Bohnen, Zucker und anderes abgewogen. Bevor ich den Sinn dieser Waagen begriff, hatte ich mich gewundert, weshalb in der Bodega auch junge und attraktive Verkäuferinnen arbeiten, denn die könnten beispielsweise in einem privaten Restaurant ein höheres Einkommen erzielen als in dieser jämmerlichen Bodega. Meine Verwunderung wurde jedoch durch den Augenschein der beiden Waagen beendet. Wahrscheinlich konnte man mit ihnen noch niemals genau wiegen. Klar, man könnte ja zu Hause nachwiegen? Aber wer wird in Kuba Arges denken!

Manchmal wird der Administrator frühzeitig informiert, welche Produkte demnächst angeliefert werden. Die Verkäuferinnen haben trainierte Ohren. Sofort instruiert er sie eindringlich, keinesfalls diese Information weiterzugeben. Danach telefoniert er mit etlichen Freunden. Die Verkäuferinnen eilen zum Telefon unter dem Vordach der Bodega oder benutzen draußen ihr Handy. Jeder Benutzer der Bodega weiß um den Schwund beim Wiegen, aber keiner beschwert sich darüber. Alle sind freundlich zu den Verkäuferinnen und hoffen im angedeuteten Fall auf einen Anruf von ihnen.

Luis hält sich ständig unter ihrem Vordach auf, so erfährt er als Erster von der Lieferung eines raren Produktes wie beispielsweise Hühnerteile oder Eier. Sofort benutzt er das Telefon, um sein Netzwerk zu aktivieren. Innerhalb weniger Minuten erfahren in den umliegenden Straßen all seine zahlreichen Bekannten die wichtige Neuigkeit, um daraufhin stracks zur Bodega zu eilen. Aber einige müssen es nicht, denn sie haben ihre Libreta Luis zu treuen Händen gegeben. Luis nimmt in der Schlange vor dem Ausgabefenster der Bodega ihre Stelle ein.

Wenn er an der Reihe ist und gleich fünf oder gar zehn Libretas auf den Tresen legt, regt sich hinter ihm in der Schlange Unmut angesichts der drohenden Wartezeit. Doch der Verdruss ist gering, denn alle wissen, sie hätten Luis ja auch ihr Heftchen zur Betreuung geben können; indessen sind für viele die ein, zwei Pesos für seine Dienstleistung schon zu viel.

Außen an der Bodega und ebenso über den Verkaufsregalen prangt in hellen knochenfarbenen Lettern der Name der Bodega. Meiner Bodega hat die örtliche Verwaltung den markanten Namen »Sieg« zugeteilt, was zweifellos von einem besonders feinen Humor zeugt. Mit der Bodega ist der profane westliche Konsum besiegt worden. Wer eine Bodega betritt, verlässt die Welt des ungezügelten Konsums und taucht in eine Welt der geordneten Bedürfnisverwaltung ein.

Mir scheint die Bodega ein mystischer Ort zu sein. Ein Ort der Sehnsüchte und des Verlangens, des Geheimnisvollen und des Verschwiegenen. Aber eine Hoffnung haben ihre Benutzer nach fünf Jahrzehnten nicht mehr – oder in diesen Jahrzehnten wohl auch niemals gehabt: dass sie einmal verschwindet.

87. GRUND

Weil Rodeo kein reines Männervergnügen ist

Auf Kuba ist ein Rodeo nicht bloß ein Vergnügen für harte Männer, sondern eines für die ganze Familie. In einer kleinen Provinzstadt veranstaltet Yanier einmal im Monat ein Rodeo. Eigentlich ist er ein Angestellter der Stadt, aber das Rodeo behandelt er wie sein eigenes und hofft, dass es ihm die Stadt auch einmal verkaufen wird.

Es beginnt typisch amerikanisch mit dem Eintritt der Flaggenträger. Dabei fällt einem der jungen Männer die Flagge aus der Hand und Yanier das Herz in die Hose. Die heilige kubanische Flagge im Dreck! Hoffentlich ist kein Vertreter der Parteileitung anwesend. Die Flagge ist wieder aufgehoben, die Nationalhymne wird abgespielt, alle erheben sich, da erspäht Yanier das nächste Ungemach. Tatsächlich halten doch auf den Tribünen etliche junge Männer in typisch amerikanischer Manier ihre rechte Hand auf der Brust. Unter Fidel wäre eine solche obszöne Geste undenkbar gewesen, identisch mit Vaterlandsverrat. Luft holen und tief durchatmen. Zwar holt er tief Luft, aber er muss sie anhalten, denn beim Ausreiten rutscht einer jungen Reiterin ihr Westernhut vom Kopf, geschickt will sie sich vom Sattel aus hinunterbücken, um ihn blitzschnell aufzugreifen, dabei fällt sie vom Pferd. Yanier bleibt schier das Herz stehen, bloß kein Unglück! Aber die Menge erlöst ihn, denn sie beginnt über die unglückliche Reiterin brüllend zu lachen, und damit hat Yanier sein wichtigstes Ziel gleich am Anfang erreicht. Die Menge will unterhalten werden.

Rodeo ist auf Kuba kein ernsthafter Wettbewerb. Es ist Familienunterhaltung, zwar der derben, aber eher der schlichten Art. Yanier hat erreicht, dass sein Rodeo regelmäßig und pünktlich stattfindet, dass es kubanische Hamburger und zerzupftes kubanisches Schweinefleisch im Brötchen gibt, auch frittierte Malangabällchen, ja sogar Reis mit schwarzen Bohnen und Hühnerteile dazu, Rum sowieso, aber auch Bier aus zwei riesigen Tankwagen, für sehr kleines Geld, sodass auch der Ärmste sich einmal betrinken kann, und permanent Musik. Hinter den Tribünen können unter großen Lorbeerbäumen Kinder auf Ponys reiten, und die kleinsten werden in einem Wägelchen von zwei Ziegenböcken um die Bäume herum gezogen. Den meisten Spaß machen sich die Besucher jedoch selbst. Beim Rodeo gibt es keine Fremden, ganze Straßenzüge kommen gemeinsam. Mütter zeigen stolz ihre Babys vor, junge Frauen ihre neuen Schuhe, die männlichen Jugendlichen kaufen pralle Tüten mit Popcorn und bewerfen damit die Mädchen, die Männer wetteifern um den höchsten Bierkonsum aus ineinander gesteckten Dosen, und wenn sie mit zwei in den Händen die steilen Metalltribünen hochbalancieren, erhalten so manches Mal andere Besucher eine Bierdusche, aber man kennt sich und will sich amüsieren, außerdem scheint die Sonne bald alles wieder trocken.

Jetzt kommt der erste Wettbewerb: »Kalb mit dem Lasso fangen, vom Pferd springen, es am Hals packen, es umwerfen und die Beine mit dem Lasso festbinden, dann Lasso wegnehmen, Kalb springt auf und rennt in das Gatter zurück«. Alles läuft perfekt, die Menge ist voll dabei und der Alkoholpegel noch niedrig. Plötzlich Stille im Stadion. Das vierte Kalb liegt am Boden, steht aber nicht wieder auf. Was ist da los? Yanier eilt von der Tribüne hektisch zum Gatter, doch bevor er dort ankommt, hat ein weiterer Reiter das Kalb erreicht, springt vom Pferd, eilt zu dem Kalb, tritt es derb in die Seite, das Kalb richtet sich auf und läuft zum Gatter. Das sind keine Profitiere, meint Yanier zu sich, eben keine Kampfkälber!

Bei dem Wettbewerb »Stier mit zwei Pferden einkreisen, vom Pferd springen, ihn am Horn packen und auf die Erde werfen« kommt es zu einem kuriosen Zwischenfall. Der Stier büxt aus, rast in eine Ecke, die Reiter können ihn nicht herausdrängen, der Stier bleibt stur, die Menge beginnt für den Stier zu brüllen, zwei Reiter peitschen mit ihren Lassos auf die Pferde ein, die Menge buht die Reiter aus. Yanier erleidet fast einen Herzinfarkt, alles, nur nicht die Menge gegen sich haben. Ein Reiter ist clever, er lässt ein Seitengatter öffnen und die Pferde rückwärts treten, und der Stier trabt unbesiegt aus der Arena, die Menge applaudiert und hatte ihr Vergnügen. Yanier atmet auf.

Der grandiose Abschluss ist traditionell das Bullenreiten. Yanier graut es schon bei diesem Gedanken. Vor einigen Monaten war dabei ein junger Mann von den Hufen des Stiers übel verletzt worden. Seitdem hatte die Stadtverwaltung es zur Auflage gemacht, nur mit Schutzweste und Motorradhelm die Bullen zu reiten. Was für eine Lächerlichkeit! Aber diesmal sind beim Bullenreiten die meisten der männlichen Besucher bereits reichlich angetrunken, und die Frauen verziehen sich nach vier Stunden mit ihren erschöpften Kindern nach Hause. So verläuft das Bullenreiten weitgehend unbemerkt, und Yanier kann endlich seine erste Dose Bier öffnen. Mit der Dose in der Hand schlendert er hinter der Sprechertribüne an den Gattern entlang, doch nach wenigen Schritten fällt ihm die Dose aus der Hand. Auf den Stangen eines Gatters sitzen wohl an die zehn Kinder zwischen sechs und zwölf Jahren, die einen Stier, der sich verkeilt hat und nicht zum Rodeo herauslaufen kann, mit Fußtritten und Stöcken traktieren. Würde eines der Kinder hinunterfallen und zwischen die Hufe des Stiers geraten, wäre ihm Gefängnis sicher. Er eilt hinzu, doch bevor er die Kinder wegjagen kann, hat sich der Stier schon gedreht und pest in das Stadion.

Am nächsten Morgen rechnet Yanier im Rathaus die Einnahmen vom Rodeo ab. Er hat Angst, dass sich die vielen Vorfälle herumgesprochen haben könnten. Auf dem Gang begegnet er dem Parteichef der Stadt, der jedoch haut ihm leutselig auf die Schulter:

»Meine Sekretärin war mit ihren beiden Kindern gestern beim Rodeo. Es muss ja fabelhaft gewesen sein. Sie haben sich prächtig amüsiert. Beim nächsten Mal schicke ich auch meine Frau vorbei.«
Dann ist er weg, und Yanier fühlte sich wie neugeboren.

88. GRUND

Weil seine Orte kuriose Namen tragen

Hat schon jemand versucht, innerhalb einer Stunde von Mexiko nach Washington und dann weiter nach Santo Domingo zu fahren? Ich habe es geschafft, und dies sogar relativ problemlos, sehe ich einmal von den teilweise schwierigen Straßenverhältnissen ab. Ich benötigte dafür auch kein Flugzeug und ebenso wenig ein Schiff, mein Auto reichte völlig aus. Ein wenig mehr Zeit brauchte ich indessen, um von der Spanischen Republik bis nach Florida zu gelangen, auch ohne Flugzeug. Allerdings muss ich eine Einschränkung machen. Washington heißt korrekt George Washington, und die Spanische Republik heißt España Republicana. Beides sind jämmerliche Nester auf Kuba, die mit ihren grandiosen Namen auf den ersten Blick grotesk wirken. Doch der erste Blick dient nur zum schnellen Erfassen, wohingegen der zweite sehend macht. Es ist gleichgültig, wie diese Flecken oder Nester oder Dörfer auch ausschauen, ihre Namen drücken die Sehnsucht ihrer kubanischen Gründer aus. Nur wenige Orte tragen Namen aus dem spanischen Mutterland. Dafür jedoch zahlreiche südamerikanische: Chile, Jamaica, Perú, Venezuela, Costa Rica, Brasil, Colombia, Haiti, Bolivia, México, Guatemala.

Zugegeben: Besonders einfallsreich sind diese Ortsnamen nicht, aber bei der Gründung der meisten dieser Pueblos war Kuba noch Rest des einstmals riesigen spanischen Kolonialreiches, diese Staaten jedoch waren unabhängig von Spanien. Noch deutlicher ist es bei den nordamerikanischen Ortsnamen: Harlem, A. Lincoln, Washington.

Die amerikanischen Ortsnamen auf Kuba signalisieren die Abwendung von der Sklaverei durch die Gründer der neuen Dörfer.

Sehr vorteilhaft ist auf Kuba die Hoffnung (Esperanza). Ich kann mich entscheiden zwischen der nackten Hoffnung (Esperanza) und der Die Hoffnung (La Esperanza). Die eine Hoffnung ist klein, aber mit dem Durchgangsverkehr sehr lärmig, denn sie liegt an der Carretera Central zwischen Colón und St. Clara. Die andere ist noch kleiner, liegt in einer Gegend, die schon keine Provinz mehr ist, sondern nur noch Pampa, aber wo ein Kirchlein ist, hat auch die Hoffnung ein Zuhause. Ein wenig nördlich bei Matanzas folgt schon die nächste Die Hoffnung (La Esperanza). Etwas weiter im Süden findet sich auch ein Hafen der Hoffnung (Puerto Esperanza). In Kuba geht die Hoffnung nicht so schnell aus!

Ausgesprochen interessant wird es bei Habana. Soll ich in das quirlig laute La Habana fahren oder in das still verschlafene Habana? Zwei Stunden beträgt der Unterschied, rein fahrtechnisch gesehen, emotional sind es Welten. Aber ich könnte es leichter haben, indem ich mich in die kleine Habanerin (La Habanita) verlieben oder an den Strand der Männer von Havanna fahren zur Playa Habanero, beide liegen aber im Süden, viele Stunden von La Habana entfernt. Dagegen hätte ich es nicht weit bis zum freien Havanna (Habana Libre), bei dem ich aber nicht weiß, ob ein Schrei nach Freiheit die Intention zu seiner Gründung war oder ob die Wahl dieses Namens auf Unfreiheit zurückging.

Bei der Suche nach Namen für neue Orte hatten die Gründer häufig religiöse Inspirationen, insbesondere hatten sie es mit den Heiligen, vor allem den weiblichen, es wimmelt geradezu von ihnen:

Santa Damiana, Santa Bárbara, Santa Lucía, Santa Teresa, Santa Rita, Santa María, Santa Isabel.

Aber diese sieben sind nicht etwa über die ganze Insel verstreut, nein, all diese Heiligkeiten sind im Umkreis von nur einer Stunde um Pinar del Río herum zu erreichen, wenn nicht gerade ein Hurrikan durchzieht, in diesem Fall würde nur Beten helfen. Männliche Heilige gibt es auch zuhauf, aber als kubanischer Macho interessieren sie mich nicht.

Ich könnte mich jedoch auch politisch entscheiden, beispielsweise wenn ich in derselben Gegend bliebe, für Sandino oder Bolívar.

An anderer Stelle gibt es sie noch einmal: Augusto César Sandino und Simón Bolívar. Beide Führer einer Unabhängigkeitsbewegung würden sich im Grab herumdrehen, sähen sie, welch abgelegene und wahrlich verlauste Provinzflecken ihren stolzen Namen tragen. Da entscheide ich mich lieber für María die Dicke (María la Gorda) oder Isabel Blond (Isabel Rubio), die zwar auch nicht ihren Namen gerecht werden, aber schön klingen. Um bei den Damen zu bleiben: 50 Kilometer voneinander entfernt liegen zwei Dörflein mit dem klingenden Namen Die Mulattin (La Mulata). Auch ein kubanischer Rum trägt diesen Namen. Ob die gebildeten Amerikaner, die inzwischen die Insel überrollen, bei der Regierung eine Petition einreichen werden, um diese von ihnen als rassistisch empfundenen Namen zu verändern? Beispielsweise in »Die Kubanerin, deren Vorfahren von gewissenlosen Sklavenhändlern ihrer afrikanischen Wurzeln beraubt worden sind«. Wäre das nicht politisch korrekt?! Allerdings haben die Kubaner gegenüber den Amerikanern einen erheblichen sprachlichen Vorteil. In den zurückliegenden fünf Jahrzehnten wurden ihnen derart viele neue Sprachregelungen aufgezwungen, selbstverständlich nur zu ihrem Nutzen, dass sie unempfindlich gegenüber sprachlichen Widersinnigkeiten geworden sind oder sehr empfindlich für die mit Veränderungen der Sprache verbundenen Machtansprüche. Auch an den Die Negerlein (Los Negritos) nimmt niemand Anstoß, schließlich heißt »schwarz« auf Spanisch »negro«.

Eine weitere Eigenschaft mancher kubanischen Gegenden ist ihre Nahrhaftigkeit. Das Örtchen Zuckerbrot (Pan de Azúcar) klingt wie ein kubanischer Traum. Allerdings gibt mir das Pfeffergebirge (La Pimienta Sierra) Rätsel auf, denn weder liegt dieses Nest in einem Gebirge, noch verwenden die Kubaner in ihrer Küche gern Pfeffer. Hingegen wimmelt es nur so von Obstdörfern: Los Mangos, El Mango, Mangos de Baraguá, Mamey, El Mamey, Naranjo, El Naranjo, Aguacate, Tamarindo, El Guayabo, auch Gemüse und Gewürze sind vertreten: La Yuca, Cebolla Cuatro, El Clavo, ebenso gibt es eine Schnapsinsel (Cayo Aguardiente).

Den Kubanern geht auch eine feine Ironie nicht ab. In der Nähe eines Sumpfgebietes nannten sie ein Dörfchen Sierra Maestra, direkt in einem anderen Sumpfgebiet schlicht El Dorado, und auf der flachsten aller flachen Gegenden Hoher Berg (Monte Alto). Ein anderer ist nur ein Aufschrei: Hilfe (Socorro). Vielleicht sollten dessen Bewohner besser zur Die Gesundheit (La Salud) umsiedeln. Demgegenüber ist der Glückliche Augenblick (Vista Alegre) gewiss aus einer anderen Situation heraus entstanden. Aber was ist wohl mit der Mähne des Südens (Melena del Sur) gemeint?

Auch die Deutschen werden auf Kuba gewürdigt. Ein Nest in der Nähe des berühmten Varadero heißt Deutsch (Alemán). Einst hieß es Julian Alemán, irgendwann fiel der Vorname weg. Im Volksmund heißt die Siedlung jedoch Die kleine Schnecke (La Conchita), da ist es kein Schaden, dass sie wegen ihrer geringen Größe auf keiner der handelsüblichen Karten zu finden ist. Viele deutsche Touristen sind schon an ihr vorbeigefahren, kaum einer wird das Namensschild bemerkt haben. Hingegen ist der Heilige Deutsche (San Germán) schon etwas weitläufiger geraten, aber touristisch immer noch unglaublich gleichgültig. Die Kubaner huldigen deutschen Autos. Vielleicht würde eine richtige »Deutschland«-Stadt Exporterleichterungen schaffen?

Nur einen Ort gibt es auf Kuba nicht, und ausgerechnet dieser ist das Lieblingsziel der Kubaner: Miami!

89. GRUND

**Weil »eigentlich« die Vergangenheit
und »einst« die Zukunft ist**

Auf Kuba gibt es zwei Realitäten, die eine wird durch »eigentlich« charakterisiert, währenddessen die andere nur als »einst« existiert. EIGENTLICH gibt es auf Kuba weder Gegenwart noch Zukunft. Es gibt nur EINST. Einst gab es auf Kuba kein EIGENTLICH, aber an diese Zeit kann sich niemand mehr erinnern.

Derartige Feststellungen sind weder sprachliche Übungen noch ideologische Verrenkungen. Sie sind Alltag. Spricht der gewöhnliche Kubaner über seine Gegenwart, redet er darüber in der Form von

»eigentlich«, spricht er über seine Wünsche, verwendet er dafür die »einst«-Form. Einst ist nicht das, was einmal war, sondern was werden soll, und »eigentlich« ist nicht das, was es ist, sondern was keinmal war.

Eigentlich lebt er in der besten aller denkbaren Gesellschaftsformen, und deshalb ist diese auch die Zukunft aller anderen Völker, eigentlich. Eigentlich dürfte kein Kubaner den Wunsch haben, lieber in Miami als in Havanna zu leben. Eigentlich ist seine Regierung eine Regierung des Volkes, und eigentlich liebt er seine Regierung.

An einst sollten sich die Kubaner nur mit Schaudern erinnern, denn einst war in ihrem Land alles viel schlechter. Einst lebten sie in der Abhängigkeit von einem bösen Staat über dem Meer, aber seit sie diese Abhängigkeit abgeschüttelt haben, sind sie eine souveräne Nation, eigentlich. Einst hatten sie nur ihren Rohrzucker, heute haben sie sich von dieser Einseitigkeit befreit, eigentlich.

Eigentlich ist Ironie, einst ist Sehnsucht.

»Eigentlich« und »einst« sind auf Kuba keine durch irgendeine wissenschaftliche Semantik definierten Begriffe. Sie sind sprachliche Hilfskonstruktionen, um das auszudrücken, was nicht gesagt werden kann.

»Eigentlich« hat auf Kuba einen anderen Sinn als in Deutschland. In Deutschland ist »eigentlich« eine literarische Verzweiflung. Auf Kuba ist »eigentlich« ein prägender Ausdruck.

»Einst« steht auf Kuba nicht für das, wofür es in Deutschland steht. In Deutschland ist »einst« eine literarische Verklärung. Auf Kuba ist »einst« die ersehnte Rückkehr der Vergangenheit.

90. GRUND

Weil das Auspacken der Koffer immer Freude bereitet

Drei Monate Kuba! Die Verwandtschaft meiner Frau umfasst etwa 40 Personen, fast alle nett und lebensfroh. Kämen sie einmal alle gleichzeitig, müsste die Polizei unsere Straße sperren lassen. Wir fliegen Business, jeder kann zwei Koffer mit jeweils 32 Kilo mitnehmen.

Da wir auch das Handgepäck weidlich ausnutzen, kommen wir locker auf fast 150 Kilo. Wenn ich die vier Koffer sehe, frage ich mich: Was um alles in der Welt ist da nur drin?!

Ich will nachsehen. Schon beim vorsichtigen Öffnen des ersten fallen Präservative heraus, insgesamt sind es weit über 50 Stück. Doch Vorsicht vor falschen Schlussfolgerungen! Das ist kein Eigenbedarf! Kuba hat eine Eigenheit und ein Problem. Die Eigenart besteht in dem Verständnis von Sex als so etwas wie Essen und Trinken. Das Problem dabei sind die chinesischen Präservative, andere gibt es zumeist nicht auf Kuba. Chinesische Männer sind kleiner als die Kubaner, die Mulatten sind gegenüber den Chinesen geradezu riesig, auch was ihre Männlichkeit betrifft. Die Dinger reißen oft, was Männer wie Frauen gleichermaßen nicht erfreut, aber eigentlich sollen Präservative erfreuen. Europäische XXL-Größen sind wie bares Geld. Meine angeheirateten Cousins lieben mich, rein geistig.

Ich öffne ein wenig weiter, und die ersten Tafeln Schokolade kommen mir entgegen. Insgesamt werden in allen Koffern wohl an die 70 verpackt sein. Das sind nur sieben Kilo. Zwar könnte ich jeden Tag eine essen, aber da die allermeisten als Geschenk oder als »Freundschaftsdienst« gedacht sind, muss ich mit meiner Schokolade so ziemlich haushalten. Kuba produziert exzellenten Kakao, aber davon nur sehr wenig, zudem verfügt es nur über ein einziges Werk, mit DDR-Maschinen aus den 60ern. Was bei den kubanischen Männern deutsche Präservative, sind bei den kubanischen Frauen deutsche Schokoladen. Auch hier haben die Kubaner eine Eigenart und ein Problem: Sie mögen es vor allem süß, und es muss groß aussehen. Die normale 100-g-Tafel ist mickrig, aber eine Packung Katzenzungen ist sehr groß, auch nur mit 100 g. In jedem Koffer klappern die Katzenzungen.

Ich wage mich an den zweiten Koffer. Sogleich poltern zehn Taschenmesser heraus. Kuba muss 80 oder sogar 90 Prozent der Konsumgüter importieren. Taschenmesser befinden sich nicht darunter. Batterien für Taschenlampen und für Radios sind lebensnotwendig, Taschenmesser weniger. Meine Messer sind stabil, stecken in einer am Gürtel zu befestigenden Tasche und waren bei Aldi günstig zu haben.

Bei den Köchen ist eine besondere Variante beliebt. Am Ansatz der Klinge befinden sich etliche große und scharfe Zacken. Ich habe nicht herausgefunden, was die Köche damit treiben, aber für jedes Messer von etwa fünf Euro geht meine Essensrechnung aufs Haus. Taschenmesser sind für Kuba ein sehr nahrhaftes Mitbringsel.

Weiterhin befinden sich in diesem Koffer zahlreiche Utensilien für eine Halloween-Party, die meine Frau veranstalten wird, nicht die erste auf Kuba, aber die erste bei uns im Ort. Dazu gehört auch eine Wasserpistole, die sehr originell, aber auch etwas anrüchig ist, indessen bei Kubanern schiere Begeisterungsstürme hervorrufen wird. Sie ist wie ein Penis geformt, auch in der Farbe, und vorn, in der Mitte der kleinen Kerbe, ist die Austrittsöffnung. Der Griff entspricht einem Hodensack. Dazu gehört auch eine Einfülldose mit einer leicht milchigen Flüssigkeit, schließlich soll ja alles echt wirken. Die Männer werden mir das Ding aus der Hand reißen und die Frauen kreischend wegrennen. Echt geil!

Der Inhalt des dritten Koffers ist profan. Zuerst fällt ein Hundehalsband mit eingraviertem Namen und Adresse für den kleinen Hund meiner alleinstehenden Schwiegermutter auf. Meine Frau bestand darauf, nachdem der letzte Hund der Mutter in der Stadt spurlos verschwunden war. Hunde werden auf Kuba zu guten Preisen gehandelt. Echte Rassehunde gibt es nur wenige. Außerdem ist ihre Ernährung teuer. Da die Frauchen selbst nur geringe monatliche Fleischzuteilungen über ihre Lebensmittelkarten erhalten, sind die kubanischen Hunde allesamt Vegetarier. Das bedeutet, dass sie vom Tierarzt regelmäßig Eisenspritzen erhalten müssen, und die gehen ins Geld. Aber warum meine Frau meint, dass mit diesem Halsband der neue Hund sicherer vor Diebstahl ist, weiß ich auch nicht. Aber manchmal sollen weibliche Intuitionen sogar hilfreich sein.

Dann finde ich noch eine echte deutsche Fußballfanfare, Dreiklang, aus Metall. Die Kubaner sind Amerikaner, nur rein sportlich gesehen. Der Fußball ist ihnen nichts, aber Baseball alles. Vor vielen Jahren haben sie sogar die amerikanische Nationalmannschaft geschlagen. Die Baseballstadien sind voll, aber es gibt keinen richtigen Lärm darin. Dem will ich mit meiner Fanfare abhelfen. Sie ist nicht lebensnotwendig, aber alle meine männlichen Verwandten werden ins Stadion mitkommen und mich bewundern und auch mal die Fanfare benutzen wollen, womit ich hoffe, endlich zu begreifen, worum es beim Baseball geht.

Dann befindet sich noch Bettwäsche im Koffer. Bei zumeist 30 Grad benötige ich in Kuba nur zwei Bettlaken, eines unter und eines über mir. Aber meine Frau ist schließlich schon eine Deutsche, da gehört richtige Bettwäsche, zwei Garnituren pro Person, einfach zu einer ordentlichen Schlafzimmerausstattung. Diskutieren über das Schlafzimmer mit einer kubanischen Frau? Zwecklos! Und zack, ist der Koffer voll.

Der vierte Koffer ist Privateigentum meiner Frau. Ich kann nur vermuten, was sich darin befindet. Wahrscheinlich 20 BHs und Slips, Tops, etliche Stifte für Lippen und Augenbrauen, Parfümfläschchen, Deoroller, Nagelscheren und Pinzetten. Also alles, womit sie unseren weiblichen Verwandten eine Freude machen kann. Es wäre ja auch seltsam, wenn ich ihrer 15-jährigen Cousine einen BH schenken würde, obgleich sie schon wie 18 aussieht. Aber ich bin sicher, auch bei mir würde sie sich darüber freuen. Doch trotz der ungewöhnlich hohen Toleranz der kubanischen Ehefrauen weiß ich nicht ... na, lassen wir das mal lieber!

Jetzt nur noch jeweils einen Gurt um die vier Koffer, ein Stoßgebet an den Zoll, und weg sind wir!

91. GRUND

Weil die Quince weltweit einzigartig ist

Kuba ist ein Land mit zahlreichen absonderlichen Eigenschaften, vielleicht ist es sogar eines der skurrilsten Länder der Welt. Eine dieser Eigenschaften ist außerhalb der Insel kaum bekannt, obgleich sie wahrscheinlich ihre traditionellste Kuriosität sein dürfte.

Diese Eigenschaft heißt Quince, womit jedoch nicht nur die Zahl 15 gemeint ist. Der 15. Geburtstag eines Mädchens wird als Quince gefeiert, allerdings nicht einfach so gefeiert. Diese Quince ist ein einzigartiges Erlebnis, ja, für viele Frauen sogar das großartigste ihres ganzen Lebens.

Bereits mit der Geburt einer Tochter fangen die Familien an, für ihren in 15-jähriger Ferne liegenden Geburtstag zu sparen. Ist dieser dann in Sichtweite, beginnt die monatelange Vorbereitung. Zuerst werden Fotos von dem Mädchen in pompösen Ballkleidern gemacht, aber nicht nur mit einem Kleid, sondern mit zahlreichen verschiedenen, auf denen sie jedoch immer und überall wie eine jung gebliebene Filmschauspielerin aussieht. Sodann wird wochenlang für eine großartige Ballnacht geprobt und gleichzeitig diese Nacht umfangreich vorbereitet. Zuletzt wird als Höhepunkt der Ball zelebriert, dazu gehören ein Balltanz, eine Musikshow, verschiedene Gesangseinlagen, umfangreiches Essen und Trinken, ausführliche Reden und Tanzen von Jung und Alt bis in den Morgen hinein. Diese Nacht wird als ein unvergessliches Spektakel inszeniert, als grandiose Schau, die alle üblichen Geburtstage zu harmlosen Ereignissen degradiert, deshalb einzigartig ist und nie wieder erreicht werden kann. Gerade befindet sich die Maid an der Schwelle zu einer jungen Frau, aber schon ist dieser Geburtstag die größte Feier ihres Lebens. Jede Familie wetteifert um die umfangreichste, die schönste, die prächtigste, die aufwendigste, die eindrucksvollste – einfach um die unvergesslichste Zelebrierung dieses doch ach so jungen Geburtstages. Jede Familie? Nun, jede Familie innerhalb ihrer finanziellen Möglichkeiten, aber da sich jede Familie nur mit den Familien innerhalb ähnlicher Möglichkeiten vergleicht, trägt jede Familie einen rigorosen Kampf aus, um die Quince ihrer Tochter glanzvoller als die aller anderen geraten zu lassen, gleich ob glanzvoll in Armut oder glanzvoll in Reichtum.

Gemeinhin gelten die Hochzeit und die Geburt des ersten Kindes als die wichtigsten Ereignisse im Leben einer Frau. Indessen steht sie bei beiden Ereignissen nicht allein im Mittelpunkt, der Ehemann und das Kind nehmen ihr die Einzigartigkeit. Nur auf Kuba wird ein Ereignis verherrlicht, das sie ganz allein für sich hat.

Nach der Unabhängigkeit von den Spaniern gab es in der Geschichte Kubas einen Zeitabschnitt, in dem mit allen gesellschaftlichen Regeln und Traditionen gebrochen wurde, alles wurde radikal infrage gestellt. Diese Zeit wird als Revolution bezeichnet. Alles, aber auch alles kam auf den revolutionären Prüfstand. Wirklich alles? Nein, nicht alles, denn ein Einziges ward davon ausgenommen.

Die kubanische Revolutionsregierung hatte Weihnachten und Ostern verboten, den Geburtstag zur Bedeutungslosigkeit erklärt und den Neujahrstag als Feiertag ihrer Machtergreifung umdeklariert. Nur an die Quince hatte sie sich nicht herangetraut, obgleich sich diese mit ihrer unglaublichen Geldverschwendung zur Lobpreisung einer 15-jährigen Maid dafür geradezu anbieten würde. Aber all die Comandantes hatten auch eine Frau, fast immer – wie ihr oberster Jefe – nicht nur eine, und von diesen hatten sie Kinder, darunter auch Mädchen. Normalerweise fürchteten sie nichts, weder die Yankees noch den Papst, weder Hunger noch Atomraketen, aber vor ihren Frauen und Töchtern fürchteten sie sich! Die Tradition der Quince durften sie nicht anrühren, sonst hätten ihre Frauen sie womöglich aus den Ehebetten verbannt und die Töchter hätten sich vor ihrem 15. Geburtstag allesamt nach Miami abgesetzt, um dort ihre Quince zu erleben.

Für Nichtkubaner ist es völlig unverständlich, weshalb der an sich unerhebliche Geburtstag eines Mädchens zu einer einzigartigen Kulmination stilisiert und mit riesigem Prunk begangen wird. Schließlich ist diese Quince weder ein Höhepunkt für eine religiöse Gemeinschaft, wie die katholische Kommunion, noch der Abschluss einer überragenden Ausbildung, wie ein Studium, und schon gar nicht ist sie ein runder Geburtstag, wie eventuell der 50.

Für Kubaner hingegen ist es total unverständlich, warum nicht auch jedes andere Volk denjenigen Geburtstag, der den besagten Übergang eines Mädchens zu einer jungen Frau bedeutet, mit allem einer Familie nur möglichen Aufwand begeht, schließlich ist die Quince unübertroffen, weil sie einmalig ist. Warum bloß wird in der übrigen Welt nicht ein einziger Geburtstag wie eine Einmaligkeit begangen? Weshalb haben all die anderen Völker nur diesen eintönigen Gleichklang? Und: Warum muss bei den anderen Völkern alles nur so langweilig logisch sein?! Die Quince gehört den Kubanern ganz allein. Ist das nicht schon Grund genug, sie ausgiebig zu feiern?

Die Quince preist ein Mädchen, das kein Mädchen mehr ist, weil sie bereits sexuelle Erfahrung hat. Sie verwandelt ein Mädchen in eine junge Diva, die nur einmal in ihrem Leben, nämlich nur an diesem einzigen Tag, wie eine Diva aussieht und nur an diesem einzigen Tag wie eine Diva behandelt wird. Die Quince huldigt den Körper einer jungen Frau, die in ihrem Kopf noch ein Mädchen ist. Es ist die Sehnsucht eines kubanischen Mädchens, mit ihrer Quince zu einer jungen Frau zu werden.

92. GRUND

Weil auf Kuba Tiere sprechen können

Aus deutschen Märchen heraus wissen Sie sicherlich, dass Tiere durchaus auch sprechen können. Auf Kuba gibt es keine Märchen, aber trotzdem können auch hier Tiere sprechen, und das ist nicht alles. Einige Monate lebte ich in einem kleinen Betonbungalow am Rande eines Provinzstädtchens. Am ganz frühen Morgen vernahm ich es dort zum ersten Mal. Jeden Morgen brach das Getrappel der Pferdehufe meine Träume ab. Durch dieses Getrappel sprach das Alte und das Neue der Stadt zu mir. Das Alte ist die Asphaltstraße. Einst fuhren auf ihr moderne amerikanische Autos. Das Neue sind die Pferdefuhrwerke, sie haben die Straßenkreuzer ersetzt. Die Hufe der Pferde rufen mir zu:

»Keiner bringt so früh wie wir die ersten Menschen zur Arbeit. Mit unseren Einspännern fahren wir Krankenschwestern, Polizisten und Tankwarte. Jeden Morgen freuen wir uns auf unsere Fahrgäste.«

Bevor ich in diese Stadt kam, verband ich die Eigenschaft zum Wecken der Menschen mit einem anderen Tier. Zwei davon leben auch in meiner Straße. Das Klappern der Pferdehufe ist rhythmisch melodisch. Das Kikeriki der Hähne ist laut und abrupt. Die Hähne sagen mir:

»Zeit zum Aufstehen! Meine Hühner brauchen Futter.«

Ich sage den Hähnen, dass in meinem Garten keine Hühner wohnen und ich deshalb noch schlafen will. Die Hähne glauben mir nicht und fangen erneut an, mir ihr Kikeriki zuzurufen.

In meinem Haus haben die Hähne auch zwei Hunde aufgeweckt. Im Nu setzt ein infernalisches Geheule und Gejaule ein. Vor Schreck verstummen die Hähne, und die Hunde bellen mir zu:

»Siehst du, wir haben diese Biester ruhiggestellt!«

Gerade rechtzeitig genug, um einen hellen Pfiff aus einer altertümlichen Metallpfeife zu hören. Damit spricht der Brotmann zu mir:

»Pan, pan, bueeeno pan.«

Jeden Morgen um sieben Uhr pfeift er nach mir, damit ich aufstehe, zur Tür eile, den Brotmann freundlich begrüße, ihm einen kleinen Geldschein durch die Türgitter reiche und dafür zwei mittelgroße herrlich duftende Brote entgegennehme.

Eine Stunde später höre ich die Stimme der Arbeit. Gegenüber meinem Haus beginnen in der Hofwerkstatt des Schlossers die Hämmer zu schlagen, die Elektroden des Schweißgerätes krächzen, und die Bleche stöhnen. Sie rufen mir zu:

»Wir haben viel Arbeit. Ein jeder bekommt von uns Fenstergitter oder Türen. Benötigst du auch ein Fenstergitter? Es kostet nur wenig Geld.«

Hinter meinem Haus liegt der Hof einer Grundschule. Er sendet mir das Geplapper von Kindern zu. Dann höre ich systematisches Scharren. Dieses sagt mir, dass jetzt der morgendliche Appell beginnt. Mit kräftiger Stimme ruft mir ein Lehrer zu:

»Schau nur, wie ordentlich die Kinder in Reih und Glied stehen!«

Dann plappern die Kinder zu mir:

»Hör nur, gleich singen wir die Nationalhymne. Hör nur, wie inbrünstig wir sie singen werden, und sieh nur, wie schön dabei unsere roten Halstücher leuchten.«

Und unmittelbar darauf höre ich sie:

»Leute von Bayamos eilt zum Kampf ...«

Wenn ich auf der Terrasse hinter meinem Haus schreibe, dröhnt es aus Plattenbauten zu mir herüber:

»Was kümmert uns die Eintönigkeit unserer Behausung. Wir haben doch unsere Musik. Und je lauter, desto vergnügter sind wir!«

Ich empfinde es als einen besonderen Service, im Laufe des Tages mit den aktuellen Musikstücken Kubas vertraut gemacht zu werden.

Zwischendurch ruft auch mal der Bananenverkäufer mir zu:
»Ich habe die süßesten Bananen der ganzen Stadt.«
Oder auch der fliegende Tomatenhändler:
»Meine Tomaten sind reif und saftig.«
Und ebenso spricht der Eisverkäufer auf seinem Fahrrad zu mir:
»Der Tag ist schön. Hast du nicht Lust auf ein cremiges Eis?«

Jeden Vormittag erscheinen auf meiner Terrasse zwei Kolibris, die vor den Blütenkelchen in der Luft stehen bleiben, um in diese ihre langen nadeldünnen Schnäbel einzuführen.

»Deine Blüten haben den süßesten Nektar der ganzen Stadt. Wir fliegen gern zu dir«, zwitschern sie mir zart zu.

Auf der Hauptstraße dröhnen einige Lkw vorbei. Sie können sich nicht beherrschen und poltern mich an:

»Uns hast du wohl vergessen! Wir bringen Baumaterial in die Stadt. Nach drei Jahrzehnten wird hier wieder gebaut, aber ohne uns wäre das schließlich nicht möglich.«

Urplötzlich stößt ein Fahrradtaxi beinahe mit einem der Lkw zusammen, dessen Bremsen quietschen herausfordernd. Der Fahrer brüllt:

»Du elender Blödmann, gleich schmeiße ich dein Vehikel auf die Müllkippe!«

Der Fahrer des Fahrradtaxis pariert genauso barsch:

»Ach ja, mit wem willst du Schwachkopf heute Abend nach Haus fahren? Krieg dich wieder ein, es ist ja nichts passiert!«

Wenn ich am Nachmittag auf meinem Laptop schreibe, meine ich aus einem Baum heraus ein Orchester zu hören. Deutlich kann ich die zarten Violinen und die kräftigen Blasinstrumente unterscheiden, auch schneller Trommelklang und helle Pfeifen dringen zu mir. Allerdings besteht dieses Orchester nur aus einem Akteur, der kleine Vogel Sinsonte kann alle Instrumente nachahmen, und als er endet, hebe ich meine Hände zu einem kleinen Beifall, aber da raunt er mir zu:

»Nicht mit den Händen klatschen. Das ängstigt mich. Wenn du mich weiter singen hören möchtest, dann lehne dich in deinem Schaukelstuhl zurück und schließe deine Augen.«

Es ist 18 Uhr. Von Weitem vernehme ich den Klang einer Kirchenglocke.

»Ich weiß, Kuba ist kein christliches Land mehr«, klagt sie mir ihr Leid. »Aber immerhin haben uns die letzten drei Päpste besucht. Da muss unsere Insel doch etwas Besonderes an sich haben! Sehen wir uns Sonntagfrüh zur Messe?«

Nicht weit von mir entfernt setzt jetzt eine andere Musik ein. Feiner und galanter als die aus den Plattenbauten. Sie kommt aus dem Garten eines privaten Restaurants:

»Scheu dich nicht, einmal bei mir vorbeizuschauen und über mich zu schreiben«, raunt sie mir zu. »Du hast schon über so viele Restaurants in aller Welt geschrieben. Da darf ich aus deiner Nähe doch nicht fehlen!«

Die Stadt geht schlafen. Vorher lässt sie einige Fledermäuse durch meinen Garten huschen. Sie senden mir fast unhörbare Laute:

»Du musst keine Angst vor uns haben. Dich ärgern die Moskitos, und die fressen wir zu deinem Schutz.«

Zuletzt sendet sie mir Grillen, die sirrend zirpen:

»Wir wollen dich nicht ärgern mit unserem Gesang. Wir wollen dich nur in den Schlaf singen.«

Wenn ich noch spätnachts auf meiner Terrasse eine Zigarre genieße, hat sich über Häuser und Straßen eine Stille gelegt, stiller als in einem Wald. Die Stadt ruht wie in einem Bett. Nur im Kerzenschein glotzen mich hoch oben an der Wand, direkt unter dem Pflanzengeflecht, die herausgestellten Augen eines kleinen Frosches an, doch dann, fast unhörbar, vernehme ich noch eine Stimme.

»Bitte rühre dich nicht. Der Frosch soll mein Nachtessen werden. Er reicht mir für eine ganze Woche, und in deinen Pflanzen gibt es viele kleine Frösche.«

Eine Schlange, dünn wie mein kleiner Finger und so lang wie der Unterarm eines Kindes, windet sich an den Frosch heran. Mit einer vorsichtigen Bewegung lösche ich meine Kerze, bleibe sitzen, gewähre der Schlange ihre Chance und träume von den Stimmen meiner Stadt.

93. GRUND

Weil auf Kuba auch Ikonen zu finden sind

In dem kleinen Ort Los Arabos am westlichen Rand der Provinz Matanzas, an der Einfassung seines zentralen Platzes, ist auf einem etwas herausgehobenen massigen Fundament eine große Betontafel aufgestellt. Von beiden Seiten ist sie mit zwei Gemälden in leuchtend kräftigen Farben versehen. Auf dem einen sind fröhliche Kinder beim Lernen sowie fleißige Arbeiter in der Fabrik und Bauern auf dem Feld sowie auch Ärzte am Krankenbett zu sehen. Rechts in der Ecke, hoch über ihnen, blickt, quasi aus den Wolken heraus, zufrieden ein gutmütiger Fidel Castro auf sie. Auf der anderen Seite stehen Junge Pioniere in ihren roten Halstüchern mit Blumen am Meer. Ihre Blicke sind in die Weite gerichtet, einige werfen ihre Blumen ins Meer. Am Horizont, weit über dem Meer, lächelt ihnen aus den Wolken herab Camilo Cienfuegos zu.

Was die Regierung damit meint, was die Bevölkerung darüber denkt und was der westliche Besucher darunter versteht, das sind drei unterschiedliche Paar Schuhe.

Überall auf Kuba sind in Städten, Dörfern und auf Landstraßen Werbeplakate angebracht, die ihre Führer glorifizieren – also »in den Himmel heben« – und eine tiefe Dankbarkeit des Volkes für ihre Führer versinnbildlichen. Mit jedem Plakat und jedem Gemälde will die Regierung dies weiter in den Köpfen des Volkes verankern. Sie weiß, dass kaum ein Bürger sich darüber öffentlich empören kann, damit will sie jeglichen Widerstand bereits in den Gedanken verhindern.

Die Frau und der Mann »auf der Straße« haben ihr ganzes Leben lang derartige Gemälde gesehen, das stumpft ab, sie gehen daran vorbei, beachten selbst die selten leuchtenden Farben nicht. Es ist nicht ihr Leben, das ihnen da vorgeführt wird, aber zugleich wissen sie doch, dass das Leben auf den Plakaten durchaus zu ihrem Leben gehört und dass sie sich daraus nicht so ohne Weiteres davonstehlen können.

Der westliche Besucher ist Gast in diesem Land, weshalb er sich höflich benimmt und kaum in der Öffentlichkeit über derartige

Propagandaparolen oder Verherrlichungsdarstellung ablästert. Aber einigen von Ihnen werden Parallelen in den Sinn kommen. Sie denken an Ihre Kindheit, in der Sie mit christlicher Ikonografie aufgewachsen sind. Die Parallele der Gemälde auf der Betontafel in Los Arabos zu christlichen Jesus-Darstellungen ist offensichtlich. Vielleicht werden Sie bei diesem Gedanken auch schmunzeln, dass nach fünf Jahrzehnten atheistischen Gesellschaftssystems selbst bei Propagandamalern sich unbewusst christliche Traditionen gehalten haben.

94. GRUND

Weil Dominó Schwachsinn ist und trotzdem glücklich macht

Krachend werden Steine auf den wackligen Tisch gehauen, dass ich befürchte, gleich bricht er zusammen. Plötzlich brüllt einer der vier Leute am Tisch: »Bierkasten!«, ein anderer brüllt noch lauter: »Dickes Huhn!« und der Dritte klopft resigniert mit einem Stein zweimal sachte auf den Tisch, aber der Vierte schreit voller Empörung »Coño!«, was vorsichtig mit Schnecke übersetzt werden könnte, aber sexuell gemeint ist. Zu Beginn raschelten die Steine auf dem Tisch, was Kubaner als Wasserrauschen empfinden, weshalb einer der vier ruft: »Gib mir mehr Wasser!«

Dominó ist ein einfach zu verstehendes Spiel, aber seine Beobachtung ließ mich in Ratlosigkeit zurück, weniger ratlos über seine Regeln als über das Verhalten der Spieler. Auf Kuba werden selten Karten gespielt, hier ist Dominó der König. Seine Regeln sind so einfach, dass sie nicht schriftlich festgehalten werden müssen, weshalb die Kubaner über ein »Skatgericht« lachen würden. Auf Wikipedia werden zehn länderspezifische Formen von Dominó aufgelistet, darunter auch eine afrikanische. Zugleich wird jedes Jahr ein Weltmeister ausgespielt, die letzten drei kamen aus Deutschland, in den Jahren zuvor die meisten ebenso, einige aus der Schweiz und aus Norwegen. Das sagt alles über das Dominó bei uns. Das kubanische Dominó ignoriert Wikipedia vollständig.

Für den Kubaner ist Dominó nicht ein Spiel, sondern Lebensinhalt. Deutsches Dominó ist obskur. Allerdings geben sich die Kubaner Dominó mit einer Intensität hin, die mich an Schwachsinn erinnert.

Der erste Schwachsinn liegt darin, dass stets vier Spieler daran beteiligt sind, aber stets jeweils zwei davon als Partner zusammenspielen. Als ich fragte, was passiere, wenn immer nur einer gewänne, lachten meine Freunde, das passiere eben nie, und falls doch, würde der Sieger seinen Gewinn mit dem Partner teilen. Also ein Nein – Aber.

Der zweite Schwachsinn liegt darin, dass Dominó eigentlich nur gespielt wird, um Alkohol zu trinken und Kleinigkeiten zu essen. Auf Kuba ist Alkohol Rum, und bei Kleinigkeiten handelt es sich in erster Linie um frittierte fetttriefende Schweinehaut, Chicharrones, wofür ein Spiel mit Karten äußerst ungeeignet wäre, weil in der einen Hand die Karten festgehalten werden müssen, wodurch für den Rum und die Chicharrones nur eine Hand bliebe. Aber beim Dominó stehen alle beide zur Verfügung, zudem würden die Karten schnell fettig werden, die Steine zwar ebenso, aber die sind am Hemd einfach abzuwischen, währenddem sich Karten immer weiter einfetten würden. Auch Rauchen gehört zu Dominó, wofür ebenso eine Hand benötigt wird, nachdem der Stein auf den Tisch geknallt worden ist. Am besten eignen sich dafür Steine aus Stein und noch besser aus Elfenbein, aber die allermeisten sind aus Holz, eben Alltagssteine.

Der dritte Schwachsinn besteht darin, dass fast immer nur vier Freunde zusammen spielen, kaum jemals wird ein Fremder hinzugelassen. Sie kennen sich bestens untereinander, wissen, welchen Ausdruck der eine oder der andere in dieser oder jener Spielsituation von sich gibt, und immer wieder können sie darüber lachen.

Der vierte Schwachsinn besteht darin, dass die intensiven Dominó-Spieler Menschen mit Sprachproblemen sein müssen. Sie artikulieren sich nur in rudimentärer Form. Zwar diskutieren sie unentwegt beim Spiel, aber kaum ein Außenstehender vermag ihre Wortbrocken zu deuten.

Der fünfte Schwachsinn ist total unverständlich. Fremde Beobachter sind absolut verpönt, aber stets und immer und ständig begleiten um den Tisch herumstehende Beobachter das Spiel, aber nicht nur das, sie kommentieren es auch, was fast unmittelbar zu heftiger Empörung der Spieler führt, woraufhin der Naseweis den Tisch verlässt, aber ein anderer seinen Platz einnimmt und sich beim nächsten Spiel genauso verhält.

Der sechste Schwachsinn beendet das Spiel, denn zumeist führt Dominó zum Suff, und dann beginnt der Streit. Die dabei eingesetzten Ausdrücke sind in Deutschland nicht druckfähig, in Kuba lachen die Spieler darüber, solange sie davon nicht selbst betroffen sind, aber da der Suff ein allgemeines Charakteristikum der vier Spieler ist, andernfalls würde das Saufen ja keinen Spaß machen, lachen sie nicht, sondern setzen noch weitaus stärkere Ausdrücke ein, bis das Ganze in allgemeiner Erschöpfung endet. Am nächsten Tag geht es dann weiter, zuerst mit gesittetem Dominó.

Der siebente Schwachsinn ist politisch prekär. Dominó ist kein frauenfeindliches Spiel. Ich selbst habe zumeist mit Frauen zusammen gespielt, aber das Dominó auf der Straße – und wo sollte es bei 33 Grad und ohne Klimaanlage denn wohl sonst gespielt werden? – verträgt keine Frauen: zu laut, zu alkoholträchtig, zu gewalttätig, und manchmal auch zu viel Geld. Unter den Jugendlichen verändert sich das Verhalten beim Dominó, aber die haben auch nicht so viel Zeit dafür wie ihre Väter. Jede kubanische Frau kennt sich in Dominó aus, aber ich habe nie welche auf der Straße spielen gesehen.

Der achte Schwachsinn kommt vor dem eigentlichen Spiel. Es ist die Festlegung, wann das Spiel zu Ende geht und um welche Geldsummen gespielt wird. Dominó ohne Geld ist totaler Schwachsinn. Freunde, die sich einfach mal so zum Dominó zusammensetzen, sind harmlose Charaktere, aber keinesfalls echte Dominóspieler. Wenngleich einige Regeln dafür weit verbreitet sind, werden sie immer individuell abgesprochen. Dominó basiert auf einem einfachen Regelwerk, jeder begreift es nach wenigen Minuten, aber für Profispieler – womit nicht Spieler gemeint sind, die damit ihren Lebensunterhalt verdienen, denn die gibt es auf Kuba nicht – sind darüber hinaus alle Regeln eine persönliche Angelegenheit unter vier Freunden, die sich nur gelegentlich an die Gurgel gehen, wenn ihnen dies der Rum ermöglicht hat.

Falls Sie die Möglichkeit haben sollten, Kubanern längere Zeit beim Dominó zuzusehen, oder gar das Glück haben, ihren gesamten Urlaub damit zu verbringen, werden Sie dabei vielleicht auch noch einen neunten oder zehnten Schwachsinn herausfinden. Viel Glück beim Dominó!

»Dickes Huhn«: wenn zwei Partner keinen einzigen Punkt erreichen.

»Bierkasten«: wenn ein Stein mit zweimal Neun gespielt wird
»Abklopfen«: wenn kein geeigneter Stein zur Verfügung steht.

»Coño«: Siegesruf, wenn ein Spieler den Betrug eines anderen nicht bemerkt hat, der dann gültig ist.

Bevor Sie dem Verlag eine E-Mail senden: Die oben erwähnten Begriffe sind nur eine kleine Auswahl. Jede Zahl und jede Zahlenkombination auf einem Stein ist mit einem Begriff versehen, der zumeist aus der kubanischen Lotterie stammt. Versuchen Sie diese erst gar nicht zu verstehen, Sie könnten in geistiger Umnachtung enden.

95. GRUND

**Weil in jedem Touristenort
ein Erzgebirge steht**

Das Erzgebirge ist das Weihnachtsland der Deutschen. Allerdings war es vor der Wende fast aus den Köpfen der Westdeutschen verschwunden. Nur Spezialläden wie Käthe Wohlfahrt aus Rothenburg o.d.T. machten mit dem Rest der Erinnerung noch ein Geschäft. Hatten die Ostdeutschen gute Verwandte in Westdeutschland, von denen sie ab und an Päckchen mit cremiger Schokolade oder duftender Seife erhielten, dann wollten sie sich an Weihnachten auch einmal revanchieren. In ihren Päckchen lagen bevorzugt Räuchermänner, Nussknacker oder kleine Pyramiden aus dem Erzgebirge.

Nach der Wende wurde das Erzgebirge auch für die Westdeutschen zu einem Teil ihrer Kultur. Das kleine Städtchen Seiffen mit seinen vielen privaten Werkstätten, die übermannsgroßen Pyramiden in der

Mitte eines jeden Ortes sowie die zahlreichen beleuchteten Fenster mit Lichterketten, Bergmänner und Engel wurden prägend für ein neues Weihnachtsbild im Westen. Wenigstens ein Nussknacker in jedem Haushalt muss es heute schon sein. Die Chinesen sahen es gern und zogen mit Massenwaren nach, indessen haben sie im oberen Preissegment keine Chance. Der Deutsche kauft keine Weihnachtsengel aus Fernost.

Offenbar nehmen sich die Touristen auf Kuba die deutsche Weihnachtskultur zum Vorbild, denn bemalte kubanische Holzfiguren aus original einheimischer Produktion sind zum großen Touristenrenner geworden. In zahlreichen kleinen Hinterhofwerkstätten in Havanna und um Varadero herum stellen ganze Familien derartige Figuren in Großserien her und werden dabei zufällig auch zu Unternehmern.

Ganz so wie im Erzgebirge sieht die Werkstatt für die original kubanischen Figuren einer mir bekannten Familie allerdings nicht aus. Ein Geschäftsmann würde sogar sagen, dass sie bis auf belanglose Äußerlichkeiten überhaupt nicht so aussieht. Ein Heimatforscher wäre sogar empört. Schließlich wird im Erzgebirge Volkskunst hergestellt und in dieser Werkstatt Touri-Scheiß. Indessen würde ein Ökonom nicht so deutlich ablehnend sein, denn in beiden Regionen wird ein Bedarf befriedigt, der zwar Züge von Irrationalität trägt, aber zugleich die Wirtschaft belebt.

Einst gehörte das Haus zu den besseren in der Straße. Sein Vordach wurde von Holzsäulen gestützt, heute sind daraus einfache Betonsäulen geworden. Allerdings bieten die bunten Bodenfliesen in den drei Räumen noch eine Ahnung von seinen besseren Zeiten. Jetzt sind es allesamt Arbeitsräume. Im ersten bemalen sechs Frauen die Figuren, im zweiten werden sie zusammengesetzt, und im dritten sind sie zum Verkauf aufgereiht.

Die Familie produziert ausschließlich ein Pärchen, dessen äußere Beschreibung den Rahmen der Ästhetik sprengen würde: dicke Lippen einer Mulattenfrau und eines Mulattenmannes, kräftige Pobacken und grelle Farben, ca. einen Meter hochgewachsen. Monat für Monat schaffen sie an die 100 Stück. Ein Zwischenhändler reißt sie ihnen geradezu aus den Händen, denn auf den sogenannten Kunstmärkten »artesenal« in Havanna und Varadero macht er damit gute Geschäfte. Sie sind gefragte Mitbringsel aus Kuba, eben typische kubanische Volkskunst. Zwar interessiert sich das Volk nicht dafür, und Kunst ist ein dehnbarer Begriff, aber es sind ja so herzallerliebste Originale. Was ist schon ein röhrender Hirsch an der Wand über dem Sofa gegenüber einer bunten Mulattin mit Rumbakugeln und einem Mulatten mit Zigarre und Gitarre direkt neben der Stereoanlage! Bloß das ewige Staubwischen ist lästig, aber schon nach dem nächsten Urlaub kann das Pärchen ja gegen eine große Matrjoschkagruppe oder eine Geishapuppe ausgetauscht werden. Der Überdurchschnittliches-Einkommen-Touri braucht Abwechslung. Ohne das Mulattenpärchen wäre der Kubaurlaub nicht komplett.

Die Mutter ist der wirtschaftliche Kopf des Unternehmens, Schwester, Tanten, Tochter und Nachbarinnen malen, der Sohn kümmert sich um die Technik, und der Vater ist der Chef, was an seinem distanzierten Auftreten sofort zu erkennen ist. Die Holzwerkstatt wird von einem etwa 50-jährigen Mann beherrscht, der als der handwerkliche Kopf des ganzen Unternehmens gilt. Er designt die Figuren, sucht das Holz aus und bestimmt die technischen Abläufe – nur: Er hat kein Haus, kein Kapital und keine Kontakte. Er ist der geistige Kopf, ungemein sympathisch, lebenslustig, gesprächig, muss er unbedingt Unternehmer sein?

Der große Hof wird fast vollständig von einem lichten Werkstattraum eingenommen. In ihm befinden sich an die zehn Maschinen, bis auf eine kleine Drechselbank sind es allesamt Kreissägen und Schleifmaschinen. Für die Drechselbank gibt es nur ein Werkzeug, das zum Drehen der Rundstäbe eingesetzt wird, alle anderen Formen der Figuren werden mithilfe der Kreissägen und Schleifmaschinen hergestellt. Einem Laien der Holzbearbeitung wird das nichts sagen, einem Kundigen hingegen würde sogleich das Werkzeug aus der Hand fallen. Seitlich der Werkstatt ist ein kleiner Verschlag abgetrennt. In ihm stehen eine Schleifmaschine mit feinster Körnung und eine Poliermaschine. Auf ihnen werden die Figuren vor dem Bemalen glatt geschliffen und poliert. Das macht ein Arbeiter ohne Mundschutz. Über und über ist er mit Holzstaub bedeckt. Wenn er stirbt, muss er nicht begraben, sondern kann als Holzpfahl für sein Grabkreuz verwendet werden.

In der Werkstatt kreischen die Sägeblätter und pfeifen die Schleifscheiben. Kopfhörer braucht man für Musik, das hier ist ja bloß Arbeit. Zwei Arbeiter tragen einen Atemschutz, wie er von Bildern aus Ostasien bekannt ist. Die anderen zehn spucken gelegentlich aus. Ein Arbeiter bemerkt den erstaunten Blick hin zu seinen Fingern, die an einer kleinen Kreissäge ein faustgroßes Stück Holz zu einem länglichen Kopf runden. Er unterbricht und zeigt seine linke Hand hoch. Am Mittelfinger fehlt ein Glied. Er lacht. Zwei andere haben die Szene beobachtet, sie kommen hinzu und zeigen stolz die Verstümmelungen und Narben, die ihnen das Sägeblatt zugefügt hat.

Wie viele von den Mitarbeitern sind fest angestellt? Wie hoch ist der Umsatz? Wie viele Steuern müssen gezahlt werden? Woher bezieht der Handwerksbetrieb seine Materialien? Mit welchen Zwischenhändlern arbeitet er? Wie hoch ist seine Gewinnspanne? Auf Kuba ist es besser, derartige Fragen nicht zu stellen.

Es gibt auch eine Toilette. Die ist nicht mit freundlichen Worten zu beschreiben.

Da stehen sie nun in Reih und Glied, zehn nebeneinander, fünf Reihen hintereinander, vielfarbig, je nach Wunsch, eine Kombination aus den Farben der kubanischen Flagge geht am besten, aber gerade zieht die Nachfrage nach Hemd, Bluse, Hose und Rock in den Farben der amerikanischen Flagge mächtig an.

In welchen Koffer kommen sie hinein? In welcher Wohnung werden sie stehen? Und wie lange werden sie dort stehen? Werden sie in einem Abstellraum, auf einem Flohmarkt oder gar im Müll landen? Die große Familie, ihre Nachbarn und die Arbeiter werden dann schon von ihnen gelebt haben, gelebt von dem Bestreben der Touristen, sich mit einer hölzernen Figur an den Urlaub zu erinnern. Allerdings erinnert diese an die Vergangenheit, während der Nussknacker daran erinnern soll, dass die Weihnachtszeit gekommen ist.

96. GRUND

Weil hier der weltweit kleinste Frosch hüpft

Die Biologen sind sich sicher, dass sich auf Kuba der kleinste Frosch der Welt herumtreibt, wenigstens bis sie in einer anderen Gegend nicht noch einen kleineren entdeckt haben. Kuba ist ein Froschparadies. Auch in meinem Garten, auf meiner Terrasse und sogar in meinem Haus hüpft jeden Tag ein kleiner Frosch. Ich weiß nicht, ob es dieser eine kleinste ist, der soll nämlich nur wenige Millimeter groß sein. Ähnlich ergeht es mir mit dem weltweit kleinsten Kolibri, dem Zunzuncito (Bienenelfe), denn auch ein klitzekleiner grün schillernder surrt täglich wie eine Minidrohne durch meinen Garten. Da ich unter meinen Bekannten bisher keinen Biologen entdeckt habe, kann ich überall behaupten, diese zwei kleinsten Tiere der Welt in meinem Garten zu pflegen. Die dritte weltweit kleinste Gattung auf Kuba ist eine Taube, das Sperlingstäubchen, und die könnten Sie in der Ciénaga de Zapata (siehe Grund 43) tatsächlich beobachten. Es macht mich nachdenklich, dass drei der weltweit kleinsten Tiere auf Kuba leben; könnte dies mit dem Anspruch seines früheren Führers zusammenhängen, der Größte sein zu wollen?

Ab und an winden sich in meinem Garten auch schwarze Schlangen, manche dünner als mein kleiner Finger, aber so lang wie mein Unterarm, andere so dick wie mein Daumen und so lang wie mein gesamter Arm. Die ersten sind putzig, die zweiten bereiten mir Angst, obgleich ich weiß, dass es auf Kuba weder giftige noch gefährliche Schlangen gibt, aber ob dies die Schlangen auch wissen? Immerhin soll die größte eine Länge von vier Metern erreichen können, allerdings hat kein einziger meiner kubanischen Bekannten sie jemals zu Gesicht bekommen, woraus ich schließe, dass Ihnen dies auch nicht gelingen wird.

Genauso wird es Ihnen mit zwei anderen Fleischfressern gehen. Die einen sind die Krokodile. Davon gibt es auf Kuba noch genug, aber zumeist in Farmen. Ich hoffe für Sie, dass Sie in der freien Natur keins davon zu Gesicht bekommen werden. Allerdings berichtete mir meine Frau von einem schrecklichen Hurrikan, der eine dieser Farmen nach oben gezogen und dann die Krokodile über Kuba verteilt haben soll. Sie schwor mir Stein und Bein, eines davon auf der Straße ihres Heimatdorfes erblickt zu haben. Indessen habe ich den Eindruck, dass es auf Kuba den Menschen mit den Krokodilen so geht wie bei uns den Anglern mit den großen Fischen.

Die anderen heißen Jutía, und davon habe ich tatsächlich schon ein Exemplar erblickt, das sich bei einem Nachbarn in einer Ecke seines Hühnergeheges verkrochen hatte. Es sah wie eine riesige Ratte mit grässlich langen Krallen aus, wird deshalb auch Baumratte geheißen, soll aber rein biologisch mit dem nordamerikanischen Stachelschwein verwandt sein. Mein Nachbar erschlug es und soll es seiner Verlautbarung nach verspeist haben. Ich versagte mir, ihn nach dem Rezept zu fragen.

Die Anzahl der Frösche in meinem Garten wird bei Weitem von der Anzahl der Leguane übertroffen. Sie sind immer da. Da es auf Kuba zu jeder Zeit eine Unmenge von Insekten gibt, vermehren sich auch die kleinen Leguane unbegrenzt. Auch ihnen werden Sie in den Anlagen der Hotels täglich begegnen. Vorteilhaft an ihnen ist ihre Geschwindigkeit, wodurch Sie sie nicht fangen und als Souvenir mitnehmen können.

Wie bei uns werden Sie auch auf Kuba die meisten Tiere in der Luft sehen. Die ersten Vögel, die ich bei einer früheren Kubareise ausführlicher wahrnahm, waren schwarze Aasgeier mit ihren gekrümmten Schnäbeln an roten Köpfen und ihren federlosen langen Hälsen. Sie heißen Truthahngeier, aber nur wegen ihres Aussehens. Selbst wenn Sie auf Kuba keine Vögel beobachten könnten, diese Geier werden Sie überallhin verfolgen. Sie werden Ihnen nichts tun, aber sie sind potthässlich und ziemlich groß, widersprechen also unserer angeborenen Ästhetik, aber entsprechen unserer Angst vor dem Unheimlichen.

Zwei ganz und gar nicht herzallerliebste Tierchen vermag ich nicht zu unterschlagen: Mücken und Cucarachas.

Die Ersteren scheinen mich besonders zu mögen, denn immer, wenn ich mit meiner Frau wandere, kommen sie zu mir und verschmähen meine Frau. Ich tröste mich damit, eben das bessere Blut zu haben.

Die Zweiten sind hinterhältige Drecksbiester, im wahrsten Sinn des Wortes. Vielleicht kennen sie die liebliche Melodie des Songs »La Cucaracha, la cucaracha, ya no puede caminar …«. Glauben Sie nichts davon. Auf Deutsch heißen sie Küchenschaben oder Kakerlaken, aber in Deutschland scheinen sie jämmerlich degeneriert zu sein, während sie auf Kuba zu wahren Monstern angewachsen sind, die Sie in keine Streichholzschachtel mehr hineinbekommen. Die können rennen und fliegen und sind überall, wo ein Pustelchen Essen vom Tisch herunterfällt.

Ursprünglich wird die chemische Industrie wohl nur wegen dieser beiden Kanaillen erfunden worden sein. Selbstverständlich können Sie es auch mit biologischen Mitteln versuchen; wenn Sie dann ganz leise sind, werden Sie hören können, wie diese Viecher lachen. Bitte reagieren Sie darauf nicht aggressiv, das sind Raubtiere, denn sie rauben uns unsere Gesundheit, und Ihre Reaktion könnte sie nur noch mehr reizen.

Ja, ja, ich weiß es ja auch, jedes Tier unter der Sonne hat seinen Platz in der Natur, aber müssen es deshalb gleich alle in meiner Natur sein?

97. GRUND

Weil die Kubaner schon vor der Geburt kreativ sind

Im Haus meiner Schwiegermutter, tief in der kubanischen Provinz, verkehrt eine Freundin, die vier Mädchen zur Welt gebracht hat. Alle vier haben recht prägnante Vornamen. Die erste heißt África, die zweite América, die dritte Asia und die vierte Europa. Das fünfte Kind sollte ebenfalls ein Mädchen werden, und es war ausgemacht, dass sie Antártica heißen würde, aber es wurde ein Junge. Sein Name: Miboy. Die Frau eines mit uns befreundeten Tabakpflanzers heißt Miladys. Ist das verrückt?

Ja, auch Kubaner können darüber lachen, und manchmal schämen sie sich auch für die Kreativität ihrer Eltern und lassen dann ihren

Vornamen ändern. Einem Schulfreund meiner Frau hatten seine Eltern den Namen Yubisisladys verpasst. Er jedoch wollte männlich heißen, was ihm dann mit Yoel auch gelang. Aber die Kette der aus unserer mitteleuropäischen Sicht verrückten kubanischen Vornamen ließe sich noch beliebig verlängern: Yanisé (nach dem sibirischen Fluß Jenissei) oder Yusnabis (nach US-Navy), während Argentina und Hanoi selbsterklärend sind.

Anfang der 60er-Jahre importierte Kuba zahlreiche englische Leyland-Busse, die trotz der Anhänglichkeit der Kubaner an Oldtimern heute kaum noch auf den Straßen zu sehen sind. Wahrscheinlich waren sie so miserabel gebaut, dass jeder zweite Bus zu einem Ersatzteillager wurde, bis nur noch einer übrig geblieben war. So ist Kuba auch ein Spiegelbild des Niedergangs mancher Paradestücke der Industrien westlicher Staaten. Ein Busfahrer in dem Ort meiner Schwiegermutter war so von seinem neuen Leyland-Bus begeistert, dass er seinen Sohn Leylandis benannte. 20 Jahre später heiratete dieser eine junge Frau mit dem Vornamen Mercedes, aber nicht, weil dies ein traditioneller Vorname auf Kuba war, sondern weil deren Vater einen Mercedes von 1955 fuhr.

Die Ehefrau eines berühmten Musikers heißt »M«, kubanisch ausgesprochen »Eme«, ihren Sohn, der ebenfalls ein berühmter Musiker wurde, nannte sie »X«, ausgesprochen »Equis« und die Tochter »L«, ausgesprochen »Ele«. Sogar auf Kuba wird dies als abgefahren angesehen.

In Deutschland schützen Gesetze die Kinder vor den Torheiten ihrer Eltern. In Kuba nicht. Können wir uns deshalb den Kubanern überlegen fühlen? Ich fühle mich einer anderen Kultur nicht überlegen, schon gar nicht, wenn es um derartig harmlose Possen geht, zumal auch wir davor nicht gefeit sind. Wie viele Eltern nennen ihre Kinder nach den Namen gerade aktueller Filmhelden – Kevin war einst ein Renner – oder Popsternchen. Ist das intelligenter als Hiroshi – nach einer japanischen Fernsehserie – oder Indira – nach der ermordeten indischen Ministerpräsidentin? Allerdings sind diese Vornamen bei uns ernsthaft gemeint, hingegen sind es auf Kuba arglose Narreteien, die in einem Land, in dem es sich im Klima und mit der

Natur leicht leben lässt, belächelt werden, aber niemals verteufelt. Ein Volk, das so unkompliziert mit den Vornamen seiner Kinder umgeht, muss mit sich im Glück leben.

Einer weiteren Kreativität der Kubaner wird der Besucher nur begegnen, wenn er über Grundkenntnisse des Spanischen verfügt, aber dann umso mehr darüber verwirrt oder belustigt sein wird. Die kubanische Sprache weicht vom spanischen Original teilweise in kurioser Weise ab. Zigaretten heißen »Cigarro« und Zigarren »Tabaco«. Zuerst erzeugen diese und andere Verdrehungen Kopfschütteln, dann benutzt man sie selber mit Gelassenheit.

Die Eltern heißen offiziell Madre und Padre, aber umgangssprachlich auf Kuba werden sie in weniger gebildeten Schichten »Pura« und der Vater »Puro« gerufen, jedoch ist »Puro« zugleich die normale Bezeichnung für eine Zigarre. Allerdings hat dies auch mit dem lockeren Verhältnis der Kubaner zur Sexualität zu tun, was bei uns ein maliziöses Lächeln hervorrufen würde, auf Kuba jedoch unmittelbare Lebensfreude ausdrückt.

Sehr beliebt sind Verdrehungen von Vornamen, die zumeist durch physische Besonderheiten oder spezielle Ereignisse im Leben hervorgerufen wurden. Teilweise geht dies auch auf spanische Vorbilder zurück, die dann auf Kuba flugs verallgemeinert wurden. Beispielsweise heißen alle Josés überall Pepe, und alle Franciscos heißen Pancho. Speziell beliebt sind Vornamen, mit denen man sich im engen Kreis der Familie oder von Freunden lustig über die Person macht, was jedoch im Laufe des Lebens verloren geht, weil es Allgemeingut wird.

Beispielsweise werden diejenigen Kubaner mit chinesischen Genen allgemein einfach China (weiblich) oder Chino (männlich) gerufen, ohne jeglichen verunglimpfenden Hintergrund. Für blonde oder blondierte Frauen und Männer wird Rubia und Rubio verwendet. Die Seltenheit blondierter Mulatten schlägt sich in Jabao nieder. Ausgesprochen dunkelschwarzen Männern hängt der Name »El Niche« an, zwar kein Schimpfwort, aber sehr umgangssprachlich. Ein kleiner dünner Fisch wird umgangssprachlich »El Peje« genannt, und so werden auch Männer gerufen, die z.B. als Angler stets mit Wasser zu tun haben. Frauen mit großer Liebeszuneigung zu Männern – keiner käuflichen! – sind eine »Majasa«.

Übrigens, wenn früher im Gespräch der Name »El Caballo« fiel, war damit stets nur eine einzige Person gemeint, Fidel Castro. In der chinesischen Zahlenlotterie heißt die »1« El Caballo …

98. GRUND

Weil Kuba unterhöhlt ist

Auf den kubanischen Landkarten sind in zahlreichen Gebieten Höhlen verzeichnet. Kleine, nur wenige Meter lang und breit, manchmal enthalten sie an den Wänden Zeichnungen der Kariben, etliche größere, einige kilometerweite und schwer zu begehende, einige auch mit Tropfsteinen, andere sogar mit einem See. In etlichen verbargen sich Indianer und später Sklaven, einige sind zu Touristenattraktionen umgestaltet, andere nur schwierig aufzufinden, ja es gibt sogar Höhlen, die nur Taucher erreichen können. Allerdings eine ganz besondere Höhle, die es ohne jeglichen Zweifel unbedingt geben muss, harrt bisher ihrer Entdeckung, die Höhle, in der die Piraten ihre Schätze versteckt hatten. Insgesamt könnte man meinen, dass Kuba komplett unterhöhlt sei.

Eine Höhle hatte es mir angetan, denn sie wurde in einigen Reiseführern ziemlich unterschiedlich beschrieben, in anderen fehlte sie, was gemessen an den Beschreibungen völlig unverständlich war. Sie liegt fast 20 km abseits vom Touristenmagnet Viñales, gehört aber zu dessen Höhlensystem. In einem Führer steht, sie sei mit 46 km Länge das größte erschlossene Höhlensystem Kubas, zugleich mit zahlreichen Stalagmiten und Stalaktiten versehen, sowie kleinen Seen. In einem anderen las ich, dass sie bisher nur wenig erforscht sei, aber sechs Ebenen habe, wovon nur ein Kilometer freigegeben sei. In einem dritten fand ich, dass sie mit 18 km das größte Höhlensystem Lateinamerikas sei, und fünf Ebenen seien schon miteinander verbunden, zudem hätten die Bauern hier im 19. Jahrhundert Feste gefeiert. In allen wird jedoch die prähistorische Vergangenheit der Höhlensysteme dieser Gegend hervorgehoben, in denen sogar die ältesten Skelette Kubas gefunden worden seien.

Das war für mich die Herausforderung, auf die ich viele Jahre gewartet hatte. Nirgendwo bin ich bei meinen Fahrten über diese Insel auf eine ähnliche Ermunterung gestoßen. Nun hatte es mich endlich erreicht: Die Reiseführer waren durch die Erkundung der Höhle zu korrigieren, und zudem war ich mir gewiss, ganz bestimmt harrt in ihren Ecken noch so manche prähistorische Sensation ihrer Entdeckung, durch mich! Ich war mir sicher, dass bei dem Geldmangel der Revolutionäre eine derartig große Höhle nicht mehr gründlich erforscht werden konnte. Welch grandiose Chance für einen auf Abenteuer gebürsteten Typen wie mich. Einen Helm mit Lampe hatte ich dabei, auch einen Stock und feste Schuhe sowieso, ebenso ein Aufzeichnungsgerät sowie Papier und Bleistift. Innerlich bereitete ich mich schon darauf vor, einer der großen Entdecker Kubas zu werden.

Diese Höhle, sie heißt Santo Tomás, war doch etwas völlig anderes als jene touristisch aufgemotzten Flachpfeifenhöhlen, wie beispielsweise die bekannte Cueva Saturno zwischen Matanzas und Varadero, als Pauschalangebot zu buchen, mit Abholung vom Hotel und mit Führung, ähnlich einer Lebensversicherung für Höhlenbesuche, und weshalb sollte ich in einer Höhle baden, wenn mein Hotel direkt am Strand liegt, alles ziemlicher Touri-Schwachsinn.

Demgegenüber lag meine Höhle abseits der touristischen Wege, in einem kleinen Tal, versteckt in einem grünen Felsen. Vor dem Eintreten in die Höhle hätte ich auch noch ein danebenstehendes Betondenkmal für einen Revolutionshelden besichtigen können, der Kämpfer in doppelter Lebensgröße, mit steil nach oben gerichteter Kalaschnikow (was will er da oben im Himmel abschießen?), der hier mit einer Handvoll anderer Kämpfer eine Übermacht von 20 bis 30 (so genau zählt man die Gegner nicht, Hauptsache, die Verlierer sind wenigstens doppelt so stark wie die Gewinner, was schon die alten Griechen berücksichtigten) Batistaschergen vernichtet hatte. Woher die damals – 1959 – wohl schon die Kalaschnikows hatten? Bei einem Revolutionsdenkmal verbieten sich kleinliche Nachfragen.

Der Eingang zur Höhle war nur über eine steil den Berg hinaufführende Treppe zu erreichen, wobei »Treppe« eine nicht ganz passende Bezeichnung dafür ist, teilweise kroch ich auf allen vieren nach oben, was sich allerdings bereits wenige Minuten später als eine prima Vorübung erweisen sollte. Auf den ersten Metern gaben glitschige Bambusstangen noch etwas Halt, wenngleich auch nur für wenige Meter, denn dann wurden sie von schwarzen Kabeln abgelöst, die sich besser zum Hinuntergleiten als zum Hinaufangeln eigneten. Der Eingang begrüßte mich mit verrosteten Eisengittern, dann ging es zumeist flach weiter. Was heißt in dieser Höhle »weitgehend« flach? Es war miserabel eng, es war lausig finster, nirgendwo ein Halt, meine Helmlampe erwies sich als ein Lämpchen, große Felsbrocken waren zu überklettern, und wenn der Helm an die Decke der Höhle stieß, empfanden die Fledermäuse dies als beunruhigend und flatterten unhörbar, aber trotzdem hinterhältig spürbar irgendwohin, aber stets haarscharf an mir vorbei. Dann ging es in eine Biegung hinein, aber wohin? Ich hatte die Orientierung verloren, konnte mich aber nicht verlieren, weil es nur diesen einen Weg gab, der sich jedoch im weiteren Verlauf nicht als Weg, sondern als eine Kletterpartie erwies. Ich sah nichts, begann zu schwitzen, nein, nicht aus Angst, aus Anstrengung. Nach bereits 15 Minuten schmerzten Arme und Beine, hoffentlich hatte ich meine Tube Voltaren ins Auto mitgenommen. Dann die erste Erlösung. Der enge Weg öffnete sich zu einem kleinen Saal, ich konnte auf einem Stein ruhen und meine Lampe schweifen lassen. Um mich herum Steine, dann weitere Steine und an der Decke auch Steine, war es Kalkstein oder Granit oder was? Auf jeden Fall nirgendwo ein Tropfsteingebilde, noch nicht einmal so ein ganz klitzekleines, mit dem gewöhnlich doch jede Höhle prunken kann. Hier tropfte nur mein Schweiß, sonst rein gar nichts. Vom Saal führten drei Gänge weg, einer, aus dem ich gekommen war und in dessen Nähe ich saß, glücklicherweise, weil ich nämlich keinen Faden hinter mir hergezogen hatte, die zwei anderen waren ohne Beschriftung. Jetzt hätte eigentlich mein großer Augenblick kommen müssen, in dem ich mich für einen der beiden neuen Gänge entscheiden müsste. Der eine, so hatte ich am Fuße des Berges auf einer Informationstafel gesehen, sollte nach oben auf die sechste Ebene führen, der andere nach unten auf die vierte. Wo waren mehr Entdeckungen zu erwarten? Nein! Diese und ähnliche Fragen stellte ich mir erst gar nicht. Ich benötigte nicht eine Sekunde, um mich für einen Weg zu entscheiden. Keinem meiner Freunde hatte ich von meiner Absicht erzählt, ein bedeutender Entdecker werden zu wollen, auch nicht ein kleiner. Ich musste mich nur vor mir selber rechtfertigen, aber das verschob ich auf den Abend bei einem Bier. Ich wählte den Weg, den ich gekommen war. Die Rückkletterei erwies sich als noch schwieriger als die Hineinkletterei, obgleich doch sonst die Rückfahrten immer schneller gehen als die Hinfahrten.

Am Fuße des Berges begrüßten mich wohl an die 30 Kinder, die lautstark von einem Lkw herunterkletterten, alle mit kleinen weißen Eimern in der Hand, in die sie einige Stunden zuvor in den Bergen die Kaffeebohnen von den Sträuchern hineingepflückt hatten. Im Hintergrund grüßte der Beton des Revolutionärs. Indessen wollte ich heute weder über die Erntearbeit von Kindern noch über die Heldentaten von Revolutionären nachdenken. Mir tat auch nichts mehr weh, weil ich von meiner Höhlenromantik geheilt worden war.

99. GRUND

Weil auf Kuba Kitsch erholsam sein kann

In weiten Teilen Kubas ist die Zeit vor 60 Jahren stehen geblieben. Vieles, was damals Kitsch war, ist heute eine Antiquität oder modern geworden. Aber was ist aus einem riesigen Park geworden, der schon damals ziemlich kitschig war?

Eine der ersten Enteignungen nach seiner Machtergreifung, so die Berichte, nahm Fidel Castro persönlich am Parque La Güira vor. Auch darüber sind Mythen gewoben. Eine naheliegende Begründung, nämlich dass der damals bestens erhaltene und recht abgelegene Park sich exzellent für die Erholung seiner Offiziere eignen würde, findet sich in keiner der offiziellen Erklärungen. Bis heute liegt auf seinem höchsten

Punkt ein Armeehotel, wenngleich angesichts seines Zustandes kein Neid aufkommen kann.

Der Park erinnert mich an eine Episode aus meinem eigenen Leben. Einige Monate nach dem Mauerfall besuchte ich die ehemalige Wohngegend der obersten DDR-Führung in der Nähe des märkischen Örtchens Wandlitz. Sie war noch immer von einem festen Zaun umgeben, aber inzwischen nur noch schwach bewacht. Mit einem Trick gelangte ich hinein und sah mir nur zwei Häuser an, dasjenige von Erich Honecker und das von Erich Mielke. Beide waren eine herbe Enttäuschung. Ich war ohne spezielle Erwartungen dorthin gefahren, aber niemals hatte ich an kleinbürgerlichen Mief gedacht. Später wurde mir klar, dass es gar nicht anders hätte sein können. Ich kannte die stalinschen Bauten aus Moskau, auch die überdrehten Kulturpaläste in anderen Ostblockhauptstädten, ich wusste, welche Maler diese Machthaber bevorzugt hatten, und ich hatte so manche ihrer Plattitüden gehört, die sie stets von sich gaben. Was sollte es denn anders sein als Nachahmungen einer biederen Lebensart? Fast alle kamen sie aus ähnlichen Verhältnissen, hatten das Bürgertum gehasst und die Geschichte ihrer Länder vernichtet. Woher sollten sie ihre Vorbilder nehmen? In Kuba war es nicht anders gewesen. Gerade dieser Park mit seinen lächerlichen Bauten, seiner kitschig nachgeahmten Gartengestaltung, das war es, was ihnen gefallen konnte. Darin konnten sie sich wohlfühlen, das war ihre kulturelle Welt.

Der Park liegt für die Touristenströme zu weit von den Zentren entfernt, und die kubanischen Tourismusmanager erfassen nicht, was sie den westlichen Besuchern damit bieten würden. Von ihren westlichen Kollegen werden nur wenige sich die Zeit genommen haben, diesen Park aufzusuchen. Nur mit individuell reisenden Touristen könnten mit Fahrten dorthin Geld verdient werden.

Der Begriff »Kleinod« ist nicht nur touristisch abgegriffen. Auch die Bezeichnung »Geheimtipp« widerlegt sich, wenn sie auf den Seiten eines Reiseführers erscheint. Aber dieser Park ist beides, und er wird es auch noch für etliche Jahre bleiben. Westliche Besucher, die Geschichte begreifen wollen, haben in diesem Park Gelegenheit dazu.

Ein Arzt (in anderen Reiseführern fungiert er als Rechtsanwalt, was uns heute nicht mehr berührt) hatte sich mit diesem Park Mitte der 20er-Jahre einen Traum erfüllt; wie er das Geld dafür erworben hatte, sagen die Legenden nicht, aber bei den riesigen Dimensionen der Anlage und ihrer vielfältigen Gestaltung musste er zu den wirklich vermögenden Kubanern gehört haben. Wir können ihm dankbar sein, dass er es nicht für Mätressen oder Pferde oder in Spielcasinos ausgegeben hat, denn das alles wäre heute vergessen, hingegen erinnert sein Park immer noch an ihn.

Es beginnt mit einem Eingangsportal, welches aus einem alten Hollywoodfilm über die europäische Ritterzeit stammen könnte. Hätte ich nicht seine Steine gefühlt, ich wäre sicher gewesen, Pappmaschee vor mir zu haben. In einem ähnlichen Stil sind auch die zahlreichen anderen Gebäude innerhalb des Parks gehalten, nur das später gebaute Haus für die touristische Betreuung und das Armeehotel sind abstoßende Unikate. Je länger ich im Park verweilte, desto mehr schloss ich meinen Frieden mit seiner Hollywood-Architektur. Nach fast 100 Jahren ist sie bereits historisch interessant geworden.

Von den einstmals vorhandenen Parkteilen im französischen, japanischen und asiatischen Stil ist nur noch der französische erhalten, von den anderen existieren nicht mehr als belanglose Rudimente. Für den französischen muss dieser Arzt wohl eine Idee von Versailles gehabt haben, aber hier in der subtropischen Natur wirkt diese Nachahmung imposant, ohne zu fragen, ob sie nun gelungen oder total verkitscht geraten ist. Wäre indessen dieser Park kein Park, sondern bloß ein Stück wilder kubanischer Natur, würde dieses Stück keine Wirkung entfalten können. In einem Ensemble von mythologischen Figuren, eleganten Wegen, gewollt ruinenhaften Gebäuden, an Italien erinnernden steinernen Brücken, den Gartenanlagen, den kleinen asiatischen Seenlandschaften und einer alles überwältigenden subtropischen dschungelartigen Pflanzenvielfalt ist dieser Park auf Kuba ein einzigartiges Erlebnis, und es ist ein wahrlich grandioses Erlebnis, einsam durch den Park zu wandern, seine Natur auf sich wirken, Erinnerungen an frühere Begegnungen mit Parkanlagen in Europa oder Asien aufleben zu lassen und in einer fast schon – für kubanische

Verhältnisse – surrealen Umgebung Abstand vom kubanischen Alltag zu gewinnen. Wobei Sie sich nicht sicher sein können, ob nicht dieser Park, sondern Ihr Alltag surreal ist.

100. GRUND

Weil CNN die beste Deutsche Welle ist

Falls Sie sich in Ihrem Urlaub unbedingt auch noch über die deutsche Politik informieren müssen, obgleich dies für Sie bereits zu Hause ein einziges Trauerspiel sein könnte, dann steht Ihnen in den meisten internationalen Hotels eine große Besonderheit zur Verfügung. Sicherlich ist Ihnen bestens bekannt, dass ARD und ZDF nichts, aber auch rein gar nichts mit unserer Regierung zu tun haben, und schon gar nichts mit den einzelnen Länderregierungen, weil die Intendanten an ihrer Spitze vollständig aus den allerbesten parteipolitisch total neutralen Journalisten ausgesucht werden. Einzige Ausnahme ist die Deutsche Welle, weil diese nämlich direkt durch Ihre Steuergelder finanziert wird und deren Intendanten von den jeweiligen Regierungen bzw. Koalitionen ausgekungelt werden. Dementsprechend ist auch ihr Programm. Bitte meinen Sie nun aber nicht, dass die Intendantur der DW – so ihr Zeichen im kubanischen Fernsehen, welches etliche ihrer Sendungen kostenlos übernimmt – ein Selbstbedienungsladen wäre, höchstens ein Karussell, und derjenige, der daraus herausfällt, wird mit einer ordentlichen Pension entschädigt, für die Sie mit Ihren Steuern zusätzlich aufkommen.

Naive Menschen könnten ja meinen, dass zur Auslandsinformation am einfachsten und kostengünstigsten die jeweiligen Nachrichtensendungen von ARD, ZDF und RTL abwechselnd ausgestrahlt werden könnten als den drei Sendern mit den umfangreichsten Nachrichtensendungen, und zwischendurch am Tag eventuell auch die von n-tv und N24. Aber da haben Sie die Rechnung ohne den Wirt gemacht, und der Wirt sind nicht Sie als deutscher Steuerzahler, sondern die Führungen der deutschen Parteien, die auch mal ihre journalistischen

Parteigänger an die Futternäpfe bringen wollen. Diese ehemaligen Journalisten oder Fernsehmacher oder Parteipolitiker hatten niemals auch nur die allerkleinste Chance gehabt, an die Spitze eines journalistischen Mediums zu gelangen oder gar ein großes Ministeramt zu erhalten. Aber jetzt, an der Spitze des einzigen direkten deutschen Staatsfunks, wollen sie es noch einmal wissen. Zum Abschluss ihrer beruflichen Entwicklung wollen sie Ihr Lebenswerk mit eigenen Leistungen bei der Deutschen Welle krönen. Also eigene Nachrichtensendungen und eigene Sportsendungen für die international herumschwirrenden Deutschen auf die Beine zu stellen, selbst wenn diese in den meisten Ländern nicht aktuell gesendet und zudem auch noch rund um die Uhr wiederholt werden, desgleichen sogar Sendungen in verschiedenen Landessprachen, weil beispielsweise in Lateinamerika ein Millionenfernsehpublikum regelrecht nach dem spanischsprachigen Programm der DW süchtig ist. Spezielle Sendungen zu Europa sind sowieso ein »Muss«, gleichfalls Übernahmen aus arte, denn die werden in Deutschland ja leider nur von allzu wenigen der hiesigen Touristen gesehen, und wegen des sinkenden Zuschauerinteresses in der Heimat gehören selbstverständlich auch einige Talkshows dazu. So rettet die Deutsche Welle Ihren Fernsehabend in lauer kubanischer Nacht.

Doch es gibt Hoffnung. Diese Hoffnung hat auch einen Namen. Nein, damit meine ich nicht den russischen oder chinesischen Nachrichtenkanal, der selbstverständlich in den Hotels auch eingespeist wird, denn dieser wird nur für die echten Kenner unter Ihnen ein journalistischer Leckerbissen sein. Damit meine ich CNN, auch wenn nicht jeder Deutsche auf Kuba dafür seine Englischkenntnisse nutzen möchte. Abgesehen von den zumeist öden amerikanischen Lokaldauerberichterstattungen ist CNN mit Längen aktueller als die DW, unvergleichlich diskussionsfreudiger und sendet zudem auch keinen *Tatort*. Ein weiterer Vorteil gegenüber der DW sollte nicht unterschätzt werden. Die Werbeeinblendungen ermöglichen Ihnen, sich ab und an mit der Partnerin oder dem Partner zu unterhalten.

Ähnlich wie CNN wird in internationalen Hotels auch das Auslandsprogramm der BBC eingespeist. Allerdings verhält sich CNN zur

BBC wie ein feuriger Mustang zu einem abgewrackten Klepper. Wer noch niemals chinesisches Fernsehen erlebt hat, kann dies auf Kuba nachholen, so wie auch weitere Exoten – von Deutschland aus gesehen. Beispielsweise können Sie sich im Hotel Nacional in Havanna durch wenigstens 25 verschiedene Fernsehkanäle hindurchzappen.

Möglicherweise haben zahlreiche unter Ihnen die kommunistischen Zeiten der DDR schon vergessen oder auch nie erlebt, weshalb Sie sich nicht vorstellen können, dass ein sich demokratisch nennendes Land keinerlei ausländische Zeitungen ins Land lässt, selbst nicht die einer anderen kommunistischen Partei, wie beispielsweise die *China Times*. Ich könnte hier so manches zur kubanischen Regierung sagen, aber eines keinesfalls, dass sie nicht konsequent wäre. Bringen Sie deutsche Magazine mit! Insbesondere Modezeitschriften und Automagazine. Mit den Ersteren gewinnen Sie die Zuneigung der Damen, die Ihre Zimmer säubern, mit den Zweiten die des Typen an der Bar, von dem Sie einen ordentlichen Cocktail erwarten.

101. GRUND

Weil der Ausblick vom Focsa-Haus grandios und sein Einblick entlarvend ist

Das Focsa-Haus wurde innerhalb von nur drei Jahren zwischen 1954 und 1956 errichtet, war einst mit seinen 375 Apartments auf 28 Stockwerken das größte Apartmenthaus Lateinamerikas und eines der zur damaligen Zeit weltweit bemerkenswertesten Stahlbetonbauten. Bis heute zeugt es vom architektonischen Verstand und vom technischen Wagemut seiner Erbauer sowie auch vom in Havanna angesammelten Reichtum zwei Jahre vor der Revolution. Nie wieder wurde Ähnliches in Havanna unternommen. Als profanes Gebäude verrät es mehr über die 50er-Jahre in Kuba als alle sonstigen Denkmäler oder Repräsentationsbauten zusammengenommen. Obgleich sein heutiger Zustand bedauernswert ist, bleibt es ein grandioses Solitär.

Bereits von Weitem leuchtet es über die Stadt hinaus, und jeder Besucher der Innenstadt von Havanna wird es unschwer bemerken, aber die wenigsten werden es besuchen, und diejenigen, die trotzdem mit dem alten behäbigen Aufzug nach oben fahren, werden dies nur wegen eines Besuches in seinem Restaurant oder seiner Bar im 33. Stock unternehmen, indessen mit einer Aussicht auf Havanna, die alle optischen Möglichkeiten anderer Gebäude übertrifft. Die weiteren Stockwerke sind mit der Technik für dieses Haus angefüllt. Zudem verfügt es über eine Parkgarage auf zwei Ebenen. Insgesamt reckt es sich 121 Meter gen Himmel. Zwar soll das Hotel Habana Libre noch einige Meter höher sein, wofür es jedoch keinen Beleg gibt und das zudem auch über keinen Aussichtsbereich verfügt. Nur das Martí-Denkmal auf dem Revolutionsplatz ist mit 139 Metern höher und verfügt ebenfalls über eine Aussichtsplattform.

Sein Straßenbereich schreckt von einem Besuch des Gebäudes ab, und da die dort zwischen den Geschäften, Banken, Wechselstuben, einer Posteinrichtung, der Diskothek und den Imbissbuden herumwuselnden Menschen keinen Blick für den Himmel haben, werden sie von der gewaltigen Wucht dieses Gebäudes nichts mitbekommen. Es ist ein Trauerspiel und zugleich ein Erlebnis des heutigen Lebens der Bewohner Havannas. Offene Stromzähler, herunterhängende elektrische Leitungen, halb kaputte Eingangstüren zu den Geschäften, teilweise herunterhängende Deckenplatten, Abfall in allen Ecken und ein beißender Gestank von Hunde- sowie Katzenkot und ebenso von menschlichem Urin. Am Eingang zum kleinen Lebensmittelgeschäft müsste ein Schild hängen: »Vorsicht! Ausgewachsene Schaben!« Wahrscheinlich leben im Erdgeschoss dieses Hauses heute mehr Ratten als in den Wohnungen oben Menschen.

Einst lockten hier Luxusgeschäfte die wohlhabenden Bewohner der Luxusapartments, und da diese eben 375 zählten, waren es auch nicht nur wenige Superreiche.

Ich weiß nicht, welche Menschen nach der Revolution in diese Apartments einzogen, gewiss jedoch solche, die nie zuvor in ihrem Leben Wohnungen mit gehobener Ausstattung gekannt hatten. Heute sollen dort Büros von Unternehmen untergebracht sein und »normale« Kubaner wohnen. Letzteres kann ich nicht nachvollziehen, denn die mir bekannten »normalen« Kubaner wohnen in den üblichen DDR-Plattenbauten oder in zu halben Ruinen heruntergekommenen alten Häusern. Das Focsa-Haus ist keine Ruine, was darauf hinweist, dass der Staat zu seiner Erhaltung Geld aufgewendet hat, immerhin ist es mit einer immensen Technik ausgestattet, und auch die Fahrstühle müssen unterhalten werden, denn wer könnte schon 28 Stockwerke jeden Tag zu Fuß bewältigen. Da die Regierung keine Mittel für die Behausungen der »normalen« Kubaner zur Verfügung hat, werden hier andere Kubaner als die stinknormalen in den Genuss der »knappen« Ressourcen des Staates gelangen.

Vor etwa zehn Jahren lebte das Haus noch einmal auf. Für jeweils einige Wochen waren in den Apartments mehrere Tausend Ärzte und Krankenschwestern untergebracht, um auf ihren Einsatz in Venezuela vorbereitet zu werden. In jedem Apartment »wohnten« damals zehn bis zwölf Mediziner, vornehmlich aus dem Osten Kubas. Ihre Zimmer waren nur mit Betten und Fernseher ausgestattet. Für die hauptsächlich jüngeren männlichen Mitarbeiter des Hauses ein einmaliges Fest!

Jetzt bietet es den Besuchern von Bar und Restaurant ein Fest für die Augen. Mit Ausnahme des Fahrstuhls ist ein Rundblick über Havanna möglich. Da von hier aus der Blick nicht durch andere Hochhäuser verstellt wird, weil diese kleiner sind (die höher gelegene Aussichtsplattform des Martí-Denkmals ist zu weit vom Stadtkern entfernt), kann man hier grandios den Blick schweifen und die Kameras klicken lassen: die flachen Dächer der anderen Hochhäuser und etwas niedrigeren Wohnhäuser der näheren Umgebung mit ihren blauen Wassertanks, ihren Blumenkübeln und Terrassenmöbeln, ihrer aufgehängten Wäsche und ihren Taubenverschlägen. Der Verkehr unten am Malecón wirkt wie eine Spielzeuglandschaft; davor das Gebäude des Hotel Nacional mit seinem Pool und rundherum aufgereihten blauen Liegen, das runde Dach des Eiscafés Coopelia, weiter entfernt das Capitolio und noch weiter der Revolutionsplatz. Auch deutlich zu erkennen ist eine der architektonischen Einmaligkeiten Havannas, ein siebengeschossiges Wohnhaus mit fünf Rundbögen zu beiden Seiten, das Edificio de Appartementos Solimar von 1944, heute supermodern anmutend. Auch das in dieser Umgebung einzige Bauwerk aus sozialistischer Zeit, ein Sportplatz mit abgerundet überdachten Tribünen, ebenso die amerikanische Botschaft mit dem davor stehenden sozialistischen Wald aus stählernen Masten für die kubanische Flagge, ein Überbleibsel der propagandistischen Auseinandersetzungen zwischen beiden Staaten. Öfter schweben haarscharf an den Fenstern die schwarzen kubanischen Geier vorbei, irgendwo auf den Dächern muss Aas für sie liegen, dann die breiten begrünten Straßen von Vedado nebst ihren kleinen Parkanlagen als grüne Inseln, zugleich gleitet der Blick weit auf das Meer hinaus und auf der anderen Seite bis hin zu den Hügeln um Havanna, den Alturas de Bejucal und den Escaleras de Jaruco, davor die Bucht mit dem Hafen und gegenüber die graue Moro-Festung. Was spielt es da für eine Rolle, dass die Ausstattung von Bar und Restaurant ihre besten Tage schon hinter sich hat, wenn dieser Ausblick die Sinne bannt.

Das Focsa-Haus ist ein Haus für die Geschichte und für die Gegenwart Havannas.

12. KAPITEL

FLÜGE, TRANSPORT, WOHNEN

102. GRUND

Weil auf Kuba Fliegen zwar einfach, aber nicht bequem ist

Kaum ein westlicher Besucher kommt nach Kuba mit der Vorstellung, wie lang gestreckt diese Insel ist, nämlich fast 1.300 km, 200 km länger als Deutschland, je nachdem, von welchen Punkten aus gemessen wird. Indessen ist sie hingegen nur zwischen 210 und 32 km breit. Zwar ist das Fliegen nicht gerade förderlich für unsere Umwelt, aber was soll der Besucher machen, der zum einen nur eine geringe Urlaubszeit auf der Insel zubringt, aber zum anderen darin auch so viel wie möglich sehen möchte, zumal das Fahren mit dem Auto auf zahlreichen Straßen zu einem reinen Horrortrip ausarten kann? Also einen innerkubanischen Flieger nehmen!

In neun kubanischen Städten können Flughäfen von Europa aus angeflogen werden:
- Havanna
- Varadero
- Santiago de Cuba
- Holguín
- Santa Clara
- Cayo Coco
- Cayo Largo
- Camagüey
- Cienfuegos

Wie überall in der Welt gestaltet sich dies völlig problemlos, eine routinemäßige internationale Erfahrung. Der kundige Welturlauber lässt sich auch nicht von langen Wartezeiten an den Ausgabebändern des Gepäcks abschrecken oder wundert sich, dass er auf manchen dieser Flughäfen sein Gepäck direkt am Flieger in Empfang nehmen und damit zum Ausgang rollen kann. Er will urlauben und sich auf keinen Fall schon am Anfang aufregen. Schließlich gibt es gierige Taxifahrer an allen internationalen Flughäfen, ebenso wie tumbe Touristenbetreuer.

Innerhalb Kubas fliegt die kubanische Fluglinie Cubana Flughäfen in weiteren acht kleineren Städten an. Allerdings endet hier die Routine, gleichfalls jegliche Erfahrung, denn es beginnt das reine Abenteuer, wenngleich damit nicht die größte Gefahr verbunden ist, denn der letzte Absturz eines kubanischen Flugzeuges liegt bereits einige Jahre zurück. Inzwischen sind auch die meisten der alten russischen Turboprob-Flieger ersetzt worden, teilweise durch italienisch-französische ATR-Maschinen, teilweise durch neuere, nur 15 Jahre alte russische Flieger und durch ebenfalls schon etwas angegraute, aber nach wie vor zuverlässige Airbusmaschinen. Die trauten Zeiten der superengen und rumpeligen russischen Turboprops sind auch auf Kuba vorbei, nichts ist mehr mit einem Ausflug in die Geschichte der sozialistischen Fliegerei. Allerdings hat sich das Abenteuer verlagert.

In den nationalen Flughäfen, einschließlich dem nationalen Terminal auf dem Flughafen von Havanna, ist die Zeit stehen geblieben. Die größten Investitionen werden wohl in die Reparatur von Kofferbändern gesteckt worden sein, wohlgemerkt nicht in deren Erneuerung. Gelegentlich muss das Gepäck auch direkt von der Maschine abgeholt werden, also eine originale Provinzatmosphäre! Die Sicherheitskontrollen sind vorhanden, verlaufen jedoch erratisch, und da die meisten Passagiere häufig Kubaner sind, kann der Gast noch die alte DDR-Sicherheitsatmosphäre erleben, mindestens im Tonfall. Verspätungen sind der Normalfall, Flugverschiebungen auf den nächsten Tag kommen vor. Wer es mag, kann im innerkubanischen Flugverkehr seiner Leidenschaft zur Nostalgie frönen, der DDR-Charme lebt! Da dies für Kubaner nichts weiter als normaler Alltag ist, bleiben sie gelassen, was sich für die unerfahrenen Touristen vorteilhaft auswirkt: Sie lernen davon!

103. GRUND

Weil es so viele Casas Particulares wie Sterne am Himmel gibt

Wahrscheinlich gehen Sie in Zeiten von Airbnb wie selbstverständlich davon aus, dass es schon immer und ewig private Zimmervermieter auf Kuba gab. In Deutschland schon, auf Kuba nicht.

Nach der Revolution gab es auf Kuba zuerst keinen ausländischen Tourismus mehr. Für den Urlaub teilte der Staat seinen Untergebenen Unterkünfte in campingähnlichen staatlichen Einrichtungen zu, und wenn diese herausragende Arbeitsleistungen vollbracht hatten oder, noch besser, anderweitig besonders wichtig waren (Sie kennen ja vielleicht den berühmten Satz von Georg Orwell über sozialistische Verhältnisse: »Alle Menschen sind gleich, aber einige sind gleicher.«), dann erhielten sie gelegentlich sogar einen Platz in einem staatlichen Hotel am Meer zugeteilt. Als kein Geld mehr von der zusammengebrochenen Sowjetunion floss, änderte die kubanische Führung ihre Meinung zu westlichen Touristen und holte diese ihres Geldes wegen ins Land, und als diese reichlich kamen, verfügte es alsbald nicht über ausreichend Hotelzimmer. Westliche Unternehmen zogen die weltweit bekannten üblichen Hotelkomplexe hoch, aber als das immer noch nicht ausreichte, erfand die Regierung die »Casa Particular«, was nichts anderes heißt als die Möglichkeit, innerhalb der eigenen privaten vier Wände einen Raum an Ausländer zu vermieten.

Allmählich sprach sich unter den Kubanern die Chance herum, damit viel Geld – viel für kubanische Verhältnisse! – zu verdienen, und nach und nach restaurierten immer mehr Kubaner ein Zimmer mit Toilette. Heute ist in Havanna bis in die Randbezirke hinein an Häusern ein weißes Schild mit einem blauen Anker zu sehen, das Erkennungsschild für: Hier wird privat vermietet.

Nach offiziellen Angaben gibt es in ganz Kuba ca. 270 internationale Hotels mit ca. 40.000 Zimmern, davon in Havanna ca. 70 mit 10.000 Zimmern und in Varadero ebenfalls ca. 70, jedoch mit 13.000 Zimmern. Die größten ausländischen Betreiber davon sind:

- Meliá (spanisch) mit 8.600 Zimmern
- SuperClubs (kanadisch) mit 1.500 Zimmern
- Accor (französisch) mit 1.300 Zimmern
- Iberostar (spanisch) mit 1.200 Zimmern

Im Jahr 216 haben ca. 4 Millionen Touristen Kuba besucht. Je nachdem, wie lange man die Übernachtungszeiten je Tourist oder auch je Pärchen berechnet und wie man den Standard der staatlichen Hotels einschätzt, können jährlich maximal ein bis zwei Millionen in den staatlichen Hotels untergebracht werden. Demzufolge müssen wenigstens zwei Millionen eine private Unterkunft finden.

In der Wirtschaft Kubas existiert ein eigentümlicher, aber zugleich typisch sozialistischer Kreislauf. Für Kuba ist er am besten am Beispiel der privaten Restaurants und der privaten Zimmervermietung zu erläutern. Beide Wirtschaftssegmente sind zugleich die wichtigsten Einnahmequellen privaten Wirtschaftens. Außerhalb des Betreibens privater Restaurants und privater Zimmervermietung sind für einen Kubaner nur rudimentär Möglichkeiten vorhanden, zu einem gewissen Wohlstand zu gelangen. Selbstverständlich weiß dies auch die Regierung. Eines ihrer grundlegenden Prinzipien besteht nach wie vor darin, die Akkumulation privaten Kapitals weitgehend zu verhindern. Nicht die politisch Andersdenkenden bereiten ihr Sorgen, sondern die zu – nach westlichem Verständnis bescheidendem – Reichtum gelangenden Kubaner. Diese Einstellung wird mit der sozialistischen Ideologie oder mit Verkrustungen innerhalb der kubanischen Führung oder sonst wie erklärt. Alles falsch! Wie in jeder Diktatur hat dies zuallererst mit dem Problem der Machterhaltung zu tun.

Wie vollzieht sich dieser Kreislauf?

Für die kulinarische Versorgung der Touristen ist, genauso wie für deren Unterbringung, privates Engagement unumgänglich. Es existieren keine Angaben zur Anzahl der staatlichen Restaurants. In Havanna gibt es gerade mal noch eine Handvoll, die eine unter kubanischen Verhältnissen akzeptable Qualität aufweisen, außerhalb Havannas sind sie eine Rarität. Restaurants in den Ausländerhotels sind davon ausgenommen. Nach offiziellen Angaben soll es in ganz

Kuba über 500 Paladares geben, davon in Havanna 130, ohne Bars, auch ohne die zahllosen privaten Cafeterías oder Bistros, die zumeist sowieso nur für Kubaner gedacht sind. Der Betreiber eines Paladar kann nur verschwindend wenige Produkte von einer staatlichen Stelle beziehen, das allermeiste muss er – wie jedermann – entweder in den normalen staatlichen Geschäften kaufen oder aus privaten Quellen organisieren, darunter auch dunklen. Der Staat kontrolliert sowohl die Rechnungen als auch die Verkäufe von Speisen und Getränken. Eine auch nur annähernd exakte Kontrolle ist ausgeschlossen. Das Resultat: außerhalb der Steuer eine private Kapitalansammlung. Das jedoch kann der Staat annähernd an der Gestaltung der Lebenshaltung dieser Besitzer verfolgen. Autos und Häuser werden gekauft, Auslandsreisen unternommen und manch anderes mehr. In Deutschland versucht der Staat, die Marge zwischen Einkauf und Verkauf durch Anhebung von Steuern zu verringern. In Kuba reichen dafür die Kontrollmöglichkeiten nicht aus, deshalb kann er nur mit repressiven Einschränkungen (z.B. Begrenzung der Anzahl der Sitzplätze auf maximal 50) vorgehen.

Ähnlich ist es mit den Casas Particulares. Zwar muss der Besitzer hier eine monatliche Abgabe zahlen, sogar, wenn er keine Gäste hatte, zugleich kontrolliert der Staat die an Touristen ausgestellten Rechnungen, aber Sie werden sich unschwer selbst denken können, welche Möglichkeiten zum Geldverdienen dem Besitzer trotzdem offenbleiben, also begrenzt der Staat die Anzahl der zu vermietenden Zimmer pro Wohnung und pro Vermieter.

Die Regierung ist über den privaten Reichtum auch aus einem anderen Grund in Sorge. Die wichtigsten Bereiche der Tourismuswirtschaft befinden sich im Besitz von Armeeunternehmen, werden also von hohen Offizieren geführt. Die soeben angeführten beiden Möglichkeiten für privaten Reichtum entziehen diesen Armeeunternehmen Teile vom Geld der Touristen, weshalb sich die Regierung ständig neue Möglichkeiten ausdenkt, die Ausdehnungen von Paladares und Casas Particulares zu begrenzen. Gleichzeitig verringert sie damit jedoch auch die Möglichkeiten und den Standard sowohl für die Unterbringung als auch für die Versorgung steigender Touristenmassen, die verständlicherweise davon durchaus beeinflusst werden, zu Hause darüber berichten, was à la longue das touristische Interessen an Kuba nicht gerade anregen wird. Zuerst nimmt der Staat weniger Steuern von privaten Steuerzahlern ein, und in der Folge dann auch weniger von Touristen. Weiterhin ist es seit einiger Zeit auch kaum noch möglich, direkt in den Autovermietungen einen Pkw anzumieten. Deren Mitarbeiter hatten sich so allerlei Tricks ausgedacht, ohne Beteiligung der Regierung an das Geld der Touristen heranzukommen. Diese stellten dann die Anmietung eines Wagens weitgehend auf Reservierungen über Agenturen bzw. das Internet um, wo mit Kreditkarte bezahlt werden muss. Das Resultat war abzusehen: Viele Wagen warten an den Vermietstationen auf Kunden, viele Kunden werden verprellt, die Mitarbeiter sind desinteressiert, und der Staat nimmt weniger Geld ein, eine typisch kubanische intelligenzbefreite Lösung.

Ohne weitere Möglichkeiten, Privatinitiative zuzulassen, müsste die Regierung eine Antwort finden, woher das Geld kommen soll, um die Lücke zwischen den Importen und den Exporten wenigstens zu verringern, zu schließen wäre sie nur durch die drastische Rücknahme der Importe, aber womit könnten dann Touristen und Volk ernährt werden?

104. GRUND

Weil Insel-Hopping problemlos ist

Auf die Dauer wird es irgendwann auch auf dem schönsten Urlaubsflecken der Welt langweilig, jedenfalls für diejenigen Menschen, die im Urlaub auch etwas erleben wollen. Zwar gibt es auf dieser Insel mächtig viel zu entdecken, aber ringsherum liegt die unvergleichliche und riesig ausgedehnte Karibik, auf jeder ihrer Inseln kann Neues aufgefunden werden, und wer einige Wochen in Kuba ist, aber die Bahamas noch nicht kennen sollte, aber da immer gern mal hinwollte, kann von Havanna aus leicht einen kurzen Schnupperaufenthalt dorthin organisieren. Normalerweise ist die Reise mit einem Segelboot am erholsamsten. Mit einem Kreuzfahrtschiff ist es am vielfältigsten, zugleich jedoch nichts Individuelles, wer sich indessen für einige Tage mal so richtig und abwechslungsreich den Bauch vollschlagen möchte, kommt dabei problemlos auf seine Kosten. Mit dem Flieger ist es am aufregendsten, denn es gibt keine Gleichförmigkeit und stets unterschiedliche Begleiter.

Von Havanna aus sind mit dem Flieger folgende nahe gelegene Inseln zu erreichen, zumeist in der sensationellen Zeit von nur einer Stunde:

Santo Domingo, die Hauptstadt der Dominikanischen Republik. Älteste europäische Stadt Amerikas und größer als Havanna, aber bei Weitem nicht so prächtig. Sie kennen das vielleicht aus der Wirtschaft, der Erste ist oft weniger erfolgreich als der Zweite. Wahrscheinlich verfügt Santo Domingo über noch weitaus mehr junge Damen als Havanna, die den männlichen Touristen aufgeschlossen gegenübertreten, junge Männer sicherlich auch, wegen der Gleichberechtigung. Außerdem sind die Zigarren hier weitaus schlechter als in Havanna, aber genauso teuer, und Sie könnten mit dem Bus zum höchsten Berg der Karibik fahren, immerhin über 1.000 m höher als der auf Kuba.

Kingston, die Hauptstadt Jamaikas. Wenn Sie Rasta- und Reggae-Fan sind, werden Sie hier glücklich. Vorher sollten Sie sich bitte Harry Belafonte reinziehen, um festzustellen, dass der Mann arg romantisch war. Aber grün ist die Insel, genauso wie auch Kuba, allerdings reichhaltiger mit Marihuana ausgestattet

Montego Bay, Badewanne Jamaikas. Im Herzen der sogenannten Goldküste, damit sind die vielen wohlhabenden Amerikaner im Winter gemeint – um diese kennenzulernen, müssen Sie also nicht nach Aspen fliegen, zudem ist es hier wärmer, und Sie müssen nicht auf Schnee Ihren Golfschläger schwingen. Außerdem sind Sie schnell wieder in Havanna.

Nassau, die Hauptstadt der Bahamas. Früher hausten hier die Piraten, bis sie von den Engländern abgelöst wurden, die 5-Uhr-Tee mit Marmeladen etablierten und die Piraten im wichtigsten Gebäude der Stadt einsperrten, dem heutigen Piratenmuseum. Die Bewohner der Inseln sind stolz auf ihre Unabhängigkeit, die Sie mit Ihrem Geld sichern helfen. Sonst: Strand, Meer, Sonne und Luxushotels, also wirklich sehr abwechslungsreich. Bitte jedoch nicht die Uhrzeit zum Tee versäumen!

George Town, die Hauptstadt der Cayman Islands. Die Inseln sind britisches Territorium, ursprünglich gab es hier vor allem ordentliche Kekse und wenig Abwechslung, heute gibt es Kreuzfahrtschiffe zuhauf und jede Menge Banken, auch mehr Disziplin als anderswo und Ärger mit dem Brexit.

Pointe á Pitre, die größte Stadt im französischen Überseedepartement Guadeloupe. Französisches Kleinstadtflair mit Palmen, so wie sich die Amerikaner Frankreich vorstellen, deshalb Kreuzfahrtschiffe und sonst Sonne, Meer und eben die Palmen.

Andere Inseln wie Trinidad, Curaçao oder Haiti werden ebenfalls von Kuba aus angeflogen, wenngleich unregelmäßig oder nur über Zwischenlandungen, aber zumeist immer noch weitaus günstiger als aus Deutschland. Vielleicht probieren Sie auch einmal aus, die Karibik in acht Tagen zu machen, flugtechnisch sicherlich möglich, aber eine echte Herausforderung, der Sie auf Ihren sonstigen Urlaubsreisen so schnell nicht wieder beggnen werden. Selbstverständlich ginge es auch in 80 Tagen, aber in jeder Stadt eine Woche lang shoppen, am Strand liegen oder im Hotel alle lokalen Drinks probieren? Das müssten Sie schon durchhalten können.

Wenn nicht bereits am Anfang dieses »Grundes«, so werden Sie sich wahrscheinlich mindestens jetzt endlich fragen, warum ich Ihnen im Rahmen eines Kuba-Buches derartige Tipps gebe. Kuba ist der Mittelpunkt der gesamten Karibik. Wo sonst können Sie dies genießen, wenn nicht beim Insel-Hopping!

Darüber hinaus könnten für Sie auch noch einige mittelamerikanische Ziele interessant sein:

San Salvador, die Hauptstadt von El Salvador. Eine kleine Stadt innerhalb eines kleinen Staates, wo Sie nur aufpassen müssen, auf der richtigen Straßenseite zu gehen, um gelegentlichen Schusswechseln auszuweichen. Derartige Probleme haben Sie in Havanna nicht. Großer Vorteil: hohe Wahrscheinlichkeit eines Erdbebens und Ausbruch des nahe gelegenen Vulkans Boquerón. Weltweit einzigartige Konzentration von Mord, Erdbeben und Vulkan, an Aufregung in dieser Region kaum zu übertreffen.

San Pedro Sula, zweitgrößte Stadt von Honduras. Wirtschaftszentrum und in der Nähe vom Meer, was eigentlich schön ist, würde sie sich nicht mit San Salvador jährlich um den Titel »Welthauptstadt der Mordrate« streiten. Irgendwie scheint dieser Streifen Mittelamerikas verseucht zu sein.

Panama-Stadt, die Hauptstadt Panamas. Diese Stadt ist innerhalb weniger Jahre zu einer »Boomtown« geworden: Wolkenkratzer, Shopping Malls und jede Menge Drogen. Die Steuerpolitik ist für Deutschland vorbildlich, wenn Sie über ausreichend Geld für eine der hier residierenden 104 Banken verfügen. Ansonsten können Sie erleben, wie Ozeanriesen in den Kanal ein- und herausfahren, für Technikbegeisterte eigentlich ein »Muss«.

Managua, Hauptstadt von Nicaragua: Der Präsident Nicaraguas ist ein alter Kumpel von Fidel Castro und möchte, dass sein Land – nach einem vor Jahren vergeblichen ersten Versuch – nun endlich genauso wird wie Kuba. Falls Sie dies interessieren sollte, bleiben sie gleich beim Original in Havanna.

San José, Hauptstadt Costa Rica. 1.000 Meter über den Meeresspiegel, angenehmes Klima, vielleicht deshalb der einzig ruhende Punkt in dieser gesamten Region. Es existiert eine lange Liste der berühmten

Söhne und Töchter der Stadt, von denen Sie niemanden kennen werden, was sich aber bei einem Flug hierher ändern ließe.

Zwei Ziele werden auch in Mexiko angeflogen, aber erwähnen Sie dabei niemals »Mittelamerika«, die Mexikaner könnten Ihnen das übel nehmen. Sie sind stolz darauf, zu Nordamerika zu gehören, trotz Donald Trump!

Cancún, die größte Stadt Yucatans. Dazu können Sie alles im Grund 107 nachlesen.

Ciudad de México, die Hauptstadt Mexikos. Mexiko-Stadt ist eine der größten Städte der Erde und liegt in einem Talkessel, die Konsequenzen daraus können Sie einatmen. Von hier aus bauten innerhalb von nur 100 Jahren die Azteken ihr Reich über große Teile des heutigen Mexikos und Mittelamerikas aus. Sie waren so reich, dass die Spanier sogar deren Tempel und Paläste abbauten, um damit ihre Kirchen und Paläste zu errichten. Wenn Sie die Ausgrabungen besichtigen, können Sie selbst beurteilen, welche davon eindrucksvoller sind.

Seit der Öffnung gegenüber Kuba durch Barack Obama sind auch Linienflüge aus den USA nach Havanna möglich, beispielsweise täglich von **Miami**. Also, warum nicht die Gelegenheit nutzen, Miami mit Havanna zu vergleichen, immerhin leben in beiden Städten fast gleich viele Kubaner. In Miami kann man grandios einkaufen und sich unendlich langweilen. Vergleichen Sie nur die Art-déco-Gebäude in Miami Beach mit denen in Havanna, und versuchen Sie, in einem kubanischen Restaurant exzellent zu essen, dann sind Sie schnell wieder in Havanna zurück.

Ein Nachtrag: Sie können von Havanna aus auch nach **Moskau** fliegen. Dafür sitzen Sie gerade einmal ein Dutzend Stündchen in einem bequemen Flieger, machen in drei Tagen die Museen, Klöster, Paläste und auch noch den Roten Platz, wo Sie die einzigartige Möglichkeit haben, in dem an der Kremlmauer gelegenem Mausoleum Aug in Aug mit Lenin zu sein, für maximal fünf Sekunden, aber nur, wenn Sie

Beinbeschwerden vortäuschen. Danach auf demselben, aber umgekehrtem Weg aus eisiger Kälte zurück an den Strand. Das ist doch was! Allerdings nur für Verwegene, verrückt Verwegene, aber zu Hause könnten Sie dann damit so richtig prahlen! Außerdem würden Sie im Flieger zweimal fast nur mit Kubanern zusammensitzen, denn Russland ist inzwischen das einzige Land, für dass Kubaner kein Visum benötigen, wo sie billig einkaufen können, um mit der kleinen Spanne zwischen diesem Einkauf und dem Verkauf auf Kuba den Flug, den Aufenthalt und einige Monate kubanisches Einkommen finanzieren zu können – wenngleich nur mit so belanglosen Dingen wie Ersatzteilen für 40 Jahre alte Lada-Autos oder chinesische Billigklamotten. Denn jeder Kubaner kann einmal jährlich 120 Kilo Waren importieren und zahlt den Zoll in kubanischen Pesos, wenn er zahlt! Wäre dieses Erlebnis einen solchen Höllentrip nicht wert? Aber bitte vorher sich in Deutschland ein Visum besorgen und dafür nicht die Einkommensbescheinigung vergessen, damit die Russen auch sicher sein können, dass Sie nicht dort bleiben wollen, denn bei den Kubanern vermuten sie das nicht – siehe die Kälte dort und den Strand hier. Außerdem ist die politische Situation in beiden Staaten ähnlich, also was sollen die Kubaner dauerhaft dort.

Bei der Ankunft in Havanna erwartet Sie noch eine Überraschung. Die Kubaner fliegen nach Moskau nicht allein, sondern mit Ehepartner oder mit einem Freund, nicht der Bequemlichkeit wegen, sondern wegen der zweimal 120 Kilogramm. In Havanna angekommen, sichern sie sich zuerst die besten Plätze am Gepäckband, was folgendermaßen abläuft: Im Eilschritt zwei Gepäckwagen gegriffen, einen direkt an das Band schieben, den zweiten dahinter, auf den ersten setzt sich ein Kubaner, der zweite Kubaner läuft am Band entlang, um das Gepäck zu entdecken, was er auch muss, weil das gesamte Band mit diesen Wagen und den darauf sitzenden Kubanern eingehüllt ist. Der zu spät kommende Fremde hat noch die Chance, seinen Wagen in die dritte Reihe zu schieben, meistens sieht er dadurch zwar sein Gepäck nicht, aber vielleicht dann doch bei der zweiten Runde.

105. GRUND

**Weil Bus- und Eisenbahnfahrten
etwas für Abgehärtete sind**

Eine Fahrt mit dem Bus während des Berufsverkehrs in Havanna kann für Sie erhellend werden. Vielleicht waren Sie schon einmal in einem Londoner Bus eingeklemmt oder in der U-Bahn in Tokio, vergessen Sie es! Alles Pillepalle gegenüber einer Busfahrt durch Havanna. Nie wieder werden Sie diese Hautenge zu spüren bekommen, nie wieder diese unwiderstehlichen Hautgout-Gerüche in sich aufnehmen können und nie wieder dabei derart exorbitant laute Stimmen auf sich einwirken lassen. Dafür müssen Sie nichts anderes machen, als sich unauffällig an einer Haltestelle unter die dort wartenden Kubaner zu mischen.

Eine unterschiedliche Dimension erwartet Sie bei einer Überlandfahrt mit dem Bus. Erstaunlich viele Deutsche haben eine solche bereits ausprobiert, und wenn ich den Schilderungen trauen darf, haben sie diese zwar nicht genossen, aber doch klaglos hingenommen. Einige Wochen im Voraus ist eine Reservierung erforderlich. Cleverer geht es unmittelbar vor der Abfahrt des Busses beim Fahrer mittels eines buntbedruckten Zettelchens, von denen die Touristen immer mehr in ihren Taschen als die Kubaner mit sich herumtragen. Lassen Sie sich nicht von den manchmal unbeweglichen Sitzen stören, Sie würden damit ohnehin nicht arg viel gewinnen, denn Sie sitzen in einem chinesischen Bus für kleine Chinesen, die zudem auch an Enge gewöhnt sind. Dass die Toilette oder das Licht funktioniert, ist fallweise durchaus möglich, als international erfahrene Überlandpilgernde wissen Sie sich darauf vorher einzustellen. Gleichfalls sollten Sie sich nicht von den kleinen Käferchen erschrecken lassen, die urplötzlich über Ihre Füße hinweghuschen. Die werden nur selten größer als Ihr halber Handteller, zudem haben diese Schaben auf Kuba den allerliebsten Namen »Cucaracha«. Zudem halten sie sich nur dann im Bus auf, wenn dieser nicht von den üblichen Speiseresten gesäubert werden konnte, was der Normalfall ist.

Sie sollten auch berücksichtigen, dass Sie sich erstens eine Stunde vor Abfahrt im Terminal einzufinden haben, um sich mittels ihres Tickets als Reisender registrieren zu lassen, und dass Sie zweitens zwar einen Fahrschein haben, aber die Plätze nicht nummeriert sind, weshalb Sie beim Einsteigen die Wahl zwischen dem Ende der Schlange und damit dem einzigen noch freien Platz oder einem Kampf mit einem Dutzend Kubanern haben, den Sie siegreich mit Ihrem Wunschplatz krönen können.

Falls Ihr Bus einmal nicht fahren sollte, ist dies kein Grund zur Aufregung, entweder ist er nur kaputt oder der Fahrer bloß besoffen. Zwar wird Ihr Gepäck im unteren Teil des Busses verstaut, aber Sie erhalten ein Ticket, mit welchem Sie sich an Ihrem Zielort zu einem Schalter begeben müssen, vor dem sich mit aller Wahrscheinlichkeit bereits eine größere Gruppe von Kubanern drängt. Das heißt warten. Jetzt verrate ich Ihnen noch einen Trick. Geben Sie einfach dem Fahrer rechtzeitig ein weiteres dieser bunten Zettelchen und sagen ihm, dass Sie aussteigen wollen, dann wird er anhalten und Ihr Gepäck umgehend heraussortieren.

Kuba ist reich an Überraschungen. Vielleicht werden Sie nach einer solchen Reise auch in Glückseligkeit schwelgen, dann zerreißen Sie bitte dieses Buch, senden es mir zu, und ich schicke Ihnen ein neues.

Die Eisenbahnen waren einst das Schmuckstück des öffentlichen Verkehrs in Kuba. Heute sind zahlreiche Linien stillgelegt, die noch bestehenden werden mit chinesischen Lokomotiven betrieben, die Waggons ziehen, die ihrem Namen nicht mehr gerecht werden. Heute ist eine Eisenbahnfahrt durch Kuba eine Fahrt zu den Anfängen unserer Kultur von 1945/46. Ein klein wenig sollten Sie schon verrückt sein, wenn Sie als Fremder die kubanische Eisenbahn benutzen wollen. Aber wenn Sie tatsächlich verrückt sind, würde Ihnen eine solche Fahrt wahrscheinlich sogar Spaß machen. Einige Deutsche haben es versucht und ihre Erlebnisse dabei ins Netz gestellt. Leider kann ich darüber nichts Persönliches berichten, denn weder reizt es mich, in einem Zug zu fahren, in dem die Toiletten aus einem Loch im Fußboden bestehen, ohne Tür davor, noch von einem Wagen in den anderen mittels eines gewagten Sprunges zu gelangen, auch nicht bei einem Halt vom Wagen hinunterspringen zu müssen und schon gar nicht einen Schaffner zu erleben, der des Nachts mit Lämpchen in der Tasche von Waggon zu Waggon geht, um jeweils eine an zwei Drähten anzudrehen, aber sie am Morgen wieder abzudrehen. Nein, dafür habe ich auf Kuba schon ausreichend andere Erfahrungen gewinnen können, die letzte muss es dann doch nicht mehr sein. Falls Sie jedoch keine Möglichkeit für ein Abenteuer haben sollten, fahren Sie mit der kubanischen Eisenbahn. Sie müssen ja nicht bis zur Endhaltestelle durchhalten, die Bahn hält öfter, also hinausspringen, denn ein Taxi finden Sie (fast) überall.

Einschränkend muss ich festhalten, dass derartige Einschätzungen relativ sind. Beispielsweise kenne ich einen Arzt in Köln, der durch einsame Gebiete in Äthiopien gewandert ist, zudem auch durch die Ogaden-Wüste und ähnliches im Grenzgebiet von Djibuti zu Somalia wiederholte. Im Vergleich dazu würde er die Fahrt mit einer kubanischen Eisenbahn wahrscheinlich als komfortabel ansehen.

Mir ist nur eine Steigerung zur Eisenbahn bekannt, was aber nicht unbedingt etwas heißen muss. Es ist die Fähre von dem Städtchen Batabanó zur größten kubanischen Insel Isla de la Juventud (Insel der Jugend, aber erwarten Sie dort bitte nicht vorwiegend Jugendliche). Sie können die Insel auch mit einem Inlandflieger von Havanna aus erreichen, aber erstens ist dies weniger romantisch als mit der Fähre, und zweitens ist es nicht sicher, wann und ob überhaupt der Flieger abhebt. Auch die Fahrtzeiten der beiden Fähren sind ungewiss, eine jedoch schwimmt immer. Entweder eine kubanische Handmade-Fähre (wahrscheinlich jedoch mit russischem Untergrund), die nur erstaunliche zweieinhalb Stunden benötigt, und eine nur unwesentlich ältere sowjetischer Bauart, mit fünf Stunden. Die erstere fährt am frühen Morgen, die andere am Nachmittag. In beiden können Sie sich wie in einem Film aus den 30ern fühlen oder wie in einem sowjetischen aus den 50ern. Bitte geben Sie zuvor an der Rezeption Ihres Hotels in Havanna (Zimmer für die Rückfahrt zum Duschen behalten!) Ihre Vorstellungen von Komfort ab. Dafür werden Sie jedoch in den Genuss kommen, etliche Stunden eng an eng fast ausschließlich mit Kubanern sowie deren Gepäck zu verbringen.

106. GRUND

Weil Bernd Hermann hartnäckig bleibt

Sie alle werden dies sicherlich bestens kennen: Taucht im *Tatort* einmal zwei Sekunden lang das Logo von BMW auf, geht ein Aufschrei durch unsere Medien über unerlaubte Werbung. Wir haben darin inzwischen eine irrationale Einstellung angenommen. Wir alle fahren mit dem Logo irgendeines Autoherstellers über die Straßen, tragen Schuhe mit einem sichtbaren Logo oder werben auf unseren T-Shirts für einen Bekleidungshersteller. Niemand regt sich darüber auf, schließlich gehört dies zur Normalität, aber bitte doch keinesfalls im Fernsehen! Damit meine ich nicht eine gezielte und exzessive Werbung in einem Film oder Ähnliches, aber das Fernsehen soll doch nicht so tun, als ob unser Alltag werbefrei wäre.

Genau dies gilt auch für das Buch, welches Sie hier gerade lesen. Beispielsweise erwähne ich darin kubanische Zigarrenmarken, ohne dafür eine einzige kostenlos zu erhalten, wobei die kubanische Exportfirma Habanos für ihre Knausrigkeit allseits bekannt ist. Auch spendieren mir die hier genannten Gastronomen kein einziges Mittagessen. Alles vollzieht sich auf der persönlichen befreundeten Ebene und zugleich aus der Distanz zu den hier gegebenen Informationen.

Bernd Herrmann kenne ich bereits seit mehr als einem Jahrzehnt. Wir haben nie größere Geschäfte zusammen abgewickelt, uns aber immer wieder freundschaftlich über Kuba ausgetauscht und uns auch gegenseitig ein wenig geholfen. Das ist jedoch nicht der Grund, weshalb ich hier über ihn berichte, sondern weil er als Mensch ein »Typ« ist, der einfach zu Kuba passt und deshalb auch Sie interessieren könnte.

Bernd Herrmann ist von mittelgroßer und schlanker Statur. Das »schlank« ist durchaus nicht normal für einen Mann jenseits der 40, auf Kuba. Unstrittig hängt dies mit seiner »Wuseligkeit« zusammen. Fast tagtäglich muss er mit den kubanischen Behörden kämpfen, unentwegt seine Mitarbeiter anleiten, gar so mancher Reisegruppe die Bedingungen auf Kuba »vermitteln« und dann auch noch bei deutschen Reisebüros seinem Geld hinterherlaufen. Deshalb benötigt er für seine Figur keinerlei Diäten. Über Kuba weiß er mehr, als in den Reiseführern steht, und die internen Entscheidungswege der kubanischen Politik durchschaut er besser als manche der deutschen Politiker, die sich vor ihrem Besuch auf Kuba nicht bei ihm, sondern über Wikipedia informieren.

Er ist ein erfahrener Kaufmann, der zweimal auf Kuba von null an eine Reiseagentur aufgebaut hat. Kuba schreibt für die Tätigkeit deutscher Geschäftsleute detaillierte Regeln vor, aber weitaus wichtiger sind die ungeschriebenen, die nur im Alltag zu gewinnen sind und über die weder in der Öffentlichkeit noch unter sechs Augen gesprochen werden sollte. In diesem für deutsche Unternehmer außerordentlich schwierigem Land gehört er zu den ganz wenigen, die die Klaviatur beherrschen.

Jeden Tag kurbelt er seine 25 Mitarbeiter an. Dabei will er nicht die Nummer eins der ausländischen Agenturen auf Kuba werden, sondern nur das zuverlässigste und dasjenige, welche deutschsprachige Touristen am individuellsten betreut, also eine, auf die man sich wie in Deutschland verlassen kann.

Außerdem hat er gegenüber allen anderen Agenturen einen unwiderlegbaren Vorteil. Sein Büro befindet sich im eindrucksvollsten Gebäude ganz Kubas. Das mag ein Superlativ sein, der individuell angezweifelt werden könnte. Seine Agentur »Senses of Cuba« logiert in der vierten Etage des Bacardi-Turmes, unmittelbar am Rande der Altstadt Havannas, und dieser Turm ist das herausragende Beispiel für die Architektur des Art-déco in Kuba. Falls Sie die Chance haben sollten, die Agentur von Bernd Hermann zu besuchen, fahren Sie mit einem originalen Fahrstuhl aus den 30er-Jahren des letzten Jahrhunderts rumpelnd zu seinen Büros im 4. Stock hoch. Mit etwas Wagemut könnte es Ihnen sogar gelingen, zum obersten Stockwerk zu gelangen, von dem aus Sie nicht nur Blicke auf die Altstadt genießen, sondern auch einen Teil der Fassadengestaltung des Turmes erkennen können. Besser jedoch können Sie diese Fassaden fotografieren, wenn sie mithilfe eines kleinen Obolus für den Pförtner im gegenüberliegenden Gebäude der Asociacion Canaria de Cuba (gibt es seit 1992, ab 1908 war es das Haus der Sociedad Cubana de Ingenieros) in den 1. Stock steigen, und sich dort auf den Balkon lehnen, um der Schönheit nah zu sein.

107. GRUND

Weil Cancún nur eine Flugstunde entfernt liegt

Die einst auf Kuba siedelnden Indiostämme hatten keine Hochkulturen wie die der Mayas und Azteken in Mexiko und die anderer Stämme im mittelamerikanischen Gebiet entwickelt, und ebenso wenig wie die der Inkas im großen Andenraum. Außer Zeichnungen in einigen Höhlen und einzelnen präkolumbianischen Artefakten in Museen werden Sie auf Kuba nur wenig über das Leben der zwei größeren kubanischen Indiostämme, der Taíno und der Siboney, erfahren können. Weder haben sie eine Schrift noch Bauwerke hinterlassen. Da sind Machu Picchu im peruanischen Andenhochgebirge sowie die zahlreichen anderen Bauwerke der Inkas und ihrer Vorgänger um Cusco herum doch schon etwas völlig anderes. Das Gleiche trifft für die Ausgrabungen in Mexiko-Stadt zur Kultur der Azteken zu, und selbst die Höhlengebäude der Anasazi im nordamerikanischem Mese Verde/Colorado erzählen von einer höheren Stufe der Zivilisation als die der Kariben auf Kuba.

Aber es gibt einen Ausweg, und dieser heißt Direktflug von Havanna ins mexikanische Cancún auf der Halbinsel Yucatán, der gerade einmal eine Stunde dauert und von der kubanischen Fluglinie Cubana sowie von den beiden mexikanischen Starjet und Aeroméxico bedient wird. Nur 50 bis 150 Kilometer von Cancún entfernt können Sie vor einem Weltwunder stehen: einer Pyramide der Mayas und zahlreichen ihrer anderen Bauwerke wie Festungen, Observatorien oder Palästen.

Ist dies ein Grund, Kuba zu lieben? Auf Yucatán, in Cancún oder an der Playa del Carmen?

Auf jeden Fall! So schnell und so preisgünstig wie von Havanna aus hätte ich nie meine Kindheitsträume von einem Besuch der Maya-Pyramiden Wirklichkeit werden lassen können. Kuba liegt nicht nur inmitten der vielfältigen Inselwelt der Karibik, zugleich kann von ihr aus völlig problemlos eines der herausragenden architektonischen Erbe der Weltgeschichte kennengelernt werden.

Die Ausgrabungsstätte Chichén Itzá ist von Cancún aus in etwas mehr als einer Stunde zu erreichen. Sollten Sie so Auto fahren wie die meisten Mexikaner, schaffen Sie es auch in etwas weniger als einer. Am besten, Sie erreichen den Ort knapp vor 9 Uhr, dann versperren Ihnen noch nicht die Touristenmassen den Blick auf die Ausgrabungen, und Sie werden noch nicht pausenlos von den unzähligen Andenkenverkäufern animiert. Sie stehen vor der großen Pyramide, ordentlich restauriert, lassen diese Masse aus bearbeiteten Steinen auf sich wirken, weil Sie wissen, dass dafür keine Metallwerkzeuge eingesetzt wurden, dass diese Pyramide einst das Zentrum einer Stadt war und dass in der mehr Menschen wohnten als zum gleichen Zeitraum in den meisten europäischen Hauptstädten. Indessen ist dies nur eine Stadt unter zahlreichen weiteren bis ins entfernte Guatemala hinein. Hier existierte eine Zivilisation mit einem sozialen Gefüge, mit Regeln des Zusammenlebens und der Unterordnung, der Arbeit und des Glaubens, welches völlig unterschiedlich von dem sozialen Orientierungsgerüst war, in dem Sie heute leben. Sie gehen weiter und erhalten dabei einen Eindruck von der Ausdehnung dieser Stadt, von ihren Palästen, dem Observatorium, den Tempeln, aber leider nichts von den normalen Wohnhäusern, von ihrer Versorgung mit Wasser und Lebensmitteln, auch nichts über die Beseitigung der Abfälle, die Bestattung der Toten, immer und überall in der Welt wird bei ähnlichen Ausgrabungen dem Besucher vor allem – und oft auch ausschließlich – nur der imposante Eindruck der Bauwerke vorgeführt. Aber trotzdem reicht dies auf Chichén Itzá aus, um über das Staunen hinaus Nachdenken zu erzeugen. Kuba ist eben viel mehr als nur Kuba!

Und im Übrigen: Für einen längeren Kuba-Urlaub kann der Besuch der Maya-Ruinen auch mit einer weiteren angenehmen Möglichkeit verbunden werden. In Cancún und der Schwesternstadt Playa del Carmen befinden sich Supermärkte US-amerikanischen Ausmaßes, die alles aus Deutschland Bekannte als harmlose Hütten erscheinen lassen. Wozu ich in Havanna fünf Tage lang täglich die Supermärkte mit dem Auto abklappern muss, erledige ich in Cancún in einem einzigen Markt in drei Stunden, habe meine Einkaufsliste abgearbeitet und meinen Koffer proppenvoll. Vielleicht mag dies für die Mehrheit von Ihnen bei maximal zwei Wochen Urlaub auf Kuba abwegig erscheinen, aber es gibt Ihnen einen weiteren Hinweis auf die Lebensbedingungen dieser Insel.

108. GRUND

Weil Kuba ein sicheres Urlaubsland ist

Sicherheit im Alltag ist zuerst ein Gefühl. Mit dem Gefühl, sich sicher bewegen zu können, sich also sicher zu fühlen, ist die Abwesenheit von Angst verbunden. Damit bewegen sich Menschen im Alltag anders als mit dem Gefühl von Angst.

In wahrscheinlich allen Reiseführern werden Sie lesen können, dass Kuba ein sicheres Reiseland ist. Welcher Bezug wird für diese Aussage verwendet? Bezogen auf El Salvador ist Kuba ein extrem sicheres Land, ebenso bezogen auf viele Teile Mexikos, allerdings ist die Urlaubsgegend um Cancún nicht unsicherer als Kuba. Überall in der Welt können Sie sich in abgeschlossenen Resorts sicher fühlen, eine andere Frage ist es, ob es Ihnen gefällt, in einer Hotelanlage Urlaub zu verbringen, die von Stacheldraht sowie elektrischen Leitungen umgeben ist, und um die Wächter mit scharfen Hunden streifen, wie ich es in Südafrika und in Peru erlebt habe. Durch Havanna können Sie auch nachts weitgehend unbesorgt spazieren, wenngleich nicht unbedingt auch durch die außerhalb des engeren Zentrums gelegenen Parkanlagen. In manchen Beiträgen ist sogar zu lesen, dass auf Kuba die Kriminalität außerordentlich gering sei. Die Autoren verraten nicht, woher sie diese Information haben, denn die kubanische Regierung veröffentlicht keine detaillierten Kriminalstatistiken, schon gar nicht gibt sie bei Statistiken deren Erfassungsgrundlagen an.

Ich fühle mich auf Kuba sicher, doch nach dieser Feststellung folgt das »Aber«. Ich bin noch nie in meinem Haus beraubt worden, auch nicht so richtig bedroht, und schon gar nicht überfallen, aber brenzlige Situationen habe ich durchaus schon erlebt. Einmal stoppten mich zwei jüngere Männer in uniformähnlicher Bekleidung auf der Autobahn von Havanna nach Pinar unter einer Brücke. Sie meinten von der Verkehrskontrolle zu sein, und ich sei zu schnell gefahren, müsste also eine Strafe zahlen. Allerdings war ihr Ausweis, mit dem sie mir vor der Nase herumfuchtelten, so jämmerlich nachgemacht, dass ich den Schwindel erkannte und sie auslachte. Als sie Anstalten machten, meinen Arm durch das geöffnete Fenster festzuhalten, gab ich Gas. Mein Auto war als Mietwagen zu erkennen, kubanische Privatwagen stoppten sie nicht. Einige Monate später dieselbe Szene an derselben Stelle, ich hielt erst gar nicht an und fuhr scharf links vorbei. Einen Taschendiebstahl, und dies sogar in einer internationalen Diskothek, habe ich leider auch erfahren müssen, allerdings war ich leichtsinnig mit meiner Börse umgegangen. Das hätte mir überall in der Welt passieren können, auf Kuba hatte ich nicht daran gedacht, jetzt weiß ich es.

In meiner Straße sind sämtliche Häuser vergittert, und um die meisten ist ein starker Metallzaun gezogen. Ich wollte einen einfachen Zaun bauen lassen, so etwa 1,50 Meter hoch, der Schlosser schüttelte den Kopf, jetzt ist er über zwei Meter hoch und oben zusätzlich mit Stacheldraht gesichert. Zielgerichtete Überfälle würde er nicht aushalten, aber Zufällige schreckt er ab. Ich fragte einen der älteren Nachbarn, wann diese Vergitterung begann, die praktisch an allen Häusern Kubas zu erkennen ist, teilweise sogar bis in den dritten Stock hinauf. Er antwortete bereitwillig und klar. Es begann 1990, als die Sowjetunion zusammenbrach und damit abrupt keine Subsidien mehr nach Kuba flossen. Jetzt lernten die Kubaner das kennen, was ihnen die Regierung immer als Grund für die Überwindung des Kapitalismus genannt hatte: Hunger! Jeder ältere Kubaner kann aus dieser Zeit schreckliche Erlebnisse berichten. Allerdings waren auf Kuba niemals alle Menschen gleich, stets hatten einige mehr als andere, aber jetzt gab es Menschen, die gar nichts mehr hatten, und gegen diese wurden Zäune gebaut.

Heute haben sich die Zeiten wieder geändert. Etwa drei Millionen Kubaner haben ein Handy, Hunderttausende arbeiten mit Touristen zusammen, und Zehntausende konnten bereits ins westliche Ausland reisen. Handys sind leicht zu stehlen und leicht zu verkaufen. In kaum einer Straße stehen nachts Autos auf der Straße, Motorräder schon gar nirgendwo. Wohlstand differenziert. Angesichts von Millionen Touristen in Havanna und in anderen kubanischen Städten ist die Versuchung groß, sich für deren Handtaschen näher zu interessieren.

In meiner Straße gab es schon einen größeren Raubüberfall, in einer anderen sogar einen mit Pistolen – es soll der erste auf Kuba gewesen sein. Im Haus meiner Schwiegermutter ist bereits eingebrochen worden, und in der Straße nebenan gab es einen Raubüberfall mit zwei Getöteten, wegen einer Goldkette und zwei goldenen Eheringen.

Die gegenüber manch anderen Urlaubsländern größere Sicherheit geht in Kuba auf spezielle Bedingungen in der Gesetzgebung und den Rechten der Polizei zurück. Gegen Kriminalität hat Kuba weitaus stärkere Gesetze als andere Länder. Zudem sind seine Rechtsanwälte staatliche Angestellte, und deshalb schwache Verteidiger. Vielleicht werden Sie das eine mehr als das andere schätzen, auf Kuba sind beide nur im Paket zu haben. Bei einem Zwischenfall oder bei einer Kontrolle kann niemand vorher wissen, wie die Polizei reagieren wird. Jedermann kann ohne Grund angehalten und überprüft werden, weil jedermann per se verdächtig ist.

Ich habe bisher keine gravierenden Probleme mit der Polizei gehabt, im Gegenteil sogar, einige Male habe ich ihre wirksame Hilfe erfahren. Zweifellos steigt die Kriminalität auf Kuba, aber noch werden Sie davon kaum etwas mitbekommen. Wenngleich ich die bürgerlichen Rechte in einer Demokratie anders bewerte als die kubanische Regierung, fühle ich mich mit einer starken kubanischen Polizei sicherer als in Deutschland.

109. GRUND

Weil die Villa Teresa über den besten Ausblick auf Havanna verfügt

In einem Meer aus Häusern sind Hügel kaum zu erkennen. Aber Hügel gibt es in Havanna. Sogar auf dem Stadtplan werden sie angeführt. Es sind die »Alturas«, die Hügel von Luyanó oder Altahabana und anderen. Auf den Stadtplänen ist nicht verzeichnet, welches der höchste Punkt im Stadtgebiet von Havanna ist, aber wenn Sie einmal das Vergnügen haben sollten, auf dem flachen Dach des obersten Turmaufsatzes der Villa Teresa zu stehen, dann werden Sie den Eindruck haben, sich auf der höchsten Erhebung Havannas zu befinden. Von hier aus können Sie sogar den kilometerweit entfernten Turm der russischen Botschaft erkennen, nicht gerade ein Prachtstück, sondern ein bemerkenswert schlechtes Stück Architektur, der allerdings noch zu sowjetischen Zeiten erbaut wurde. Sie werden den Hafen mit dem Meer beobachten, auch die klotzigen Festungen Morro und Cabaña, das Capitolio erkennen, gleichfalls die zahlreichen grünen Inseln im Gewirr der Straßen, sowieso das Focsa-Haus als das höchste Wohnhaus Havannas, ebenso den Revolutionsplatz mit dem Martí-Denkmal und etliche nicht so arg weit entfernte Kirchtürme, aber über alldem weit hinaus können Sie die Schönheit dieser Stadt genießen. Von keinem anderen Ort aus wird es Ihnen vergönnt sein, die Stadt zwischen dem Meer und ihrer grünen Umgebung zu betrachten. Zwar befindet sich gegenüber der Villa Teresa eine weitere, zudem schon ältere Casa Particular, die Villa Rosa, aber diese liegt unterhalb und verfügt auch nicht über eine solche Plattform. Würde ich das erste Mal nach Havanna kommen, würde ich mich nur dieses Ausblicks wegen für einen Tag in der Villa Teresa einmieten. Es gibt Momente im Leben, die sind einzigartig, versäumt man sie, sind sie nicht wiederholbar. In Havanna gibt es solche Momente.

Vermutlich müssen die Kubanerin Jenny Núñes und ihr italienischer Ehemann Silvio Manzoni Ähnliches empfunden haben, als sie 2013 zum ersten Mal vor diesem Haus standen. In einem Randbezirk

Havannas in einer der normalen Nebenstraßen dieser Gegend, in der früher die Mittelklasse sich ihre Häuser erbaut hatte, bei Weitem nicht so großartig wie in den Vierteln der richtig Reichen, Playa oder Miramar, auch nicht wie in dem ursprünglich wohlhabenden Stadtbezirk Vedado. Aber hier, 10 km von Zentrum entfernt, waren in den 20er- und 30er-Jahren die Grundstückspreise günstig, man schaute auf ganz Havanna hinunter, und so zog es hier junge Unternehmer und auch ein wenig schon Wohlhabendere hin. Das ist der Hintergrund, der zum Bau etlicher Häuser führte, die hier nicht so ganz richtig in das bürgerlich gediegene Gesamtbild passen, was jedoch typisch für die Bebauung und architektonische Gestaltung der Viertel Havannas außerhalb der Altstadt und des Zentrums ist.

In dieser Gegend ist die Villa Teresa eines der ungewöhnlichsten Wohnhäuser. Nicht allein überragt sie alle anderen, sie ist auch eine architektonische Rarität. Anfang der 20er baute sich hier ein aufstrebender Schuhfabrikant eine Villa, die nicht im subtropischen Havanna, sondern eigentlich im gemäßigten warmen Klima des Gardasees stehen müsste. Aber auch dies ist für diese Gegend Havannas keine Ausnahme, denn klassisch griechisch-römische Villen oder trutzige italienisch-französische Bauten sind auch an manch anderen Stellen errichtet worden, die eigentlich nicht hierher gehören und doch hier sind. Havanna ist auch in diesen Straßen ungewöhnlich prachtvoll. Sogar in einem Prachtband über die Unternehmerfamilien Havannas von 1955 wird ihr Besitzer erwähnt. Niemand in der Umgebung weiß heute noch davon, nur dass nach der Revolution Anhänger der neuen Macht in das Haus einzogen und es fast zu einer Ruine verkommen ließen. Als Jenny und ihr Mann es nach mühevollen Verhandlungen kaufen konnten, recherchierten sie in staatlichen Akten die Geschichte ihres Hauses, zudem war ihnen auch das Glück hold, als ihnen das erwähnte Buch in die Hände fiel, nun kann jeder Gast die Geschichte des Hauses erfahren. Währenddessen begann für beide eine Leidenszeit. Es gab weder Geschäfte, in denen sie Materialien bestellen, noch Unternehmen, die sie mit der Rekonstruktion betrauen konnten. Das bedingte unentwegt Telefonate, ständige Autofahrten (immer noch ein Privileg für Kuba) und nie erlahmende Kontrolle der Handwerker, zudem bis spät in die Nacht hinein noch eigene Hand anzulegen und den Dreck der Handwerker wegzuräumen, denn zugleich wohnten sie ja auch noch im Haus, besser, sie hausten in dieser Zeit darin. Generell unterschied sich ihre Situation nicht so sehr von anderen privaten Hausumbauten in Havanna, jedoch die Dimensionen durchaus. Schließlich war dieses Haus einstmals eine geräumige Villa gewesen, deren Hausmeister in einem Nebenhaus wohnten, in dem sich auch die Garage befand. Zudem sollte es originalgetreu rekonstruiert werden, also etwas, was sonst nur die Regierung in der Altstadt bzw. für ihre oberen Einhundert zustande gebracht hat, aber diese Villa war privat!

Als ich zum ersten Mal an der Villa Teresa vorbeifuhr (ein Freund wohnt in einer Straße darunter), war ich so baff, dass ich instinktiv anhielt, meinen kleinen Fotoapparat herauskramte, sie aufnahm und überlegte, welcher superreiche Ausländer dieses Haus wohl gekauft und dann instand gesetzt haben mag. Nein, zu den Superreichen Italiens zählt Silvio nicht, ob aber seine Familie, habe ich mir versagt zu recherchieren, allerdings wird er etliche Hunderttausend Euro schon investiert haben. Er ist Ende und sie Mitte 30, ihre beiden Mädchen sind sechs und sieben. Die Familie pendelt zwischen Norditalien und Havanna. In ihrer Abwesenheit kümmern sich Familienangehörige sowie sechs Mitarbeiter um die Gäste.

Zu der außergewöhnlichen Lage des Hauses kommt die Ausstattung der neun Zimmer hinzu. Sämtlich sind sie im Stil der ersten Jahrzehnte des früheren Besitzers eingerichtet, auch ihre Bemalung, dabei sind sie nicht vollgestopft mit Antiquitäten, nein, sie sind zurückhaltend geschmackvoll ausgestattet, mit Messingbetten oder hölzernen Bettladen und Kopien von Sesseln des 19. Jahrhunderts.

Die Entstehung der Casa Particular »Villa Teresa« ist typisch für das heutige Kuba. Erstens haben Kubaner nicht genügend Kapital, ein so prachtvolles Haus zu kaufen, obwohl es weitgehend eine Ruine war. Sie benötigen dafür einen ausländischen Geldgeber. Zweitens können jedoch nur Kubaner über Beziehungen und den Zugang zu Behörden verfügen, um dafür eine Baugenehmigung und eine Genehmigung zum Betreiben einer Casa Particular zu erhalten. Drittens müssen sie ins Ausland reisen können, um technische Geräte einzukaufen, die auf

Kuba nicht erhältlich sind. Und speziell für die Villa Teresa kommt als vierte Bedingung hinzu, dass sie die Quellen kennen müssen, in denen sie die antiquarischen Möbel bzw. Antiquitäten erwerben können, mit denen die Räume ausgestattet sind. Eine kubanisch-italienische Erfolgsgeschichte? Ja, ganz bestimmt, und zugleich auch die Geschichte einer immensen Quälerei.

110. GRUND

**Weil ich in meiner Straße
das pralle kubanische Leben mitbekomme**

Am häufigsten geht mir die Stimme der Zwiebel- und Knoblauchverkäuferin auf die Nerven. Sie hat einen blechernen Klang, ist lang gezogen und laut kreischend. Die Frau tut richtig weh, aber sie kommt jeden Vormittag. Demgegenüber ist der Eierverkäufer schon fast lieblich und der Eisverkäufer mit seiner melodischen Melodie vom endlosen Band sowieso.

Die meisten Bewohner meiner Straße müssen nur für besondere Güter in die Stadt fahren. Für die alltäglichen kommen die Verkäufer zu ihnen. Dabei ist der Brotverkäufer der häufigste, täglich tingeln drei oder vier von ihnen durch die Straße, lassen ihre Trillerpfeifen ertönen und schreien dabei »Pan, pan, pan«. Ein Bauer fährt mit einem Pferdewagen durch die Straße und ruft sein Gemüse aus, ein anderer schlägt eine Glocke, womit die Bewohner wissen, jetzt können sie Tamales (in Maisblätter gekochten Maisbrei) zum Mittag- oder zum Abendessen kaufen. Gleichfalls jeden Tag ruft der Verkäufer von knochenharten Keksen sein Angebot aus, »mit Butter!«, meine Nachbarn kaufen immer, ich nur einmal – sie waren noch trockener als die trockensten Zwiebacke. Einige klingeln sogar an meiner Haustür, das sind die mit verschwiegenen Angeboten: Rindfleisch, Käse, Thunfisch, Schinken. Diese können sie nicht lauthals herausschreien, sondern nur intim anbieten, weil sie diese »organisiert« haben, aber einer meiner Nachbarn, der Mitglied in der Kommunistischen Partei ist, kauft immer bei dem Rindfleischhändler ein, allerdings nicht er selber, er lässt seine Frau einkaufen!

Verschiedene kommen nur einmal in der Woche. Die Frau mit den Besen und den Kehrschaufeln, der Reparaturmann für die Regenschirme kommt seltsamerweise immer nur am Sonntagvormittag und der Scherenschleifer nur freitags. Der Joghurtverkäufer hat sein Lager bei einem Nachbarn direkt neben mir. In einem dicken uralten amerikanischen Schlitten kommt er montags, mittwochs und freitags. Für seinen selbst produzierten Joghurt hat er Kunden in der ganzen Straße. Ich habe zweimal bei ihm welchen gekauft, mit etwas Zucker war er ganz passabel, wäre da nicht der häufige Gang zur Toilette gewesen, die kubanischen Bakterien waren meinem Darm nicht angepasst oder ich hatte zu wenig Geduld mit ihnen. Auch seine Milch probierte ich aus, frische, indessen stets tiefgefrorene, die schmeckte irgendwie totgefroren.

Eigenartig fand ich das breite Interesse meiner Nachbarinnen an 5-Liter-Plastikbehältern mit Chlor, der Verkäufer war sehr gefragt, ich beobachtete, wie in einen mit neun Liter Wasser gefüllten 10-Liter-Eimer ein Liter Chlor gekippt und dann das Ganze vom Hauseingang bis zum Küchenausgang durchgegossen wurde. Auch eine Methode, an die ich mich auf Kuba nicht unbedingt gewöhnen möchte.

Sogar Handtücher, Lampen, Benzin in Kanistern und Ventilatoren wurden mir schon angeboten, ebenso die Nachfrage, ob ich Gold zu verkaufen hätte, alles an meiner Gartentür.

Am Ende der Straße befinden sich mehrere Treffpunkte der Bewohner. Der eine ist der Kiosk einer staatlichen Lebensmittelkette. Hier finden die Bewohner tiefgefrorene Hühnerkeulen aus Brasilien und manchmal Hotdogs aus Kanada, ebenso Kaffee und Wasser, etwas Kosmetik und stets Whiskyflaschen, die hier niemals irgendjemand kauft. Wenn Bier aus den staatlichen Versorgungslagern eintrifft, ist dies eine Sensation, die sich in Sekundenschnelle in der ganzen Straße herumspricht. Bei Erfrischungsgetränken ist das Interesse eher mäßig, wohingegen Rum in kleinen Abfüllungen ganz gut geht.

Der andere Treffpunkt ist der Gemüsehändler, eher ein ambulanter, denn er verkauft von einem kleinen Wagen aus. Der Gedankenaustausch mit ihm ist besonders bei den Säufern beliebt, die indessen nicht direkt aus meiner Straße kommen, sondern aus den dahinter befindlichen dreigeschossigen Plattenbauten.

Der dritte Treffpunkt ist ein sehr kurzzeitiger. Etwa fünf Meter vom Gemüsehändler entfernt beginnt die Abfallsammelstelle meiner Straße. Dafür hat die Stadt die auch bei uns bekannten blauen Rollcontainer aufgestellt. Hier auf Kuba nützen sie wenig. Unsere Straße ist abschüssig, die Container stehen direkt am Straßenrand, damit sie nicht hinunterrollen, sind sie zumeist umgekippt, zudem sind sie nach einem Tag bereits gefüllt; bis die Müllentsorgung kommt, hat sich der Abfall über zehn Meter hinweg ausgebreitet. Außerdem sind die Kippeinrichtungen an den meisten Müllwagen defekt, weshalb der Müll in kleine Plastikkisten geschaufelt wird, die dann auf dem Wagen entleert werden. Ich fahre mit meinem Auto daran vorbei, halte meine aus Deutschland mitgebrachten Müllbeutel mit der Hand aus dem Fenster und lasse sie, ohne anzuhalten, auf den Müllhaufen segeln. Kurz danach werden meine Müllbeutel denaturalisiert, nämlich geleert und wegen ihrer Festigkeit sowie ihrer Verschnürung einer sinnvolleren Verwendung zugeführt.

Die Häuser meiner Straße, allesamt typische kubanische Betonbungalows, wurden 1958 gebaut. Darin wohnte die normale Mittelklasse: Ärzte, Anwälte, Beamte und Manager. 1959 und 1960 flüchtete ein Teil von ihnen nach Miami. Später flüchteten weitere, aber einige ihrer Angehörigen blieben in den Häusern wohnen. In die verlassenen Häuser setzte die sozialistische Regierung genau dieselben Personengruppen hinein, die zugleich ihre Kostgänger waren. Dadurch gibt es in meiner Straße überproportional viele Besitzer uralter sowjetischer Lada-Autos.

Wie in wohl jeder kubanischen Straße gibt es auch in meiner Menschen – und immer sind es ausschließlich Frauen –, die über alle Geschehnisse in der Straße bestens unterrichtet sind. Sie sind die Zeitung der Straße, die auch keine sozialen Medien ersetzen können. Wenn ich eine Information benötige, schicke ich meine Frau zu ihnen. Solche Information könnte beispielsweise sein, wann es in der Bodega Eier zu kaufen gibt. Eier sind in der heiklen sozialistischen Versorgungskette ein begehrtes Gut. Einst war die Bodega die wichtigste Versorgungseinrichtung der Straße. Jetzt gehen die meisten nur noch einmal die Woche dorthin, um sich ihre Ration Reis oder Bohnen oder Öl abzuholen, die ärmeren Bewohner jedoch jeden Tag, schon, um sich ihre Ration Brot abzuholen, pro Person und je Tag ein milchbrotähnliches Brötchen für einen Peso.

An der Bodega befinden sich zwei besondere Häuser, die in Havanna öfter anzutreffen sind. Das eine ist, im Unterschied zu vielen anderen hier, sogar in einem ordentlichen Zustand, es ist ein Haus für den Tagesaufenthalt älterer Kubaner. Das andere ist nur schwangeren Frauen zugänglich, die sich hier ausruhen können. Es heißt »Celia Sanchez«, nach der früheren Sekretärin und Geliebten des Revolutionsführers, die selbst keine Kinder hatte.

Zu meiner Überraschung stellte ich fest, dass gar nicht so wenige Bewohner mit Bewohnern einer vergleichbaren deutschen Straße über etwas Gemeinsames verfügen: Sie hängen hinter der Gardine, auch wenn es in meiner kubanischen Straße keine Gardinen gibt.

Die Bewohner meiner Straße sind bunt gemischt. Drei ehemalige Ärzte vermieten Zimmer ihrer Bungalows an Touristen, zwei betreiben ein Restaurant, einer eine Bar, drei waren früher wichtige Manager von Fabriken, die jetzt stillgelegt sind, aber jeden Morgen sehe ich die Männer gegen 6.30 Uhr zum Bus eilen – ob ihre Frauen wissen, dass die Fabriken nicht mehr produzieren? Vier Bewohner wohnen nicht so richtig in ihren Häusern, denn es sind nicht ihre Häuser, sondern sie gehören Verwandten oder Freunden in den USA und in Kolumbien, sie passen nur auf deren Eigentum auf, bis die Preise für Häuser weiter steigen. Drei andere Bewohner betreiben mit ihrem Privatwagen ein gut gehendes Taxigeschäft, ohne Taxischild auf dem Auto, und selbstverständlich ohne ein Taxameter, der Fahrpreis ist Verhandlungssache. Ein Bewohner ist ein Filou. Sein Bruder war früher Direktor einer Bank, bis er sich mit etwas Kleingeld in die USA verzog, der Bewohner meiner Straße baute in seinem Garten einen Swimmingpool und vermietet diesen für Partys jeder Art. Zum Glück wohne ich einige Häuser entfernt, sodass ich nicht bis spät in die Nacht hinein kubanische Songs lernen muss. Persönlich kenne ich nur meine unmittelbaren Nachbarn, mich kennt jeder.

Selbstverständlich sind einige Bewohner meiner Straße auch Mitglieder der Kommunistischen Partei Kubas. Um dies zu wissen, muss ich sie gar nicht genau kennen, ich kann es an ihrem Verhalten erkennen. Sie bleiben nicht auf der Straße stehen, um mit anderen Bewohnern einen Plausch zu führen, zumeist reden sie nur untereinander, wenn überhaupt, aber kaum mit Nichtmitgliedern. Sie kapseln sich in ihren Häusern ab. Einige meiner Nachbarn haben mir diese Eigenheit – verstohlen, heimlich und leise – recht schnell vermittelt.

Manchmal denke ich, dass ich hier ein Exot bin; ich rede mit jedem und spreche auch jeden an, selbst wenn ich genau weiß, dass er mir nur ausweichend antworten wird. Ich komme aus Köln, war Karnevalist, das will ich auch auf Kuba nicht leugnen.

111. GRUND

Weil auf Kuba Illusionen schon Geschichte sind

Wir leben in Deutschland mit Illusionen, bei denen es uns ungemein schwerfällt, diese anzuerkennen und daraus Konsequenzen zu ziehen. Eine der größten Illusion ist beispielsweise der Glaube oder die Annahme, dass wir in einer unendlichen Konjunktur leben. Zwar hatten wir in den zurückliegenden sechs Jahrzehnten auch Erfahrungen mit so manchen Wirtschaftskrisen machen müssen, aber diese waren niemals so richtig tief gehend und wurden bald überwunden, als dass sie nachhaltig in unserem Gedächtnis haften geblieben wären. Aber ein tieferer Blick in die Geschichte und ein wenig Nachdenklichkeit über die Funktionsweise der Marktwirtschaft könnte uns belehren, dass dies nicht immer so sein wird.

Aber was hat unsere Mentalität mit diesem Buch zu tun?

Dieses Buch ist zuerst eine Werbung, Kuba zu besuchen! Und dann auch ein wenig dafür, Kuba besser zu verstehen. Das bedingt eine gewisse Zurückhaltung, politische Zusammenhänge zu charakterisieren. Lesen Sie beispielsweise *111 Gründe, Norwegen zu lieben*, so werden Sie darin auch direkte kritische Bemerkungen zur norwegischen

Politik finden. Ähnliches vermeide ich. Kuba ist keine Demokratie im westlichen Sinne, aber es versteht sich als eine bessere und zukunftsfähigere Gesellschaft als unsere westlichen Demokratien. Würde ich mich damit auseinandersetzen, könnte ich glatt zwei weitere dicke Bücher schreiben. Dessen ungeachtet ist die Berichterstattung über Kuba in den deutschen Medien von langlebigen Mythen geprägt, die sich mit Fehldarstellungen und Illusionen verbinden. Ich meine, dass die weitverbreitete Färbung unseres Kubabildes auch auf unsere Eigenschaft zurückgeht, die Welt in helleren Farben zu sehen, weil wir vor Düsternis zurückschrecken. Oft wird die ungeschminkte Wahrheit als allzu hart empfunden, sie schmerzt, sie bereitet Pein, denn nach unserer Einsicht in sie müssten wir daraus Konsequenzen ziehen, davor scheuen wir uns. Es lebt sich mit Illusionen leichter als ohne sie.

Im letzten »Grund« dieses Buches gehe ich auf Illusionen über Kuba direkt, wenngleich nur knapp ein.

Ein erfahrener deutscher Reisejournalist hat kürzlich in einem der bekanntesten deutschen Literaturverlage ein Buch über Kuba veröffentlich, worin er schreibt, dass im Osten Kubas die größten Zuckerrohrplantagen lagen und dorthin Sklaven aus Haiti nach der Niederschlagung ihres Aufstandes flohen. Ein Blick auf die Geografie Kubas würde ausreichen, um zu erkennen, dass in einer gebirgigen Region nicht die größten Plantagen liegen können, und der Blick in das wichtigste Buch über die Wirtschaft Kubas von 1955 zeigt, dass die Zuckerproduktion stets im Westen Kubas konzentriert war. Der Sklavenaufstand in Haiti von 1792 war erfolgreich, nur einigen Tausend weißen Sklavenbesitzern gelang es, mit etlichen ihrer Sklaven nach Kuba zu fliehen, also nicht die Sklaven flohen. Etwas später gibt er die weit verbreitete Behauptung wieder, dass die kubanische Landwirtschaft von amerikanischen Agrarkonzernen beherrscht worden war, wobei der übliche Seitenhieb auf die »berüchtigte United Fruit Company« nicht fehlen darf. Der Blick in ein im deutschen Sprachraum verbreitetes Buch zur kubanischen Geschichte, zumal eines linken Autors, zeigt, dass 1958 nur noch ca. 30 Prozent der kubanischen Zuckerrohrproduktion in amerikanischer Hand waren.

Zuerst einmal mag sich dies wie eine belanglose Oberflächlichkeit ausnehmen, denen allerdings zahlreiche weitere angefügt werden könnten, was zwar den Informationswert des Buches mindert, aber nicht das Buch generell in Abrede stellt. Indessen sind diese Oberflächlichkeiten mit Illusionen und Fehleinschätzungen verbunden, die in Deutschland weit verbreitet sind. Beispielsweise erwähnt er an anderer Stelle ein »kubanisches Modell«, welches nach dem Ableben Fidel Castros infrage gestellt sein könnte. Das ist eine im deutschen Journalismus und in publizistischen Beiträgen über Kuba häufig verwendete Metapher. Niemand, der diese Metapher über Kuba benutzt, kann erklären, worin dieses »kubanische« Modell im Unterschied zu dem der untergegangenen Sowjetunion oder dem der DDR besteht. In zwei weiteren Passagen wird dann deutlich, weshalb eine solche Metapher aufgestellt wird. In einer bezeichnet er Fidel Castro als den »ewigen Revolutionär«, und in einer anderen stellt er die Behauptung auf, dass Kuba die »größte medizinische Hilfsorganisation der Welt« betriebe und deshalb einen »legendären Ruf bei den Armen dieser Erde« hätte. Was ist in einem Land »ewig« revolutioniert worden, das sich nach 50 Jahren auf ausgedehnten fruchtbaren Böden nicht mehr selbst ernähren kann und deshalb über zwei Drittel seiner benötigten Lebensmittel importieren muss? Oder in dem der größte Teil der Infrastruktur völlig marode ist, oder in dem die Jugend keinen Wohnraum erhalten kann, oder in dem Wasser nur jeden zweiten Tag aus der Leitung fließt oder, oder, oder? Von wenigen besonderen Ausnahmen abgesehen hat Kuba kein medizinisches Personal zur Hilfe in andere Länder gesandt, sondern dies verkauft. Ursprünglich erhielten die kubanischen Mediziner in Venezuela etwa fünf Prozent als Gehalt von dem, was die venezolanische Regierung nach Kuba überwies. Da inzwischen dieses Geschäft hauptsächlich mit anderen südamerikanischen oder auch arabischen Staaten getätigt wird und dort die Lebenshaltungskosten höher sind, erhalten sie jetzt etwa 20 Prozent. Immer noch ein glänzendes Geschäft für die kubanische Regierung. Jahrelang waren die Einnahmen daraus einer der drei oder vier wichtigsten Posten im kubanischen Staatshaushalt. Groteskerweise führt er einige Seiten weiter an, dass Brasilien dafür zeitweilig jährlich 270 Millionen Dollar an den kubanischen Staat bezahlte, er also seine eigene Einschätzung über den selbstlosen Humanismus Kubas widerlegt. Die gesamten Einnahmen daraus sind kubanisches Staatsgeheimnis, vermutlich sind sie jedoch der CIA bestens bekannt, weil bis Ende 2016 schon Tausende Ärzte in die USA geflüchtet waren und ebenso etliche hohe Regierungsmitglieder. Illusionen sind hartnäckig, es lässt sich mit ihnen einfach leichter leben. Obgleich der Autor Kuba inzwischen verlassen hat, weil – wie er schreibt – er es dort nicht mehr aushalten konnte, verhindert seine Einstellung zur Gesellschaft der USA und zu unserer deutschen, Illusionen über Kuba aufzugeben.

Möglicherweise werden Sie auf Kuba auch von kubanischen Statistiken hören. Ich will Sie nicht mit einer Aufklärung darüber langweilen, bitte Sie nur daran zu denken, was wir nach dem Fall der Mauer alles über das Zustandekommen der fabelhaften DDR-Statistiken erfahren haben.

Kuba ist ein perfektes Beispiel dafür, wie die Idee von einer neuen Gesellschaft die alte Gesellschaft vollkommen zerstören kann, um sich damit zugleich der Zukunft zu berauben. Wir sind es gewohnt, entwickelte Länder mit Entwicklungsländern zu vergleichen, dies nach heutigen Maßstäben. Würden wir das Kuba von 1958 ähnlich vergleichen, müssten wir nach allen uns zur Verfügung stehenden Parametern Kuba damals als ein entwickeltes Land einschätzen, demgegenüber ist es heute ein auf niedrigem Niveau stehendes Entwicklungsland. Ähnlich verhält es sich mit weit verbreiteten Hinweisen zu den Aktivitäten der amerikanischen Mafia auf Kuba. Diese waren in Teilen der USA damals weit intensiver, gar nicht zu reden von Süditalien. Würden dieselben Autoren die damalige USA als einen Mafia-Staat bezeichnen? Derartige ständig wiederholte Plattitüden sagen mehr über die intellektuelle Leistungsfähigkeit von Teilen des deutschen Journalismus aus als über die damalige reale Situation Kubas.

Ich liebe Kuba, aus vielerlei Gründen, von denen ich in diesem Buch zahlreiche angeführt habe, aber das hat mich weder blind noch gutgläubig, aber auch nicht frostig gemacht. Ich bin optimistisch für Kuba!

111 GRÜNDE, INDIEN ZU LIEBEN

INDIEN IST SO UNGEWÖHNLICH, DASS ES AUF EINEM ANDEREN PLANETEN LIEGEN KÖNNTE.
WER SICH AUF DAS LAND EINLÄSST, WIRD REICH BELOHNT.

111 GRÜNDE, INDIEN ZU LIEBEN
EINE LIEBESERKLÄRUNG AN DAS SCHÖNSTE LAND DER WELT
Von Oleander Auffarth
352 Seiten | Premium-Paperback
Plus zwei Farbteile á 16 Seiten
ISBN 978-3-942665-48-3 | Preis 14,99 €

Indien – der Name allein weckt reiche Bilder von unzähligen Göttern, Rikschas, heiligen Kühen, chaotischen Städten, biegsamen Asketen, krasser Armut, Maharadschas und Persönlichkeiten wie Mutter Theresa oder Mahatma Gandhi. Indien ist ein eigener Kontinent voller Kontraste. Nirgendwo sonst auf der Welt kann man so unterschiedliche Religionen, Kulturen, Völker, Sprachen, Philosophien, Architekturstile und Regionalküchen bestaunen.

Die Landschaft reicht von endlosen Küsten mit Palmenstränden über die bevölkerungsreichen, hektischen Tiefebenen bis hin zu einsamen Wüstengebieten und Hochgebirgen. Die unverfälschte Offenheit und Gastfreundschaft der Inder macht es leicht, Kontakte zu knüpfen und etwas über das Land, seine Geschichte und den Alltag der Menschen zu erfahren. Wer einmal Indien besucht hat, den lässt es nicht wieder los.

WWW.SCHWARZKOPF-SCHWARZKOPF.DE

111 GRÜNDE, RUSSLAND ZU LIEBEN

VON ST. PETERSBURG ZUM BAIKALSEE – EINE REISE DURCH DAS GRÖSSTE LAND DER WELT UND DIE BERÜHMTE »RUSSISCHE SEELE«

111 GRÜNDE, RUSSLAND ZU LIEBEN
EINE LIEBESERKLÄRUNG AN DAS SCHÖNSTE LAND DER WELT
Von Jens Siegert
320 Seiten | Premium-Paperback
Plus zwei Farbteile á 16 Seiten
ISBN 978-3-942665-49-0 | Preis 14,99 €

Russland ist unheimlich groß. Es gibt alles vom Permafrost im hohen Norden bis zu den Subtropen am Schwarzen Meer. Höchste Berge im Kaukasus und unendlich scheinende Steppen an der Wolga. Russen, Tataren, Burjaten, Tofalaren und viele andere unbekannte Völker mehr.

Das Land ist herzlich und schroff, hoffnungslos romantisch und mitunter schrecklich. Keine einfache Liebe. Aber man muss ja nicht gleich alles lieben und kann viele kleine und große, eben 111 Gründe finden.

Und dann gibt es noch die bittersüßen Gründe, bei denen einem, wie man in Russland sagt, »die Seele wehtut«. Denn zum Schluss ist Russland ein Land wie viele andere auch. Vielleicht ein bisschen größer, aber genauso widersprüchlich – und eben deshalb liebenswert. Eine Hommage an den Facettenreichtum und die Vielfalt Russlands.

WWW.SCHWARZKOPF-SCHWARZKOPF.DE

DR. KLAUS D. LECIEJEWSKI, 1948, hat an verschiedenen deutschen Hochschulen Wirtschaft gelehrt, war Unternehmensberater und Autor mehrerer Sachbücher. Über Kuba hat er u.a. in der »Welt«, der »FAZ« und der »Neuen Zürcher Zeitung« publiziert. Er ist mit einer Kubanerin verheiratet und lebt einen großen Teil des Jahres auf Kuba.

Klaus D. Leciejewski
111 GRÜNDE, KUBA ZU LIEBEN
Eine Liebeserklärung an das schönste Land der Welt

ISBN 978-3-942665-50-6
© Schwarzkopf & Schwarzkopf Media GmbH, Berlin 2018
Vermittelt durch die Literaturagentur Brinkmann, München | Alle Rechte vorbehalten. Dieses Werk ist urheberrechtlich geschützt. Jede Verwendung, die über den Rahmen des Zitatrechtes bei korrekter und vollständiger Quellenangabe hinausgeht, ist honorarpflichtig und bedarf der schriftlichen Genehmigung des Verlages. | Coverfoto: © filipefrazao/www.depositphotos.com; Bildleiste von oben nach unten: © Jitsy Santana Gómez; Fotos im Textteil, Bildteil I und Bildteil II: alle © Jitsy Santana Gómez

VERLAG
Schwarzkopf & Schwarzkopf Media GmbH
Kastanienallee 32, 10435 Berlin
Telefon: 030 – 44 33 63 00
Fax: 030 – 44 33 63 044

INTERNET | E-MAIL
www.schwarzkopf-schwarzkopf.de
www.facebook.com/schwarzkopfverlag
info@schwarzkopf-schwarzkopf.de